التدخل الدولي الانساني

بين

ميثاق الامم المتحدة والتطبيق العملي

د. انس العزاوي

حقوق الطبع محفوظة

الطبعة الاولى

2009

المملكة الأردنية الهاشمية

رقم الإيداع لدى دائرة المكتبة الوطنية

٣٤١/٢٣٢

العزاوي، أنس

التدخل الدولي الانساني بين ميثاق الامم المتحدة والتطبيق العملي / انس اكرم محمد صبحي العزاوي عمان: دار الجنان، ٢٠٠٨

(٤٠٣) ص

- أعدت دائرة المكتبة الوطنية بيانات الفهرسة والتصنيف الاولية
- يتحمل المؤلف كامل المسؤولية القانونية عن محتوى مصنفه ولا يعبر هذا المصنف عن رأي دائرة المكتبة الوطنية او أي جهة حكومية أخرى

الطبعة العربية الاولى

اخراج وتدقيق: دار الجنان

المركز الرئيسي(التوزيع - المكتبة)

00962796295457 - 00962795747460

0096264659891

ص. ب 927486 الرمز البريدي 11190 عمان

مكتب السودان

الخرطوم - بري - امتداد ناصر

هاتف 00249918064984

e-mail: dar_jenan@yahoo.com

التدخل الدولي الانساني

بين

ميثاق الامم المتحدة والتطبيق العملي

الدكتور

انس أكرم محمد العزاوي

الإهـــداء

إلى .. من هو عظيم في شموخه
وطنـــي

إلى .. من وصاني ربي بهما إحساناً
والـــديّ

إلى .. من سندتني وساندتني
زوجـتي

إلى .. من أشدد بهم أزري
أخـوتي

إلى .. الأمل الذي أضاء لي غدي
(المسك) ابنتي

أهدي ثمرة جهدي المتواضع

أنـــس

تقديم

يعد موضوع التدخل الإنساني من الموضوعات التي أخذت تشغل مساحة كبيرة بين الأوساط الدولية، وتمثل دراسته مجالاً رحباً للمهتمين بالشؤون الدولية لارتباطه بمواضيع مهمة في القانون الدولي كمبدأ عدم التدخل والسيادة وحقوق الإنسان.

وتوضح الأصول التاريخية بهذا الموضوع انه ظهر على صعيد العلاقات الدولية قبل ظهور مبدأ عدم التدخل في الشؤون الداخلية للدول، وان كان قد ارتبط ذلك بالحق السيادي للدول باللجوء إلى الحرب، وهو ما يعلل عدم اقتران اللجوء إلى التدخل بأية قواعد قانونية. واستمر ذلك حتى منتصف القرن التاسع عشر حيث ظهرت عدد من القواعد القانونية التي تؤيد التدخل لأسباب إنسانية. وخلال القرن العشرين لاقى موضوع التدخل الإنساني رواجاً واسعاً بتأييد عدد من الفقهاء والدول له، وخاصة الدول الأوربية التي كان لها الدور الكبير في بلورة هذه الفكرة من خلال تكرار استخدامها، بالاستناد إلى أن الدولة التي تسيء استخدام حقوقها السيادية، عن طريق معاملة الأفراد والخاضعين لسلطاتها، سواء أكانوا من مواطنيها أم من الأجانب معاملة وحشية وقاسية، إنما توفر المبرر القانوني للتدخل ضدها من جانب أية دولة.

لقد شاع استعمال عبارة التدخل الإنساني في العقد الماضي خلال المؤتمرات الدولية، البيانات وسائل الأعلام، البحوث، كمحاولة لخلق الظروف المناسبة لإنشاء قواعد عرفية دولية جديدة، تخدم مصالح الدول التي نادت بإنشاء نظام دولي جديد،

وذلك من خلال استغلال مبادئ حقوق الإنسان وقواعد القانون الدولي الإنساني بغية تبرير استخدام القوة بشكل غير قانوني، لتحقيق أهدافها السياسية والاستراتيجية.

فخلال الحرب الباردة كان التدخل العسكري يتم من قبل الدول الكبرى والصغرى (المعسكر الغربي والمعسكر الشرقي) عموماً وان التدخل في تلك المرحلة لم يستند في تبرير أسبابه أو نتائجه إلى المفهوم الإنساني، لذلك فقد عارضت معظم الدول الغربية حالات التدخل والغزو العسكري التي تذرعت بأسباب إنسانية ورفضت تبريراتها، مثال ذلك (الاجتياح الفيتنامي لكمبوديا عام 1978).

وبعد انتهاء الحرب الباردة وانتهاء التعددية القطبية لصالح (القطب الواحد) في العلاقات الدولية، وما رافقتها من ظهور دول جديدة على اثر تفكك الاتحاد السوفيتي السابق وشيوع ظاهرة الصراع الديني والطائفي والاثني في العالم.

طرحت الولايات المتحدة بقوة وبدعم عدد من الدول الغربية فكرة التدخل الإنساني كمحاولة للمساس بمبدأ مساواة الدول في السيادة وعدم التدخل في شؤونها الداخلية. حيث تهدف هذه الفكرة إلى محاولة توظيف القانون الدولي ومنظومة الأمم المتحدة لتحقيق أهداف الاستراتيجيات الجديدة التي تحاول الدول الغربية فرضها على العالم تحت حجة الدفاع عن حقوق الإنسان ومبادئ القانون الدولي الإنساني.

وعليه فان الغرب يعّرف التدخل الإنساني بـ(استعمال القوة العسكرية من قبل دولة أو عدة دول ضد دولة أخرى، بموافقة أو بدون موافقة عن مجلس الأمن تحت ذريعة وقف الانتهاكات الجسيمة لمبادئ حقوق الإنسان وقواعد القانون الدولي الإنساني).

ومنذ أن بدأت محاولات الدول الغربية والولايات المتحدة الأمريكية فرض فكرة التدخل الإنساني قي بداية العقد الماضي طبقاً لمفهومها أعلاه واجهت معارضة دولية شديدة من قبل معظم الدول وكذلك من قطاع واسع من فقهاء القانون الدولي باعتبارها توجهاً يهز القاعدة التي يرتكز عليها القانون الدولي إلاّ وهي (مساواة الدول في السيادة) التي نص عليها ميثاق الأمم المتحدة في الفقرة الأولى من المادة الثانية والتي نصت (تقوم الهيئة على مبدأ المساواة في السيادة بين جميع أعضائها)، وأكدت عليه الفقرة الثانية من المادة الأولى في إطار (إنماء العلاقات الودية بين الأمم على أساس احترام المبدأ الذي يقضي بالتسوية في الحقوق بين الشعوب وبان يكون لكل منها تقرير مصيرها)، وأشارت اليه أيضاً المادة (55) من الميثاق، واخيراً فان مبدأ سيادة الدول قد ورد في نص المادة (78) من الميثاق (...، إذ العلاقات بين أعضاء هذه الهيئة أن تقوم على احترام مبدأ المساواة قي السيادة).

وتتحدد مشكلة التدخل الإنساني في إطار الفقرة السابعة من المادة الثانية من ميثاق الأمم المتحدة التي تنص إلى انه ((ليس من الميثاق ما يسوغ للأمم المتحدة أن تتدخل في الشؤون التي تكون من صميم السلطان الداخلي لدولة ما وليس فيه ما يقتضي الأعضاء أن يعرضوا مثل هذه المسائل لان تحل بحكم هذا الميثاق، على أن هذا المبدأ لا يخل بتطبيق تدابير القمع الواردة في الفصل السابع)).

تنبع أهمية دراسة هذا الموضوع في هذا الوقت، من التطور الذي لحق بمفهوم (التدخل الإنساني) من حيث القائم به وسنده ومجاله. فضلاً عن الاعتبارات السياسية التي رافقت وجوده وأثرت بشكل كبير على مسيرته فكان في حالات

عديدة تمثيلاً لخيار صعب بين المحافظة على سيادة الدول من جهة، وحماية حقوق الإنسان من جهة أخرى. وهذا ما يضيف بعداً آخر في دراسة هذا الموضوع، خاصة وان العديد من الدول عانت من الاستخدام السيئ لهذه الفكرة، ومن هذه الدول العراق.

لم يعد مفهوم (التدخل الدولي الإنساني) مفهوماً جامداً محدداً محصوراً، إذا بدا يأخذ بعداً دولياً وتوزعت مواقف الدول بين مؤيداً للفكرة داعياً إلى جعلها جزءاً من الشرعية الدولية، وبين رافض للفكرة بدعوة معارضته لمبادئ القانون الدولي الإنساني ومبادئ حقوق الإنسان ونصوص ميثاق الأمم المتحدة. رافقه جملة من التساؤلات مما إذا كانت غاية التدخل الإنساني ممكن أن تنصرف إلى ابعد من تفعيل حقوق الإنسان ووقف الانتهاكات التي تتعرض لها ليقوم بمعالجة الأسباب التي أدت إلى انتهاك حقوق الإنسان ومن ثم خلق بيئة ملائمة لتفعيل التزام وتطبيق مبادئ حقوق الإنسان.

فهل أن التدخل الإنساني داخل في إطار المنع الوارد في هذه المادة، أم انه يقع في نطاق الاستثناء المتعلق بتطبيق الفصل السابع من الميثاق من قبل مجلس الأمن؟ وإذا كانت الحالة الأخيرة تشمل التدخل الإنساني فمتى يتم ذلك بمعنى متى تشكل انتهاكات حقوق الإنسان تهديداً للسلم والأمن الدوليين ليكون التدخل الإنساني أحد التدابير المتخذة لمعالجة هذا التهديد؟ وهل أن التدخل مقتصر على مجلس الأمن أم تستطيع جهات أخرى القيام بذلك؟ وما هو الأساس القانوني للتدخل الإنساني؟ وما هي حالات التدخل؟ وهل للاشرعية أن توجد شرعية تبررها؟

هذا ما سنسعى للإجابة عنه في هذه الدراسة/رغم أن ذلك ليس بالأمر اليسير بسبب الوضع الدولي الراهن وما يشوب هذا الموضوع من تباينات حول مفهومه تصل إلى حد التعقيد.

وفي الختام أرجو من الله، أن أكون قد وفقت في إعطاء هذا الموضوع حقه على الرغم من الصعوبات التي واجهتنا واعترضت طريق أعداد هذا البحث. وأني إذ أتقدم بهذا الجهد والذي سلط الضوء على أهم مواضيع العلاقات الدولية ألاّ وهو ((التدخل الدولي الإنساني)) وما يكتنفه من غموض ومصداقية، لا ازعم إنها جاءت شاملة ومستوفية لكل نواحي وجوانب الموضوع، فالكمال لله وحده، وللمجتهد أن أصاب أجران وان أخطأ أجر واحد. ومن الله التوفيق.

الفصل الأول
نشأة حقوق الانسان وتطورها على المستوى الدولي

الفصل الأول
نشأة حقوق الانسان وتطورها على المستوى الدولي

توطئـة

لقد وصلت حقوق الإنسان في يومنا هذا إلى مرتبة متقدمة من حيث التطور في مفاهيمها ومبادئها والالتزام بها كمبادئ قانونية ملزمة التطبيق وقد بدأت تأخذ مداها بالانتقال من المستوى الداخلي (المحلي) إلى مستويات العلاقات الدولية المختلفة.

فلقد مرت حقوق الإنسان بمراحل تطور متعددة حتى وصولها إلى وضعها ومكانتها الحالية ولقد أصبح لهذه المبادئ مكانة معروفة في ظل التنظيم الدولي ومن ثم أخذت مكانة رئيسية في تطور التنظيم الدولي حتى وصولها إلى وضعها الدولي الراهن بعدها احدى أهم مبادئ القانون الدولي الإنساني الذي يمثل النقاط الأساسية لقواعد القانون الدولي العام ومبادئ تنظيم العلاقات الدولية بين الدول. وللتعرف على مراحل نشأة وتطور حقوق الإنسان وصولاً إلى ما هي عليه اليوم في ظل القانون الدولي المعاصر فقد ذهبنا إلى تقسيم هذا الفصل إلى مبحثين هما:

المبحث الأول: حقوق الإنسان في المجتمعات القديمة (النشأة والتطور).

المبحث الثاني: حقوق الإنسان في المجتمعات الحديثة.

المبحث الأول

حقوق الإنسان في المجتمعات القديمة (النشأة والتطور)

المطلب الأول

نشوء فكرة حقوق الإنسان

إذا كانت فكرة حقوق الإنسان في أيامنا هذه غير محددة تحديداً دقيقاً ويكتنفها شيء من الغموض وعدم الوضوح فأنها في العصور القديمة كانت غامضة كل الغموض، لا بل يمكن القول إنها كانت مفقودة حيث أن المجتمع كان مبنياً على مبدأ الحق للأقوى والغلبة للأكثر قوة، ومن ثم فأن استباحة حقوق الأفراد دون حدود أو قيود مبررة اعتماداً (البقاء للأقوى والأصلح). يضاف إلى ذلك وجود العديد من النظم والتقاليد المناقضة والرافضة لكل ما له علاقة بحقوق الإنسان، ولنا في التاريخ الإنساني أمثلة كثيرة.

فلو بحثنا في حضارة مصر الفرعونية لوجدنا إن هذه الحضارة كانت معروفة باستبداد حكامها وقسوتهم[1]. حيث عرفت هذه الحضارة العديد من النظم القديمة التي تبتعد عن كل ما له علاقة بحقوق الإنسان، فقد عرفت حضارة مصر الفرعونية نظام الرق الذي يقوم على أساس وجود طبقتين في المجتمع، الأولى هي طبقة الأسياد وهي الأعلى والثانية هي الأدنى وهي طبقة العبيد التي تخضع كل مقدراتها وشؤونها لادارة الأسياد فلهم الحق في أن يسخروا عبيدهم لعمل أي شيء حتى وأن كان في ذلك أضرار للعبيد أو انه قد يؤدي إلى موت القائم به، وللأسياد الحق في بيع العبيد أو هبتهم أو قتلهم والتصرف بهم كالتصرف بأي سلعة من

---

[1] للمزيد انظر: د. محمود سلام زناتي ، حقوق الإنسان في مصر الفرعونية ، مجلة دراسات قانونية ، كلية الحقوق جامعة أسيوط العدد (17) ، لسنة 1995 ، ص 24-58.

سلعهم. كما عرفت حضارة مصر القديمة نظام السخرة في العمل الذي يقوم على أساس فكرة العمل الإجباري بدون مقابل حيث كان الفراعنة يجبر أعداد كبيرة من الأفراد على العمل على سبيل السخرة ومن دون مقابل حيث كان هؤلاء من المصريين أم .من أسرى الحروب، وطبقا لمفاهيم حقوق الإنسان في أيامنا، تعد السخرة انتهاكاً لأحد الحقوق الاقتصادية للإنسان والذي يتمثل بالحق في حرية العمل والحرية في اختيار نوعية العمل [1]

أما في بلاد وادي الرافدين فنجد في تشريعات حمورابي، ملك بابل (1792-1750ق.م)، وهي من الشرائع القديمة المعروفة بأنها تتضمن الكثير من الأحكام القاسية التي لا تتفق مع مبادئ حقوق الإنسان بمنطق عصرنا الحالي، فقد كانت هذه الشريعة تتضمن من بين العقوبات التي نصت عليها عقوبة الإعدام كعقوبة مقررة للعديد من الجرائم التي لا تستحق من حيث جسامتها اقراراً مثل هذه العقوبة، فقد كانت عقوبة الإعدام هي جزاء من يطفف في الكيل والميزان. كما كانت هذه العقوبة هي الجزاء الذي يقع على من يقبض عليه متلبساً بالسرقة، كذلك جعلت هذه جزاءاً لمن يحصل على الأموال عن طريق الاحتيال، كذلك كانت تنص هذه الشريعة على إيقاع عقوبة الإعدام في حالة عجزه عن اثبات التهمه، وكذلك تضمنت الشريعة النص على حق المحارب الذي يؤسر في ديار الأعداء في أن يسترد زوجته إذا عاد إلى بلده حتى لو كانت تزوجت أثناء أسره برجل آخر[2].

وفي الحضارة اليونانية، فعلى الرغم مما عرفت به دولة المدينة الإغريقية

---

[1] قارن مع العهد الدولي الخاص بالحقوق الاقتصادية والاجتماعية والثقافية لعام 1966.

[2] انظر: د. محمد يوسف علوان ، حقوق الإنسان في ضوء القوانين والمواثيق الدولية ، ط1 ، مطبوعات وحدة التأليف والترجمة ، الكويت ، 1989 ، ص16.

بكونها مثالاً للديمقراطية فقد كان سكان المدينة ينقسمون إلى ثلاثة طبقات تختلف كل طبقة عن الأخرى من الناحية السياسية من حيث الحقوق والواجبات القانونية، حيث كان هناك طبقة المواطنين الذين كان لهم الحق وحدهم في المشاركة السياسية وتولي الوظائف العامة، أما الطبقة الثانية طبقة الأجانب المقيمين في المدينة والذين ليس لهم حق ممارسة الحياة السياسية، والطبقة الثالثة هي طبقة الأرقاء وهي الطبقة الأدنى في السلم الاجتماعي وليس لهذه الطبقة أي أهمية في الحياة السياسية للمدينة إذ كان الرقيق ملكا لسيده وشيئاً من أشياءه وله الحق أن يتصرف كما يشاء.

أن هذا التقسيم لطبقات المجتمع المدني الإغريقي يمثل خرقاً لأحد أهم المبادئ الأساسية لحقوق الإنسان، الاّ وهو مبدأ المساواة بين أفراد المجتمع الواحد كما أن هذا التقسيم مصدر لظهور نظام الرق والذي أصبح مألوفاً في مجتمع المدينة الإغريقي، بل ونادى به كبار فلاسفة اليونان في ذلك الحين، حيث كانوا يعدون الرق حالة طبيعية وضرورية لتأمين العمل في اقتصاديات ذلك الزمان[1].

حيث ذهب (أرسطو) صراحة إلى ضرورة تخصيص المواطنين أنفسهم لممارسة الأمور السياسية وترك الأعمال اليدوية للأرقاء[2]. وهذا معناه أن أرسطو كان قد قبل بوجود نظام الرق ووجود فوارق اجتماعية بين البشر. يضاف إلى مظاهر أخرى عديدة تبين وتعكس عدم احترام الإنسان وحقوقه. ومنها الخدمة العسكرية في دولة المدينة والتي كانت تستمر مدى الحياة، حيث كان الفرد مسخراً تسخيراً مطلقاً لخدمة الدولة وخاضعاً خضوعاً مطلقاً لها، كما أن حرية الدين

---

[1] أنظر: د. صبحي المحمصاني ، أركان حقوق الإنسان ، ط 1، دار العلم للملايين ، بيروت عام 1979 ص15.

[2] راجع: د. محمد يوسف علوان ، مصدر سبق ذكره ، ص18.

والمعتقد هو الأخر كان من الحقوق المنتهكة، إذ لم يكن للفرد الحرية في إن يدين بالدين الذي يريد فقد كان المبدأ السائد يقضي بأن لا يدين الأفراد الآ بدين دولهم، حيث كانت بعض المدن اليونانية تسن قوانين تقضي بمعاقبة أي شخص يمكن إن تكون لديه النية في أن يصبح ملكاً. ومدن أخرى تسن قوانين تدخل في صميم الحياة الخاصة بالأفراد، كالملبس وتصفيف الشعر وإرتداء ألوان معينه من الملابس وعدم إرتداء ألوان أخرى، وفي مدناً أخرى كانت القوانين تقضي بمنع حلق الذقن وتجبر على اطلاقه في حين إن مدناً أخرى كانت توجب حلق الذقن وتمنع اطلاقه[1].

أما الرومان، فقد كان في عهدهم الكثير من الأنظمة والقواعد التي شكلت خرقاً لمبادئ حقوق الإنسان، ومنها ولاية رئيس العائلة على جميع أفرادها، إذ كان له حق الحياة والموت عليهم، كما قالوا بولاية الزوج على زوجته إذ كان يعقد عليها بموجب عقد الشراء وكان يطلقها بموجب عقد البيع، وهذا يعني أن المرأة كانت تباع وتشترى بين الرجال كبيع وشراء السلع في السوق، دون أي احترام لأرادتها ورغبتها، وقد يرجع السبب في ذلك إلى ضعف بنيتها، إذ كان نظام القوة سائداً والغلبة بالتأكيد للرجال[2]. كما أن المرأة وبموجب التشريعات الرومانية كانت قاصرة ولم يكن لها بموجب تلك التشريعات الحق في الأرث أو التصرف بالأموال الآ بأذن زوجها، كما كانت هناك قوانين تجيز إسترقاق المدين من قبل دائنه عند عدم الوفاء بالدين على اعتبار ان جسم المدين هو الضمان لسداد الدين وانه يجوز

---

(1) د. محمد يوسف علوان ، المصدر السابق ، ص18.

(2) انظر: د. صبحي المحمصاني ، مصدر سبق ذكره، ص16 وص289.

عند عدم الوفاء التنفيذ على جسم المدين، كما أجازت تلك التشريعات إضطهاد الأجانب ومعاملتهم معامله سيئة[1].

أما العرب في عصر ما قبل الإسلام وخاصة في عصر الجاهلية الأولى فقد كانوا بعيدين عن مراعاة حقوق الإنسان، إذ كانت الغلبة للأقوياء والذل والهوان للضعفاء، إذ عُرف العرب في تلك الأيام بالتعصب القبلي الذي كان يربط أفراد القبيلة ولاء العصبية القبلية وما يستتبع هذا التعصب من تناصر بين أفراد القبيلة مبني على قاعدة (أنصر أخاك ظالماً أو مظلوماً)[2]. كما عرف العرب قبل الإسلام نظام الرق وكان من الأنظمة المألوفة وكانت تعرف الأسواق العربية في تلك الأيام بتجارة العبيد والجواري والتي كان سلعتها الأساسية الإنسان. فالمرأة في ذلك العصر كانت مهانة وقاصرة، حيث كانت محرومة من الأرث، وكان وليها يزوجها دون رضاها لقاء مبلغ من المال يدفعه الزوج إلى ولي الزوجة، كما عرف العرب المقايضة بين النساء وهو ما يسمى أو كان يعرف بـ(زواج الشغار)، كما مارس العرب وأد البنات وبيع الأولاد بسبب العار أو الفقر وما يعنيه ذلك من مخالفة لمفاهيم حقوق الإنسان في عصرنا وخاصة فيما يتعلق بحقوق الطفل، كما كان الطلاق في ذلك العصر مباحاً وبلا قيود حيث كانت الزوجة تؤول بالأرث إلى ورثه زوجها بعد وفاته[3].

نستخلص من الأمثلة السابقة إن فكرة حقوق الإنسان المعروفة لدينا اليوم لم تكن معروفة في بادئ الأمر لدى المجتمعات الإنسانية الأولى بل كان هناك العديد

---

[1] د. محمد يوسف علوان ، حقوق الإنسان في ضوء القوانين والمواثيق الدولية ، مصدر سبق ذكره ، ص20.

[2] د. صبحي المحمصاني ، مصدر سبق ذكره ، ص16.

[3] د. صبحي المحمصاني ، المصدر السابق ، ص16 وص289.

من القواعد والنظم الاجتماعية والسياسية والقانونية التي كانت تؤدي إلى انتهاك حقوق الإنسان، وتدلل على عدم وجود الاحترام للإنسان كإنسان. لكن الحال لم يستمر هكذا طوال حياة المجتمعات الإنسانية القديمة، إذ بدأت تظهر تدريجيا وببطء، شديد وبشكل متفاوت من مجتمع إلى آخر بعض الأفكار الفطرية البسيطة والتي تتضمن معامله الإنسان للإنسان برحمة وشفقة وعدم الظلم والتفريق والتمييز والمساواة وغيرها. وكان التوصل إلى هذه الأفكار يعد نتيجة حتمية لكفاح الكائن البشري وتضحياته من أجل التوصل إلى أيجاد مثل هذه الأفكار وتحويلها إلى مبادئ تحكم حياة المجتمعات الإنسانية وتنظم علاقاتها الداخلية (بين أفراد المجتمع الواحد) والخارجية (بين المجتمعات) وبما يحقق للإنسان ولو قواعد بسيطة تضمن له التمتع بشيء من القواعد الأساسية والتي يستطيع من خلالها الإنسان مواصلة حياته بشيء من الكرامة والقيمة.

مما تقدم نستنتج إن الإنسان وبغية التخلص من معاناته واثبات قيمته والحفاظ على كرامته، بدأ التفكير بضرورة وجود حقوق إنسانية له ومبادئ لأعمال هذه الحقوق، هذا التفكير جاء نتيجة الشعور بضرورة وجود مثل هذه الحقوق والمبادئ والحاجة اليها نظرا لما كان يتعرض إليه الإنسان من ظلم ومعامله قاسية، وعندما وجد الإنسان ان مجرد التفكير غير كاف وغير مفيد لإيجاد مثل هذه المبادئ، عمل الإنسان على إظهار هذه الرغبة والتحدث عنها، وبإظهار رغبات متشابهة من قبل بعض الأفراد، كانت تدور كلها حول فكرة أيجاد مبادئ تؤدي إلى احترام الإنسان والاعلاء من شأنه، تولدت الشجاعة والرغبة لدى البعض الأخر للإجهار بهذه الرغبات وإظهارها. وقد حمل لواء الدعوة لهذه المبادئ الفلاسفة والحكماء. فقد

نادى فلاسفة اليونان بهذه الحقوق كنقد موجه إلى كل تلك العادات والتقاليد والقوانين والانظمة التي كانت سائدة في عصرهم والتي تسيء إلى الارقاء والأجانب، فقد ذهب بعضهم إلى القول (إننا جميعاً متساوون في الميلاد، وفي كل شيء إننا جميعاً نستنشق الهواء من الفم والأنف). كما أنكر (يوربيدس) صحة الفوارق الاجتماعية بقوله (ان هناك أمرا واحداً يجلب العار على الارقاء، وهو الاسم، ولا يفضلهم الأحرار في ما عدا ذلك بشيء، فكل منهم يحمل روحاً سليمة)[1].

لقد حفزت وشجعت أقوال الفلاسفة والحكماء الأفراد إلى العمل في سبيل تطبيق هذه المبادئ والمناداة بتلك الحقوق، وأخذ الشكل الأول لهذه التطبيقات، شكل العادات، وبزيادة شعور الأفراد بأهميتها وتواتر تطبيقها تولد الشعور لديهم بالزاميتها ووجوب عدم مخالفتها، وهنا بدأت مرحله تطور تلك العادات وتحولها إلى أعراف يحرص الأفراد على احترامها وعدم مخالفتها، وأخذت بعض القواعد العرفية الفطرية البسيطة التي كانت تتضمن اقراراً لبعض الحقوق الإنسانية الأولية وعلى رأسها الحق في الحياة والمعتقد والتملك والزواج.

وعليه يمكننا القول ان الظهور الأول لمبادئ حقوق الإنسان كقواعد قانونية كان على شكل قواعد عرفية بسيطة ركزت على بعض الحقوق الأولية المهمة للإنسان. بمعنى آخر ان النشأة الأولى لحقوق الإنسان أخذت بالظهور على شكل مبادئ عرفية غير مدونه شكلت بمجملها ما يمكننا ان نسميه (المرحلة العرفية) والتي تمخضت بدورها عن بعض القواعد القانونية الأولية البسيطة العرفية والتي شكلت بدورها النواة الأولى لمبادئ حقوق الإنسان، والتي تطورت فيما بعد لتصبح قواعد أساسية مدونه سميت (مبادئ حقوق الإنسان).

---

[1] د. محمد يوسف علوان ، نفس المصدر السابق ، ص19.

المطلب الثاني

تطور فكرة حقوق الإنسان

لقد كانت النشأة الأولى لمبادئ حقوق الإنسان على شكل قواعد عرفية بسيطة تطورت بمرور الزمن، وقد مثلت تلك المرحلة البداية لتطور مبادئ حقوق الإنسان ومن ثم استمرت مسيرة تطورها، وإذا بحثنا في تطور مبادئ حقوق الإنسان بعد المرحلة العرفية وحتى الوصول إلى المرحلة الدولية، نجد انه بالإمكان إن نحصر تطور مسيرة حقوق الإنسان وفقاً للتقسيم القانوني بمرحلتين. تتمثل الأولى بالمرحلة التشريعية وهي المرحلة التي تم فيها تضمين بعض مبادئ حقوق الإنسان ضمن التشريعات والقوانين، أما المرحلة الثانية فتتمثل بالمرحلة الدستورية وهي المرحلة التي تحولت فيها مبادئ حقوق الإنسان من قواعد عادية عرفية إلى قواعد دستورية مكتوبة، وبناءاً على ذلك سنقسم المطلب إلى قسمين: نتناول في الأول المرحلة القانونية العادية أما الثاني فنتناول المرحلة الدستورية.

أ- المرحلة القانونية (التشريعية)

لقد أفضى تطور مبادئ حقوق الإنسان إلى ظهور مرحله جديدة من مراحل تطور حقوق الإنسان وهي المرحلة التشريعية والتي فيها بدأت مبادئ حقوق الإنسان تصبح قواعد قانونية مكتوبة بعد إن كانت مجرد أفكار بسيطة أو عادات متفق عليها أو أعراف غير موثقة تتسم بالكثير من الغموض وعدم الوضوح وعدم الثبات و الاستقرار.

وإذا بحثنا في بدايات تدوين مبادئ حقوق الإنسان نجد إنها ترجع إلى العصور القديمة، فقد تضمنت الشرائع القديمة الشرقية منها والغربية الكثير من

الأحكام التي تتضمن بعض مبادئ حقوق الإنسان على الرغم من تضمن البعض من تلك الشرائع العديد من الأحكام التي كانت مناهضه لمبادئ حقوق الإنسان والتي كانت تطبيقاتها تؤدي إلى العديد من الانتهاكات لهذه الحقوق وفقاً لمفهومها في عصرنا هذا، لكن الأمر تطور بالتدريج فكلما تطورت الأعراف وتم تدوينها وأصبحت قوانين مكتوبة تبدلت تلك الأحكام المخالفة لمبادئ حقوق الإنسان بالتدريج بظهور أعراف جديده تعنى باحترام حقوق الإنسان من شأنها تعديل تلك الأحكام وبمرور الزمن أخذت تلك الأعراف تحل محل الأحكام. لقد كان للشرائع القديمة دور مهم جداً في تطوير وتعزيز وتدوين مبادئ حقوق الإنسان والاتيان بمبادئ تتضمن تحريم الكثير من العادات والتقاليد التي كانت سائدة، والتي كانت بمجملها تؤدي إلى ظلم الإنسان وعدم احترام كرامته والتنكر لحقوقه، واحلال مبادئ جديدة تحترم الإنسان وتزيل الظلم عنه محلها، وأولى الشرائع القديمة التي نادت باحترام الإنسان والاعتراف بحقوقه الإنسانية (شريعة حمورابي) والتي كانت تتكون من (282) مادة قانونية تعالج مواضيع قانونية وحقوقية مختلفة وكانت هذه الشريعة قد تضمنت من بين ما تضمنته بعض المواد القانونية التي تتضمن أحكاماً تتعلق بمبادئ حقوق الإنسان إلى حد ما. حيث كانت هذه الشريعة تعد الدولة مسؤولة عن تقصيرها في حماية أرواح وممتلكات المواطنين (م 23، م 24) حيث يقع عنى عاتقها تحمل مسؤولية دفع تعويض للمتضررين بسبب السرقة أو القتل إذا لم يتسن لها القبض على السارقين أو القتلة وهذا يعني في مقتضاه اعترافاً بحق الإنسان في الحياة والملكية الخاصة[1].

[1] انظر: نصوص المواد بالتفصيل في: د. فوزي رشيد ، الشرائع العراقية القديمة، ط3 ، دار الشؤون الثقافية العامة ، بغداد ، 1987 ، ص123.

ومن القوانين الشرقية القديمة الأخرى التي تناولت شيئاً من مبادئ حقوق الإنسان (قانون ماتو الهندي) الذي يرجع إلى القرن الثالث عشر أو الرابع عشر قبل الميلاد، حيث تناول هذا القانون بعض المفاهيم الإنسانية التي تنص على (ان على المحارب ان لا يقتل عدواً استسلم ولا أسير حرب ولا عدواً نائماً أو اعزل ولا شخصاً مسالماً غير محارب ولا عدواً مشتبكاً مع خصم آخر)[1]. ان هذا النص يهدي إلى الأخذ ببعض المبادئ الإنسانية الخاصة بالحروب ومعامله الأسرى والأعداء والمدنيين والتي لها ما يتطابق مع بعض نصوص القانون الدولي الإنساني المعروف حالياً.

كذلك تضمنت بعض القوانين الغربية القديمة بعضاً من مبادئ حقوق الإنسان، ومنها قانون (صولون الاغريقي) * والذي صدر سنة (594 ق .م) والذي كانت له مكانة متميزة ضمن مسيرة تطور حقوق الإنسان وذلك لما تضمنه من مبادئ وحقوق إنسانية، وبموجب هذا القانون مُنح الشعب حق المشاركة بالسلطة التشريعية عن طريق مجلس النواب الذي كان يطلق عليه بـ (مجلس الاربعمائة) وهو (مجلس شعبي ينتخب من قبل قبائل اثينا الاربعة)، كما أقام صولون بموجبه قانون محكمة استئنافية من أفراد الشعب وأعطى للشعب حق انتخاب قضاته، ونص على تحريم نظام (استرقاق المدني) والغاء جميع آثاره[2].

---

[1] لمزيد من التفصيل راجع: د. احسان هندي ، مبادىء القانون الدولي العام في السلم والحرب ، (دار الجليل ، دمشق 1984، ص9-ص15

* صولون:هو الشاعر والحكيم والسياسي من أشهر حكام دولة أثينا والاغريقية والذي أحدث بموجب قانونه العديد من الاصلاحات التشريعة والادارية.

[2] انظر: د. عبد الغني بسيوني ود.علي القهوجي ، تاريخ النظم القانونية والاجتماعية ، دار الجامعة للطباعة والنشر بيروت 1982 ص143.

أما قانون (الألواح الاثني عشر) الروماني فقد تضمنت بعض مبادئه، إشارة إلى مبادئ حقوق الإنسان المعروفة حالياً، وأهمها مبدأ المساواة بين أفراد الشعب، فبعد ان كان الشعب مقسماً إلى عده طبقات غير متساوية في الحقوق والواجبات والامتيازات، تضمن هذا القانون أحكاماً تفيد أعمال مبدأ المساواة أمام القانون وإزالة الفوارق بين الفقراء والأغنياء[1].

إلى جانب القوانين الوضعية القديمة التي تضمنت ما يتفق مع مبادئ حقوق الإنسان وعلى درجات متفاوتة ومختلفة من حضارة إلى أخرى ومن مجتمع إلى آخر ومن زمن إلى آخر، جاءت الأديان السماوية وشرعت العديد من المبادئ التي تقضي بالمساواة بين البشر والعدل وعن الظلم وعمل الخير وغيرها من المبادئ التي تتفق مع مبادئ حقوق الإنسان المعروفة. والتي كان لها وقع كبير في نفوس البشر لما كانت تتضمنه من دعوة إلى السلام والاخاء. لقد مثلت هذه الشرائع بحق المنبع التي استقت منه فيما بعد القوانين الوضعية العادية منها والدستورية والدولية الكثير من مبادئ حقوق الإنسان كون هذه الشرائع السماوية جاءت بمبادئ تخاطب الاسرة البشرية بشكل عام دون تمييز من حيث المكان أو الزمان فلقد أكدت الديانة المسيحية على كرامة الإنسان والمساواة بين البشر وذلك على اعتبار ان جميعهم (أبناء الله)، كما أكدت على حرمة الملكية الفردية ووجوب احترامها وعدم التجاوز عليها وتحريم الربا الفاحش وتنظيم مسائل الطلاق والزواج، وأكدت كذلك على حرية العقيدة والمعتقد واحترام الأديان الأخرى[2].

---

[1] راجع: د. صبحي المحمصاني ، أركان حقوق الإنسان ، مصدر سبق ذكره ، ص 27.

[2] راجع: د. صبحي المحمصاني ، مصدر سبق ذكره ، ص 27. وللمزيد انظر: انجيل لوقا 6/27-36 ، ص26 وما بعدها.

كما أكدت الديانة المسيحية على الحقوق السياسية، حيث أكدت على ان السلطة لم توجد الآ لخدمه الإنسان، حيث أصبحت هذه التعاليم بمثابة حجر الأساس لتقييد السلطة ومنعها من التجاوز على الحقوق الدينية للأفراد إذ لا يجوز للسلطة الزمنية ان تتجاوز اختصاصاتها وان تتدخل في الأمور الدينية لانها بذلك سوف تخالف (اعطِ ما لقيصر لقيصر، وما لله لله) وتصبح مقاومتها والثورة عليها أمرا مشروعاً[1].

أما الشريعة الإسلامية، فتعد بمثابة الثورة في ميدان حقوق الإنسان، إذ انها جاءت كشريعة دينية وروحانية ومنهاجاً لتنظيم جوانب حياة الإنسان كافه على أساس تكريم الإنسان والاعلاء من شأنه والتي كانت بحق المنبع التي استقت منه فيما بعد سائر الفلسفات والقوانين والشرائع التي جاءت بمبادئ حقوق الإنسان. وقد جاءت هذه الشريعة بمبادئ سمحة وسط قوم طغى عليهم الاستبداد والعصبية ودرجوا على التفاخر بالانساب وأهدرت عندهم حقوق الضعفاء امام الأقوياء، فاستبدلت بذلك الأوضاع القائمة وجاءت تحريرا للأرقاء وصوناً لحقوق الضعفاء، ومساواة بين الأجناس وظهور مجتمع جديد القوي فيه ضعيف حتى يؤخذ الحق منه، والضعيف فيه قوي حتى يؤخذ الحق له.

كما أكدت الشريعة الإسلامية على حق الإنسان في الحياة وعدته من الحقوق الأساسية، ووضعت عقوبة شديدة على من يقدم على قتل إنسان عمداً دون وجه حق وهي الإعدام، كما تضمنت العديد من الأحكام الأخرى التي تؤكد على حق الإنسان في الحياة وتحذر من الاعتداء عليه والمساس به، وتعده بمثابة الاعتداء على

[1] راجع: د. محمد يوسف علوان ، حقوق الإنسان في ضوء القوانين والمواثيق الدولية ، مصدر سبق ذكره ، ص25.

المجتمع بأسر، قال تعالى (مَنْ قَتَلَ نَفساً بِغَيْرِ نَفْسٍ أو فَسَادٍ فِي الأَرْضِ فَكَأَنَّمَا قَتَلَ النَّاسَ جَمِيعاً وَمَنْ أَحْيَاهَا فَكَأَنَّمَا أَحْيَا النَّاسَ جَمِيعاً)[1].

كما أمر الإسلام ببناء الدولة الإسلامية على فكره الشورى وعلى واجب التقيد بالأحكام الشرعية، والحكمة من ذلك هي منع تسلط الحكام واستبدادهم ومن ثم ظلم العباد، كما أخذت الشريعة الإسلامية بمبدأ حرية العقيدة، إذ انه على الرغم من ان الإسلام جاء للبشر كافة ويخاطب بأحكامه الجميع لكنه في الوقت نفسه ضمن حرية الاعتقاد للناس جميعا ولم يكره احداً على اعتناق الإسلام والتخلي عن دينه، إذ ان الدعوى إلى الإسلام شيء والاكراه شيء آخر، فالأولى مشروعة والثانية غير مشروعة، وقد نصت الايات الكريمة على ذلك ومنها. قوله تعالى (لا إِكْرَاهَ فِي الدِّينِ)[2]، وهناك بعض الايات التي تؤكد على المساواة بين البشر وعدم التمييز بينهم الاّ بالتقوى ومنها قوله تعالى (**يَا أَيُّهَا النَّاسُ إِنَّا خَلَقْنَاكُمْ مِنْ ذَكَرٍ وَأُنْثَى وَجَعَلْنَاكُمْ شُعُوباً وَقَبَائِلَ لِتَعَارَفُوا إِنَّ أَكْرَمَكُمْ عِنْدَ اللهِ أَتْقَاكُمْ**)[3]. كما أكدت الشريعة الإسلامية على حق الملكية وصيانته، حيث أكد القرآن الكريم على تحريم اكل الاموال بالباطل والسرقة.

كما أنصفت الشريعة الإسلامية المرأة، واعطتها حقوقها في الارث والتملك و التصرف بأموالها ومنحها سائر مقومات الكرامة الإنسانية والمساواة في الحقوق والواجبات وبناء الزواج على المودة وجعل المهر من حق الزوجة تكريماً لها

---

[1] القرآن الكريم: سورة المائدة ، الآية (32).

[2] القرآن الكريم: سورة البقرة ، الآية (26).

[3] القرآن الكريم: سورة الحجرات ، الآية (13).

والتنفير من الطلاق وعدم تحبيذه وذلك لما يترتب عليه من إساءة للمرأة عند إساءة استخدامه والعديد من الايات الأخرى التي جاءت لحماية المرأة وانصافها.

بالاضافه لما تقدم، فأن الشريعة الإسلامية زاخرة بالعديد من النصوص والأحكام والتي ان طبقت بشكل سليم فأنها تضمن خير احترام لحقوق الإنسان والارتقاء به[1].

ب. المرحلة الدستورية

تعد المرحلة الدستورية من مراحل التطور المهمة التي مرت بها فكرة حقوق الإنسان على الصعيد الداخلي للدول، إذ انه في هذه المرحلة وضعت المبادئ الأساسية العليا لفكرة حقوق الإنسان في مكانة أسمى وأعلى ضمن النظام القانوني الداخلي للدولة وذلك من خلال تضمين البعض من الوثائق الدستورية على بعض من المبادئ الاساسية المهمة لحقوق الإنسان وذلك في سبيل تمييزها عن سائر الحقوق. إذ من المعلوم ان النظام الداخلي للدول يتكون من القوانين العادية على إختلاف انواعها والقوانين الدستورية على إختلاف اشكالها والتي تكون أسمى وأعلى مكانة من القوانين العادية. والقانون الدستوري يتضمن وفق المفهوم الواسع في تعريفه (**جميع القواعد القانونية ذات الطبيعة الدستورية سواء كانت واردة في الوثيقة المكتوبة التي يطلق عليها تسميه الدستور أو في غيرها من الوثائق ذات الطبيعة الدستورية أو كانت على شكل أعراف دستورية غير مدونه**)[2].

---

[1] انظر: د. عبد الحكيم العيلي: حقوق الانسان في الشريعة الاسلامية ، مجلة السياسة الدولية ، عدد (39) 1975 ، ص20وما بعدها.

[2] لمزيد من التفصيل ، راجع: د. ماجد راغب الحلو ، القانون الدستوري ، دار المطبوعات الجامعية ، مصر-الاسكندرية ، ط2 ، 2002 ، ص7.

وتكمن اهمية تضمين مبادئ حقوق الإنسان ضمن القوانين الدستورية في ان وضعها ضمن هذه القوانين يعني الاعلاء من شأنها وتقديسها، ودليلاً على وجود الرغبة الجادة في تطبيقها وعدم مخالفتها لان القواعد القانونية التي تتضمنها القوانين الدستورية تكون سامية على القوانين العادية ولا يجوز مخالفتها بأصدار قوانين عاديه مخالفة لنصوصها، كما ان اصدار مثل هذه القوانين يعد مخالفة لمبدأ المشروعية وان هذه القوانين تعد قوانين غير دستورية وبالتالي يكون من الواجب تعديلها واصلاحها مع القواعد الدستورية. والمرحلة الدستورية تبدأ مع بداية تضمين القوانين الدستورية على بعض حقوق مبادئ الإنسان بقصد تمييزها عن سائر الحقوق، وهنا لابد من الاشارة إلى انه لا يمكن ان نرى فرقا تأريخياً بين المرحلتين القانونية والدستورية من مراحل تطور حقوق الإنسان في البلاد التي تفرق بين القوانين الدستورية والقوانين العادية، اي البلاد التي تكون فيها القوانين العادية في ذات مرتبة القوانين الدستورية والتي يمكن فيها تعديل القوانين الدستورية بذات الطرائق التي تعدل فيه القوانين العادية.

ومن متابعة مسيرة تطور فكرة حقوق الإنسان في المجال الدستوري نجد أنها لم تصل إلى المستوى الذي هي فيه الأن بسهولة بل ان تطور مبادئ حقوق الإنسان على الصعيد الدستوري وصل إلى ما هو عليه اليوم بالتدريج وأختلف ذلك من دولة إلى أخرى، على أختلاف أنظمة الحكم و النظم الدستورية القائمة فيها وعلى اختلاف الأحداث السياسية التي حدثت فيها. وعلى سبيل المثال نشأة معظم الدساتير الغربية تحت تأثير النهضة الفكرية في أواخر العصر الوسيط، وقد لعبت الثورات الإنسانية الكبرى ذات الأبعاد العالمية (الثورة الأمريكية والثورة الفرنسية والثورة

الأشتراكية والثورة الانكليزية) والتي قامت في سبيل تحرير الشعوب من طغيان واستبداد السلطات الدكتاتورية، دورا كبيرا في هذا المجال [1] فقد اشتملت معظم الدساتير الغربية على الكثير من تلك المبادئ والشعارات التي كان ينادي بها رجالات تلك الثورات الكبرى.

ففي انكلترا كانت البدايات الأولى لتضمين مبادئ حقوق الإنسان في القوانين الدستورية الوضعية وقد كان ذلك على أثر ثورات شعبية أجبرت على أثرها السلطات القائمة في ذلك الوقت على وضع وثائق ذات طبيعة دستورية تتضمن بعض المبادئ الأساسية لحقوق الإنسان وذلك في سبيل وضعها في مكانة أعلى وفي مرتبة أسمى في سبيل المحافظة عليها وحمايتها وعدم المساس بها والتزام العمل بها.

وكانت الوثيقة الانكليزية الأولى التي تضمنت بعض المبادئ الأساسية لحقوق الإنسان، وهي وثيقة [العهد الأعظم (Magna Greta)] ذات الطبيعة الدستورية، وصدرت هذه الوثيقة سنة 1215 على أثر الثورة المسلحة التي فجرها البارونات ضد الملك (جون) الذي قام منذ توليه العرش بفرض ضرائب باهضةعلى البارونات وصادر ممتلكاتهم وقصورهم، وبانتصار الثورة تم القاء القبض على الملك (جون) وأجبر على التوقيع على وثيقة ترد لهم ممتلكاتهم وتحد من سلطة الملك القضائية لمصلحة نظام التحكم الالهي القديم وتجبره على احترام حقوق جميع الطبقات[2].

وقد ضمت هذه الوثيقة العديد من المبادئ التي تعد من مبادئ حقوق الإنسان كالحق في الأمان وكفالة حق التقاضي وحرية التجارة والنقل وحق الملكية، ومن

---

[1] د. صبحي المحمصاني ، أركان حقوق الإنسان ، مصدر سبق ذكره ، ص 35.

[2] للمزيد من التفصيل أنظر د. محمد طه بدوي ود. محمد طلعت الغنيمي: النظم السياسية والاجتماعية - دار المعارف ، ط1 ، مصر ، 1958 ، ص 102.

أهم النصوص الواردة في هذه الوثيقة والتي تتعلق بموضوع حقوق الانسان هو النص الوارد في المادة (39) والذي جاء فيه (لا يجوز القبض على أي رجل حر أو سجنه أو نفيه أو مصادرة أملاكه أو اعدامه الاّ بمقتضى حكم يصدره أنداده طبقاً لقوانين البلاد)[1].

وقد تلى صدور وثيقة العهد الأعظم صدور العديد من الوثائق والقوانين الأخرى ذات الطبيعة الدستورية والتي تضمنت نصوص خاصة بحقوق الإنسان، ففي سنة 1628 صدرت وثيقة ذات طبيعة دستورية أطلقت عليها تسمية (عريضة الحقوق - Petition of rights)، إذ أكدت هذه الوثيقة على صيانة بعض الحقوق الأساسية للإنسان من ضمنها حق الأمان وحرية التجارة والحق في الملكية. إذ أن هذه الوثيقة جاءت لتؤكد على الحقوق الأساسية التي كانت قد وردت في وثيقة العهد الأعظم[2].

وفي عام 1679 صدر قانون أطلق عليه تسمية (نظام الاحضار أما المحكمة)، حيث يؤكد هذا القانون على تحريم اعتقال الأشخاص من قبل السلطات التنفيذية دون وجود مسوغ قانوني يسوغ الاعتقال. وفي عام 1688 صدرت وثيقة دستورية جديدة باسم (لائحة الحقوق- Bill of rights) حيث أقر الملك (هنري الثالث) في هذه الوثيقة بتنازله عن حق التشريع وامتناعه عن انشاء المحاكم الاستثنائية، كما تضمنت اللائحة نصوصاً تتعلق بتنظيم المحاكم، والأخذ بنظام المحلفين في المحاكمات وعدم المغالاة في الأحكام التي تصدرها المحاكم في

---

(1) د. محمد طه بدوي و د. محمد طلعت الغنيمي ، نفس المصدر السابق ، ص 103.

(2) راجع د. محمد يوسف علوان، حقوق الإنسان في ضوء القوانين والمواثيق الدولية ، مصدر سابق،ص30.

العقوبات القاسية والغرامات. وفي عـام 1701 صـدر قـانون (التسوية) والـذي أشـترط عـلى الأسرة الحاكمة في (هانوفر) الاعتراف بحقوق عامة الـشعب والديمقراطيـة البرلمانيـة والتأكيـد عـلى احـترام مبـدأ المشروعية[1].

ومن البيانات المهمة في الغرب ذات الطبيعة الدستورية اعلان الاستقلال الأمريكي الذي صدر عام 1776 على أثر اعلان الولايات المتحدة الثلاث عشرة الواقعة على ساحل الأطلنطي في أمريكا الشمالية عن استقلالها عن انكلترا بعد أن ساءت العلاقات معها[2]. وقد تضمن هذا الاعلان عدداً من المبادئ المهمة لحقوق الإنسان وعلى رأسها مبدأ المساواة والتمتع بحق الحياة والحرية والحق في طلب السعادة والسعي لبلوغها وأن الحكومات

قد نشأت من أجل صيانة هذه الحقوق وأن مصدر شرعية الحكومات هو رضى المحكومين عنها، وإذا ما أصبحت الحكومات خطراً على حقوق الأفراد وأضرت بها وأنتهكتها فيكون من حق الشعب العمل على مقاومتها وتغييرها، وهذا يعني ان الاعلان أعطى للشعب الحق في مقاومة الطغيان و الاستبداد[3]. وعلى أثر صدور هذا الاعلان أخذت الولايات المتحدة الأمريكية تضع لنفسها دساتير جديدة أو تعدل في دساتيرها القديمة بما ينسجم وروح هذا الاعلان وتحقيق أعلى مكانة لحقوق الإنسان الأساسية كما ضمنت جميع هذه الولايات في دساتيرها لوائح لحقوق الأفراد، لا بل أن بعضاً من هذه الولايات ذهبت إلى أبعد من هذا عندما ضمنت دساتيرها اعلانات لحقوق الإنسان بمعانيها

---

[1] راجع د. محمد يوسف علوان ، مصدر سبق ذكره ، ص31.

[2] أنظر: د. محمد طه بدوي و د. محمد طلعت الغنيمي ، مصدر سبق ذكره ، ص115.

[3] نفس المصدر السابق ، ص116.

الحديثة[1]. مع ذلك لم يشر الدستور الفدرالي الأمريكي لعام 1787 أي أشارة لحقوق الأفراد، على اعتبار ان الدولة الفدرالية لم تكن مدعوة لاقامة علاقات مباشرة مع المواطنين وأن الدستور الفدرالي صدر لتنظيم العلاقات بين الدولة الفدرالية والولايات الأعضاء فيها والولايات الأعضاء فيما بينهما[2].

لكن الدستور الاتحادي لعام 1787 لم يبق على وضعه إذ تم تعديله مراراً وسميت تلك التعديلات بتسمية التعديلات العشرة والتي اكتملت بأخر تعديل عام 1791 وأكملت بتعديلات أخرى بعد ذلك وتنص هذه التعديلات بصورة عامة على حرية العقيدة وممارسة المعتقدات الدينية وحرمة النفس وحرية الصحافة والاجتماع والتعبير عن الرأي والنشر والضمانات وحرية التقاضي وعدم التجريم الاّ وفقاً لمحاكمة عادلة وتنظيم حالات حمل السلاح وضبط القوة المسلحة وحرية الادلاء بالأصوات في الانتخابات العامة وعدم جواز حرمان أي مواطن من مباشرة حق الانتخاب بسبب الجنس أو اللون وتحريم الرق وتحريم الأرقاء[3].

أما في فرنسا التي ظلت تعاني سنوات عديدة من الآثار السيئة لنظام الحكم المطلق الذي كان سائداً في فرنسا لفترة زمنية طويلة. فقد صدرت العديد من الوثائق والاعلانات ذات الطبيعة الدستورية والمتضمنة العديد من المبادئ الأساسية لحقوق الإنسان والحرص على صيأنتها وعدم المساس بها على اعتبار أن تحقيق هذه المبادئ هو السبيل لتحقيق السلام وتقدم وسعادة البشرية. وكان صدور هذه الوثائق والاعلانات على أثر نجاح الثورة الفرنسية التي قام بها الفرنسيون عام 1789 للتخلص من نظام الحكم المطلق وجميع أثاره السيئة، وهي تلك الثورة التي

---

[1] المصدر نفسه ، ص116.

[2] راجع: د. محمد يوسف علوان ، مصدر سبق ذكره ، ص31.

[3] راجع د. محمد المحمصاني ، مصدر سبق ذكره ، ص41.

أحـدثت تغيـيرا جـذرياً في المجتمـع الفرنـسي وأتـت ببـذور التغيـير الى المجتمـع الأوربي بـأسره، إذ أصدرت الجمعية التأسيسية الفرنسية الممثلة للـشعب وعـلى أعقـاب انتـصار الثـورة اعلانـاً أطلقـت عليـه تسمية (الاعلان الأول لحقوق الإنسان والمواطن) لعام 1789، ويتكون هذا الاعلان من مقدمة وسبع عـشرة مادة تتناول هذه المواد عدداً من الحقـوق الأساسـية للإنـسان يـأتي عـلى رأسـها وفي المـادة الأولى الحـق في الحرية والمساواة حيث جاء فيها (يولد الناس ويظلون أحراراً متساوين قي الحقوق والتفاوت الاجتماعي لا يمكن ان ينهض الاّ على أسا المنفعة العامة) كما نص الاعلان أيضاً على توضـيح المقـصود بالحريـة ومـا هـي حدودها وأن هدف كل جماعة سياسية هو صيانة حقوق الإنسان الطبيعية الخالـدة التـي لا تقبـل الفنـاء وهذه الحقوق هي الحرية والملكية والحق في الأمن ومناهضة الظلم. كما أكـد الاعـلان عـلى أنـه لا يجـوز توقيف أي شخص أو اتهامه أو سجنه الاّ وفقاً للنصوص الواردة في القانون والتي تنطبق على الفعـل الـذي أرتكبه والتي تكون نافذة وقت ارتكاب الفعل وأنه لا يمكن تجريم أي فعل الاّ وفقاً لمـا يقـرره القـانون ولا يمكن الحكـم عـلى أي شـخص الاّ وفقـاً لمحاكمـة قـضائية عادلـة وأنـه لا يجـوز ان يـنص القـانون الاّ عـلى العقوبات الضرورية وبوضوح ء كما نص الاعلان على مبدأ حريـة العقيـدة والـدين والـرأي ذلـك مادامـت مظاهره لا تخل بالأمن العام الذي يـضمنه القـانون كـما نـص عـلي حريـة التعبـير عـن الآراء والمعتقـدات والأفكار وأن هذا الحق هو من أثمن الحقوق الإنسانية، إذ أن لكل إنسان يفكر ويعـبر عـن رأيـه ويطرحـه ويطبعه وينشره بكل حرية ولا يكون مسؤولاً الاّ عن سـوء اسـتعمال تلـك الحريـة في الحـالات التـي يـنص عليها القانون ء كما نص الاعلان على مبدأ المساواة في تحمل الأعباء الضريبية وكل حسب امكاناتـه الماديـة وان للمواطنين الحق في ان يقرروا بأنفسهم كيفية تحصيلها وكيفية أنفاق وارداتها، كما نص على ان الملكية حق مقدس

ولا يجوز ان يحرم أحد منها الاّ إذا اقتضت ذلك ضرورة عامة ملحة على ان يكون ذلك لقاء تعويض عادل[1].

مما تقدم يتضح ان الاعلان الفرنسي لحقوق الإنسان والمواطن لعام 1789 يعد الاعلان الأول من نوعه في فرنسا وجاء صدوره على أثر حدث كبير هز فرنسا كلها وعم بآثاره بالتدريج على العديد من دول أوربا الاّ وهو قيام الثورة الفرنسية الكبرى التي غيرت مجرى الحياة في فرنسا وكان نجاحها بمثابة بذر البذور الأولى للتغير في أوربا، ويتميز الاعلان بكونه جاء بمثابة اعلان عالمي لجميع البشر وليس للفرنسيين فحسب، وكان ذلك واضحاً من العبارات التي أستخدمها الثوريون الذين صاغوا نصوص الاعلان وفي عام 1791 صدر الدستور الفرنسي لعام 1791 وألحقت بهذا الدستور وبأمانة نصوص اعلان حقوق الإنسان والمواطن لعام 1789، بعد ذلك صدرت اعلانات جديدة لحقوق الإنسان في فرنسا حيث أنه عندما أعلن قيام الجمهورية في فرنسا عام 1792 وفي السنة التالية لاعلان الجمهورية صدر اعلان حقوق أخر وضع في مقدمة دستور 1793 يسمى باعلان حقوق الإنسان لعام 1793 وفي عام 1795 تم وضع دستور جديد لفرنسا وألحق به اعلان لحقوق الانسان جديد شبيه باعلان حقوق الإنسان والمواطن لسنة 1789 وفي الواقع لا توجد فروق جوهرية بين هذه الاعلانات إذ ان جميعها تنص على ذات المبادئ الأساسية الواردة في اعلان عام 1789[2].

أما فيما يتعلق بحقوق الإنسان في المرحلة الدستورية وعلى صعيد الدول العربية فبعد ان حصلت الدول العربية على استقلالها على أثر الحربين العالميتين الأولى والثانية صدرت في معظم هذه الدول العديد من الدساتير وكانت أغلب تلك

---

[1] أنظر: د. محمد بدوي و د. طلعت الغنيمي ، مصدر سبق ذكره ، ص 120 وما بعدها.

[2] أنظر: د. محمد يوسف علوان ، أركان حقوق الإنسان ، ط1 ، مصدر سبق ذكره ، ص42.

الدساتير متأثرة بالدستور العثماني والدستور التركي قبل تعديله عام 1928. وأغلب الدساتير العربية كانت ومنذ صدورها تشير الى أهم الحقوق الأساسية للانسان وعلى رأسها الحرية والمساواة أمام القانون والحق في تولي الوظائف الحكومية والمساواة في تحمل الواجبات العامة وحرية المعتقد وحرية الرأي والتعليم والاجتماع وحرية الملكية وغيرها من الحقوق الأساسية. وأغلب الدساتير العربية متشابهة من حيث المحتوى وقريبة مما جاء بهذا الشأن في الدساتير الغربية[1].

من كل ما تقدم يتضح أن المرحلة الدستورية تعد من المراحل المهمة التي مر بها تطور فكرة حقوق الإنسان على الصعيد الداخلي للدول وذلك لكونها المرحلة التي اكتسبت فيها فكرة حقوق الإنسان مكانة أسمى مما كانت عليه عندما كانت مجرد أعراف بسيطة أو نصوصاً قانونية عادية يمكن تعديلها بكل بساطة من قبل السلطة العامة حيث أن هذه المرحلة وضعت مبادئ فكرة حقوق الإنسان في موقع القمة ضمن الهرم القانوني الذي يتضمن بالتدريج جميع الأنظمة القانونية التي تضمنها النظام القانوني للدولة وأن وضعها في هذا الموضع مع القواعد المهمة للدولة والتي تتعلق بعمل السلطات العامة والعلاقات فيما بينها وتوزيع السلطات هو في سبيل المحافظة عليها وعدم المساس بها ودليل على وجود رغبة جادة في تطبيق هذه المبادئ وحماية هذه الحقوق، و أن هذه المرحلة التي وصلت اليها مسيرة حقوق الإنسان لم تأت بالسهل كمنحة من السلطة العامة بل انها كانت نتيجة لنضال وتضحيات الإنسان في جميع الدول على الرغم من التفاوت فيما بينها وانها كانت نتيجة للدماء التي نزفت في تلك الثورات الإنسانية ضد الظلم والاستبداد ونتيجة للجهود الفكرية وكتابات ومؤلفات المفكرين والفلاسفة من بني الانسان الذين ظلوا يكتبون لقرون عدة ويهاجمون بأقلامهم وكتاباتهم الطغيان والاستبداد والظلم

---

[1] أنظر: د. صبحي المحمصاني ، أركان حقوق الإنسان ، ط1 ، مصدر سبق ذكره ، ص 45.

ويطالبون الأنصاف بين البشر والاعتراف بحقوقهم وعدم أنتهاكها وأن هذه الكتابات والأفكار التـي كانوا ينادون بها ولدت الشعور لدى الإنسان بضرورة العمل في سبيل تحصيل هذه الحقوق والاعتراف بهـا والعمل من أجل صيأنتها وتحصينها وأن السبيل لذلك كان العمل من أجل وضـع هـذه الحقـوق في قالـب دستوري محصن يصونها من أي تعديل هدام ويوفر لها الحماية ويؤمن لها التحقيق وسلامة التطبيق.

المبحث الثاني

حقوق الإنسان في المجتمعات المعاصرة

علمنا مما تقدم أن فكرة حقوق الإنسان ظهرت أول الأمر على الصعيد الداخلي، وتطورت، وأصبحت مبادئ ضمن القوانين الداخلية العادية منها والدستورية، وبعد تلك المرحلة من التطور على الصعيد الداخلي للدول دخلت حقوق الإنسان في مرحلة جديدة من مراحل تطورها وهي المرحلة الدولية، وهي المرحلة التي أصبحت فيها مواضيع حقوق الإنسان تأخذ طابعاً دولياً بعد أن كانت مسألة داخلية بحته.

ويرجع هذا التطور المهم في مسيرة حقوق الإنسان الى عدة أسباب أهمها:

1. تطور الحياة الإنسانية وزيادة التقارب والاحتكاك بين الشعوب بفضل تطور وتقدم سبل المواصلات والنقل والاتصالات وتطور الحياة الاقتصادية وزيادة المبادلات التجارية وزيادة العاملين خارج أوطانهم[1].

الأمر الذي أدى الى زيادة التقارب بين الشعوب وتعرف الشعوب بفضل احتكاكها مع غيرها على أوضاع حقوق الإنسان لدى غيرها وتعرفها على مبادئ جديدة في هذا المجال، إذ أن من المعلوم أن مفاهيم حقوق الإنسان والنظرة اليها كانت ولا تزال تختلف من شعب الى أخر ومن حضارة الى أخرى[2].

---

[1] د. صبحي لمحمصاني ، أركان حقوق الإنسان ، ط1 ، مصدر سبق ذكره ، ص47.

[2] أنظر: د. عبد المجيد عباس ، القانون الدولي العام ، مطبعة النجاح ، بغداد ، 1947 ، ص230.

2. أن تطور الحياة الاقتصادية وظهور مبادئ دعت الى الانفتاح الاقتصادي وزيادة التبادل التجاري الخارجي واختلاف توفر فرص العمل من دولة الى أخرى أدى الى زيادة عدد الأجانب المتواجدين على أقاليم دول غير تلك التي ينتمون اليها برابطة الجنسية وما قد تعنيه هذه الزيادة من انتهاكات حقوق هؤلاء الأجانب وزيادة خطورة ذلك مما يدفع الأسرة الدولية الى العمل على أيجاد أعراف وتطويرها على المستوى الدولي في سبيل منع الانتهاكات التي قد يتعرض لها هؤلاء.

3. شيوع استخدام الأسلحة الفتاكة وغير التقليدية والأسلحة ذات الدمار الشامل والذي بدوره يعد رقاً لاتفاقيات جنيف الخاصة بالتمييز بين المقاتلين وغير المقاتلين ومخالفة للقانون الدولي الإنساني ومبادئ حقوق الإنسان.

4. شعور الضمير العالمي بعدم كفاية نظم القانون الداخلي لحماية حقوق الإنسان وان السبيل لضمان هذا الاحترام هو حمايتها عن طريق نظم القانون الدولي العام. وما ترتبه من التزامات على الأعضاء في المجتمع الدولي وما يملكه من وسائل لضمان احترام حقوق الإنسان. ومن يتتبع مسيرة حقوق الإنسان على الصعيد الدولي يجد أنها قد مرت بعدة مراحل فبعد أن كانت حقوق الإنسان تحظى بشيء قليل من الاهتمام حتى نهاية القرن التاسع عشر نجد أنها أخذت تحظى شيئاً فشيئاً بالمزيد من الاهتمام في بداية القرن العشرين وخاصة في عهد التنظيم الدولي وبالذات في عهد منظمة الأمم المتحدة، لذلك سوف نتبع في هذا المبحث هذا التطور ونحصره في مراحل زمنية محددة ونخصص لكل منها مطلباً مستقلاً وذلك بعد التعرف وبشكل مقتضب على المناقشات الفقهية حول وضع الفرد في القانون الدولي العام في مطلب مستقل.

المطلب الأول

المناقشات الفقهية حول وضع الفرد في القانون الدولي العام

تعد هذه المسألة من الأمور التقليدية التي اختلفت المذاهب الفقهية في القانون الدولي العام بشأنها منذ زمن بعيد إذ انها كانت محلاً لمناقشات فقهية مطولة نتجت عنها العديد من النظريات والاتجاهات مما أدى الى انقسام فقهاء القانون الى عدة مذاهب، ولا مجال في هذه الدراسة لتناول جميع الآراء والنظريات بالتفصيل ونكتفي ببيان أهمها وبشكل مختصر يفي بخدمة البحث.

يكمن الخلاف الفقهي حول وضع الفرد ودوره في ظل القانون الدولي العام في كيفية الاجابة عن السؤال القائل، هل يمكن عد الفرد شخصاً دولياً ؟ أو هل أن الفرد أحد أشخاص القانون الدولي العام، إذ أن من المعروف والمؤكد أن القانون الدولي العام هو قانون مختص بالدرجة الأساس بتنظيم العلاقات بين الدول، وهذا أمر واضح من تسميته. لكن على الرغم من ذلك نجد أن هذا القانون يتصل بالأفراد وحقوقهم من عدة نواح ويفرض عليهم التزامات في عدة جوانب، فهل يمكن في ضوء ذلك عد الأفراد أشخاصاً في هذا القانون؟.

لقد ظهرت على الصعيد الفقهي عدة اجابات لهذا السؤال وبالاستناد إلى عدة أسانيد أي أن الآراء حول هذا الموضوع تعددت بتعدد الأجوبة عن السؤال، واندرجت ضمن اتجاهات مختلفة، ويمكن ان نحدد هذه الاتجاهات باتجاهين رئيسين، يذهب الاتجاه الأول إلى ان الفرد هو شخص من أشخاص القانون الدولي العام، حيث ان هذا القانون يمنحه بصفته هذه مجموعة من الحقوق ويرتب عليه مجموعة من الالتزامات. فهو يحمي شخص الفرد بتحريم الاتجار بالرقيق ويحمي

ملكه بتحريم القرصنة واخضاعها لقضاء الدول جميعاً. وهو بالوقت نفسه يفرض عليهم التزامات بشكل مباشر لمنع الاشتغال بالقرصنة وتجارة الرقيق ومعاقبة العاملين فيها وهو كذلك فضلاً عن الحقوق والالتزامات التي يمنحها ويفرضها بشكل مباشر يمنح ويفرض حقوقاً والتزامات أخرى على الأفراد باعتبارهم رعاياً للدول. والعلاقة في الأمثلة السابقة هي علاقة بين الفرد ودولة أخرى غير الدولة التي ينتمي أليها ويحصل ذلك بموجب أحكام القانون الدولي، لذلك يعد الفرد شخصاً من أشخاص هذا القانون[1]. ومن أشد المدافعين عن هذا الاتجاه أنصار مدرسة القانون الطبيعي وأنصار مدرسة القانون الموضوعي إذ يذهب أنصار مدرسة القانون الطبيعي - ومبدأ وحدة القانون الى ان كل قاعدة قانونية يجب ان تتفق مع الطبيعة العاقلة للانسان وان الغاية من وجود أية قاعدة قانونية هي اسعاد الانسان والاعلاء من شانه وان الانسان هو الشخص المخاطب بجميع القواعد القانونية سواء كانت داخلية ام دولية، وانه الشخص الوحيد لجميع القوانين بما في ذلك القوانين الدولية[2].

أما، انصار مدرسة القانون الموضوعي. فيذهبون الى ان الدولة وسائر الاشخاص القانونية والمعنوية الأخرى ليست الاّ مجرد صياغة أو حيلة قانونية وان كل من المجتمع الداخلي والدولي يتكون من الافراد، فالدولة ما وجدت الاّ بالفرد

---

[1] أنظر: د. محمود سامي جنينة ، القانون الدولي العام ، ط2 ، مطبعة لجنة التأليف والترجمة والنشر ، القاهرة ،1938 ، ص 37. وراجع: أ. خليل أسماعيل الحديثي ، اشخاص القانون الدولي العام ، محاضرات القيت على طلبة الدكتوراه ، قسم الدراسات الدولية لسنة 2002، وراجع أيضاً ، حامد سلطان، القانون الدولي العام في وقت السلم، ط6 ، دار النهضة العربية ، يناير 1976 ، ص 65 وما بعدها.

[2] انظر: د. عبد العزيز محمد سرحان ، الاتفاقية الاوربية لحقوق الانسان والحربات الاساسية ، دار النهضة العربية ، القاهرة ، ص 6-7.

ومن اجل الفرد، إذ ان الافراد هم الذين يكونون الدول وليس الدول هي التي تكون الأفراد. وان وجود الدول هو بالاساس لخدمة الافراد واسعادهم وان المجتمع الدولي يتكون من مجموعة من الدول وان هذه الدول في حقيقتها لم تتكون الاّ من الافراد ولاجلهم وجدت وان دخول الدول في علاقات فيما بينها وتنظيم هذه العلاقات عن طريق القانون الدولي لم يكن الاّ في سبيل تحقيق حماية الافراد وممتلكاتهم وبما ان الهدف من وجود كل من القانون الداخلي والدولي هو تحقيق سعادة الانسان فان الانسان هو الشخص الحقيقي لكل من النظامين القانونيين [1].

أما الاتجاه الثاني فيذهب الى انكار الشخصية الدولية عن الفرد وان الفرد لا يمكن عده شخصاً من اشخاص القانون الدولي العام وان القانون الدولي العام لا يحكم الاّ علاقات الدول فيما بينها وان الدول وحدها هي اشخاص هذا القانون، وان تضمن القانون الدولي بعض الأحكام التي تمس الافراد وتحملهم التزامات أو تمنحهم حقوقاً معينة لا يعني ان الافراد هم اشخاص هذا القانون، إذ ان مجرد نص القانون الدولي عليها لا يعني نفاذها بحقهم ما لم تنفذها بحقهم القوانين الداخلية لدولهم وذلك من خلال تقريرها واصدارها على شكل قوانين داخلية تنفذ على رعايا كل دولة، وان كل الذي يفعله القانون الدولي العام ما هو في الواقع الاّ الزام للدول الأعضاء في الأسرة الدولية بان تقرر مثل تلك الحقوق وتلزم بها رعاياها عن طريق قوانينها الداخلية، اي ان تلك الحقوق والالتزامات تكون مستمدة بشكل مباشر

---

[1] أنظر: د. عبد العزيز محمد سرحان ، مصدر سبق ذكره، ص 7-8.

من القوانين الداخلية وليس الدولية على الرغم من انها صدرت مراعاة للقوانين الدولية[1].

ومما تقدم نستنتج ان الانسان يمكن ان يكون موضوعاً من موضوعات القانون الدولي العام وان تحقيق سعادة الانسان يمكن ان تكون غاية للقانون الدولي العام، إذ ان جميع قواعد هذا القانون تستوي مع القوانين الداخلية في انها تهدف الى تحقيق هذة الغاية، لكن الفرق بين القواعد الدولية والقواعد الداخلية هو ان القواعد القانونية الداخلية تخاطب الافراد بشكل مباشر وتهدف الى تحقيق أهداف قريبة الاّ وهي سعادة الانسان، أما الغالبية العظمى من قواعد القانون الدولي فتسعى الى تحقيق أهداف محددة لا تمس الافراد بشكلها المباشر الأول، لكن إذ نظرنا اليها بنظرة ادق وبعيدة المدى نجدها تسعى من تحقيق تلك الأهداف الابتدائية الى تحقيق غايات عليا بعيدة المدى تتمثل كذلك بتحقيق سعادة الانسان، وعلى سبيل المثال القواعد الدولية الخاصة بالنزاعات الدولية وبالاخص القواعد التي تتعلق بفض النزاعات بالطرق السلمية، فمثل هذه القواعد تهدف في شكلها الأول الى تحقيق أهداف دولية تتمثل بحل الخلافات والمحافظة على السلام، لكن إذا نظرنا اليها نظرة انسانية بعيدة المدى نجد ان الغاية العليا التي سعى القانون الدولي الى تحقيقها من وراء تحقيق السلام هي المحافظة على حياة الانسان وسلامته وسلامة ممتلكاته وضمان الحياة السعيدة له من خلال الحيلولة دون وقوع الحروب ومن كل ما تقدم يبدو لنا ان مجرد كون الانسان موضوعاً أو هدفاً أو غاية القانون الدولي العام لا يكفي لعده شخصاً من اشخاص هذا القانون إذ ان الغالبية العظمى من قواعد هذا القانون لا تخاطب الافراد بشكل مباشر ولا ترتب لهم حقوقاً ولا تلزمهم بالتزامات

[1] أنظر: د. محمود سامي جنينه ، مصدر سبق ذكره ، ص88. وراجع د. حامد سلطان ، القانون الدولي العام في وقت السلم ، ط3 ، دار النهضه العربي ، 1968 ، ص345.

بشكل مباشر إذ ان الافراد يلتزمون بهذه الالتزامات من خلال التزام دولهم بها وفرضها عليهم عن طريق القوانين الداخلية لدولهم وانهم يتمتعون بالحقوق التي يقررها لهم القانون الدولي من خلال التزام دولهم بها ومنحها لهم عن طريق القوانين الداخلية لدولهم، في حين ان الدول تتمتع بالحقوق التي يقررها القانون الدولي وتتلقاها منهم بشكل مباشر ودون وساطة وانها في الوقت نفسه تلتزم بالالتزامات التي يفرضها عليها القانون الدولي بشكل مباشر ودون وساطة، وان صح القول بأن الشخصية الدولية للفرد تتحدد بكون سعادته غاية يسعى القانون الدولي الى تحقيقها وان الدول ما هي الآ حيلة قانونية أو وساطة في سبيل تحقيق هذه الغاية، فان هذا يعني تجريد الدول من كونها من اشخاص القانون الدولي لانه حسب وجهة النظر هذه، فان شخصية القانون الدولي يجب ان تقتصر على ما هو غاية القانون وليسر وساطة لتحقيق هذه الغاية، وبذلك تقتصر الشخصية على الافراد دون الدول، وهذا تكييف غير صحيح وغير منطقي إذ ان من المعلوم انه ليس هناك اختلاف على تمتع الدول بشخصية القانون الدولي العام وان الخلاف هو حول تمتع الفرد بهذه الشخصية وهو خلاف قديم ولم يحسم لحد الان.

المطلب الثاني

حقوق الانسان في المجتمع الدولي

الفرع الأول: حقوق الانسان في المجتمع الدولي غير المنظم

من الثابت القول ان القانون الدولي العام استهدف في الصورة الأولى التي ظهر فيها، تنظيم العلاقات بين الدول الأعضاء في الأسرة الدولية ويكون هذا التنظيم عن طريق ايجاد قواعد دولية تحدد حقوق معينة للدول وتفرض في الوقت نفسه التزامات عليها في سبيل تنظيم العلاقات فيما بينهما بشكل يخدم المجتمع

الدولي باسره. اي ان القانون الدولي التقليدي كان يوجه قواعده لتدور وجوداً وعدماً مع الدولة وليحكم علاقاتها المتبادلة مع غيرها من الدول في وقت السلم والحرب.

ولكن من تتبع مسيرة القانون الدولي العام يلحظ ان هذا القانون ، فضلا عن اهتمامه التقليدي بتنظيم العلاقات الشكلية بين الدول اخذ يتجه نحو اعداد قواعد وضعيه جديدة تعالج مسائل جديدة على القانون الدولي وتهدف الى الاعلاء من شان الانسان وتحقيق رفاهيته. واخذ هذا الاتجاه يظهر بشكل واضح في بداية القرن العشرين وخاصة بعد الحرب العالمية الأولى، حيث اهتم هذا القانون الدولي التقليدي بهذه المسالة بالتدريج ومر اهتمامه بها بمراحل متعددة وتطور هذا الاهتمام شيئاً فشيئاً حتى الوصول الى المرحلة الحالية، حيث ان الحماية الدولية لحقوق الانسان في بدايتها لم تكن بذلك القدر من التنظيم الذي ندركه اليوم إذ ان القانون الدولي التقليدي عرف في بداية الامر بعض النظم البسيطة ذات الطبيعة الحمائيه، وكان الظهور الأول لهذه النظم على شكل اعراف دولية بسيطة تعالج بعض المسائل الانسانية وتهتم بحقوق الانسان من جوانب مختلفة باختلاف هذه النظم ، ثم تطور الامر بعقد أعضاء الأسرة الدولية للعديد من الاتفاقات التي تهدف الى ايجاد حماية دولية لحقوق الانسان.

وبناءاً على ما تقدم سيصار الى تقسيم هذا المطلب الى قسمين هما ..

1- مظاهر اهتمام القانون الدولي العرفي بحقوق الانسان قبل تأسيس عصبة الأمم.

2- مظاهر اهتمام القانون الدولي الاتفاقي بحقوق الانسان قبل تأسيس عصبة الأمم.

أولاً: مظاهر اهتمام القانون الدولي العرفي بحقوق الانسان قبل تأسيس عصبة الأمم

لقد مرت فكرة الحماية الدولية لحقوق الانسان بمسيرة طويلة قبـل تأسـيس عصبة الأمـم، حيـث ارتبط اغفال المجتمع الدولي لحقوق الأنسان بوجهة النظر السائدة والتي تقـول بـان علاقـة الفـرد بدولتـه يعد من المسائل الداخلية للدولة و لا تدخل ضمن نطاق الموضوعات التي يناقشها القانون الـدولي. بمعنـى ان القانون الدولي لا يتدخل بحكم العلاقات القائمة بين الأفراد ودولهم. وهذا ما يبرر عدم معرفة المجتمـع الدولي بحماية عامة لحقوق الانسان، وكل ما تم لتوصل اليه في تلك الفترة هو ايجاد بعض النظم الفرعيـة التي تعالج بعض موضوعات حقوق الانسان، والتـي تمثلـت بـبعض الـنظم ومنهـا (الحـد الأدنى في معاملـة الأجانب، نظام الامتيازات الاجنبية، الحماية الدبلوماسية والتدخل الانساني).

1. الحد الأدنى في معاملة الأجانب:

الاجنبي هو كل شخص لا ينتمي الى الدولة ولا يرتبط معها برابطة الجنسية، والاجنبيـة هـي صـفه مناظرة لصفة الوطنية. ولقد مر المركز القانوني للاجئين بعدة مراحل تطور عبر التاريخ، فقـد كـان الاجنبـي محروماً من التمتع باي من الحقوق القانونية في الدولة التي يقيم فيها، لا بل كان يعامل معاملة العـدو في بعض الدول إذ ان الاجنبي كان محروماً من التمتع باي من الحقوق القانونية. وكان مـن الممكـن الاعتـداء عليه وانتهاك حقوقه دون ان يكون له الحق في ان يطالب بوقف هذه الاعتداءات أو التعويض عنهـا أو ان يكون له الحق في ان يلجا الى القضاء أو السلطات العامة في سبيل نصرته وانصافه. وبتطور الحياة الانسانية وزيادة الانفتاح في العلاقات بين الدول وزيادة المبادلات التجارية بين الدول، ازداد عدد الأجانب الموجودين في أقاليم غير دولهم، مما أدى الى زيادة عدد رعايا الدول

الموجودين لدى دول أخرى. ولسبب ما كان يعانيه الأجانب من اضطهادات ومضايقات وانتهاكات لحقوقهم في الدول التي يقيمون فيها وبوصفهم ينتمون الى دول كانت تلك الدول غالباً ما ترد على مثل تلك المضايقات لرعايها بالمعاملة بالمثل لرعاية تلك الدول الموجودين على أقاليمها. وان مثل هذه الأمور تعني الاساءة الى العلاقات الدولية فضلا عن كونها تؤدي الى ازدياد انتهاكات حقوق الأجانب بشكل عام.

وبتطور القانون الدولي ظهرت مبادئ عرفية دولية تضع مبادئ محددة في سبيل تحسين معاملة الأجانب، وبالتالي صيانة حقوق الانسان الاجنبي وذلك من خلال ضمان تمتعه بحد ادنى من حقوق الانسان. وتحرص الدول على احترام مبدأ الحد الأدنى من اجل ضمان استمرار تمتعها بعلاقات طيبة مع الدول الأخرى وذلك من خلال ضمان تمتع الأجانب بحد أدنى من الحقوق لذلك فهي (الدول) تسعى دائماً على المحافظة على الحد الأدنى دون المحاولة على التضييق عليه. أما فيما يتعلق بما يفوق ذلك الحد فيكون للدول الحرية في تنظيم المركز القانوني للأجانب وفقاً لقانونها الداخلي.

ويعتبر الفقيه الفرنسي (دي فاتيل) أول من نادى بالحد الأدنى في معاملة الأجانب في القرن الثامن عشر وان حرم منه الوطنيون[1]. بمعنى ان على الدولة التي يقيم في اقليمها أجانب ان توفر حداً معيناً من الحقوق لهؤلاء الأجانب حتى وان كانت لا توفر أو لا تستطيع ان توفر هذه الحقوق لمواطنيها؟ وان منح هذه الحقوق للأجانب من قبل دولة الاقامة لم يكن بموجب الادارة الحرة للدولة بل انه

---

[1] أنظر: د. محمد يوسف علوان، حقوق الإنسان في ضوء القوانين والمواثيق الدولية، مصدر سبق ذكره، ص78.

غالباً ما كان يفرض من قبل الدول الكبرى على الدول الصغرى لقد لقى هذا المبدأ مقاومة شديدة من قبل الدول وخصوصاً من قبل دول العالم الثالث، إذ ان هذه الدول رأت ان دولة الجنسية لا يمكن لها ان تطلب من دولة الاقامة معاملة افضل لرعاياها المقيمين في الخارج من تلك التي توفرها دولة الاقامة لمواطنيها. أما المبدأ القائم حالياً بخصوص معاملة الأجانب فهو مبدأ المساواة بين المواطنين والأجانب المقيمين بحيث لا يعامل الاجنبي معاملة افضل من الوطني وفي الوقت نفسه لا يعامل أسوأ من الوطني بل يتساوى الاثنان على أساس احترام مبادئ حقوق الانسان[1]. وان ما يتمتع به الاجنبي من حقوق في دولة الاقامة يتمتع بها بوصفه إنساناً بصرف النظر عن كونه من رعايا الدولة أو مجرد اجنبي مقيم في اقليمها.

مما تقدم يتضح ان مبدأ الحد الأدنى من المبادئ العرفية الأولى التي عرفها المجتمع الدولي والذي أتى بقواعد لاحترام حقوق الانسان الاجنبي الذي يقيم في اقليم دولة غير الدولة التي ينتمي اليها ويعد هذا المبدأ من المبادئ الأولى التي عرفها القانون الدولي العام في مجال احترام حقوق الانسان لكن هذا النظام لم يأت بمبدأ عام يخدم الفكرة العامة لحماية حقوق الانسان إذ انه كان قاصراً على فئه معينة من بني الانسان وهم الأجانب، أي انه نظام يمنح الحماية فقط للأجانب الذين تتعرض حقوقهم الانسانية لخطر الانتهاك في دولة الاقامة ولا يشمل مثل هذه الحماية رعايا دولة الاقامة نفسها حتى وان تعرضوا لانتهاكات أفضع واخطر من تلك التي يتعرض لها الأجانب المقيمون في ذات الدولة.

---

[1] أنظر: د. محمد يوسف علوان ، المصدر نفسه ، ص89.

2. نظام الامتيازات الاجنبية:

يعد نظام الامتيازات الاجنبية احد النظم القديمة التي عرفها القانون الدولي والتي لها علاقة بفكرة حماية حقوق الانسان وكان ذلك من خلال حماية حقوق الانسان الاجنبي الذي يقيم على اقليم دولة غير التي يقيم فيها، وذلك بالزام الدولة التي يقيم فيها الاجنبي بالتخلي عن سيادتها عليه (الاجنبي) والسماح له بالخضوع لقضاء بلده وقوانينها بدل من الخضوع لقضاء دولة الاقامة وقوانينها.

ونظام الامتيازات الاجنبية كان يفرض غالباً من قبل الدول الكبرى القوية على الدول الصغيرة الضعيفة بحجة ان هذه الدول الصغيرة لم تصل الى مستوى كاف من المدنية تتيح لها امكانية توفير عدالة ناجحة للاجانب المقيمين فيها والذين ينتمون الى دول كبرى وصلت إلى مستوى عال ومتقدم من المدنية. فقد تذرعت الدول الأوربية في فرضها نظام الامتيازات الاجنبية على بعض الدول عن طريق معاهدات غير متكافئة بحجة ضعف النظامين القانوني والقضائي فيها وما يترتب على ذلك فيها من انكار للعدالة واهدار وانتهاك لحقوق الأوربيين المقيمين في تلك الدول وما يستدعيه ذلك من واجب هذه الحكومات بالزام هذه البلدان بالامتناع عن تطبيق قوانينها على هؤلاء الأوربيين والسماح لهم بالخضوع لقوانين دولهم والقبول بوجود سلطات قنصلية اكثر عدالة وأوفر كفاءة لحماية هؤلاء الأوربيين[1].

وكان فقهاء القانون الدولي يبررون تمسك الدول بنظام الامتيازات الاجنبية على اساس ان هذا النظام وجد لوجود ضرورة تستند الى طبيعة الالتزامات التي تترتب على الدول لحماية حقوق مواطنيها الذين يتواجدون في بلدان تفتقر الى المستويات العامة للحضارة والمدنية وما يترتب عليه من عدم تمكنها من توفير

---

[1] أنظر: أ. خليل اسماعيل الحديثي، المعاهدات غير المتكافئة المعقودة وقت السلم (دراسة قانونية سياسية)، مطبعة جامعة بغداد، بغداد، 1981، ص83.

الحماية اللازمة لصيانة حقوق الأجانب المقيمين في أقاليمها. وعليه فالدول الاكثر تحضراً تجد نفسها بحاجة الى التمسك بنظام الامتيازات الاجنبية وخاصة فيما يتعلق بالاختصاص القضائي في البلاد التي تكون مؤسساتها بمستوى حضاري أدنى من الحضارة السائدة في تلك الدول المتحضرة[1].

ومن ابرز التجارب التي عرفها المجتمع الدولي لنظام الامتيازات الاجنبية، نظام الامتيازات الاجنبية التي فرضها على الصين والدولة العثمانية ومصر والمغرب. إذ خضعت هذه الدول لهذا النظام لمدة زمنية طويلة لكن هذا النظام لم تبق له تطبيقات في الوقت الحاضر في المجتمع الدولي وتخلصت منه تدريجياً تلك الدول التي كانت خاضعة له.

ومما تقدم يتضح ان نظام الامتيازات الاجنبية يعد من الانظمة القانونية التي عرفها القانون الدولي العام واخذ بها لفترة زمنية محددة ومن ثم تقلص الاخذ بها حتى الوصول بالنهاية الى الغائها. وان هذا النظام يعد من الانظمة التي عرفها القانون الدولي التي تؤدي بنتيجتها الى حماية حقوق الانسان وذلك من خلال فرض التزام على هذه الدول التي لم تصل الى مستويات متقدمة من الحضارة والمدنية والتي يقيم فيها أجانب تابعون لدول وصلت الى مراحل متقدمة من الحضارة المدنية بان تمتنع عن تطبيق قوانينها على هؤلاء الأجانب وتمسح بخضوعهم لقوانين وقضاء دولهم.

وذلك لكون هذه الدول المتاخرة مدنياً لا تستطيع توفير عدالة ناجحة لهؤلاء الأجانب بحسب مقاييس العدالة في الدول التي ينتمون اليها وان هذا النظام لا يمكن

---

[1] نفس المصدر السابق ، ص85.

عده نظاماً متكاملاً لحماية حقوق الانسان وذلك لكونه قاصراً من حيث التطبيق على فئة معينة من بني الانسان الاّ وهم الأجانب الذين تتوفر فيهم شروط تطبيق هذا النظام وان الغايات الحقيقية لفرض هذا النظام لم تكن حماية الحقوق الانسانية للأجانب بالدرجة الأولى - بل انه كان يهدف الى تحقيق أهداف سياسية واقتصادية خفيه وراء هذا النظام. لكن مع هذا يمكن عد هذا النظام واحداً من النظم القانونية الأولى التي عرفها القانون الدولي التقليدي، والذي يهدف ولو في ظاهره الى حماية حقوق الانسان.

3. نظام الحماية الدبلوماسية

يعد نظام الحماية الدبلوماسية واحداً من النظم القانونية التي عرفها القانون الدولي والتي تهدف الى حماية حقوق الانسان. وبمقتضى هذا النظام تستطيع الدول ان تتدخل دبلوماسياً لحماية حقوق رعاياها المقيمين في الخارج في حالة تعرض حقوقهم للانتهاك في دولة الاقامة والحماية الدبلوماسية التي تمارسها الدول تكون بالأصل محصورة لمصلحة رعاياها فقط، اي الذين يرتبطون بها برابطة قانونية سياسية هي رابطة الجنسية، لكن هذا الاصل يرد عليه استثناءات تتمثل بحماية الدولة لمواطني دولة أخرى تابعة للدولة الأولى بموجب رابطة التبعية ويكون ذلك بمقتضى اتفاق خاص وكذلك الحال في حالة الحماية حيث تقوم الدولة الحامية بممارسة حق الحماية الدبلوماسية لرعايا الدول المحمية[1].

وتمارس الحماية الدبلوماسية من قبل الدولة التي ينتمي اليها الشخص المضرور وذلك من خلال تدخل الدولة دبلوماسياً لدى دولة الاقامة عن طريق

---

[1] انظر: د. الشافعي محمد بشير ، القانون الدولي العام ، ط4 ،دار الفكر العربي، ص112.

حكومتها أو بعثتها الدبلوماسية أو عن طريق القضاء الدولي لمطالبة الدولة التي يقيم فيها الشخص المضرور بمراعاة قواعد القانون الدولي في تعاملها مع رعايا دولة الجنسية أو المطالبة بتعويض الشخص المضرور عن الاضرار التي لحقت به وفقاً لقواعد القانون الدولي المتعلقة بالمسؤولية الدولية. اي انه يكون لدولة الجنسية الحق في التدخل دبلوماسياً ضد دولة الاقامة في سبيل حماية حقوق رعاياها المقيمين في الخارج وفقاً لقواعد القانون الدولي في حالة نزول دولة الاقامة عن المستوى المقرر لمعاملة الأجانب لقواعد القانون الدولي. فممارسة الحماية الدبلوماسية من عدمه امر يعود الى دولة الجنسية نفسها وليس لمواطنها المضرور الحق في الزام دولته بممارسة الحماية الدبلوماسية لمصلحته، إذ ان ممارسة الحماية الدبلوماسية هو حق الدولة وليس للمواطن، ويكون لها كامل الحرية في ممارسة هذا الحق من عدمه ولا يستطيع المواطن ان يجبرها على ممارسة هذه الحماية وليس هناك اي طرق داخلية أو دولية يستطيع من خلالها المواطن اجبار حكومته على ممارسة هذه الحماية لمصلحته. وتحدد ممارسة الدولة للحماية الدبلوماسية لمصلحة رعاياها من عدمه بحسب وضعها الدبلوماسي في الساحة الدولية وبحسب علاقتها مع دولة الاقامة ومصالحها المتبادلة مع تلك الدولة. إذ ان ممارسة الدولة للحماية الدبلوماسية ضد دول أخرى غالباً ما يودي الى تعكير الاجواء فيما بينها وما يترتب عليه من المعاملة بالمثل وزيادة الطين بلة. اذن فالعلاقة القائمة في حالة ممارسة الدول للحماية الدبلوماسية تكون علاقة بين دولة الجنسية والدولة التي تمارس هذه الحماية ضدها ولا يعد الفرد المتضرر المنتمي للدولة الأولى طرفاً في هذه العلاقة ولدولة الجنسية الحق في اي وقت التخلي عن هذه الحماية والتوقف عن ممارستها أو التنازل عن التعويضات الواجبة.

ويشترط لممارسة الحماية الدبلوماسية وجود رابطة بين الدولة التي تمارس الحماية والشخص المضرور الذي تمارس الحماية لمصلحته وتتمثل هذه الرابطة بالأصل برابطة الجنسية اي ان يكون الشخص المضرور احد مواطني الدولة، كذلك يمكن ان تكون هذه الرابطة متمثلة في حالة الحماية وذلك بان يكون الشخص المضرور تابعاً لدولة هي تحت حماية الدولة التي تمارس الحماية الدبلوماسية أو تابعة لدولة هي تابعة في الوقت نفسه للدولة التي تمارس الحماية الدبلوماسية. هذا ولا يجوز ممارسة الحماية الدبلوماسية ضد دولة ينتمي اليها الشخص برابطة الجنسية وذلك في حالة إذا كان هناك حالة ازدواج الجنسية، اي ان يكون الشخص المضرور حاملاً لجنسيتي الدولة الممارسة للحماية الدبلوماسية وجنسية الدولة التي تمارس الحماية الدبلوماسية ضدها.

ومما تقدم يتضح لنا ان نظام الحماية الدبلوماسية هو احد الانظمة القانونية التي عرفها القانون الدولي التقليدي والتي تهدف الى حماية حقوق الانسان وهي من النظم التي أخذت بها الدول و مارستها في علاقاتها في سبيل حماية حقوق الانسان، لكن الحماية التي يمنحها نظام الحماية الدبلوماسية لحقوق الانسان ليست بحماية عامة لهذه الحقوق، إذ انها لا تشمل جميع الافراد بل انها قاصرة على بعض الافراد وهم الأجانب المقيمون لدى دول غير الدول التي ينتمون اليها والذين تتعرض حقوقهم للانتهاك وتنطبق عليهم الشروط التي يتطلبها القانون الدولي لممارسه الحماية الدبلوماسية والذين تقوم دولهم فعلاً بممارسة هذه الحماية في سبيل المحافظة على حقوقهم الانسانية من الانتهاك في الدول التي يقيمون فيها، فقصور الحماية التي يوفرها نظام الحماية الدبلوماسية على الأجانب يجعل منه وسيلة غير فعالة لحماية حقوق الانسان.

كما يترتب على اشتراط تمتع الشخص المضرور بجنسية الدولة التي تمارس الحماية الدبلوماسية لمصلحته، انه يحرم من التمتع بهذه الحماية الاشخاص الذين لا يحملون أية جنسية (طائفة عديمي الجنسية) إذ لا تنطبق عليهم شروط التمتع بهذه الحماية ولا يمكن ان تطالب أية دولة بحمايتهم دبلوماسيا لكونهم لا يحملون جنسية أي دولة[1].

ثانيا : مظاهر اهتمام القانون الدولي الاتفاقي بحقوق الانسان قبل تأسيس منظمة عصبة الأمم

يمكن التعرف على أهم مظاهر اهتمام القانون الدولي الاتفاقي بحقوق الانسان قبل تأسيس منظمة عصبة الأمم من خلال استعراض أهم مظاهر النشاط الدولي الاتفاقي في سبيل حماية حقوق الانسان وتدعيم الشخصية القانونية للفرد. وكان من أهم مظاهر حماية القانون الدولي لحقوق الانسان عن طريق الاتفاقات التي كانت تبرم بين أعضاء الأسرة الدولية والعمل على الاعلاء من شان الانسان والمحافظة على كرامته الإنسانية من خلال السعي الى حماية الملكية الصناعية والأدبية ومكافحة الأوبئة والقضاء على الرق وتجارة الرقيق ومكافحة الاتجار بالاعراض (تجارة الرقيق الابيض) ومنع الاتجار بالمخدرات وصولاً الى توقيع اتفاقية دولية خاصة بالانقاذ البحري.

---

[1] انظر: د. عبد العزيز محمد سرحان ، الاتفاقية الأوربية لحقوق الإنسان والحريات الأساسية ، مصدر سبق ذكره ، ص 13.

ففي سنة 1883 عقدت اتفاقية باريس لحماية الملكية الصناعية والحفاظ على حقوق المخترعين وذلك لكي يستطيع الإنسان الاستفادة من ثمرات جهوده الذهنية والاختراعات التي توصل اليها في المجال الصناعي [*].

ففي سبيل مكافحة نظام الرق والاتجار بالرقيق الاسود تم الاتفاق على اثر عقد مؤتمر فيينا عام 1885، على تحريم تجارة الرقيق الاسود والعمل على القضاء على هذه التجارة في المناطق التي تتمركز فيها، وذلك على اعتبار ان الاتجار بالانسان يعد عملاً يحط من كرامة الانسان وذلك عندما يعامل الانسان معاملة السلع في البيع والشراء.

وفي عام 1886 أبرمت الاتفاقية الأولى لحماية الملكية الأدبية والفنية وذلك لصيانة حقوق الانسان في الاستفادة من ثمرة ما توصل اليه من نتاجات أدبية وفنية والمحافظة عليها من السرقة والاستغلال. كما أن في عام 1890 عقد اتفاق بروكسل الدولي في سبيل القضاء على الرق وانهاء تجارة الرقيق ومكافحة هذه التجارة ومعاقبة العاملين فيها وتتبع هذه التجارة في سبيل سد منافذها براً وبحراً.

وتوحدت الجهود الدولية في سبيل المحافظة على صحة الانسان ومكافحة الامراض بعقد اتفاقية باريس لسنه 1903 والمعدلة في سنة 1912 الخاصة بمكافحة الامراض والاوبئة ونشر الوعي الصحي عالمياً وتوفير وسائل مكافحة الامراض، كما تقرر على اثر هذه الاتفاقية في سنة 1904 انشاء مكتب دولي للصحة العامة مقره في العاصمة الفرنسية باريس، مهمة جمع الاحصاءات الخاصه

[*] لمزيد من التفصيل حول تنظيمات الحماية الدولية لحقوق الانسان قبل تأسيس عصبة الأمم ، راجع: بول روتية: التنظيمات الدولية، ترجمة: أحمد رضا، مراجعة: د. عبد الله الأشعل ، دار المعرفة ، القاهرة، ابريل 1978، ص 108-115.

بالصحة العامة، كما أبرمت في واشنطن سنة 1905 الاتفاقية الأمريكية في سبيل مكافحة الامراض والاوبئة والتي سعت فيها الدول الأمريكية الى تحقيق ذات الأهداف التي سعت اتفاقية باريس الى تحقيقها.

وتجسدت الجهود الدولية في سبيل مكافحة الرقيق الابيض بعقد اتفاقيتي باريس لمكافحة تجارة الرقيق الابيض في عام 1904 وعام 1910، وبموجب هاتين الاتفاقيتين تعهدت الدول المتفقة على العمل على انهاء ظاهرة الرقيق الابيض والقضاء على هذه التجارة التي تحط من كرامة الانسان وانزال اشد العقاب على المشتغلين بها. وفي سبيل المحافظة على كيان الفرد وصحته والعلاقات الاجتماعية والإنسانية من الاضرار التي تلحقها بها آفه المخدرات سعت الدول الى توحيد جهودها في سبيل مكافحة ظاهره تعاطي المخدرات والاتجار بها، فعقدت الدول لذلك الاتفاقية الدولية الأولى لمكافحة الاتجار بالمخدرات وهي الاتفاقية التي عقدت في لاهاي سنة 1912 والخاصة بمكافحة تجارة الافيون ومشتقاته. ومن الأمور الأخرى التي اهتم بها القانون الدولي في سبيل تحسين وضع الانسان والمحافظة على حياته وصحته العامة السعي لمكافحة الامراض والاوبئة وخاصة المعدية منها.

وعلى اثر غرق السفينة الأنكليزية (تايتنك) بركابها الالف وخمسمائة في عام 1912 والمآسي التي تترتب على حوادث غرق السفن في البحار فقد عقد مؤتمر لندن سنة 1914 للسعي الى ايجاد تنظيم دولي خاص بالانقاذ البحري، وفي ذات العام وعلى اثر المؤتمر تم توقيع على اتفاقية دولية خاصة بالانقاذ البحري.

الفرع الثاني: حقوق الانسان في المجتمع الدولي المنظم

المجتمع الدولي المنظم تعبير يطلق على المجتمع الـدولي بعـد تأسـيس أول منظمـة دوليـة عالميـة تجمع في عضويتها عددا كبيرا من الدول الأعضاء في الأسرة الدولية، وتهدف الى تحقيق أهداف عالمية تخدم الأسرة الدولية بأسرها. وكان اول تأسيس لمنظمة دوليـة مـن هـذا النـوع عـام 1919، إذ تأسـست منظمـة عصبة الأمم في اعقاب الحرب العالمية الأولى وذلك لشعور الأعضاء في الأسرة الدولية بضرورة تأسيس مثل هذه المنظمة وذلك لتفادي وقوع مثل تلك الحرب لمرة ثانية ونظراً للمآسي الكبيرة التي خلفتها تلك الحرب الإنسانية. واستمرت المنظمة بالعمل ما يقارب ربع القرن من الـزمن لكنها تصدعت وانحلت بعـد ذلـك بسبب قيام الحرب العالمية الثانية، وبعد انتهاء الحرب العالمية الثانية ولنفس أسباب تأسيس عـصبة الأمم ولتحقيق أهداف أسمى تأسست عام 1945 منظمة عالمية جديده هي منظمة الأمم المتحـدة تنـادي بانهـا تهدف الى تحقيق العديد من الأهداف ذات الابعاد العالمية التي تخـدم جميع الأعضاء في الأسرة الدوليـة والانسانية جمعاء.

وعليه وبما ان مرحلة التنظيم الدولي أو المجتمع الدولي المنظم قد بـدات بتأسيس منظمـة عـصبة الأمم وهي لا تزال مستمرة الى يومنا في عهد منظمة الأمم المتحدة وعليـه فـان مـسيرة حقوق الانسان في المجتمع الدولي المنظم تبدأ منذ تأسيس عصبة الأمم وهي مستمرة الى حد الان في عهد الأمم المتحدة.

ولتتبع مسيرة حقوق الانسان في المجتمع الدولي المنظم سوف نقسم هذا الفرع الى قـسمين حيـث سنتناول في الأول حقوق الانسان في عهد عصبة الأمم وفي الثاني حقوق الانسان في عهد الأمم المتحدة.

القسم الأول: حقوق الانسان في عهد عصبة الأمم

على اثر الحرب العالمية الأولى وما خلفته من آثار سيئة ومآسي لحقت بالإنسانية جمعاء، اتفقت الدول المتضررة في تلك الحرب والمجتمعة في فرساي على انشاء منظمة دولية ذات أهداف عالمية هي منظمة عصبة الأمم، والتي تهدف الى المحافظة على السلام والحيلولة دون وقوع حرب عالمية جديدة وعدم تكرار تلك المآسي التي لحقت بالبشرية بسب تلك الحرب.

وبالفعل تأسست هذه المنظمة عام 1919، أو جاءت معاهدة السلام التي أبرمت بين الدول المنتصرة والدول المنهزمة في الحرب متضمنة نظام العصبة.

ومن قراءة المواد التي تضمنها عهد عصبة الأمم، لانجد فيه أحكاماً عامة ومباشرة بشأن حماية حقوق الانسان على العكس من ميثاق الأمم المتحدة الذي تضمن بين مواده العديد من المواد التي تشير صراحة الى حماية حقوق الانسان، لكن ما يمكن ان نجده بخصوص حقوق الانسان ان هذه المنظمة اهتمت بهذه الحقوق بشكل غير مباشر ومن جوانب معينة وبالنسبة الى فئة معينة من الحقوق والى فئات معينة من بني الانسان. ويمكن ملاحظة ذلك ضمن الأحكام التي تضمنها نظام الانتداب ودستور منظمة العمل الدولية وبعض أوجه النشاط الذي قامت به العصبة في المجال الانساني، لكن الصورة الاكثر وضوحا لاهتمام المنظمة بحقوق الانسان تظهر من خلال الاخذ بنظام حماية الاقليات.

وللتعرف على حقوق الانسان في عهد عصبة الأمم سوف نتناول الموضوع تحت عناوين مستقلة وكما يأتي:

- حماية الأقليات في عهد عصبة الأمم.
- نظام الأنتداب.

1. حماية الأقليات

ان نظام حماية الاقليات هو احد النظم القانونية الدولية التي عرفها المجتمع الدولي والتي تهدف الى حماية حقوق الانسان، وكان المجتمع الدولي قد عرف هذا النظام منذ زمن سابق على بداية مرحلة المجتمع الدولي المنظم لكنه تعزز وظهر بشكل واضح وعملي في عهد منظمة عصبة الأمم[1].

وعلينا في البداية التعريف بمفهوم الاقلية. فالاقلية (**هي مجموعة من الافراد تعيش داخل الدولة وهي اقل عدداً من الاغلبية وتختلف عنها من حيث العرق والعقيدة أو اللغة**). فالاقليات يمكن ان تكون على عدة انواع فيمكن ان تكون اقليات قومية أو عرقية أو اقليات لسانية أو اقليات دينية، وبحسب وجه الاختلاف عن الاغلبية فالذي يميز الاقلية عن الاغلبية هو عبارة عن عناصر موضوعية تتمثل باختلاف العرق أو الجنس الذي تنتمي اليه الاقلية عن عرق الاغلبية أو باختلاف العقيدة أو الدين الذي تدين به الاقلية عن دين الاغلبية أو اختلاف اللغة التي تستخدمها الاقلية عن اللغة التي تستخدمها الاغلبية، إذا فالمعيار المستخدم الذي يميز الاقلية عن الاغلبية هو معيار موضوعي يرجع الى العناصر الموضوعية[2].

والاقليات الموجودة في الدولة يمكن ان تكون اقليات وطنية كما يمكن ان تكون اقليات اجنبية، ويقصد بالاقلية الوطنية، مجموعة الافراد الذين ينتمون للدولة ويعدون من رعاياها لكنهم يختلفون عن الاغلبية من حيث العرق أو الدين أو اللغة فضلا عن كونهم اقل عدداً من الاغلبية.

---

[1] د. لويسر لوفر ، موجز في الحقوق الدولية العامة ، نقله للعربية ، د. سامي الميداني ، مطبعة بابيل ، دمشق ، 1932، ص707.

[2] د. الشافعي محمد بشير ، القانون الدولي العام ، مصدر سبق ذكره ، ص121

أما الأقلية الأجنبية فيقصد بها - مجموعة الأفراد الأجانب الـذين يقيمـون في أقليم دولـة معينـة ويقلون عدداً عن بقية الجاليات الأجنبية المقيمة في ذات الدولة. ويرجـع السـبب في وجـود الاقليـات الى وجود افراد مختلفين من حيث العرق أو الدين أو اللسان ومجبرين على العيـش معـا تحـت سـلطة دولـة واحدة لدوافع سياسية أو مالية أو غيرها.

ويترافق مع وجود الاقليات والاغلبية في الدول، وجود منافسات ورقابـات سياسية واقتصادية بـين هذه العناصر المختلفة بحيث يطمح اقواها بالاستناد الى قوتـه وامكاناتـه المادية والمعنوية للتغلـب علـى الاخرين عن طريق القوة والضغط والاضطهاد، ولما يترتب على ذلك من انتهاكات خطيرة لحقوق الانسان وجد نظام حماية الاقليات للحـد مـن هـذه الانتهاكات ومنعها ولمداوات مـا يترتـب علـى هـذه الحالـة المؤسفة[1].

وتشمل حماية حقوق الاقليات حمايـة ارواحهـم وحقـوقهم الاساسية وحقهم في مباشرة شـؤون دينهم وممارسة شعائرهم الدينية وحقهم في استعمال لغتهم الأصلية والتمسك بها والتعلم بها والمحافظـة على ثقافتهم وادابهم وتراثهم الانساني من العادات والتقاليد والطقوس، وحقهم في مسـاواتهم مـع غـيرهم من سكان ذات الاقليم وعدم التفرقة في المعاملـة فيما بينهم فيما يتعلـق بالحقوق المدنيـة والسياسية وحقهم في اقامة المؤسسات الدينية والخيرية والثقافية الخاصة بالاقلية والتي لا تتعـارض مـع أمـن الدولـة ومصالحها العليا.

---

[1] أنظر: د. لويس لوفر ، مصدر سبق ذكره ، ص 706.

ولما يترتب على الاقتصار على المنادات بالاعتراف بحقوق الاقليات من اثار سيئة فيما يتعلق بتعامل الدولة مع الاقليات وما يترتب على اجبار الدول على الاعتراف بهذه الحقوق من خلق حساسية من جانب السلطات عند التعامل مع الاقليات كان لابد من ايجاد تدابير من شانها ان تهدىء الافكار التي اضطربت كثيراً من جراء فكرة حماية الاقليات وذلك من خلال الزام الاقليات بواجبات معينة قبل الدولة بمقابل الاعتراف لها بهذه الحقوق وذلك في سبيل خدمة العدالة ولتهدئة الحساسية في تعامل الدولة مع الاقليات[1].

وتتلخص أهم واجبات الاقليات في الولاء للدولة وواجب الاخلاص لها وعدم التعامل مع اية جهة خارجية تعمل على اضعاف الدولة من خلال استغلال افراد الاقليات الموجودة داخل الدولة، إذ انه لايستساغ ان يكون افراد الاقليات الموجودة في الدولة عنصراً مناوئاً وخطراً على امن وسلامة الدولة ومصالحها العليا، كما حدث من جانب الاقلية الالمانية في بولونيا قبل الحرب العالمية الثانية[2]. وموضوع الاقليات في حقيقته هو عبارة عن صراع بين اتجاهين الأول يذهب الى دمج الاقلية مع الاغلبية وازالة كل العناصر التي تميزها عن الاغلبية ولو كان ذلك عن طريق الضغط واستعمال القوة والاضطهاد.

أما الاتجاه الثاني فيتمثل بالتوجه نحو التمسك بما يميز الاقلية عن الاغلبية والمحافظة على هذه العناصر الموضوعية المميزة والاتجاه التدريجي نحو الانفصال عن الاغلبية ومن ثم الاستقلال والحل الذي يخدم العدالة هو الانصاف والاعتدال بين التوجهين.

---

[1] د. لويس لوفر ، مصدر سبق ذكره ، ص731.

[2] أنظر: د. الشافعي محمد بشير ، مصدر سبق ذكره ، ص122.

كما ارست معاهدة وستفاليا لسنة 1648 أسساً سياسية جديدة للدول تسمح بمباشرة العبادات المختلفة التي تختلف عن دين الدولة الرسمي.

وكذلك الامر بالنسبة الى معاهدة عام 1660 بين بولونيا وبروسيا والسويد ومعاهدة فينا عام 1815 إذ جائت المادة الثامنة منها بنص بخصوص الحقوق الدينية لسكان المقاطعات المنسلخة منها، وانه سمح لهؤلاء السكان بان يدنيوا بالدين الذي يرونه مناسباً لهم ولو كان مخالفاً لدين الدولة الرسمي[1].

وفي سبيل حماية الاقليات كانت تلجأ بعض الدول في بعض الاحيان الى اسلوب تعليق الاعتراف على شرط التعهد بحماية حقوق الاقليات. إذ كانت بعض الدول تعلق اعترافها ببعض الدول الجديدة التي توجد فيها اقليات على شرط تعهد تلك الدول باحترام حقوق الاقليات وحمايتها. ولغرض حماية حقوق الاقليات ايضا، كانت دول المؤتمر الدولي تشترط على الدول الراغبة في الانضمام الى المؤتمر ان تتعهد باحترام حقوق الاقليات واحترامها من خلال توقيعها على معاهدة خاصة لهذا الغرض، لكن أي من النظامين لم يؤديا الى احراز نتائج عملية في سبيل تحقيق الحماية لحقوق الاقليات. واصبح النظامان، نظامين عقيمين لا يحققان الفائدة والحماية للأقليات التي يراد بها حمايتها وذلك لكون النظام الأول لايرتب على انتهاك حقوق الاقليات من قبل هذه الدول الجديدة سحب الاعتراف بها وقطع العلاقات معها من قبل الدول المعترفة بها في ضوء تلك التعهدات، أما فيما يتعلق بالنظام المفروض من قبل دول المؤتمر الأوربي، فهو الاخر لا يؤدي الى نتائج

[1] د. الشافعي محمد بشير ، مصدر سبق ذكره ، ص123 وراجع: بول روتيه ، التنظيمات الدولية ، ترجمة: أحمد رضا ، مراجعة د. عبد الله الأشعل ، دار المعرفة ، القاهرة: ابريل 1978 ، ص 28 و ص32.

عملية مفيدة للاقليات إذ انه لايوجد آليات مراقبة لاحقة على الدول التي تتعهد بحماية حقوق الاقليات ومن ثم فانه يكون باستطاعة هذه الدول التنصل عن تعهداتها دون ان يترتب على ذلك اي جزاء[1].

ولم يظهر نظام حماية الاقليات بشكل واضح في المجتمع الدولي الاّ في اعقاب الحرب العالمية الأولى وبعد تأسيس منظمة عصبة الأمم التي اشرفت على نظام حماية الاقليات بشكل مباشر ووفرت بعض الضمانات المناسبة في سبيل الاخذ بهذا النظام.

لكن على الرغم من المجهودات التي بذلت في سبيل جعل مبدأ حماية حقوق الانسان وحقوق الاقليات مبدأ جديداً يمثل قاعدة من قواعد القانون الدولي العام، فانه عندما قامت عصبة الأمم لم يذكر مبدأ حماية الاقليات في ميثاقها الاّ بالنسبة للدول المهزومة أو التي ظهرت نتيجة لتفكك الامبراطوريات المهزومة (تركيا والنمسا والمجر وبلغاريا) في حين أعفيت الدول المنتصرة ونحوها من هذا النظام الذي ذكر في المادتين (86، 87) من معاهدة فيرساي. الاّ ان التطبيق العملي للنظام وضع في مجموعة من المواثيق الدولية من أهمها:

1. معاهدات خاصة سميت بـ(معاهدات الأقليات) وابرمت هذه المعاهدات بين الحلفاء المنتصرين وكل من يوغسلافيا وروما واليونان وتشيكوسلوفاكيا وبولونيا وتهدف هذه المعاهدات الخاصة إلى تنظيم مسألة حماية الاقليات في هذه الدول وفرض التزامات على هذه الدول في سبيل تحقيق هذه الحماية.

---

[1] أنظر: د. محمود سامي جنينة ، مصدر سبق ذكره ، ص545.

2. نصوص خاصة بحماية الاقليات وضعت في معاهدة الصلح التي أبرمت مع الدول المنهزمة وهي النمسا وبلغاريا وتركيا.

3. نصوص خاصة بحماية الاقليات وضعت في معاهدة ثنائية أبرمت بين بعض الدول مثل المعاهدة التي ابرمت بين بولونيا وتشيكوسلوفاكيا عام 1921 والمعاهدات التي ابرمت بين المانيا وبولونيا عام 1922.

4. تصريحات من جانب واحد صدرت من قبل بعض الدول وتتضمن الاعلان عن الالتزام باحترام حقوق الاقليات وعدا ذلك بمثابة شرط للانضمام الى عصبة الأمم، فقد تعهدت كل من فلندة والبانيا والعراق باحترام حقوق الاقليات الموجودة فيها، وفي هذا الخصوص قررت المحكمة الدائمة للعدل الدولي في رأي استشاري لها صدر عام 1925 ان تلك التصريحات الصادرة من جانب واحد والمتضمنة الاقرار باحترام حقوق الاقليات هي ملزمة للدول التي اصدرتها[1].

وتتلخص أهم الضمانات لحماية حقوق الاقليات في عهد عصبة الأمم في:

1. ان المعاملات الدولية والوثائق الدولية التي كانت تتضمن حقوق الاقليات لا يمكن تغييرها أو تعديلها أو الغاؤها الاّ بموافقة صريحة من قبل مجلس العصبة.

2. اعطاء الحق للأقليات المشمولة بالحماية بان تتقدم بالشكاوي الى مجلس العصبة في حالة عدم تطبيق الدول للنصوص الواردة لحماية حقوق الاقليات ويستطيع المجلس عندها تقديم ملاحظات الى الدول المشكو منها في هذا المجال.

3. انه في حالة حدوث خلاف حول تفسير أو تطبيق نص من نصوص الاتفاقيات التي تتضمن حماية لحقوق الاقليات، فان هذا الخلاف يجب ان يطرح على

---

[1] أنظر: د. بطرس بطرس غالي ، الأقليات وحقوق الانسان في الفقه الدولي ، مجلة السياسة الدولية ، العدد 39 ، لسنة 1975 ، ص12.

محكمة العدل الدولية الدائمة لغرض تسوية ذلك الخلاف إذ انها هي المرجع بخصوص مثل تلك الخلافات[1].

4. كما انه يوجد ضمان عظيم لحماية حقوق الاقليات في عهد عصبة الأمم ويتمثل هذا الضمان في تعهد الدول بان تعد الأحكام الخاصة بحماية حقوق الاقليات والملتزمة بها دولياً جزءاً متمماً لقوانينها الاساسية وانه لا يكون لها تعديلها أو الغاؤها عن طريق اصدار قوانين عادية مخالفة لها وذلك لما للقوانين الاساسية من سمو على القوانين العادية.

وعلى الرغم من ان نظام حماية حقوق الاقليات في عهد عصبة الأمم كان من التطبيقات العملية الأولى لحماية حقوق الانسان فانه لا يمكن ان يعد نظاماً قانونياً لحماية هذه الحقوق، وذلك لكونه نظاماً يقتصر من حيث التطبيق على فئة معينة من البشر وفي دول معينة ومحددة، الاّ وهم مجموعات من الافراد الذين يقلون عدداً عن الاغلبية ويتميزون عنها من حيث الجنس أو اللغة أو العقيدة والذين يسكنون في دول معينة هي تلك الدول التي يسري عليها نظام حماية حقوق الاقليات دون غيرها، وان هذا النظام الذي كان يهدف بالاساس الى منع التمييز بين الاقليات والاغلبيات وحماية هذه الاقليات من الاضطهاد كان هذا النظام نفسه قائماً على التمييز بين الدول المنتصرة والتي تطالب بتطبيق نظام حماية الاقليات، والمنهزمة التى فرض عليها هذا النظام[2].

ومن اول الانتقادات التي توجه الى هذا النظام هو استعمال كلمة (الأقليات) للاشارة الى نظام يهدف الى حماية حقوق الانسان وذلك لان استعمال هذه الكلمة

---

[1] المصدر نفسه.

[2] د. بطرس بطرس غالي ، المصدر السابق.

يعني قصور حماية حقوق الانسان على الاقليات فى حين انه توجد العديد من الحالات التي تكون فيها الاكثرية هي المعرضة لخطر الاضطهاد.

وانتهاك الحقوق من قبل الاقلية، مثال ذلك الوضع في جنوب افريقيا إذ تقوم الاقلية البيضاء باشدالانتهاكات لحقوق الانسان بالنسبة للأغلبية السوداء فيها، وان الاخذ بتعبير (الأقليات) يعني امكانية انتهاك حقوق الاغلبية دون ان يكون هناك اية حماية لهم، إذ لا يشملهم تعبير (الاقلية) وبالتالي فان هذا يعني عدم شمولهم بالحماية، وان في حالة انتهاك حقوق الانسان بالنسبة للأغلبية من قبل الاقلية فلا يمكن حماية الاغلبية بموجب هذا النظام، في حين تتوجب حماية الاقلية في حالة تعرض حقوقها لاي انتهاك اي انه نظام يحمي الاقلية لا يحمي الاغلبية التي قد تتعرض حقوق أكبر عدد من بني الانسان فيها للانتهاك وان مثل هذا القول يعني اهدار العدالة التي وجدت من اجلها جميع النظم التي تسعى الى حماية حقوق الانسان. ومن الانتقادات الأخرى الموجهة الى نظام حماية الاقليات صعوبة تعيين الاقلية إذ ان اغلب المعاهدات والوثائق الدولية التي تضمنت حماية حقوق الاقليات لم تتضمن تعيين المقصود بالاقلية بصورة دقيقة[1].

مما تقدم يتضح لنا ان هذا النظام الذي جاء على اساس السعي الى تحقيق العدالة وذلك بحماية حقوق الاقليات كان في الوقت نفسه يؤدي الى عدم تحقيقها وذلك بسبب تطبيقه على بعض الدول دون البعض الاخر وما يترافق مع تطبيقه هذا من اضعاف للدول التي يطبق عليها، إذ ان من المعروف ان في التفريق بين سكان

---

[1] عالجت بعض المعاهدات موضوع تحديد المقصود بالأقلية وذلك بايجاد معيار عددي بين المقصود بالأقلية ، اذ نصت بعض المعاهدات الخاصة بالأقليات على (عندما توجد أقلية جنسية أو دينية أو لغوية تبلغ خمس مجموع السكان تستفيد هذه الأقلية من الأحكام الواردة بشأن حماية الأقليات) نقلاً عن د. لويس لوفر ، مصدر سبق ذكره ، ص719

الدولة الواحدة وايجاد التمييز فيما بينهم يؤدي الى اضعاف الدولة والتقليل من قوتها، ومن المعروف ان هذا النظام كان قد فرض على تلك الدول المنهزمة في الحرب والتي كانت اصلاً ضعيفة بسبب الخسائر التي لحقت بها بسبب الحرب وان تطبيق هذا النظام على هذه الدول دون غيرها يعد بمثابة العقاب لها في حين ان القانون الدولي العام اوجد هذا النظام في سبيل المحافظة على حقوق الاقليات وحمايتها وليس في سبيل معاقبة تلك الدول المنهزمة في الحرب والحيلولة دون التمكن من استعادة قوتها وهذا ما قد لا يؤدي فيما بعد الى احترام حقوق الانسان، إذ ان ضعف النظام بالدولة يؤدي الى زيادة الاضطربات في الدولة وان هذا حتما يؤدي الى ترافق ذلك بحصول انتهاكات خطيرة لحقوق الانسان.

ولذلك ولكثرة سلبيات هذا النظام وعدم فاعليته بوصفه نظاماً قانونياً لحماية حقوق الانسان وتحقيق العدالة وذلك للأسباب التي بيناها فيما تقدم، انتهى العمل بهذا النظام بنهاية عهد عصبة الأمم إذ ان نظام حماية الاقليات كان مرتبطاً بنظام عصبة الأمم وان من الأمور المؤكدة ان ينهار نظام حماية الاقليات بانهيار نظام عصبة الأمم بعد قيام الحرب العالمية الثانية. وبعد ان وضعت الحرب العالمية الثانية أوزارها لم يوضع نظام خاص لحماية حقوق الاقليات في معاهدات الصلح التي ابرمت في سنة 1947 مع الدول المهزومة وهي (ايطاليا وبلغاريا وفلنده والمجر) وأكتفت تلك المعاهدات بالنص على التزام الدول التي كانت اعداء اثناء الحرب بان تضمن للأفراد الخاضعين لسلطاتها كافة التمتع بكل حقوق الإنسان والحريات الاساسية بلا تمييز بسبب الاصل أو العقيدة أو اللسان أو الجنس.

2. نظام الانتداب

نظام الانتداب -هو أحد النظم القانونية التي عرفها القانون الدولي العام في عهد عصبة الأمم والذي يظهر من الأهداف العامة التي اعلنها واضعوه، انه نظام يهدف الى تحقيق غايات انسانية وقد تم الاتفاق على ايجاد هذا النظام في مؤتمر الصلح الذي عقد على أثر انتهاء الحرب العالمية الأولى والذي عقد في سبيل ان تسلخ من المانيا مستعمراتها وممتلكاتها ما وراء البحار وان تسلخ من تركيا ولاياتها وان توزع هذه المستعمرات على الدول المنتصرة في الحرب والمتمثلة بدول الحلفاء.

وحتى لا يقال ان دول الحلفاء كانت قد دخلت الحرب في سبيل الحصول على مستعمرات جديدة وضمها الى أقاليمها، فان الهدف من الحرب بالنسبة للحلفاء كان الفتح وليس في سبيل الحق والدفاع عن الانسانية، فقد نادى الحلفاء بان هذا التوزيع للمستعمرات والولايات لا يقصد به الفتح واضافة أقاليم جديدة ومكاسب لدول الحلفاء، بل انهم أوجدوا هذا النظام فقط في سبيل الوصول بسكان الأقاليم التي كانت تحت سيادة الدول المنهزمة الى أعلى درجات التقدم والرفاهية والسعادة الانسانية، ولا يتحقق ذلك الاّ من خلال الاخذ بيدها وتوجيهها وارشادها وادارتها لفترة محددة حتى تصبح هذه الشعوب قادرة على تمشية أمورها بنفسها وادارة شؤون نفسها بنفسها ومن ثم تتحقق أهداف نظام الانتداب وينتهي سريانه على ذلك الاقليم ويصبح ذلك الاقليم، أهلاً لأن يعلن نفسه دولة مستقلة، بمعنى اخر ان هذا النظام لم يوجد لاستعباد الشعوب والسيطرة عليها والاستفادة من خبراتها، بل انه وجد في سبيل نصرة هذه الشعوب ومساعدتها وتمكينها من التطور والتقدم حتى تصبح قادرة على ان تدير شؤونها الداخلية والخارجية بنفسها كسائر أعضاء الأسرة

الدولية.

وجاءت المواد الاساسية لنظام الانتداب في المادة (22) من عهد العصبة متضمنة تحديد هدف النظام بـ(..ان الغرض المراد تحقيقه من نظام الانتداب هو الاخذ بيد الشعوب التي انتزعت من يد الأعداء والعمل على سعادتها وتقدمها، وان سعادة هذه الشعوب وتقدمها أمانة مقدسة في عنق المدنية. وان من المتعين ان يتضمن العهد الضمانات اللازمة لأداء هذه المهمة..) وفيما يتعلق بالدول التي تقوم بالمهمة لم تحدد المادة (22) الدول واكتفت بالاشارة أليها بعبارة (... الأمم المتقدمة التي تجعلها ثروتها وتجاربها ومركزها الجغرافي خير من يتحمل هذه المسؤولية..)[1].

مما تقدم يتضح ان نظام الانتداب كان أحد النظم القانونية التي عرفها المجتمع الدولي والتي ظهرت في عهد عصبة الأمم واستمر تطبيق هذا النظام الى حين تأسيس منظمة الأمم المتحدة إذ استبدل هذا النظام بعد ذلك بنظام الوصاية، فعلى الرغم من كون نظام الانتداب كان يهدف ولو بظاهره الى حماية حقوق الانسان والسعي الى تطوير تلك الشعوب الخاضعة للسيطرة وصولاً الى تحقيق سعادتها ورفاهيتها وايصالها الى درجة تصبح فيها قادرة على ادارة شؤونها بنفسها. لكن الحقيقة لم تكن بمثل الأهداف المعلنة للنظام، إذ انه في الحقيقة ما كان الاّ نظاماً استعمارياً يهدف الى تقاسم الأقاليم التي كانت خاضعة للدول المهزومة والاستفادة من خبراتها وثرواتها واخضاعها لسيطرتها، وان الهدف من ايجاد النظام هو تحقيق لتلك الأهداف الخفية وتغطيتها بالأهداف الانسانية المعلنة.. وهنالك حكم يدلل في

---

[1] أنظر: د. محمود سامي جنينة ، مصدر سبق ذكره، ص525 ، وراجع: أ. د. خليل اسماعيل الحديثي ، الوسيط في التنظيم الدولي ، مطبعة جامعة بغداد ،1990، ص123.

ظاهره ان الهدف من النظام هو هدف يتفق مع حقوق الانسان وهو الحكم الوارد في المادة (22) في الفقرة (4) إذ جاء فيها (.. ان المبدأ الرئيس في اختيار الدولة المنتدبة يجب أن يكون رغبات السكان ...) بمعنى ان هذا المبدأ يدل على ان النظام يراعي ارادة سكان الأقاليم عند تحديد الدولة المنتدبة من بين الدول التي تتوفر فيها شروط القيام بالانتداب، لكن من حيث الواقع لم يطبق هذا الحكم، وقامت الدول المنتصرة بالاتفاق فيما بينها على تقاسم تلك الأقاليم دون مراعاة ارادة الشعوب محل الانتداب ورغباتها، وما يعنيه ذلك من مخالفة لحق الشعوب في تقرير مصيرها.

ومن الأحكام المهمة التي جاء بها نظام الانتداب والتي تعد من الأحكام التي تؤدي الى احترام حقوق الانسان في حال تطبيقها تلك الأحكام التي وردت في صكوك الانتداب وبحسب درجتها ضمن تسلسل الأقاليم من حيث تطورشعوبها وهي تلك الأحكام التي تكلف الدولة المنتدبة بتطبيقها عند ادارتها للأقاليم التي تتولى مهمة انتدابها، إذ كانت صكوك الانتداب (ب) و(ج) تكلف الدول المنتدبة بمنع الاتجار بالرقيق الامر الذي يحقق القضاء على تجارة الرقيق. تلك التجارة التي تسيء الى الانسان وتحط من قدره، وكذلك منع السخرة الاّ في الاعمال العامة، ولقاء دفع الاجر المناسب عنها. الامر الذي يؤدي الى احترام حق الانسان في حرية العمل، والعمل بالعمل المناسب ولقاء الأجر المناسب وكذلك كلفت تلك الصكوك الدول المنتدبة بالقيام بمراقبة الاتجار بالاسلحة والذخائر، الامر الذي يعني العمل على تحقيق حق الانسان الجماعي بالسلام والامن ومنع الحروب وكان من أهم ما كلفت به الدول المنتدبة بموجب أحكام النظام هو ضمان حرية العقيدةوحرية الضمير

وممارسة الشعائر الدينية[1].

مما تقدم نستخلص انه بالرغم من ان الأحكام التي تضمنتها صكوك الانتداب تفيد اعمالها تحقيق احترام حقوق الانسان دون ايه أهداف سياسية واقتصادية خفية. الاّ ان الواقع عكس الوجه الاخر لنظام الانتداب الذي ضم خلف نصوصه اطماع سياسية واقتصادية خدمة للسيطرة الاستعمارية ولكن بطريقه تبعد الشك في كون الحلفاء دخلوا الحرب في سبيل تحقيق مطامع ذاتية وليست في سبيل خدمة حقوق الانسان. وعلى الرغم من كون النظام قد طبق فعلاً بعض الأحكام مثل (.. حرية الضمير، الدين، منع الاتجار بالرقيق، وحرية العمل ..) والتي ادت فعلاً الى احترام حقوق الانسان الاّ انها لا توازي الأهداف الحقيقية التي كان نظام الانتداب يهدف الى تحقيقها والمتمثلة بالسيطرة على تلك الأقاليم والاستفادة من الخيرات الموجودة فيها دون اعطاء اي اهتمام لارادة الشعوب التي تقطنها وارادتها فى اختيار من يحكمها وتطلعاتها حول مستقبلها، بدليل ان معظم الدول المستعمرة لم تخرج من نظام الانتداب بالطرق السلمية المقررة بموجب أحكام هذا النظام، الاّ بعد سلسلة طويلة من الصدامات والعنف الذي كان يواجه به سكان تلك الأقاليم الدول المنتدبة، الامر الذي يؤكد ان أهداف هذا النظام لم تكن كما هو معلن في صكوك الانتداب.

---

[1] أنظر: المصدر السابق ، ص530.

القسم الثاني: حقوق الانسان في عهد منظمة الأمم المتحدة

على اثر حل منظمة عصبة الأمم وفشلها في تحقيق أهدافها وعلى رأسها تحقيق السلام العالمي وذلك بقيام الحرب العالمية الثانية تلك الحرب التي جاءت لتكرر تلك المآسي الانسانية التي سببتها الحرب العالمية الأولى، لا بل كانت الحرب الثانية اشد من الأولى كثيراً إذ انها شملت باثارها سواء بشكل مباشر أو غير مباشر قارات العالم الخمس وذلك بانغماس معظم دول العالم فيها لذلك كان شعور المجتمع الدولي يتجه نحو ضرورة ايجاد منظمة دولية عالمية تكون بمثابة (برلمان أو حكومة) عالمية تتجاوز حدود السيادات الوطنية للدول وتعمل في سبيل تحقيق السلام والمحافظة عليه وتحقيق أهدافا انسانية عليا، وكانت تلك المنظمة هي الأمم المتحدة، تلك المنظمة التي اهتمت منذ نشاتها بحقوق الانسان وجعلتها من بين الأهداف العليا التي تسعى الى تحقيقها وذلك ايماناً منها بضرورة تحقيق هذه الأهداف وحمايتها ويرجع السبب في اهتمام الأمم المتحدة بحقوق الانسان بشكل مباشر ولأول مرة في المجتمع الدولي الى جسامة تلك الاحداث التي وقعت في الحربيين العالميتين وما آلت اليه تلك الاحداث الى أشد الانتهاكات لحقوق الانسان ومآسي محزنة للبشرية، الامر الذي أدى إلى صحوة الضمير العالمي ودعوته الى حماية هذه الحقوق خاصة بعد ان تبين للكثيرين بعد تلك الحروب ان هناك علاقة وثيقة بين انتهاكات حقوق الانسان وصيانة السلام، إذ ان هناك علاقة وثيقة بين السلوك العدائي لحكومة ما تجاه مواطنيها وعدوانها على الأمم الأخرى[1].

---

[1] أنظر: الأمم المتحدة ، مكتب الاعلام العام ، الأمم المتحدة وحقوق الانسان ، نوفمبر 1968 ، ص1.

إذ اثبتت تجربة الحرب العالمية الثانية ان تلك الدول التي لجأت الى الحرب في سبيل تحقيق أهدافها في السيطرة وبسط النفوذ، متمثلة بشكل خاص بالانظمة التي كانت تحكم المانيا وايطاليا واليابان كانت في ذات الوقت تتبع سياسات داخلية تقوم على اساس عدم احترام حقوق الانسان. اي ان الدول التي كانت تتبع سياسات متنافية مع حقوق الانسان كانت لاتتردد في اتباع سياسة خارجية عدائية مع الدول الأخرى وما يعنيه ذلك في النهاية من تبديد للسلام، وان من انجح الحلول لمعالجة هذه الحالة المرضية بالوقاية، تحقيق الاحترام لحقوق الانسان وتعزيزه.

فضلاً عما تقدم كان لتراكم الجهود الانسانية عبر التاريخ والمعبرة عن الرأي العام الذي يذهب الى ضرورة تحقيق هذا الاحترام أثره لدى مؤسسي الأمم المتحدة ودفعهم الى الاهتمام بهذا الموضوع وجعله من بين المقاصد التي تهدف المنظمة الى تحقيقها. وان هذه الخطوة كانت بمثابة الثورة في مسيرة تطور حقوق الانسان إذ أكدت نقل مسائل حقوق الانسان من الدائرة الوطنية الداخلية الضيقة الى الصعيد الدولي وكان ذلك من خلال النص على مبادئ حقوق الانسان ضمن مواد ميثاق الأمم المتحدة وتعزيز ذلك فيما بعد باصدار الاعلان العالمي لحقوق الانسان والعديد من الاتفاقيات الدولية لحقوق الانسان وترجمة كل ذلك الى نشاط دولي في سبيل اعمال ما تقضي به مبادئ حقوق الانسان ويمكن التعرف على التطورات والانجازات في مجال حقوق الانسان في عهد الأمم المتحدة من خلال تناولها تحت عناوين مستقلة وكالآتي:

أ. حقوق الانسان في ميثاق الأمم المتحدة

يعد ميثاق الأمم المتحدة الأول من نوعه الذي يهتم بحقوق الانسان، حيث يعد المعاهدة الدولية الجماعية الأولى التي تهتم بهذا الموضوع اهتماماً مباشراً.

وتدل نصوص الميثاق دلالة واضحة على اهتمام المنظمة بحقوق الانسان وعدها من بين المقاصد التي تهدف الى تحقيقها وجعلها من بين المهام التي تكلف اجهزتها بالقيام بموجب أحكام ميثاقها. فقد جاء في ديباجة الميثاق.. (.. نحن شعوب الأمم المتحدة وقد آلينا على انفسنا ان ننقذ الاجيال من ويلات الحرب التي في خلال جيل واحد جلبت على الانسانية مرتين احزاناً يعجز عنها الوصف، وان نؤكد من جديد ايماناً بالحقوق والحريات الاساسية للإنسان وبكرامة الفرد وقدره وبما للرجال والنساء والأمم كبيرها وصغيرها من حقوق متساوية .. وان نرفع بالرقي الاجتماعي قدماً، وان نرفع مستوى الحياة في جو من الحرية افسح ... وان نستخدم الأداة الدولية في ترقية الشؤون الاقتصادية والاجتماعية للشعوب جميعاً..) [1].

كما جاء في الفقرة (2) من المادة الأولى من بين مقاصد المنظمة (إنماء العلاقات الودية بين الأمم على أساس احترام المبدأ الذي يقضي بالتسوية في الحقوق بين الشعوب وان يكون لكل منها تقرير مصيرها ..)[2]. أما الفقرة (3) من المادة نفسها فقد نصت على (تحقيق التعاون الدولي على حل المسائل الدولية ذات الصبغة الاقتصادية والاجتماعية والثقافية والانسانية وتعزيز احترام حقوق الانسان والحريات الاساسية للناس جميعاً والتشجيع على ذلك اطلاقاً بلا تمييز بسبب العنصر أو الجنس أو اللغة أو الدين ولا فرق بين الرجال والنساء)[3] وفي الفصل التاسع الخاص بالتعاون الدولي والاقتصادي والاجتماعي تنص المادة (55) على (رغبة في تهيئة دواعي الاستقرار والرفاهية الضروريين لقيام علاقات سليمة بين

---

[1] ميثاق الأمم المتحدة ن اصدار مركز الاعلام في الأمم المتحدة ، نيويورك ، اكتوبر 1997 ، ص3.

[2] المصدر نفسه ، ص5.

[3] ميثاق الأمم المتحدة ، المادة (1) الفقرة (3) ، ص5-6.

الأمم مؤسسة على احترام المبدأ الذي يقضي بالتسوية في الحقوق بين الشعوب وان يكون لكل منها تقرير مصيرها)[1]. وتعمل الأمم المتحدة على:

أ. تحقيق مستوى أعلى للمعيشة وتوفير أسباب الاستخدام المتصل لكل فرد والنهوض بعوامل التطور والتقدم الاقتصادي والاجتماعي.

ب . تيسير الحلول للمشاكل الدولية الاقتصادية والاجتماعية والصحية وما يتصل بها وتعزيز التعاون الدولي في أمور الثقافة والتعليم.

ج . ان يشيع في العالم احترام حقوق الانسان والحريات الاساسية للجميع بلا تمييز بسبب الجنس أو اللغة أو الدين، ولا تفريق بين الرجال والنساء، ومراعاة تلك الحقوق والحريات فعلاً.

وفضلاً عن النصوص أعلاه تضمن ميثاق الأمم المتحدة نصوصاً أخرى متعلقة بحقوق الانسان وذلك في النصوص الخاصة بأجهزة الأمم المتحدة ومهامها. إذ أعطت المادة (10) من الميثاق للجمعية العامة صلاحية مناقشة أية مسألة تدخل ضمن الميثاق باستثناء حالة إذا كان مجلس الامن ينظر في تلك المسالة الاّ إذا كان ذلك بطلب منه، ومن المعلوم ان موضوعات ومسائل حقوق الانسان هي من الأمور التي تضمنها الميثاق. كما أعطت المادة (13) من الميثاق للجمعية العامة صلاحية اعداد دراسات وتقديم توصيات بقصد انماء التعاون الدولي في الميادين الاقتصادية والاجتماعية والثقافية والصحية والاعانة على تحقيق حقوق الانسان[2].

كما ان المواد (62، 64، 66، 68) من الميثاق والخاصة بالمجلس الاقتصادي والاجتماعي تعطيه الصلاحية للقيام بمهام معينة في مجال حقوق الانسان إذ تعطية المادة (62) في الفقرة (2) صلاحية تقديم توصيات فيما يخص

---

[1] المصدر نفسه ن المادة (55) ، ص38.
[2] ميثاق الأمم المتحدة ، المادة (13) الفقرة (1-ب).

اشاعة احترام حقوق الانسان وحرياته الاساسية، ويتقدم المجلس بهذه التوصيات أما الى الجمعية العامة أو الى الوكالات المتخصصة أو الى احدى الدول الأعضاء. ويكون ذلك عندما يستدعي قيامه باعماله القيام بذلك، كما ان للمجلس ان يعد لمشاريع لاتفاقيات لعرضها على الجمعية العامة في المسائل التي تدخل ضمن اختصاصه[1]. ومن المعلوم ان مسائل حقوق الانسان هي من المسائل الداخلة ضمن اختصاصه[2]. كما له وبموجب المادة (64) القيام بوضع الترتيبات مع أعضاء الأمم المتحدة والوكالات المتخصصة للحصول على التقارير بشأن الخطوات المتخذة من أجل وضع توصياته موضع التنفيذ، كما له وبموجب المادة (66) ان يقوم بتنفيذ توصيات الجمعية العامة الموجهه اليه والتي تدخل ضمن اختصاصه وبينها اشاعة احترام حقوق الانسان. وأخيراً وبموجب المادة (68) فان للمجلس ان ينشيء لجاناً خاصة للشؤون الاقتصادية والاجتماعية ولتعزيز حقوق الانسان وغيرها من اللجان التي تحتاج اليها للقيام بوظائفه وبموجب نص المادة (68) أنشأ المجلس عام 1946 لجنة حقوق الانسان التي تعد من أهم لجانه ومن الهيئات المهمة في مجال حقوق الانسان. وتتحدد مهمة اللجنة في تقديم المقترحات والتوصيات الى المجلس بشأن اعداد لائحة دولية لحقوق الانسان واعلانات واتفاقيات دولية بخصوص ذلك والاهتمام بمسائل حقوق الانسان بشكل عام.

فضلاً عما تقدم جاء في المادة (76) من الميثاق ان من الاهداف الاساسية لنظام الوصاية طبقاً لمقاصد الأمم المتحدة، التشجيع على احترام حقوق الانسان بلا تمييز واعتماد الشعوب بعضها على بعض وكفالة المساواة في المعاملة في المسائل

---

[1] ميثاق الأمم المتحدة ، المادة (62) الفقرة (3).

[2] ميثاق الأمم المتحدة ، المادة (62) الفقرة (4).

الاجتماعية والاقتصادية والتجارية لجميع الأعضاء في المنظمة ومواطنيهم وكفالة المساواة في معاملة هولاء وفقاً لمعايير العدالة.

من خلال استعراضنا للنصوص السابقة والواردة في ميثاق الأمم المتحدة نستنتج ان واضعي الميثاق الذي يعد أكبر معاهدة دولية جماعية لمنظمة تعد أكبر منظمة دولية عرفها المجتمع الدولي وما أوردوه من نصوص تتضمن أحكاماً خاصة بحقوق الانسان. يدل على توجه ارادة المجتمع الدولي الى جعل مبادئ حقوق الانسان قواعد آمره في القانون الدولي العام[1].

ولكن يؤخذ على الميثاق عدم تناوله لحقوق الانسان ضمن مواد متسلسلة أو ضمن فصل واحد، بل تضمنتها نصوص واردة في مواد متفرقة، كما انه لم يشر الى آلية معينة يتم من خلالها تحقيق احترام حقوق الانسان ومعالجة الانتهاكات الخطيرة لهذه الحقوق.

---

[1] راجع: د. عز الدين فوده ، الضمانات الدولية لحقوق الانسان ، المجلة المصرية للقانون الدولي ، المجلد (20) ، 1964 ، ص89. وما بعدها. وأنظر: أ. د. خليل اسماعيل الحديثي ، القواعد الآمرة في القانون الدولي ، مجموعة محاضرات غير منشورة ألقيت على طلبة الدكتوراه ، قسم الدراسات الدولية ، لعام 2001-2002.

ب. الاعلان العالمي لحقوق الانسان

تبنت الأمم المتحدة في عام 1948 الاعلان العالمي لحقوق الانسان وذلك ترجمة تلك المبادئ العامة الواردة في ميثاقها والخاصة بحقوق الانسان، وتأكيداً من المجتمع الدولي ممثلاً بالجمعية العامة على السير ضمن الخطوط التي رسمها الميثاق فى ميدان حقوق الانسان. وصدر الاعلان على شكل توصية صادرة عن الجمعية العامة، ولم يلق الاعلان عند التصويت عليه في الجمعية العامة اي اعتراض من قبل اية دولة، الامر الذي يدلل على موقف الأسرة الدولية منه. لكن مع هذا لا يعد الاعلان وثيقة دولية ملزمة، إذ انها لا تتجاوز كونها توصية صادرة عن الجمعية العامة ومن المعروف ان التوصية لا تكون ملزمة الاّ للأطراف التى تقبل بها[1].

لكن عدم الزامية الاعلان العالمي لكونه صدر على شكل توصية لا يعني افراغه من أي أثر أو قيمة إذ ان صدور هذا الاعلان عن الجمعية العامة، ذلك التجمع الذي يمثل الأسرة الدولية، وما ترافق مع صدوره من صدى وتأثير سياسي وأدبي على المستوى العالمي، يفيد بانه حتى وان لم يكن للاعلان أثر قانوني وذلك بسبب الشكل القانوني الذي صدر فيه، فان له من حيث الالزام أثراً سياسياً وأدبياً كبيراً ويمثل احد الانجازات المهمة في مسيرة تطور حقوق الانسان على المستويين الداخلي والدولي. ويتكون الاعلان من مقدمة وثلاثين مادة تتناول معظم حقوق الانسان تقريباً إذ تتسم المادتان الأولى والثانية بالعمومية والشمولية لانها تعبر عن أسمى الحقائق التي ترسخت عبر السنين وهي المساواة الاصيلة بين البشر منذ

---

[1] راجع: د. عز الدين فودة، مصدر سبق ذكره ، ص93.

الولادة وصفة الانسان الاجتماعية المؤسسة على الاخاء. أما المواد الأخرى فيمكن تقييمها موضوعياً الى قسمين رئيسيين:

الأول- وهويتناول الحقوق المدنية والسياسية وهي المواد (3-21).

والثاني- يتناول الحقوق الاقتصادية والاجتماعية والثقافية وهي المواد (22- 27).

وتتناول المواد الختامية (28-30) التأكيد على حق الانسان في نظام اجتماعي ودولي تتحقق فيا الحقوق والحريات الواردة في الاعلان على وجه تام فضلاً عن التأكيد على واجبات الفرد ومسؤولياته نحو المجتمع.

ويبدو لي ومن التفصيل الوارد في الاعلان العالمي لحقوق الانسان المختلفة ان هذا الاعلان يمكن عده بمثابة التفصيل لتلك النصوص العامة الواردة في الميثاق بخصوص حقوق الانسان، وانه يمكن ان يلحق هذا الاعلان في المستقبل باعلانات أخرى تتناول تفصيلات أخرى وحقوقاً جديدة للانسان أو تركز على اهمية بعض الحقوق الانسانية، وذلك بمرور الزمن وتطور وضع حقوق الانسان وحاجات البشرية لذلك. وان المواد الواردة في الاعلان تستمد قوتها القانونية من القوة القانونية لنصوص الميثاق التي تناولت حقوق الانسان إذ انها تفصيل لتلك النصوص العامة.

ج. اتفاقيات حقوق الانسان

بعد اصدار الاعلان العالمي لحقوق الانسان وبالنظر لما كان يكتنف هذا الاعلان من شك في فائدته في مجال احترام حقوق الانسان، ظهرت اتجاهات في الأمم المتحدة تتجه نحو عقد اتفاقيات ملزمة لحقوق الانسان يكون باب الانضمام اليها مفتوحاً لجميع الدول بعد ان نجحت لجنة حقوق الانسان التابعة للمجلس

الاقتصادي والاجتماعي عام 1948 في اصدار الاعلان العالمي لحقوق الانسان ركزت اهتمامها على اعداد مشروعين لاتفاقيتين دوليتين في مجال حقوق الانسان تعقدان في ظل الأمم المتحدة.

الأولى - خاصة بحقوق الانسان المدنية والسياسية.

والثانية - خاصة بحقوقه الاقتصادية والاجتماعية والثقافية.

وبعد التمكن بعد جهد كبير من اعداد المشروعين تم عرضهما على الجمعية العامة للموافقة عليها ووافقت الجمعية العامة عليهما في عام 1966. ويتضمن العهدان معظم الحقوق الانسانية التي تدخل ضمن عناوين كل من العهدين. وعلى الرغم من كون العهدين يمثلان انجازاً جديداً في ميدان حقوق الانسان وتفصيلاً أكبر لتلك الحقوق الانسانية الواردة في الاعلان العالمي لحقوق الانسان، لكنها ليست ملزمة الاّ للدول التي تقبل الالتزام بها. إذ ان الالتزام بها اختياري للدول.

ويبدو لي ان العهدين الدوليين يمثلان خطوة أولى للالتزام الدولي بحقوق الانسان عن طريق الدخول في اتفاقيات دولية وذلك لما تضمنه العهدان من تفصيل للحقوق الانسانية الواردة فيها ولترك باب الانضمام اليهما والالتزام بأحكامها مفتوحاً لجميع الدول، وعمل المنظمة على تشجيع الانضمام اليهما والالتزام أحكامهما. وفضلاً عن العهدين الدوليين فقد عملت الأمم المتحدة على ابرام العديد من الاتفاقيات الدولية الخاصة بحقوق الانسان في جوانب معينة وفتح الباب للانضمام اليها وعملت على تشجيع الانضمام الى هذه الاتفاقيات والالتزام بأحكامها وانشاء أجهزة ولجان متخصصة لمراقبة مدى الالتزام بأحكامها ومن أهم هذه الاتفاقيات:

1. الاتفافية المعدلة لاتفاقية الرق لعام 1926 والتي بدأ نفاذها عام 1955 لتحريم الرق والعبودية والسخرة والاعراف والممارسات المشابهة لها.
2. اتفاقية منع جريمة ابادة الجنس البشري ومعاقبة مرتكبيها والتي تم اقرارها عام 1948.
3. الاتفاقية الخاصة بتحريم السخره لعام 1957.
4. الاتفاقيات الخاصة بمنع التمييز كاتفاقية القضاء على التمييز بأشكاله كافة، التي أقرتها الجمعية العامة سنة 1965.
5. اتفاقية جرائم الحرب والجرائم ضد الانسانية لعام 1968.
6. الاتفاقية الدولية بشأن قمع جريمة الفصل العنصري ومعاقبة مرتكبيها والتي أقرتها الجمعية العامة سنة 1973.
7. اتفاقية القضاء على كافة أشكال التمييز ضد المرأة والتي أقرتها عام 1979، والاتفاقية الخاصة بمنع التمييز في التعليم لعام 1960 وفي مجال جرائم الحرب والجرائم ضد الانسانية بما في ذلك جريمة الابادة الجماعية.

وفي مجال الجنسية وشؤون اللاجئين عقدت العديد من الاتفاقيات الدولية كان أولها الاتفاقية الخاصة باوضاع عديمي الجنسية لعام 1945، والاتفاقية الدولية المتعلقة باوضاع اللاجئين لعام 1950 ، والاتفاقية الدولية بشأن جنسية المرأة المتزوجة لعام 1957، والاتفاقية الخاصة بشأن خفض حالات انعدام الجنسية لعام 1961. والبرتوكول الخاص بأوضاع اللاجئين لعام 1966.

وفي مجال حرية الاعلام - الاتفاقية الخاصة بالحق الدولي في التصحيح [1] لعام 1952.

وفي مجال الحقوق السياسية للمرأة - اتفاقية تحقيق الحقوق السياسية للمـرأة لعـام 1952، وفي مجال الزواج وشؤون الاسرة - اتفاقية الرضا في الـزواج والحـد الأدنى لـسن الـزواج وتـسجيل عقـود الـزواج والتي تم إقرارها عام 1962، وفي مجال العمل والحرية النقابية صدرت العديد من الاتفاقيات عـن منظمـة العمل الدولية لتنظيم العديد من المسائل التي تخص اختصاص المنظمة.

---

[1] وتقوم فلسفة هذا الحق على أساس حق الشخص المشار اليه في تقرير مطبوع في ان يوصل رأيه ورده على ذلك الى القـراء للمزيد راجع: Roussenu; Op, Cit, pp. 717-718.. وللمزيد حول اتفاقيات حقوق الإنسان راجع أ. د. ريـاض عزيـز هادي ، حقوق الإنسان (تطورها ، حمايتها) ، كلية العلوم السياسية ، بغداد ، 2005.

النشاط الدولي في مجال حقوق الانسان في عهد الامم المتحدة

بعد النص على مبادئ حقوق الانسان في ميثاق الأمم المتحدة تعبيراً عن توجيهات المجتمع الدولي وعدها من بين مقاصد الأمم المتحدة التي تضم غالبية دول العالم، والحاق ذلك باصدار الاعلان العالمي لحقوق الانسان تلك الوثيقة التي تضمنت تفصيلاً للنصوص العامة الواردة في الميثاق والخاصة بحقوق الانسان، والحاق ذلك بالعديد من الاتفاقيات الدولية لاعمال حقوق الانسان سيراً مع الخطوط المرسومة في ميثاق الأمم المتحدة، ويمكن ان نلمس عملياً وبشكل واضح نشاط المجتمع الدولي بما يضم من دول ومنظمات دولية في ميدان حقوق الانسان في النشاط العملي الذي قامت وتقوم به الأمم المتحدة من خلال اجهزتها والوكالات المتخصصة التابعة لها في ميدان حقوق الانسان. إذ ان موضوعات حقوق الانسان تعد من الموضوعات الداخلة ضمن مهام أجهزة الأمم المتحدة بموجب الميثاق، إذ تتخذ هذه الأجهزة وبحسب اختصاصاتها وصلاحياتها بموجب الميثاق العديد من التوصيات والقرارات وتقوم بالعديد من النشاطات العملية الأخرى بخصوص مسائل حقوق الانسان كما ان لبعض الوكالات المتخصصة التابعة للأمم المتحدة نشاطاً كبيراً وفعالاً في ميدان حقوق الانسان كمنظمة الصحة العالمية وبرنامج الغذاء العالمي وغيرها.

كما ان تناول موضوعات حقوق الانسان في العديد من المؤتمرات والمحافل الدولية واتخاذ القرارات بشانها في هذه المؤتمرات يدل على الاهتمام، الدولي بهذه

الموضوعات وعلى سبيل المثال مؤتمر الامن والتعاون الأوربي في دوراته العديدة المنعقدة منـذ عـام 1975، وكذلك المؤتمر البرلماني الدولي الذي عقد في عـام 1991 في سـينتياغو فى شـيلي. وغيرهـا مـن المحافـل الدولية واصدار اعلانات واتفاقيات لحقوق الانسان على مستوى دولي اقليمـي كـالاعلان الأمـريكي لحقـوق الانسان وواجبات الانسان الصادر سنة 1948، والاعلان الأفريقي لحقوق الانسان والشعوب الذي تم اقراره سنة 1981، وعلى سبيل الاعلانات الدولية الاقليمية والاتفاقية الأوربية لحقوق الانسان لـسنة 1951 علـى سبيل الاتفاقيات الدولية الاقليمية.

وبشكل عام يمكن ان يلاحظ التوجه الدولي لاحترام حقوق الانسان في ظل القانون الدولي المعـاصر، في عمل الدول على تجنب حصول أي انتهاكات وازالة آثارها السلبية وزيادة التطبيقات العملية في المجتمع الدولي لآليات الحماية الدولية لحقوق الانسان بشكل يؤدي الى حماية هذه الحقوق ضـمن المـشروعية أي بموجب أحكام القانون الدولي العام، كتكرار تطبيقات نظامي المساعدة الانسانية والتدخل الانساني[*].

---

[*] للمزيد من التفصيل راجع الضمانات الدولية في ميدان حقوق الانسان ، راجع د. عز الدين فودة ، مصدر سبق ذكره ، ص 93 وما بعدها.
وأنظر أيضاً: أ. د. رياض عزيز هادي، حقوق الانسان (تطورها ، مضامينها ، حمايتها) ، كلية العلـوم الـسياسية –جامعـة بغداد ، بغداد ، 2005.

الفصل الثاني
في تحديد ماهيــة التدخل الدولي

الفصل الثاني

في تحديد ماهيـة التدخل الدولي

توطئـــــة

للخوض في غمار أبجديات التدخل الدولي الإنساني ، لابـد مـن التوقـف قبـل كـل شيء لفـك رمـوز النظرية العامة للتدخل الدولي الإنساني من حيث المفهوم والتطور ، الغايات والأساليب ، الطبيعة القانونية والعلاقة مع بعض المفاهيم المرادفة.

وعليه فقد عمدنا إلى تقسيم هذا الفصل إلى ثلاثة مباحث رئيسة هي:

المبحث الأول: مفهوم التدخل الدولي وتطوره التاريخي.

المبحث الثاني: التدخل الدولي الإنساني من حيث الغاية والأسلوب.

المبحث الثالث: الطبيعة القانونية للتدخل الدولي الإنساني.

المبحث الأول
مفهوم التدخل الدولي وتطوره التاريخي
المطلب الأول
مفهوم التدخل الدولي الإنساني

من تتبع القانون الدولي نجد انه كان قد عرف مصطلح (التدخل الإنساني) منذ بداياته ولكنه كان قد عرف أفكاراً قريبة من مفهوم التدخل الإنساني المعروف في أيامنا هذه وذلك ضمن مفهوم تدخل الدولة لحماية رعاياها في الخارج وذلك ضمن مفهوم الدفاع عن النفس باعتبار الرعايا جـزءاً مـن الدولة وكذلك تدخلها بعد ذلك لحماية الاقليات وذلك بعد ظهور مبدأ حماية الاقليات ومن تتبع كتابات الفقهـاء الذين أوردوا افكاراً قريبة أو مطابقة لمفهوم التدخل الإنساني المعروف لدينا اليوم نجد انهم قد استعملوا العديد من التعبيرات للدلالة على الفكرة وقد كان (كروشيوس) كما علمنا هـو أول مـن تطرق إلى الفكرة ضمن كتاباته وذلك ضمن مفهوم الحرب العادلة الذي تطرقنا أليه فيما تقدم وبعد ذلك تناول الفكرة مـن قبل العديد من الفقهاء وتحت تسميات عدة فقد تناولها الفقيه (دي فانتيل) واطلق عليها تعبيراً خاصـاً وهو (الاختلاط في النزاع الداخلي) وذلك في مؤلفه الأول في القانون الدولي العام الصادر سنة 1758، وبعد ذلك غير هذه التسمية واستخدم في مؤلفاته الأخرى تسميـة جديـدة وهـي الحـرب بين الملـك ورعاياه[1]. وبمرور الزمن تم تناول الفكرة في العديد من المؤلفات في القانون الدولي العام والى أيامنا هذه واستعملت العديد من التعبيرات مثل (التدخل لأغراض الإنسانية) و(التدخل لـمصلحة البشرية) و(التدخل لاعتبارات إنسانية) و(التدخل لحماية الإنسانية) و(المداخلـة باسم الإنسانية) و(التـدخل دفاعـاً عـن الانسانية) و(التدخل دفاعاً عن حقوق الجنس البشري).

[1] انظر: د. حسن الجلبي، الوجيز في القانون الدولي، الجزء الأول، شركة الطبع والنشر الأهليـة، بغـداد، 1961، هـامش رقـم (1)، ص155.

ومما تقدم يبدو لي أن السبب في عدم استعمال مصطلح موحد للدلالة على الفكرة قد يرجع إلى عدم الاتفاق على مصطلح موحد على صعيد العلاقات الدولية أو عدم الأخذ بمصطلح موحد في تقنين دولي للقواعد التي تحكم هذا المفهوم. ويرجع إلى عدم وجود مثل هذا التقنين بالأصل، لذلك نجد أن الكتاب الذين تناولوا الفكرة قد أطلقوا عليها عدة تعابير ولكن الذي يلاحظ أن اغلب الكتاب والمختصين وخاصة في السنوات الأخيرة اخذوا يستعملون مصطلح (التدخل الإنساني) للدلالة على الفكرة[1].ولذلك ارتأينا استخدام تعبير التدخل الإنساني في هذه الدراسة، على الرغم من تناول موضوع التدخل الانساني من قبل عدد غير قليل من الكتاب في القانون الدولي العام سواءاً من قبل أنصاره أو من قبل من وقف ضده، لانجد إلاّ عدداً قليلاً منهم قد وضع تعريفاً له. وقد يرجع ذلك أما لعدم وضوح فكرته وتبلورها لدى الكتاب القدامى كفكرة قانونية على صعيد القانون الدولي التقليدي أو للتردد بسبب ذلك من وضع تعريف محدد له أو للاعتقاد بعد مشروعيته من قبل معارضيه، الأمر الذي يعني عدم وجوب تعريفه بشكل مستقل إذ انه لا يتجاوز في نظرهم كونه أحد صور التدخل غير المشروع. أما اليوم وفي ظل القانون الدولي الحالي وفي عهد الأمم المتحدة الذي شهد اهتماماً دولياً كبيراً بحقوق الإنسان والتوجهات الجدية نحو تقرير حماية دولية فاعلة لحقوق الإنسان وخاصة الأساسية منها وبشكل خاص عن طريق عقد العديد من الاتفاقيات الدولية في مجال حقوق الإنسان فقد شهد العقد الأخير في عهد الأمم المتحدة حصول العديد من التدخلات ضمن مفهوم التدخل الإنساني وكان البعض منها من قبل الأمم المتحدة نفسها أو بناءاً على رخصة منها، وان ذلك يدعو إلى دراسة اكثر جدية لمفهوم التدخل

---

[1] تطرق الأمين العام للأمم المتحدة (كوفي انان) صراحة إلى مفهوم التدخل الانساني مستخدماً تعبير (حق التدخل الانساني) وذلك في الخطاب الذي ألقاه في الدورة الرابعة والخمسين للجمعية العامة للأمم المتحدة سنة 1999.

الإنساني إذ أن التطبيقات الأخيرة له أن لم تعني تبلور فكرته وثبوتها كفكرة قانونية فإنها بالتأكيد تعني البداية لذلك، لهذا فلابد من تعريف التدخل الإنساني بصرف النظر عن مشروعيته أو عدمها، ولا بـد لنا في البداية من أن نذكر على سبيل المثال - بعض التعاريف التي أوردها الكتاب للتدخل الإنساني ومن هذه التعاريف تعريف الأستاذ (Rougier) في مقال له نشر عام 1910 بأنه (العمل العسكري الـذي تلجا أليه دولة أو مجموعة دول ضد حكومة دولة أجنبية وذلك بهدف وقف الأفعـال التـي تتنـافى مـع قـوانين الإنسانية والتي تلجا اليها أو تسمح باللجوء اليها هذه الدولة ضد الأفراد)[1].

وتعريف السيدة (Bastide) له بأنه (عمل يهدف إلى التأثير أو السيطرة على أعمال حكومة أجنبية تنتهك القوانين الإنسانية التي تتعلق بمواطني الدولة المدانة أو برعايا عدة دول أخـرى، ويطالـب المتدخل بإلغاء تصرف السلطة العامة والذي يستخدم لاعاقة التجديد أو يـسعى إلى اجـراءات تحفظيـة ملحوظـة عوضاً عن التمادي للحكومة)[2].

ويعرف الأستاذ (Roussenau) بأنه (تصرف تمارسه دولة ضد حكومـة أجنبيـة بهـدف إيقـاف المعاملات المخالفة لقانون الإنسانية الذي تطبقه على رعاياها)[3].

ويعرف (Brown lie) بأنه (التهديد بالقوة المسلحة واستخدامها مـن قبـل دولـة مـا أو مـن قبـل مجتمع محارب بهدف حماية حقوق الإنسان)[4].

---

[1] لمزيد من التفصيل، انظر، دراسة لمركز زايد للتنسيق حول التدخل الانساني، جريدة البيان، الصادرة في 6 مايو 2002، دولـة الإمارات العربية المتحدة، دبي.

[2] مركز زايد للتنسيق حول التدخل الانساني ، مصدر سبق ذكره.

[3] المصدر السابق نفسه.

[4] Brown lie. L, (Humanitarian Inter venation) OP, Cit, P.217.

يتبين من التعاريف أعلاه أن التدخل الإنساني هو احدى صور التدخل من حيث الهدف إذ أن التدخل يصنف إلى عدة أصناف من حيث الهدف منه، فقد يكون التدخل سياسياً وذلك إذا كان الهدف منه تحقيق غاية سياسية معينة، وقد يكون التدخل اقتصادياً إذا كان الهدف منه تحقيق غاية اقتصادية، وقد يكون عسكرياً إذا كان الهدف منه تحقيق غايات عسكرية معينة في جميع الأحوال فان الغايات المرجوة من أي تدخل لابد أن تكون لمصلحة الطرف المتدخل وان تحقيق هذه الغايات يمكن أن يكون باتباع أساليب مختلفة، لذلك نجد أن أي تدخل ولأي غاية يمكن أن يصنف من حيث الوسيلة أو الأسلوب إلى عدة تصنيفات وبحسب الوسيلة المستخدمة فقد يكون سياسياً وذلك باستخدام الوسائل السياسية، وقد يكون عسكرياً باستخدام الوسائل العسكرية أو الحربية، وقد يكون اقتصادياً إذا تم استخدام وسائل اقتصادية)[1].

ويدخل التدخل الإنساني ضمن مفهوم التدخل وذلك لكونه تصرفاً غير معتاد على صعيد العلاقات الدولية ويؤدي إلى ذات الآثار العامة للتدخل من حيث انه يؤدي إلى المساس بالسيادة والاستقلال وانه يحصل في سبيل تحقيق غاية محددة وهي حماية حقوق الإنسان وبالتالي يمكن تصنيفه ضمن تصنيف التدخل من حيث الغاية على اعتبار انه يهدف إلى تحقيق غاية محدده وهي غاية إنسانية، لذلك يقال بأنه (تدخل انساني) كما يقال عن التدخل الذي يهدف إلى تحقيق غاية اقتصادية بأنه (تدخل اقتصادي).

---

[1] للمزيد من التفصيل انظر: د. عطية جابر المنصوري، النظرية المعاصرة للتدخل في القانون الدولي العام، رسالة ماجستير، كلية القانون والسياسة، جامعة بغداد، 1973، ص151 وبعدها.

مما تقدم نستخلص بان فكرة التدخل الإنساني غامضة إذ لا يوجد تأصيل قانوني رسمي له، ولكن قاعدته الجوهرية هي أن من حق الدولة الخارجية وربما في بعض الظروف من واجبها التدخل لحماية أناس يقعون ضحايا في بلدان أخرى، وان كان ما يحصل نزاعاً داخل دولة. وفي حين كانت التدخلات الكلاسيكية ذات صفة سياسية وتشمل تدخل دولة أما لفرض أرادتها بالقوة على دولة أخرى أو لمساعدة دولة أخرى، فان التدخلات الإنسانية تعني تحدياً مباشراً لمثل تلك الأفكار عن السيادة والأمر صحيح بخاصة في تدخلات مباشرة في الشؤون الداخلية لدولة مفردة، وبمعنى اعمق تتجاوز هذه التدخلات اعتبارات صحة أو عدم صحة نزاع ما سياسياً فما يهم من منظور الدولة أو مجموعة الدول التي تفكر بالتدخل الإنساني اثر النزاع على المدنيين.

وعليه فان المقصود بالتدخل الدولي الإنساني أو (التدخل الإنساني) ذلك التدخل الذي يتخذ طابعاً عسكرياً بموجبه تقوم قوات دولة أو دول بالتدخل في دولة أخرى (لأغراض إنسانية) وفق القرارات الدولية أو بمبادرة اقليمية، كما حدث في حرب الخليج الثانية عام 1991 والصومال في اطار ما سمي بعملية (اعادة الأمل) عام 1992 والتدخل في البلقان عام 1996 أو في العراق في اطار ما سمي بعملية (تحرير العراق) عام 2003.

المطلب الثاني

التطور التاريخي لنظرية التدخل الدولي

ارتبط التطور التاريخي لفكرة التدخل الإنساني في القانون الدولي العام ارتباطاً وثيقاً بالتطور التاريخي لاهتمام القانون الدولي العام بمبادئ حقوق الإنسان إذ ازداد الاهتمام بالفكرة وازدادت تطبيقاتها بازدياد اهتمام القانون الدولي بالمبادئ الإنسانية، إذ أن من المعروف أن المبادئ الإنسانية ليست مبادئ أصيلة في القانون الدولي العام، غير أن إرادة المجتمع الدولي ارتأت أن يتضمن القانون الدولي البعض من هذه المبادئ وذلك ايماناً منها بان الإنسان هو الغاية العليا لأي قانون وان ما تتضمنه القوانين الداخلية قد يكون غير كاف لتحقيق غاية الارتقاء بالإنسان. وبزيادة اهتمام القانون الدولي العام بالمبادئ الإنسانية ازداد الحديث عن التدخل الإنساني وظهرت العديد من التطبيقات له على صعيد العلاقات الدولية إذ جاءت فكرة التدخل الإنساني في كتابات العديد من فقهاء القانون الدولي العام والذين أطلقوا عليها تسميات عدة، وكانت محلاً للتأييد من قبل البعض ومحلاً للانتقاد والمعارضة من قبل البعض الآخر وشهد المجتمع الدولي العديد من التطبيقات لفكرة التدخل الإنساني في العديد من البقاع في العالم، وان شرعية ومشروعية تلك التطبيقات كانت ولا تزال إلى يومنا محلاً للخلاف والنقاش في الأوساط الفقهية والدولية وخاصة لما كان يترافق مع تلك التطبيقات من انحرافات وتجاوزات على الفكرة الصحيحة ولما كان لربح السياسة والمصالح الخاصة من اثر عليها.

أما الظهور الأول لفكرة التدخل الإنساني في القانون الدولي العام فقد كان على الصعيد الفقهي وذلك في كتابات فقهاء القانون، قبل أن تجد الفكرة تطبيقاً لها

على صعيد العلاقات الدولية، إذ كان الفقيه (كروشيوس) الذي يعد أباً للقانون الدولي وأول مـن اعترف بحقوق فردية للإنسان عـلى صعيد العلاقات الدولية، قـد تناولها ضـمن تناولـه لمفهوم (الحرب العادلة) وهو المفهوم الذي يفيد بأنه لا يجوز الالتجاء إلى الحرب إلاّ عند الضرورة القصوى وبموجب سبب عادل، ويكون السبب عادلاً إذا كان مقصوداً به رد الظلم واصلاح الضرر الـذي يلحـق بالأفراد والجماعات وفي سبيل الدفاع عن القانون والعدالة[1]. إذ أن كروشيوس أجاز اللجوء إلى القوة والحـرب في سبيل رد الظلم عن الأفراد والدفاع عن القانون والعدالة وبالتالي فان مثل هذه الاعتبارات تعني امكانيـة استعمال القوة لحماية حقوق الأفراد من الظلم وفقدان العدالة. وان أجازتـه للتـدخل لهـذه الأسباب وعـن طريـق القوة العسكرية يعني من باب أولى اجازة هـذا التـدخل في الطرق الأخرى والتي تكون اقل تـأثيراً مـن استعمال القوة العسكرية.

وكذلك جاء مفهوم التدخل الإنساني ضمن كتابات الفقهاء المسلمين وذلك ضـمن مفهوم (الحرب العادلة) والتي تناولها الفقهاء المسلمون في كتاباتهم والتي تعلن وتعتبر مشروعة في نظر الإسلام عند تـوافر أسبابها، ومن أسباب الحرب العادلة حماية الحرية الدينية والدفاع ضد الأعداء ومنع الظلم وحماية النظام

---

[1] انظر: د. حسن الجلبي، القانون الدولي العام، مطبعة شفيق، بغداد 1964، ص141 وكذلك راجع أيضاً:
Brown lie; Op. Cit, P.5.

الاجتماعي[1]. وهذه الأسباب تشابه إلى حد ما مع الأسباب التي تدعو إلى التدخل الإنساني في أيامنا.

وبالرجوع إلى تطبيقات التدخل الإنساني على صعيد العلاقات الدولية نجد أنها تطورت بتطور المبادئ التي عرفها القانون الدولي العام لحماية حقوق الإنسان إذ كانت أولى التدخلات الإنسانية بقد حماية الاقليات العرقية أو الدينية أو القومية المضطهدة في الدول التي تتواجد فيها[2].

وبالرجوع إلى المبادئ الأساسية التي ظهرت على صعيد القانون الدولي العام نجد أنها وجدت لحماية حقوق الإنسان بالنسبة إلى فئات معينة من بني البشر إذ تمثلت المبادئ الحمائية الأولى بتلك المبادئ التي وجدت لحماية حقوق الاقليات، لذلك نجد أن هناك من يذهب إلى أن فكرة التدخل الإنساني ارتبطت ارتباطاً وثيقاً بمبدأ حماية الاقليات وان الاعتراف بمشروعية هذا التدخل كان في بداية الأمر في سبيل حماية الاقليات[3].

وبهذا الخصوص هناك من يذهب إلى انه بالرغم من وجود الارتباط بين التدخل الإنساني ومبدأ حماية الاقليات فان القصد الحقيقي من التدخل الإنساني كان في الماضي وحتى عهد قريب حماية رعايا الدولة أو الدول المتدخلة ولم يكن مقصوداً منه ابداً حماية مواطني الدولة نفسها التي تنتهك فيها حقوق الإنسان وان

---

(1) انظر:

Mahmassani, The principle of international Law in The Light of Islamic doctrine Recueil discourse, Tom 117, 1966, p282.

وراجع كذلك: د. حامد سلطان: القانون الدولي العام وقت السلم، القاهرة، 1972، ص771 وما بعدها.

(2) Franck Thomas. M and Rodley Nigel S; After Bangladesh: The Law of Humani tarian Intervention by Military force, A. J, I.I, VOI.67,NO2,April, 1973,P277.

(3) انظر: د. محمد يوسف علوان، حقوق الإنسان في ضوء القوانين والمواثيق الدولية، مصدر سبق ذكره، ص83.

التدخل الإنساني كان ينظر أليه بمثابة البديل الذي ينبغي اللجوء أليه في حالة فشل الأساليب الأخرى التي كانت معروفة في تلك الفترة لحماية رعايا الدولة في الخارج[1].

وبالرجوع إلى طبيعة التدخل الإنساني نجد أنه كان بمثابة اعمال لمبدأ حماية الاقليات، إذ كان من المبادئ الإنسانية الأولى التي عرفها المجتمع الدولي ومن ثم اعمالاً لمبدأ حماية حقوق الإنسان الأساسية بشكل عام لذلك فان نظرية التدخل الإنساني قد ساهمت في بلورة نظرية حماية الاقليات وحقوق الإنسان عموماً[2].

وكانت أولى التدخلات الإنسانية قد حصلت في شؤون الدولة العثمانية بقصد حماية الاقليات فيها من الاضطهاد الذي كان تتعرض أليه من قبل الأتراك، وكان ذلك سنة 1774 ومن ثم تلتها العديد من التدخلات التي قامت بها الدول بشكل منفرد أو جماعي وفي بقاع مختلفة من العالم وكان من أهم تلك التدخلات، تدخل فرنسا وبريطانيا وروسيا في عام 1825 و1827 في تركيا بزعم حماية اليونانين ووقف الاضطهاد الديني للذين يتعرضون أليه من قبل السلطات التركية وفي سنة 1860 تدخلت فرنسا في لبنان على أساس حماية المسيحيين الموارنة من اضطهاد الدروز لهم، وفي سنة 1877 تدخلت روسيا في تركيا بحجة حماية البلغاريين فيها، وتدخلت سنة 1898 الولايات المتحدة في كوبا بزعم وجود اعتبارات إنسانية تدفعها إلى ذلك. وفي سنة 1900 تدخلت الدول الأوربية الكبرى فضلاً عن اليابان في الصين بحجة وجود سبب أنساني وهو تحرير أعضاء البعثات الدبلوماسية الأجنبية

---

(1) انظر:

Green Wood. G; Is There aright of Humanitarian Intervention, World To day (Feb. 1993), p34 Brown lie. I; Principles of public international law, 3rd. ed, Oxford University press, 1979, p552.

(2) د. بطرس بطرس غالي، مصدر سبق ذكره، ص11.

والأجانب الذين احتجزوا من قبل الثوار الصينيين أثناء ثورة البوكسر[1].

الأمثلة السابقة وغيرها تبين لنا أن الساحة الدولية شهدت العديد من التطبيقات لنظرية التدخل الإنساني وبأقل تقدير شهدت العديد من التدخلات التي يزعم القائمون بأنها لدوافع إنسانية ولا مجال في هذه الدراسة ولا امكانية لمناقشة مدى صحة الادعاءات التي كان يدعي بها القائمون بتلك التدخلات. ولكن الذي يمكن ملاحظته هو أن اغلب التدخلات من هذا النوع حصلت خلال مدة زمنية معينة كانت حافلة بالعديد من التدخلات من هذا النوع، وقد قامت بها دول معينة لأكثر من مرة، وكانت سيادة بعض الدول ضحية لها لأكثر من مرة كالدولة العثمانية مثلاً. ومن تتبع تواريخ التدخلات نجد أن تطبيقاتها أخذت تتضائل تدريجياً خلال العقود السابقة على قيام الحرب العالمية الأولى وتأسيس عصبة الأمم وما بعدها. وبالرجوع إلى عهد عصبة الأمم نجد انه لم تشر إلى مبدأ التدخل الإنساني لا بالمنع ولا بالإباحة، ولم يتضمن كذلك نصوصاً مباشرة وخاصة بحقوق الإنسان وحرياته الأساسية كما هو الحال في ميثاق الأمم المتحدة ولكنه كما علمنا مما تقدم اخذ صراحة مبدأ حماية الاقليات وذلك في حالات محددة إذ أن معاهدات حماية الاقليات التي عقدت في عهد العصبة كانت قد فتحت الباب على مصراعيه لامكانية حصول تدخلات إنسانية إذ أن المادة (12) من عهد العصبة سمحت لأي عضو في مجلس العصبة أن يلفت نظر مجلس العصبة إلى أية مخالفة للالتزامات الواردة في المعاهدات، كما اعتبرت المادة ذاتها أن أي خلاف يثور بهذا الخصوص بين الدول والحكومة المعنية يعد نزاعاً دولياً يمكن إحالته إلى محكمة العدل الدولية الدائمة. وعلى الرغم من أن عهد العصبة اخذ بمبدأ حماية الاقليات بوصفه مبدأ قانونياً، إذ انه كان من المبادئ

---

[1] للمزيد راجع:
SCHWARZ, URS: Confrontation and Intervention In the Modern World, New York, 1970 p.p.81-97.

الإنسانية الأولى التي عرفها المجتمع الدولي. وعلى الرغم من أن اغلب التدخلات الإنسانية السابقة في عهد عصبة الأمم كانت في حقيقتها تفعيلاً لهذا المبدأ، فان فترة العصبة لم تشهد تدخلات إنسانية تفعيلاً لمبدأ حماية الاقليات باستثناء تدخل المانيا عسكرياً واحتلال (بوهيميا ومورافيا) في 1939/3/15، إذ أعلن هتلر أن ذلك حصل بهدف وقف الهجمات والاعتداء على حقوق الاقليات وحريتها ونزع سلاح القوات التشيكية والعصابات الإرهابية التي تهدد حياة أفراد الاقليات[1].

أما عهد الأمم المتحدة فقد شهد كذلك حصول العديد من التدخلات برغم إنها تهدف إلى حماية حقوق الإنسان، أهمها التدخل البلجيكي الأمريكي في الكونغو عام 1964، والتدخل الأمريكي في الدومانيكان عام 1965، والتدخل الهندي في بنجلادش عام 1971، والتدخل في شمال العراق عام 1991، والتدخل في الصومال ويوغسلافيا عام 1992، والتدخل في أند ونسيا عام 1999، والتدخل في العراق عام 2003. والذي يلاحظ في عهد الأمم المتحدة هو أن التدخلات الأولى التي حصلت كانت من قبل دولة أو اكثر ولم تكن هناك توجهات نحو حصول هذا التدخل من قبل الأمم المتحدة بنفسها. غير انه بحلول عقد التسعينات من القرن العشرين بدأت التوجهات في الأوساط الدولية والأوساط الرسمية التي تمثل الأمم المتحدة تتجه نحو أحياء الأصل في قيام الأمم المتحدة بالتدخل الإنساني بنفسها أو بتفويض منها. والذي يلاحظ أيضاً في عهد الأمم المتحدة أن التدخلات تحصل بهدف حماية حقوق الإنسان بشكل عام وليس في سبيل حماية فئات معينة كالاقليات

[1] انظر:

Brown lie I; Humanitarian. Intervention, the Johns. Hopkiings Press, 1974, p221.

وراجع:

SCHWARZ, URS, Op. Cit, P.P. 102-103.

كما كان في السابق، إذ انه يحصل لحماية حقوق الإنسان بغض النظر عن كون الفئة أو الجماعـات التي تتعرض للاضطهاد أو انتهاك الحقوق تشكل أقلية أم أغلبيـة، إذ أن التـدخل يحـصل لحمايـة الإنسان دون أي تمييز من حيث الجنس أو اللغة أو الدين أو الأصل. وهذا التوجه يـتلاءم مـع درجـة التطـور التـي وصلت اليها مسيرة حقوق الإنسان في عهد الأمم المتحدة إذ أن نظرة القـانون الـدولي المعـاصر إلى حقـوق الإنسان أصبحت نظرة إلى الإنسان وليس إلى فئة معينة كالاقليات أو العمال أو الأجانب كما كان الحـال في ظل القانون الدولي التقليدي، إذ أن حماية القانون الدولي المعاصر لحقوق الإنسان أصبحت حماية لحقوق أي إنسان ودون أي تمييز من حيث العرق أو الأصل أو الديانة أو الجنسية أو الجنس.

المبحث الثاني
التدخل الدولي من حيث الغاية والأسلوب
المطلب الأول
الغاية من التدخل الدولي

من المعلوم أن القائم بأي تصرف لا بد أن يكون يسعى الى تحقيق غاية معينة، والتدخل في القانون الدولي هو تصرف صادر عن شخص دولي ولا بد أن يكون للقائم به غاية يهدف الى تحقيقها من وراء القيام به وغالباً ما تكون الغايات المعلنة للتدخل غايات نبيلة أو أهداف عليا تتذرع بها الدولة المتدخلة وقد تتخذ اشكال متنوعة، فقد يكون ذلك بشكل نشر أيدلوجية معينة أو عقيدة دينية معينة أو الحفاظ على الوضع القائم ضد الاضطرابات والثورات والفوضى أو الحفاظ على قيم إنسانية عليا (حياة وحقوق المواطنين) وبحسب تلك الغايات يصنف التدخل الى سياسي اقتصادي، عسكري أو إنساني. ولكن متى وكيف تكون غاية التدخل إنسانية..؟

وعليه سنستعرض بعض الغايات والتي تعد من أكثر أهداف التدخل شيوعاً:

أ- التدخل لأغراض أيدلوجية أو دينية

لقد أشر الحلف المقدس الذي عقد في 20 تشرين الثاني عام 1815 بين (روسيا، النمسا، بروسيا وبريطانيا) والذي كان القيصر الروسي (الكسندر) من أهم دعاته. الأفكار الأساسية للتدخل لأغراض عقائدية ودينية. حيث عقد بالاستناد الى الديانة المسيحية، للتدخل ضد الحركات الثورية التي كانت تجتاح أوربا في بداية القرن التاسع عشر. ولقد بقيت فكرة التدخل موجودة لدى الدول الأوربية حتى بعد زوال أسباب قيام الحلف المقدس واندثاره.

فقد اعتبرت هذه الدول نفسها منذ القدم، ولاسيما بعد سنة 1848 بأنها الدول الأكثر تحضراً وإنسانية في العالم، وأن هذه الديانة والحضارة المسيحية يجب أن تسود العالم. وعلى هذا فأن التدخل في سبيل نشر هذه الديانة والحضارة والثقافة كان هدفاً سامياً يجب الالتزام به ومما زاد في ذلك الاعتقاد ضعف وهزال الدولة العثمانية وطمع الدول الأوربية في استعادة المناطق الأوربية التي كانت تحت سيطرتها، مثل اليونان وبلغاريا وصربيا على أساس مساعدة سكانها المسيحيين[1].

وقد كان التدخل يتم أحياناً للحفاظ على الهيبة الوطنية أو على حياة المواطنين الأجانب، كما حدث في الصين سنة 1900، عندما أرسلت الدول الغربية قوات عسكرية للحفاظ على سفاراتها هناك من الثورة التي نشبت في الصين.

أما بعد الحربين العالميتين الأولى والثانية وبعد ميثاق (بريانديكلوج) وبعد تأسيس عصبة الأمم ومحكمة العدل الدائمة ومن ثم الأمم المتحدة ومحكمة العدل الدولية، وظهور المعسكر الاشتراكي وانقسام العالم الى معسكرين نتيجة لذلك. فقد أصبح لكل معسكر أهدافه ومبرراته الخاصة بالتدخل وتركت الأسباب السابقة ذكرها. فالمعسكر الرأسمالي يرى أن غايات التدخل المشروع هي نشر الديمقراطية

---

[1] SCHWARZ,URS,OP.Cit.P87

والحرية وحق تقرير المصير، بينما يضيف المعسكر الاشتراكي لذلك نشر الشيوعية والأفكار الماركسية اللينينية وتشجيع الثورات التحررية ومكافحة الثورات المضادة.

ولكن رغم ادعاءات المعسكرين وتبريراتهم إلاّ أن حقيقة غاياتهم تستتر وراء الرغبة في تحقيق مصالحهم الذاتية من خلال نشر أيدلوجيتهم..

ب- ميل ميزان القوى لصالح الطرف المتدخل

يشير استعراض تاريخ نظام التدخل، الى أن ذلك التدخل كان يتم دوماً من قبل الدول القوية في شؤون الدول الأضعف، وأن هذا التدخل لم يحدث بالعكس. وإذا لم يكن بمقدور دولة واحدة القيام بعمليات التدخل، كانت تعقد الأحلاف والمعاهدات للحصول على الدعم وتأمين القوة المتفوقة التي تمكنها من التدخل دون مجابهة المخاطر الناجمة عن ذلك ولتلافي، ردود فعل الجانب الأخر، أن التدخل بهذا المفهوم قد كان نظاماً قائماً بحد ذاته قبل الحرب العالمية الثانية. ومثال ذلك محاولة بريطانيا التدخل في مضيق كورفو[1].

أما إذا حاولت قوة كبرى التدخل في شؤون قوة كبرى أخرى مماثلة لها أي في حالة كون ميزان القوى متعادل للطرفين، فأن القوة المتدخلة تواجه خطر الصراع ثم المجابهة وقد تنشب الحرب نتيجة لذلك.

---

[1] كان قد صدر من محكمة العدل الدولية ما نصه، " أن التدخل بالشكل الذي حدث هنا ربما يكون أقل قبولاً من أشكال الأخرى..." راجع:

SCHWARZ ,Op , Cit. P. 93.

ج – تجاوز أطر العلاقات الدولية والمحدودية في الوقت والحجم

تعتبر العلاقة بين الدول الكبرى والدول الأصغر السائرة في فلكها والتابعة لنفوذها اعتيادية، استناداً للمفهوم الواسع لهذه العلاقة واطارها العام، ولا نجد هنا حالة تدخل. أما إذا حدث تغير فجائي في هذه العلاقة فيؤدي الى تصرف معين خارج عن اطار التعامل الاعتيادي المقبول المستمر من قبل الدولة الأكبر بحيث يؤثر على الدول السائرة في فلكها عندها نكون أمام حالة تدخل. فعلى سبيل المثال كان من المعروف أن دول العالم الاشتراكي (الكتلة الشرقية) تدور في فلك السياسة العامة للاتحاد السوفيتي (السابق) وتتأثر به، لكن هذه الدول تسير أمورها الذاتية دون تدخل من قبل الاتحاد السوفيتي (السابق) في الحالات الاعتيادية، لكن إذا ما ظهر عامل جديد يغير هذا الوضع بشكل جذري عندها تتغير الصورة. فمثلاً في 17 حزيران 1953 وعلى أثر اضطرابات عمال برلين الشرقية وتحولها الى مظاهرات ضد نظام جمهورية المانيا الديمقراطية أنذاك، وعجز الشرطة المحلية عن قمع هذه المظاهرات، تدخل الجيش السوفيتي وقمعها، وهنا حدثت لدينا حالة تدخل وأصبحت العلاقة بين الدولتين تدخلية وليست اعتيادية، وكذلك الحال في أحداث المجر عام 1956 والتي أدت الى ان تدخل القوات السوفيتية العاصمة (بودابست) وتستبدل الحكومة القائمة وتعيد الوضع الى ما كان عليه.

ونفس الحال تكرر في التدخل المسلح في جيكوسلوفاكيا عام 1968 والذي تم من قبل جيوش حلف وارشو (السابق) واحتلال الجيش السوفيتي (براغ) واستبدال الحكومة القائمة بأخرى مواليه. وإذا انتقلنا الى المعسكر الغربي، لرأينا أن الولايات المتحدة الأمريكية تهيمن على دول أمريكا الوسطى والجنوبية منذ النصف الثاني للقرن التاسع عشر وقد وضعتها تحت حمايتها على الرغم منها. بل ان معظم

101

سفارات الولايات المتحدة أو ممثلياتها في كثير من دول أمريكا اللاتينية تعتبر بمثابة المرشد أو الموجه للحكومات المحلية. ونشير هنا الى قول الرئيس الأمريكي (تيودور روزفلت) في خطابه السنوي الثاني الموجه الى الشعب الأمريكي سنة 1902 [على كل واحد أن يحافظ على النظام داخل حدوده الوطنية، وأن يؤدي التزاماته الصحيحة تجاه الأجانب وعندما يتم هذا. فيمكنهم أن يتأكدوا سواء كانوا أقوياء أو ضعفاء، من عدم تدخل أحد بشؤونهم][1]. بمعنى أن العلاقة ما دامت هكذا فهي اعتيادية ولا تعتبر تدخلاً. ولكن في حال حدوث ظروف مثل الثورة التي وقعت في عام 1903 في أحد أقاليم كولومبيا والتي أعلن الاستقلال بموجبها قامت القوات الأمريكية بالنزول فوراً في كولومبيا ومنعت الجيش الكولومبي من قمع الثورة وبذا سقطت الحكومة القائمة ونجحت الثورة. أن هذا التأكيد هو حالة من حالات التدخل الواضحة التي مارستها الولايات المتحدة لاسقاط حكومة كولومبيا، أولاً بتشجيع التمرد وثانياً بمنع الجيش والحكومة القائمة من قمعها وهناك أمثلة كثيرة على هذا النوع من التدخل[2].

أما كون التدخل عملية محدودة التوقيت والحجم فيتضح في أن بدء التدخل يكون عند انقلاب أو انقطاع العلاقات المعتادة بين الدولتين المعنيتين ولجوء احداهما للتدخل. أما نهاية التدخل فتكون أقل وضوحاً عادة وهي تأتي بشكل تدريجي فقد ينتهي التدخل عند انسحاب القوات المتدخلة. أو إذا أصبح وجودها مبني على أساس دائم، أو عند تحقيق الغاية من التدخل، أوفي حال فشل عملية التدخل وأنهيت. أما ضحية التدخل فقد تستعيد استقلالها التام وسيادتها. أو تبقى

---

[1] SCHWARZ , Op.Cit.p. 95.

[2] لمزيد من الأمثلة : راجع : ريتشارد بارنت : حروب التدخل الأمريكي في العالم، ترجمة : منعم النعمان، دار أبن خلدون للطباعة والنشر ن بيروت، ط1 – 1974، ص 39 وما بعدها.

تحت احتلال أو سيطرة المتدخل وعندها يتبدل التدخل الى عملية احتلال أو استعمار. ومن التدخلات المحدودة الحجم تلك التي تحدث لغرض استحصال دين أو حماية أقلية أو معاقبة مسىء أو تحرير أسير أو أسرى وغيرها. ولكن إذا ما تعدت العملية هذه الأهداف المحددة والواضحة عندها نكون أمام حالة أخرى قد تكون عدواناً أو احتلالاً أو حرباً. هذا ويعتبر التبدل الجوهري في العلاقات القائمة حتى أن لم يعقبه أي عمل أخر هو نوع من أنواع التدخل، فمثلاً اعتبرت الحكومة الأسبانية في سنة 1936 توقف فرنسا عن تزويدها بالأسلحة في مرحلة حرجة من الحرب الأهلية تدخلاً فعالاً ومؤثراً جداً في شؤون أسبانيا الداخلية[1].

د - محاولة تبديل النظام السياسي للدولة الضحية

تعتبر محاولة استبدال الحكومة القائمة بأخرى جديدة، من الأهداف الرئيسية للتدخل وقد يتم ذلك بطرق عديدة منها سياسية ومنها عسكرية، ولكن هذه الطرق واضحة للعيان وقد تكون مجلبة للوم المجتمع الدولي لذا تلجأ الدول عادة الى مقولة "أنها دعيت للقيام بالتدخل" كما حدث في أفغانستان عام 1979[2].

أن هذه المقولة (الحجة) لم تعد ذات قيمة لتبرير حالات التدخل إلاّ إذا تم التدخل بناءاً على وجود اتفاقية سابقه للمساعدة أي عدم وجود ارادات متضادة عندها لا نكون في حالة تدخل، بل حالة تنفيذ لمعاهدة. كذلك يمكن أن نرى وقوع حالات تدخل تحت ستار الدعاية السياسية أو الاعلامية أو التعاون الاقتصادي أو الفني. أن العامل الأساس في معرفة ذلك هو أن غايتها تكون موجهه دائماً سواء

---

[1] SCHWARZ, Op.Cit.p 97.s

[2] التدخل السوفيتي في أفغانستان عام 1979، تم كما أدعى السوفيات بناءاً على دعوه من حكومة (كارمل)، بينما تشير الوقائع أن (كارمل) قد جاء مع القوات السوفيتية الى أفغانستان وطرد الحكومة القائمة.

كانت واضحة أو مستترة، نحو تغيير البناء أو التنظيم السياسي (حكومة) للدولة الضحية.

هـ – التدخل للحفاظ على قيم إنسانية عليا

لكي يكون أي تصرف دولي بما في ذلك التدخل، إنسانياً، لابد ان يدخل ذلك التصرف ضمن مفهوم العمل الإنساني ولكي يكون العمل إنسانياً وفقاً للمفهوم المعاصر للعمل الإنساني الذي تطور بتطور فكرة حقوق الإنسان يجب ان يهدف العمل الى اعمال ما تقضي به مبادىء حقوق الإنسان والمبادىء المتصلة بها. وأن القول بأن العمل الإنساني هو العمل الذي يهدف الى اعمال ما تقضي به مبادىء حقوق الإنسان لا يعني بالضرورة أن يكون التصرف يهدف الى اعمال حقوق الإنسان كافة. بـل يكفـي أن يكـون يهـدف الى اعمال أحد الحقوق أو مجموعة منها، وبما أن فكرة العمـل الإنسـاني تعنـي اعـمال مـا تقضـي بـه مبادىء حقوق الإنسان، فأن الفكرة السلبية المتناقضة معها تتمثـل بعـدم اعـمال مـا تقضـي بـه هـذه المبادىء أو الاعتداء عليها، ونستطيع أن نطلق على اعمال هذه الفكرة تسمية (التصـرف غـير الإنسـاني) وهـذا أمـا أن يكون سلبياً أو ايجابياً.

ويكون التصرف سلبياً عند الامتناع عن اعمال ما تقضي به مبادىء حقوق الإنسان، ويكون ذلك بالنسبة إلى حقوق الإنسان التي يحتاج اعمالها صدور تصرف ايجابي. ويكون التصرف ايجابياً عند الاعتـداء على حقوق الإنسان، والاصطلاح الأكثر استعمالاً للدلالة عـلى التصرف غـير الإنسـاني هـو (انتهـاك حقـوق الإنسان). وفي ضوء ما تقدم يمكن القول أن التدخل يكون في سبيل تحقيق هدف إنساني

وبالتالي فأنه يعد تدخلاً إنسانياً إذا كان يهدف الى القيام بعمل إنساني. أي انه يهدف الى اعمال ما تقضي به مبادىء حقوق الإنسان.

والسؤال المطروح هنا.. هل أن التدخل الإنساني يعني تطبيق ما تقضي به حقوق الإنسان من قبل جهة دوليه أجنبية في دولة معينة..؟

أن من المعلوم أن مبادىء حقوق الإنسان تحتوي عدداً غير قليل من الحقوق والواجبات وما يتفرع عنها، وهي كلها ذات صله بأغلب جوانب حياة الإنسان. وأن افتراض اعمال جميع هذه الحقوق من قبل دولة أجنبية عن طريق التدخل الإنساني باعتبار ذلك يدخل ضمن مفهوم العمل الإنساني أمر غير متصور وغير مقبول، إذ أن هذا الافتراض يعني حلول الدولة الأجنبية المتدخلة محل الدولة الهدف من حيث علاقتها وواجباتها تجاه مواطنيها، إذ أن السلطة العامة في أية دولة تكون هي المسؤولة في الدرجة الأولى عن اعمال حقوق مواطنيها. وبالتالي فأن الافتراض السابق يمكن أن يدخل ضمن مفاهيم أخرى في القانون الدولي العام وليس ضمن مفهوم التدخل الإنساني، ولكن كيف يمكن اعمال حقوق الإنسان عن طريق التدخل الإنساني..؟

أن التدخل الإنساني لا يؤدي بشكل مباشر إلى اعمال حقوق الإنسان، بل انه يؤدي الى ذلك بشكل غير مباشر، وذلك عن طريق حمايتها. أي انه يهدف الى اعمال حقوق الإنسان من خلال الحيلولة دون وقوع انتهاكات لهذه الحقوق وأن هذا يعني بشكل غير مباشر اعمال تلك الحقوق محل التدخل. وهنا يتوجب علينا الاجابة عن التساؤلات التالية:

1- ما المقصود بتعبير (انتهاك حقوق الإنسان)؟.

2- ما هي انتهاكات حقوق الإنسان التي تبرر التدخل الإنساني؟.

تعرف انتهاكات حقوق الإنسان بأنها (مخالفه وعدم احترام الحقوق الإنسانية التي تضمنتها الدساتير القومية والمواثيق الدولية وقواعد القانون الدولي).[1] بمعنى أن انتهاكات حقوق الإنسان تعني مخالفة مبادىء حقوق الإنسان على اختلاف مصادرها. وتحصل هذه الانتهاكات عند حصول أي اعتداء أو مخالفة لأي حق من هذه الحقوق، وهذا يعني تعدد انتهاكات حقوق الإنسان بتعدد هذه الحقوق واختلافها باختلاف طبيعتها وجسامتها ومدى تأثيرها المباشر على الإنسان محور ومحل جميع الحقوق. ولكن هل كل انتهاك يعد مبرراً لتدخل إنساني؟. وهل تتحدد مشروعية التدخل الإنساني بطبيعة وجسامة الانتهاكات؟. الاجابة عن هذه التساؤلات تشير الى أن التدخل الإنساني بوصفه أحد صور التدخل يشكل مساساً بسيادة الدولة الهدف من التدخل، ومخالفه لمبدأ مهم في القانون الدولي العام وهو مبدأ عدم التدخل، كما أن التدخل الإنساني بشكل عام يمثل حاله غير طبيعية على صعيد العلاقات الدولية، لذلك فأنه ليس من المقبول أن يحصل التدخل الإنساني لمجرد حصول حادث طارىء أدى الى الاعتداء على شخص معين أو مجموعة من الأشخاص.

أو لمجرد عدم تمكن حكومة دولة معينة من تلبية المتطلبات الغذائية لشعبها وبالتالي عدُ ذلك اعتداء على حقهم في الغذاء أو الصحة.؟

وبالرجوع الى انتهاكات حقوق الإنسان نجد انه يمكن أن تقسم من حيث طبيعتها وجسامتها الى نوعين وهي:

أولاً: الانتهاكات الهيكلية.

---

[1] ابراهيم بدوي الشيخ: الأمم المتحدة وانتهاكات حقوق الانسان، المجلة المصرية للقانون الدولي، المجلد (36) 1980، ص 143 وما بعدها.

ثانياً: الانتهاكات الصارخة والمستمرة.

أولاً: الانتهاكات الهيكلية

ويقصد بهذه الانتهاكات تلك (الأوضاع التي تعكس بنيه اجتماعية علـى مسـتوى الدولـة أو أنماطـاً للعلاقات الدولية من شأنها عدم تهيئة الظروف المناسبة للأفراد والشعوب لممارسة حقـوقهم الإنسـانية أو الانتصار لهذه الحقوق في حالة الاعتداء عليها)[1]. بمعنى آخر مجموعة العوامـل الداخليـة (علـى مسـتوى الدولة) والخارجية (على المستوى الدولي) والتي تلعب دوراً مؤثراً في خلق الظروف وايجاد الأجواء المناسبة لممارسة الأفراد والشعوب حقوقهم أو المطالبة بها والدفاع عنها.

إذ أن مجرد الحديث عن حقوق الإنسان وظهورها كفكرة غـير كـاف لاعمـال مـا تتـضمنه هـذه الحقوق، بل لا بد من تهيئة الظروف والأجواء المناسبة لاعمالها واتخـاذ المواقـف المناسـبة لنقلهـا الى حيز التطبيق. إذ أن الامتناع عن ما جاءت به مبادىء حقوق الإنسان يشكل انتهاكاً سلبياً لهذه الحقوق، أي انـه في مجال حقوق الإنسان لا يكفي مجرد الامتناع عن المساس بالحقوق في سبيل اعمالها. بل أن هناك بعـض الحقوق منها تحتاج الى اتخاذ اجراءات ايجابية لاعمالها بشكل مباشر أو تهيئة الظروف الموضوعية المناسبة لممارستها[2].

والأمثلة على الانتهاكات الهيكليـة كثـيرة، إذ أن هـذا النـوع مـن الانتهاكـات هـو أسـاس انتهاكـات حقوق الإنسان عموماً ومنها على المستوى الوطني، امتناع الحكومة عن تـوفير الظروف الغذائيـة المناسـبة لمواطنيها بما يعني انتهاك حقهم في

---

[1] ابراهيم بدوي الشيخ، مصدر سبق ذكره، ص143.
[2] المصدر نفسه، ص143.

الغذاء وكذلك غياب النصوص الدستورية والقانونية التي تنص على حقوق الإنسان في الدساتير والقوانين الوطنية. وعلى المستوى الدولي، تتمثل هذه الانتهاكات بامتناع الدول أو المنظمات الدولية عن تقديم المساعدات الدولية أو الصحية الى الدول الفقيرة، وكذلك المساس بالسلام العالمي واشعال الحروب وما يعنيه ذلك من اعتداء على حق الإنسان الجماعي في السلام[1].

وبالرجوع الى الانتهاكات الهيكلية من حيث طبيعتها نجد أنها تختلف من دولة الى أخرى ومن زمن الى أخر، وذلك بحسب اختلاف امكانية الدول ومواردها المادية ومدى تطور مبادىء حقوق الإنسان فيها. إذ أن هناك العديد من الدول الفقيرة لا تتوفر لديها الامكانات المادية الكافية لتأمين الغذاء أو الظروف المعيشية الإنسانية لمواطنيها كما توفرها دولة أخرى متمكنة مادياً واقتصادياً. إذ أن هناك دولاً لا تتمكن من تطبيق بعض حقوق الإنسان في زمن معين بسبب ضعف امكاناتها المادية لكنها قد تتمكن من ذلك في زمن لاحق عند تحسين ظروفها المادية.

---

[1] نقلاً عن: ابراهيم بدوي الشيخ، مصدر سابق، ص 143.

ثانيا: الانتهاكات الصارخة والمستمرة لحقوق الإنسان

يعرف هذا النوع من الانتهاكات بأنها (الانتهاكات التي تُرتكب على نطاق واسع وبشكل صارخ ومستمر ضد الأفراد والشعوب)[1]. وهذا النوع من الانتهاكات هو الذي يحظى عادة بالاهتمام من قبل الدول والمنظمات الدولية ووسائل الاعلام والجهات المعنية بحقوق الإنسان، وذلك لما تتصف به هذه الانتهاكات من خطورة وجسامة ومن تأثير خطير ومباشر على الإنسان ولما تتصف به من امعان في ارتكاب هذه الانتهاكات. وما تمتاز به هذه الانتهاكات من أنها ترتكب بشكل صارخ وفاضح وعلى نطاق واسع إذ أنها تمس حقوق عدد كبير من بني البشر، كما أنها تمتاز كذلك بأنها مستمرة أي أنها تقع بشكل مستمر وليس بشكل طارىء أو عارض أو لمرة واحدة فقط. ومن الانتهاكات المعروفة لحقوق الإنسان والتي استمرت لفترة طويلة، انتهاكات حقوق الإنسان في جنوب أفريقيا بسبب سياسة التمييز العنصري التي كانت متبعة هناك والتي امتازت فضلاً عن كونها استمرت لمده زمنية طويلة بأنها كانت صارخة وفاضحة. إذ تكلمت عنها وسائل الاعلام بشكل واسع وكذلك المنظمات الدولية الإنسانية وشهدت العديد من المحافل الدولية نقاشات بصددها ووجهت اليها العديد من الانتقادات. إذ أنها كانت تمتاز كذلك بأنها كانت انتهاكات مرتكبه على نطاق واسع، إذ أنها كانت سياسة عنصرية واسعة تلف مجتمع جنوب أفريقيا في جميع جوانبه عن طريق تضمين هذه السياسة في القوانين الداخلية على اختلاف أنواعها. إذ تضمنت تطبيقاً لسياسة التمييز العنصري بما تحتويه من أهانه

---

[1] المصدر السابق، ص144.

ومساس بكرامة الإنسان. ويقودنا استعراض أصناف انتهاكات حقوق الإنسان الى التساؤل عن الصنف الذي يبرر وقوعه حصول تدخل إنساني.؟

لقد علمنا مما تقدم أن الانتهاكات الهيكلية تمثل الشكل الأكثر عمومية لانتهاك حقوق الإنسان، وأنها يمكن أن تحصل في الكثير من دول العالم إذ قد لا تخلو دولة من وقوع مثل هذه الانتهاكات حتى في تلك الدول المتقدمة في مجال حقوق الإنسان، إذ أن وقوع هذه الانتهاكات غالباً ما يكون بسبب ضعف الامكانات الاقتصادية للدولة بحيث لا تستطيع أن تقوم بما يلزم لاعمال بعض الحقوق الإنسانية. وأن حصول مثل هذه الانتهاكات غالباً ما تكون خارجاً عن ارادة الدولة وأنها مسألة واقع لا يد للدولة فيه إلى حد ما، وان هذه الانتهاكات تكون أقل خطورة على الإنسان من غيرها إذ أنها قد لا تشكل خطراً كبيراً ومباشراً على الحقوق الأساسية للإنسان وخاصة حقه في الحياة والحرية، وقد تحتاج في سبيل وقفها إلى مساعده إنسانية دولية أجنبية، وأنها لا تبرر حصول تدخل إنساني لذلك وأن كان هناك انتهاكات لحقوق الإنسان يبرر وقوعها التدخل من أجل وقفها فهي الانتهاكات الصارخة والمستمرة، إذ أن هذه الانتهاكات تشكل خطراً حقيقياً على الإنسانية وذلك لما تمتاز به من كونها تلحق أشد الضرر بحقوق الإنسان وحرياته الأساسية. وذلك لكونها ترتكب على نطاق واسع وتضر بعدد كبير من بني البشر وأنها ترتكب بشكل مستمر وما يعنيه ذلك من امعان وتعمد في ارتكابها وامكانية تحديد المسؤولين الحقيقيين المباشرين عنها، إذ أنها لا تحصل بسبب الظروف العامة التي لا بد للإنسان فيها بل أنها تحصل بسبب الإنسان وذلك بسبب النزعات الشريرة وغير الإنسانية المتواطنة لدى القائمين عمداً بهذه الانتهاكات، وما يعنيه السكوت على هذه الانتهاكات من امكانية تمادي القائمين بها واستمرارهم بها وبالتالي

توسعها أكثر فاكثر وبالتالي زيادة الخطر على الإنسانية، وما يترافق مع ذلك من احتمال تهديد السلم الدولي للخطر.

ويذهب أغلب الفقهاء الذين تناولوا التدخل الإنساني الى أن انتهاكات حقوق الإنسان التي لا يمكن السكوت عليها والتي تبرر الخروج عن أحكام مبدأ السيادة وعدم التدخل، هي تلك الانتهاكات التي تهز ضمير البشرية[1]. وما من شك أن الانتهاكات الصارخة والمستمرة هي التي تهز ضمير البشرية، ولكن هل أن هذا كاف لعدة معياراً قانونياً عملياً لمعرفة مدى خطورة انتهاكات حقوق الإنسان وبالتالي مبرراً لتقرير التدخل لوقفها.؟

من المؤكد أن الانتهاكات التي تشكل أكبر خطورة هي الانتهاكات الجسيمة التي تقع بشكل مباشر على حقوق وحريات الإنسان الأساسية وعلى رأسها حق الإنسان في الحياة، إذ يعد هذا الحق من أهم الحقوق الإنسانية وأن الاعتداء عليه يمثل الاعتداء على جميع الحقوق. ولكن عد الانتهاك واقعاً على حق أساسي للإنسان لا يمكن عده معياراً يفي بالغرض.

وبالرجوع الى تطبيقات المجتمع الدولي وبشكل خاص في عهد الأمم المتحدة نجد أن هناك أنماطاً معينة من الانتهاكات الصارخة والمستمرة لحقوق الإنسان هي التي يمكن عدها (الانتهاكات الخطيرة لحقوق الإنسان) والتي يبرر وقوعها التدخل الإنساني لوقفها، وتتمثل هذه الانتهاكات بنماذج معينة هي التي تعد أكثر خطورة وتبرر التدخل الإنساني من وجهة نظر المجتمع الدولي، وتمثل هذه الانتهاكات جرائم ضد الإنسانية، وقد تم النص عليها في قانون العقوبات الدولي، ومن أهم هذه

[1] راجع : جيرهارد فان غلان : القانون بين الأمم، ج1، دار الأفاق الجديدة، بيروت، ص83.

الجرائم جريمة الابادة الجماعية والتي تتمثل بالقيام باعمال تستهدف القضاء على كل أو بعض أفراد جماعة معينة قومية أو عرقية أو جنسية أو دينية[1].

وغالباً ما تقع هذه الجرائم في المناطق التي يكون فيها صراعات أو حروب أهلية بين عده فصائل تختلف فيما بينها من حيث العرق أو الأصل أو الدين أو القومية. إذ قد تحاول احدى الفصائل القضاء تماماً على الأخرى، مثال ذلك الحالة في (رواندا) والصراع بين قبائل (الهوتو والتوتسي) وكذلك جرائم التفرقة والفصل العنصري (جنوب أفريقيا، أسرائيل) وجرائم الاستبعاد واعمال القهر والتعذيب على أسس عرقيه أو دينية. كل هذه جرائم جسيمة بحق الإنسانية وقد تضمنها قانون العقوبات الدولي وسارت الدول على عدها نماذج قياسية يمكن التدخل في حالة قيامها. لكن هل أن سير المجتمع الدولي على اعتبار أن تحقق مثل هذه النماذج أعلاه يبرر التدخل الإنساني، بمعنى أخر هل يعني عند وقوع انتهاكات لحقوق الإنسان لا تدخل ضمن هذه المقاييس والمعايير لا يكون مبرراً للتدخل الإنساني.؟

مما تقدم قد يبدو للوهلة الأولى أن المجتمع الدولي يحدد جسامة انتهاك حقوق الإنسان وخطورتها وبالتالي يبحث امكانية التدخل لوقفها بحسب مكانة تلك الانتهاكات ضمن الجرائم التي ترتكب ضد الإنسانية والتي نص عليها قانون العقوبات الدولي، ولكن حقيقة الأمر ليست كذلك إذ أن قانون العقوبات الدولي هو قانون من صنع المجتمع الدولي وأن ما تضمنه من جرائم ضد الإنسانية كان نتيجة لتقرير جسامة تلك الجرائم من قبل المجتمع الدولي، وهذا يعني أن المجتمع الدولي يمكنه أن يضيف نماذج جديده وبحسب ما يراه، إذ أن معيار اعتبار الانتهاك جسيماً

---

[1] ابراهيم بدوي الشيخ، مصدر سبق ذكره، ص145

يبقى بيد المجتمع الدولي وتقديره، لذلك نجد أن المجتمع الدولي أخذ يضيف نماذج جديده للانتهاكات الخطيرة لحقوق الإنسان وبالتالي فأن هذا يعني امكانية التدخل الإنساني عند حدوثها، كالتطهير العرقي المتعمد والوحشي والقمع الوحشي الواسع النطاق لارغام مجموعة من السكان على الخضوع، والانهيارات الجسيمة للقانون والنظام العام، والتدفق الواسع النطاق للاجئين وغيرها[1].

وعليه فأن معيار التدخل الإنساني هو جسامة أو خطورة انتهاكات حقوق الإنسان وإذا ما أخذنا بنظر الاعتبار تنوع نماذج الانتهاك، وأن هذه النماذج ليست محدده وثابتة بل يمكن أضافة نماذج جديده بمرور الزمن وبحسب تطور نظره المجتمع الدولي الى حقوق الإنسان. لذلك يعد معيار تحديد الانتهاكات التي تبرر التدخل الإنساني، معيار مرن وغير ثابت أو محدد، مما يعني حصول انحرافات عن المفهوم الحقيقي للتدخل الإنساني وتجاوزات على القواعد التي تحكمه، وذلك عند عد انتهاكات معينة لحقوق الإنسان في دولة معينة هي الانتهاكات الخطيرة التي تبرز التدخل الإنساني.

في حين أن الحقيقة هي أن تلك الانتهاكات قد لا تصل الى ذلك الحد من الخطورة وفي الوقت نفسه من الممكن التدخل الإنساني في دولة معينة وعدم حصوله في دولة أخرى تقع فيها انتهاكات بذات جسامة الانتهاكات في الدولة الأولى. بعد أن علمنا أن الهدف من التدخل الإنساني هو حماية حقوق الإنسان وذلك بالحيلولة دون وقوع انتهاكات خطيرة لهذه الحقوق. فما هي آلية الحماية التي يتضمنها مفهوم التدخل الإنساني.؟

---

[1] للمزيد انظر : د. ستانلي هوفمان : سياسات وأخلاقيات التدخل العسكري، ترجمة وأصدار المركز الغربي للدراسات الأستراتيجيه، العدد 4، يوليو 1996، ص18

بما أن التدخل الإنساني يؤدي بشكل غير مباشر إلى اعمال (تفعيل) حقوق الإنسان التي يحميها ويكون ذلك للحيلولة دون انتهاكها. وبما أن هذه الحماية تتحقق من خلال الحيلولة دون وقوع انتهاكات لحقوق الإنسان فان آليتها تكون من خلال التدخل بالاشكال كافة في سبيل تحقيق الغاية. وهنا يثار تساؤل، هل أن التدخل الإنساني يحصل لمنع وقوع انتهاكات لهذه الحقوق أو انه يحصل لمجرد وقف تلك الانتهاكات.؟ بمعنى آخر هل أن التدخل يحصل في سبيل الوقاية أم العلاج أم انه يمكن أن يحصل في الحالتين.؟

مما لا شك فيه أن التدخل الإنساني يحصل في سبيل وقف الانتهاكات الخطيرة لحقوق الإنسان، أي انه يحصل بعد بداية حصول هذه الانتهاكات أو أثنائها، ومن ثم يأتي هذا لتدخل لوقفها ومنع استمرارها، إذ أصبح معروفاً أن الانتهاكات التي تبرر التدخل الإنساني تمتاز بكونها انتهاكات مستمرة، إذ أنها تمتد لفترة زمنية طويلة نسبياً. أما التسليم بأن التدخل الإنساني يحصل لمنع انتهاكات حقوق الإنسان فأنه يعني حصول التدخل على سبيل الوقاية، إذ انه يحصل قبل بداية حصول الانتهاكات وبمجرد توقع لحدوثها. أن هذا القول، يبرر امكانية التدخل في شؤون أية دولة لمجرد توقع حصول انتهاكات لحقوق الإنسان فيها. أن التسليم بهذا القول يؤدي الى الفوضى في العلاقات الدولية وذلك للامكانية الكبيرة لاستغلاله لتحقيق أهداف مختلفة، إذ أن مثل هذا الافتراض يضاعف مشاكل الانحراف والتجاوز على مفهوم التدخل الإنساني الى عدة أضعاف، وخاصة فيما يتعلق بالمعيار الذي تتحدد بموجبه امكانية التدخل إذا علمنا أن مجرد كون معيار تحديد الانتهاكات الخطيرة يمتاز بالمرونة، قد أدى الى احتمال الانحراف عن المفهوم

الصحيح على الرغم من وجود الوقائع التي يمكن القياس عليها. فكيف الحال عند عدم وجود وقائع وأن ما موجود هو مجرد توقعات من المحتمل أن تكون صحيحة أو خاطئة وما يعنيه ذلك من امكانية خرق مبدأي السيادة وعدم التدخل لمجرد وجود توقعات بحصول انتهاكات لحقوق الإنسان، إذ أن هناك اجماعاً بين الفقهاء وفي الأوساط الدولية على عدم مشروعية أي تدخل يزعم بأنه تدخل إنساني وقائي[1].

بعد أن علمنا مما تقدم، متى يحصل التدخل الإنساني في سبيل تحقيق غايته، لابد أن نعلم كيفية تحقيق هذه الغاية. أن تحقيق الغاية من التدخل الإنساني تكون من خلال وقف الانتهاكات الخطيرة لحقوق الإنسان، وأن وقف هذه الانتهاكات تكون من خلال معرفة مسبباتها ومن ثم معالجتها والتصدي لها. فقد تكون الابادة الجماعية مرتكبه من قبل احدى الفصائل المتنازعة في نزاع داخلي، إذ تكون المعالجة بالضغط على ذلك الفصيل المسؤول عنها بشتى الطرق ويمكن أن يصل ذلك الى حد استخدام القوة المسلحة ضده.

أو قد يكون النزوح الجماعي للاجئين المدنيين بسبب الاعمال الوحشية الانتقامية التي تقوم بها الحكومة ضدهم، فيكون الحل عن طريق الضغط على الحكومة لمنعها من القيام بذلك، بمعنى آخر، أن التدخل الإنساني يحصل لازالة مسببات انتهاكات حقوق الإنسان ولكن إذا كان التدخل الإنساني يهدف الى ازالة مسببات انتهاكات حقوق الإنسان، فأن تحقيق الغاية منه لا يتم إلاّ بازالتها، إذ أن مجرد وقف الانتهاكات واستمرار وجود مسبباتها يعني امكانية تكرارها من جديد، وبالتالي فأن الحل الوحيد يتمثل بازالتها. فهل يمكن أن يصل التدخل الإنساني الى حد تغيير الحكومة أو الرئيس في حالة

---

[1] راجع: د. ستانلي هوفمان، مصدر سبق ذكره، ص28

كون الحكومة أو الرئيس السبب المباشر لانتهاكات حقوق الإنسان، وما يعنيه استمرار وجودهم من امكانية تكرار وقوع الانتهاكات وبالتالي عدم تحقيق غاية التدخل الإنساني.؟

من البديهي، أن التدخل فيما يتعلق بالسلطة أو الحكومة في دول معينة وكيفية وصولها إلى الحكم وكيفية تعاملها مع المحكومين وتصرفاتها تجاههم يعد تدخلاً في الشؤون الداخلية لتلك الدولة، وبالتالي فأنه غير مشروع بموجب قواعد القانون الدولي العام. ولكن الحال يختلف في حالة كون التدخل يدخل ضمن مفهوم التدخل الإنساني، إذ أن التدخل يكون مباحاً إذا كان داخلاً ضمن مفهوم التدخل الإنساني وطبقاً لجميع شروطه القانونية. إذ أن التدخل بازالة رئيس الدولة أو الحكومة هو تدخل في شؤون داخلية كما هو الحال في أي شأن أخر من الشؤون الداخلية، وبالتالي فأن التدخل الإنساني بازالة رئيس الدولة المسؤول عن انتهاكات حقوق الإنسان أو الحكومة المسؤولة عن ذلك والذي يحتمل استمرار هذه الانتهاكات في حالة وجود أو وجودها، يكون حالة من حيث المشروعية حال التدخل الإنساني في أي شأن من الشؤون الداخلية. وبالرجوع إلى تطبيقات المجتمع الدولي وبصرف النظر عن مشروعيتها نجد حصول أكثر من تطبيق يمكن أن يدخل ضمن ما تحدثنا عنه، فمثلاً قد أدى التدخل الهندي في بنغلاديش عام 1971 والذي زعم القائمون به انه كان إنسانياً إلى قلب نظام الحكم هناك على أساس انه كان المسؤول عن انتهاكات حقوق الإنسان[1]. وكذلك الحال بالنسبة للعراق في آذار 2003 وما ترتب عليه من تغيير للنظام القائم، بالاضافة الى تطبيقات أخرى تصل من حيث النتيجة

---

[1] راجع:

Brow line , Op , Cit.P.250

الى ذات الفكرة، مثلاً أن يؤدي التدخل الإنساني الى خروج الاقليم محل التدخل من تحت حكم حكومته السابقة أو انفصالها عن الدولة أو تكوين دولة جديدة إذ أن النتيجة هي واحدة وهي منع تلك الحكومة أو ذلك الرئيس على ذلك الجزء من اقليم الدولة وبالتالي ازالة سبب انتهاكات حقوق الإنسان فقد أدى التدخل الإنساني في تركيا عام 1830 بالنهاية الى استقلال اليونان، وكذلك الحال في العراق بعد حرب الخليج الثانية عام 1991 وما ترتب عليه من اقتطاع الجزء الشمالي من العراق والذي أصبح يعرف (باقليم كوردستان العراق). وكذلك أدى التدخل في اندونيسيا عام 1999 الى تحقيق استقلال تيمور الشرقية.

نستخلص مما تقدم، أن التدخل الإنساني عبارة عن نظام قانوني لحماية حقوق الإنسان، لكن هل هناك أحكام للخروج عن قواعد هذا النظام في حال حصول تجاوزات أو انحرافات على مفهومه.؟

أن التدخل الإنساني كنظام قانوني يمتاز عن الصور الأخرى للتدخل بمشروعيته التي تقوم على أساس مشروعية الغاية منه، وبالتالي فأن هذا يعني أن أي خروج أو مخالفة للقواعد التي تحكم هذا النظام تعني خروجاً عن المشروعية ودخولاً في اللامشروعية. والتجاوزات على النظام القانوني للتدخل الإنساني أما أن تكون على شكل التدخل الإنساني الكاذب أو على شكل التدخل الإنساني المنحرف. ويكون التدخل الإنساني كاذباً في حالة التدخل تحت زعم وقف الانتهاكات الخطيرة لحقوق الإنسان التي تتطلب التدخل في حين أن الحقيقة هي أما أن تكون تلك الانتهاكات لا تتطلب التدخل الإنساني أو غير موجودة أصلاً ومن المؤكد أن مثل

هذا التدخل يحصل في سبيل تحقيق أهداف خفية. وحكم مثل هذا التدخل هو حكم التدخل غير المشروع.

أما التدخل الإنساني المنحرف فهو التدخل الذي يبدأ إنسانياً ولكنه ينحرف فيما بعد ويكون ذلك بالخروج عن ما يقضي به النظام، فقد يستمر التدخل لمدة أطول مما هو متطلب أو كاف لوقف انتهاكات حقوق الإنسان أو قد يستخدم قوة أكبر من القوة اللازمة لتحقيق الغاية أو في حالة تحويل التدخل الإنساني الى احتلال. وفي جميع الأحوال فأن الانحراف يكون بالخروج عما يتطلب تحقيق الغاية من التدخل الإنساني. وحكم مثل هذا التدخل هو انه يكون مشروعاً بالقدر الذي يتطابق مع ما يقضي به النظام قانوناً، أي بقدر ما يلزم لتحقيق الغاية، أما ما يتجاوز على النظام وعن تحقيق الغاية، فيعد دخولاً في اللامشروعية ومن ثم ينطبق عليه الحكم الذي ينطبق على مثل تلك الحالات من التدخل غير المشروع بموجب قواعد القانون الدولي العام، بصرف النظر عما إذا كان داخلاً ضمن مفهوم التدخل الإنساني.

المطلب الثاني

أساليب التدخل الدولي

استخلصنا مما تقدم، أن التدخل الإنساني هو صوره من صور التدخل عموماً، وبما انه كذلك، نجد انه ينطبق على التدخل الإنساني الحكم الذي ينطبق على التدخل بشكل عام. وهو كون أي تدخل لا يمكن أن يحدث أثاره أو أهدافه ما لم يكن مقروناً باستعمال القوة إذ أن الهدف الوظيفي للتدخل يتمثل أما بالابقاء على حالة معينة أو خلق حالة جديدة. وأن تحقيق هذا الهدف عن طريق التدخل لا يمكن أن يتم إلاّ باستعمال القوة، إذ لو تم تحقيقه بارادة حرة مختارة لما عد ذلك تدخلاً أي أن للتدخل الإنساني غاية وهذه الغاية هي وقف الانتهاكات الخطيرة لحقوق الإنسان. وأن تحقيق هذه الغاية لا يمكن أن يتم إلاّ بالاستعانة بالقوة، وأنه لو تم تحقيق هذه الغاية بدون الاستعانة بالقوة ودون الضغط على الجهة المرتكبة للانتهاكات، وأن ذلك قد تم بارادة حرة ومختارة للدولة الهدف، لما كنا بصدد تدخل إنساني، بل أننا يمكن أن نكون بصدد عمل إنساني من نوع أخر.

وعليه، فأن تحقيق غاية التدخل الإنساني بوقف الانتهاكات الخطيرة لحقوق الإنسان أما أن يكون باستعمال القوة للتأثير في ارادة الجهة المرتكبه للانتهاكات واجبارها على الكف عنها. أو أن يكون باستعمال القوة مادياً وبشكل مباشر لوقف الجهة المرتكبه للانتهاكات عن الاستمرار بارتكابها وغالباً ما يتم اللجوء الى الأسلوب الأول في البدايه ومن ثم اللجوء الى الأسلوب الثاني في حالة فشل الأسلوب الأول. وهنا نتساءل عن ماهية القوة اللازمة لتحقيق الغاية من التدخل الإنساني.؟

وقد يتبادر إلى ذهن البعض أن القوة المقصودة واللازمة لتحقيق غايات التدخلات الإنسانية هي القوة العسكرية فحسب. إذ نجد أن هناك من يذهب إلى تحديد هذه القوة في حالة التدخل الإنساني بالقوة العسكرية فقط. إذ يذهب الأستاذ (Rougier) إلى القول [أن التدخل الإنساني يأخذ شكل العمل العسكري[1]]. ويذهب(Brown lie) إلى ذات القول بأن [التدخل الإنساني يحصل بالتهديد بالقوة المسلحة أو باستخدامها[2]]. وفي الواقع، نجد أن القوة العسكرية ليست السبيل الوحيد لتحقيق أهداف وغايات التدخل الإنساني إذ أن مفهوم القوة قد تطور وأتسع مجاله بحيث بات يتضمن العديد من الأساليب التي تتفق من حيث المبدأ بوصفها أداة للضغط والاكراه لكنها تختلف من حيث الشكل. ولم يعد يقصد بمفهوم القوة، القوة العسكرية أو المسلحة فقط، بل أي قوة يمكن أن تؤدي إلى الضغط والاكراه وبالتالي تحقيق الغاية من استخدامها. لذلك نجد اطلاق اصطلاح (وسائل الاكراه) أو (الوسائل القسرية) على كل ما من شانه تحقيق الغاية وبضمنها القوة العسكرية، وهذا وقد كان قرار الجمعية العامة للأمم المتحدة المرقم (20 / 2131) قد بين أن المقصود بالقوة اللازمة للتدخل ليس القوة المسلحة فقط، بل أن هناك وسائل أخرى تدخل ضمن مفهوم القوة، إذ أن هذا القرار عدد أنواع القوة وهي القوة العسكرية و الاقتصادية والقوة السياسية، وكذلك عد مفهوم القوة لا يعني فقط استعمال هذه الأنواع بل أن القوة تعني كذلك التهديد باستعمال الوسائل المذكورة[3].

---

[1] سلوان رشيد السنجاري، التدخل الانساني في القانون الدولي العام ،رسالة ماجستيرغير منشوره، كلية القانون جامعة الموصل، 2000، ص72.

[2] Brown lie; Op.Cit, p.217.

[3] The General Assembly declaration, NO, 2131 / 20 in 21/ 12/ 1965.

بمعنى آخر، أن اللجوء الى القوة يمكن أن يكون باستخدام القوة العسكرية أو الاقتصادية أو السياسية أو التهديد باستخدامها وبذلك فأن التدخل المقرون بالقوة هو التدخل الذي يتم باستخدام احدى الوسائل المذكورة أعلاه أو التهديد باستخدامها، ولذلك فأن التدخل الإنساني يمكن أن يتخذ ثلاثة أساليب بحسب وسيلة القوة المستخدمة وهي التدخل الإنساني سياسياً أو اقتصادياً أو عسكرياً.

1- التدخل الإنساني سياسيا

يعتبر أتباع الطرق السياسية من وسائل الضغط التي تستخدم للتأثير في ارادة الجهات المسؤولة عن انتهاكات حقوق الإنسان وذلك لاجبارها على وقف تلك الانتهاكات والامتناع عن الاستمرار بها. ويعد اللجوء الى مثل هذه الوسائل من السبل الفاعلة لتحقيق الغاية من التدخل الإنساني، إذ انه قد يكون لهذه الوسائل تأثير كبير في ارادة الجهات المسؤولة عن انتهاكات حقوق الإنسان وخاصة عند استعمال تلك الوسائل من قبل منظمات دولية تمثل المجتمع الدولي كالأمم المتحدة. ويتم التدخل الإنساني سياسياً بأتباع الجهة الدولية القائمة به للطرق السياسية والدبلوماسية في سبيل التأثير في ارادة الجهة المسؤولة عن الانتهاكات والتي تم التدخل ضدها والضغط عليها لاجبارها على الكف عن انتهاكات حقوق الإنسان، أي أن هذا الشكل من التدخل من شأنه أن يؤدي الى التأثير في ارادة الجهة المتدخل ضدها ومن ثم تغيير توجهاتها مما يؤدي الى الابقاء على الأوضاع القائمة أو تحقيق أوضاع جديدة بما ينسجم مع غاية التدخل الإنساني.

ويتم التدخل الإنساني بأتباع عدة طرق:

أ- عن طريق تقديم الجهة المتدخلة لطلبات تحريرية أو شفوية أو مذكرات الى الجهة المتدخل ضدها تتضمن تكليفها بالقيام بعمل معين أو الامتناع عن القيام بعمل معين أو السير على خطة معينة[1].

وما يعنيه ذلك من أن عدم الاستجابة لارادة الجهة المتدخلة من امكانية الاساءة الى العلاقة بين الجهة المتدخلة والجهة المتدخل ضدها.

ب- ويمكن أن يكون التدخل السياسي عن طريق توجيه دعوة لعقد مؤتمر يتقرر فيه ما يطلبه الطرف المتدخل[2].

ج- يمكن أن يكون على شكل احتجاج دبلوماسي تتقدم به البعثة الدبلوماسية أو البعثات الدبلوماسية لجهة أو الجهات الدولية المتدخلة[3].

د- قرارات الادانة والشجب التي تصدر عن المنظمات الدولية الممثلة للمجتمع الدولي كالأمم المتحدة ضد دولة ما، وما يعنيه ذلك من تعبير عن الرأي العام العالمي. وتعد هذه الطريقة من أكثر الطرق فعالية للتدخل الإنساني السياسي.

ومن الأمثلة على التدخل الإنساني بأتباع الأساليب السياسية والدبلوماسية كثيرة فقد تدخلت الدول الأوربية في القرن التاسع عشر دبلوماسياً في بلغاريا وأرمينيا وذلك في مواجهه الدولة العثمانية وكذلك تدخل الدول الأوربية لمصلحة اليهود الروس في مواجهة روسيا القيصرية، وتدخل الأمم المتحدة بادانة سياسة الفصل والتمييز العنصري في جنوب أفريقيا و أسرائيل.

---

(1) انظر: د. محمد سامي جنينه، مصدر سبق ذكره، ص188.

(2) د: بطرس بطرس غالي، التدخل العسكري الأمريكي والحرب الباردة، مجلة السياسة الدولية، العدد (7) 1967، ص9. وراجع أيضاً: ستانلي هوفمان، مصدر سبق ذكره، ص 134.

(3) راجع: د. محمد يوسف علوان، مصدر سبق ذكره، ص201.

ويتضح مما تقدم أن هذا الأسلوب مـن التـدخل الإنسـاني هـو أحـد الأسـاليب القديمـة - الحديثـة والتـي استخدمت في المجتمع الدولي لتحقيق الغاية من التدخل الإنساني، وهو أسلوب سلمي بعيد عـن استخدام القوة العسكرية، ويبدو لي أن هذا الأسلوب يعتبر من أفضل أساليب التدخل الإنساني وذلك إذا كان فـاعلاً وكافياً لتحقيق النتائج المرجوة منه، وهو خير مـن الأسـلوب العسـكري الـذي قـد يـؤدي الى تفـاقم الأزمـة وزيادة حدتها، فضلاً عما قد يصاحبها من خسائر بشرية بسبب التدخل المسلح، وكذلك لما يعتري الأسـلوب العسكري من شك فيما يتعلق بجواز استخدام القوة العسكرية ومشروعية استخدامها لأغراض إنسـانية. إذ أن المؤكد انه إذا كان هناك اعتراض على التدخل الإنساني فأنه سوف يكون أكبر إذا كان التدخل باسـتخدام القوة العسكرية.

2- التدخل الإنساني اقتصادياً

تعتبر وسائل الضغط الاقتصادي مـن وسـائل الاكـراه التـي مـن شـأنها تـؤثر في ارادة الجهة التـي تستعمل ضدها، وذلك لما للاقتصاد من دور وأهمية في الحيـاة وتـأثير الأسـاليب الاقتصادية كـذلك كتـأثير الأساليب السياسية إذ انه يؤدي الى التأثير في ارادة الجهة المنتهكة لحقوق الإنسان وبالتالي اجبارهـا عـلى تغيير ارادتها وتوجهاتها بما يؤدي في النهاية الى احترام حقوق الإنسان ووقف انتهاكها.

ويمتاز التدخل الاقتصادي بأن الصفة الغالبة للضغط الذي يسـتعمله الطرف المتدخل هـي صـفه اقتصادية، إذ أن التدخل بهذا الأسلوب (يتكون عن التدابير الاقتصادية التي ترمي التأثير في سياسـة الدولـة المراد التدخل في شؤونها)[1]. ويتم

---

[1] د. بطرس بطرس غالي، مصدر سبق ذكره، ص9

التدخل الإنساني اقتصادياً عن طريق استخدام الطرف المتدخل وسائل الضغط والاكراه الاقتصادية على اختلاف أنواعها في سبيل التأثير في ارادة الجهة المتدخل ضدها لاجبارها على القيام بعمل معين أو الامتناع عن القيام به بحيث يؤدي ذلك الى وقف الانتهاكات الخطيرة لحقوق الإنسان.

وتشمل وسائل الضغط الاقتصادي كل وسيله ذات طابع اقتصادي يستخدمها الطرف المتدخل في سبيل التأثير في ارادة الطرف المتدخل ضده، ومن أهم هذه الوسائل فرض المقاطعة الاقتصادية والحصار الاقتصادي ومنع التصدير والاستيراد ومنع مرور البضائع وتجميد الأموال والبضائع في الخارج والامتناع عن منح القروض أو منحها بشروط قاسيه وغيرها من الوسائل الاقتصادية.

وقد أجاز ميثاق الأمم المتحدة في مادته (41) صلاحيات فرض مثل هذه العقوبات الى مجلس الأمن وأن يطلب من الأعضاء في هذه المنظمة تطبيق هذه التدابير. ويتضح مما تقدم أن التدخل الإنساني يمكن أن يتم عن طريق استخدام وسائل الضغط ذات الطابع الاقتصادي، وأن هذه الوسائل من الممكن أن تكون فاعله وذلك بالنظر لما للاقتصاد من تأثير كبير، ويمتاز هذا الأسلوب حاله حال الأسلوب السياسي بأنه سلمي وبعيد عن استخدام القوة العسكرية وما يترتب على استخدامها من اشكالات.

3- التدخل الإنساني عسكرياً

يعد التدخل العسكري من أكثر الأساليب استعمالاً على صعيد العلاقات الدولية، وذلك لما يتسم به هذا الأسلوب من امكانية الحسم والقدرة الكبيرة على التأثير لتحقيق النتائج المرجوة ولسرعة اتخاذه وسرعة تحقيق النتائج عن طريقه،

ويكون التدخل بهذا الأسلوب أما باستخدام القوات المسلحة سواء كانت برية أو بحرية أو جوية أو بالتهديد باستخدامها، وما يعنيه ذلك من امكانية حسم الموقف وتحقيق الهدف أما مادياً وبطريق مباشر أو بطريق غير مباشر من خلال التأثير في ارادة الجهة المتدخل ضدها واجبارها على القيام بعمل معين أو الامتناع عن عمل معين بما ينسجم مع الهدف من التدخل، وكثيراً ما استخدم الأسلوب العسكري كوسيلة للتدخل الإنساني لوقف الجهة المرتكبة لانتهاكات حقوق الإنسان عن الاستمرار بها، ويكون ذلك أما بوقفها مادياً وبالقوة العسكرية أو باجبارها على تغيير توجهاتها والكف عن القيام بما يؤدي الى انتهاك حقوق الإنسان. ومن التطبيقات المهمة للتدخل الإنساني عسكرياً التدخل الأوربي العسكري مع اليابان في الصين سنة 1900 وذلك لانقاذ أرواح الأجانب المحتجزين من قبل الثوار الصينيين بعد قيام ثورة البوكسر[1]. وكذلك التدخل البلجيكي في الكونغو عام 1960، والتدخل العسكري الأمريكي في سان دومانيكان سنة 1965[2]. والتدخل العسكري الأمريكي – البريطاني في شمال العراق عام 1991 وتدخل حلف شمال الأطلسي في كوسوفو عام 1999 والتدخل الأمريكي – البريطاني في العراق عام 2003، والتدخل بأسم الأمم المتحدة في أندونيسيا بشأن الوضع في تيمور الشرقية عام 1999.

ومن خلال استعراضنا لأنواع التدخل الإنساني أو الأساليب التي يمكن أن يتم بها التدخل الإنساني فقد يثار جدل حول أي الأساليب الأكثر شيوعاً واستخداماً فمن

---

[1] للمزيد راجع:

SCHWARZ, Op. Cit. p. 97 and after.

[2] انظر: ريتشارد بارنت، حروب التدخل الأمريكي في العالم، مصدر سبق ذكره، ص134 وما بعدها وص237 وما بعدها.

المؤكد أن الأسلوب الأنجع للتدخل الإنساني (بالنسبة للدولة المتدخلة) هو الأسلوب الأكثر اتفاقاً مع مفهومها وأهدافها، بمعنى أخر هو الأسلوب الأكثر فاعلية في تحقيق غاية التدخل الإنساني وبما لا يؤدي في الوقت نفسه الى التجاوز والانحراف عن مضمون مفهوم التدخل الإنساني فأسلوب التدخل السياسي يمتاز بكونه سلمياً وبعيداً عن المضاعفات السلبية للتدخل العسكري وهو في جميع الأحوال أسلوب أكثر تحضراً ويتفق مع تطور المجتمع الدولي. لكن يعاب عليه بانه قد يكون غير فاعل دائماً في تحقيق النتائج المرجوة منه فقد لا تنتظر المعاناة الإنسانية ومأساة استمرار انتهاكات حقوق الإنسان الى أن تؤدي الأساليب السياسية الى التأثير في ارادة الطرف المرتكب لها وتجبره على الكف عن الاستمرار بارتكابها فقد يعني مثل هذا التأخير التضحية بحياة الآلاف من البشر فضلاً عن كونه غير فاعل في التأثير في ارادة الجهة المرتكبة لحقوق الإنسان إذ قد تتمادى تلك الجهة في انتهاكاتها لحقوق الإنسان دون أي اكتراث للمواقف السياسية الدولية أو الرأي العام العالمي كما كان الحال في جنوب أفريقيا لسنوات عدة. أما الأسلوب الاقتصادي فيمتاز كذلك بكونه أسلوباً سلمياً وبعيداً عن سلبيات استخدام القوة العسكرية وهو أسلوب أكثر تحضراً من الأسلوب العسكري وأن تأثيره أكبر بالتأكيد من تأثير الأسلوب السياسي، إذ أن اللجوء إلى التدخل الاقتصادي يعني في نفس الوقت اتخاذ موقف سياسي فللاقتصاد دور كبير في التأثير في ارادة الجهة المرتكبة للانتهاكات ومن ثم اجبارها على التخلي عن مواقفها المؤدية الى هذه الانتهاكات كما قد يؤدي الأسلوب الاقتصادي الى أضعاف قدرات الجهة المتدخل ضدها وبالتالي التأثير المباشر في امكانياتها في الاستمرار في انتهاك حقوق الإنسان.

ولكن في الوقت نفسه من الممكن أن يكون للأسلوب الاقتصادي نتائج سلبية إذ انه قد يؤدي الى الاضرار بأطراف أخرى غير الأطراف المستهدفة منه وما يعنيه ذلك من زيادة المعانات التي يعانيها الأشخاص الذين جاء التدخل الإنساني لانقاذهم وانهاء معاناتهم فقد يؤدي فرض العقوبات الاقتصادية مثلاً الى الاضرار بالدول الفقيرة التي تفرض هذه العقوبات على الجهات المستهدفة. وفي الدولة الهدف نفسها والتي من المرجح أن يكون الحكم فيها غير ديمقراطي، فأن عبء العقوبات الاقتصادية من المؤكد سيثقل كاهل المحرومين والفقراء والأبرياء في حين تبقى الحكومات أو أفراد السلطة المستهدفين بالأساس من فرض العقوبات بحالة جيدة. أما الأسلوب العسكري فيمتاز غالباً بفاعليته، ذلك لأن العمل العسكري غالباً ما يكون مؤثراً وفاعلاً في تحقيق النتائج المرجوة منه، فأما انه يؤدي الى حسم الموقف مادياً وبشكل مباشر ووقف انتهاكات حقوق الإنسان ومنع استمرارها أو انه يؤدي الى تأثير كبير في ارادة الجهة المرتكبة للانتهاكات وبالتالي تخليها عن الاستمرار بها بعد بدء العمليات العسكرية أو لمجرد التهديد باستخدامها، كما انه يتميز عن الأسلوبين السابقين (السياسي والاقتصادي) بسرعة اتخاذه وسرعة تحقيقه لأهدافه مما ينسجم مع متطلبات ضرورة الاسراع في وقت انتهاكات حقوق الإنسان لتقليل الاضرار الناجمة عنها. لكن الذي يلاحظ على التدخل الإنساني عسكرياً ويؤخذ عليه هو انه قد يؤدي الى نتائج سلبية إذ انه من المؤكد أن استخدام القوة المسلحة لا يمكن أن يتم دون وقوع خسائر بشرية أو مادية كبيرة، سواء من طرف الجهة المتدخلة أو الجهة المتدخل لأجلها ومثل هذه النتائج بالتأكيد لا تنسجم مع الغاية من التدخل الإنساني وهي حماية الإنسان.

ومن خلال ما تقدم تبقى الاجابة عن التساؤل الذي يثار حول هل من شأن التدخل الإنساني إذا حصل ان يؤدي إلى تحسين الحالة محل التدخل. أي هل أن الحالة ستكون أفضل بعد التدخل.؟

أن الاجابة على التساؤلات المثارة يحتاج الى تفهم تام للحالة محل التدخل ولجميع ما يرتبط بها من ظروف، وجميع ما يمكن أن يترتب عليها من نتائج إذ انه من غير المنطقي مثلاً الأقدام على تدخل إنساني لانقاذ حياة (100) شخص عندما يكون من المحتمل أن تؤدي عملية الانقاذ الى قتل (150) شخصاً سواء من الطرف القائم بالتدخل أو من الطرف المتدخل ضده وإذا افترضنا أن الاجابة كانت بالايجاب عن التساؤلات أعلاه ومن ثم اقرار التدخل الإنساني نتسائل عن الأسلوب الذي يتم به هذا التدخل، هل هو السياسي أم الاقتصادي أم العسكري ؟

وهنا نطرح التساؤلات السابقة مع تحديد الأسلوب، هل أن التدخل الإنساني سيكون أفضل إذا كان سياسياً أم اقتصادياً أم عسكرياً؟ هل الحالة ستكون أفضل بعد التدخل سياسياً أم اقتصادياً أم عسكرياً؟

والاجابة على هذه التساؤلات يجب أن تتم بعد دراسة الحالة جيداً من جميع جوانبها وظروفها ومن ثم معرفة الأسلوب الأفضل والأمثل بحيث يؤدي إلى أفضل النتائج التي تتفق مع غاية التدخل الإنساني وبأقل الخسائر على اختلاف أنواعها.

المبحث الثالث

الطبيعة القانونية للتدخل الدولي الإنساني

كانت فكرة التدخل الإنساني ولا تزال محلاً للجدل والخلاف والنقاش بين كتاب القانون الدولي والأوساط الفقهية وكان ولا يزال هذا الخلاف يدور حول مشروعية التدخل الإنساني وجوازه من عدمه، وعلى الرغم من مرور مدة زمنية ليست بالقصيرة على بدايات ظهور هذه الفكرة في أوساط الفقهاء وحصول العديد من التطبيقات لها على صعيد العلاقات الدولية إلاّ انه ظل ينظر اليه وبشكل عام على انه يمثل حالة شاذة على صعيد العلاقات الدولية وأن الأصل فيه هو عدم المشروعية إذ تكمن عدم مشروعيته من وجهة نظر معارضيه في كونه يشكل مساساً بسيادة الدولة الهدف.

ولكن إذا نظرنا الى التدخل الإنساني من زاوية أخرى ومن حيث القصد والغاية منه نجد انه تصرف دولي يهدف الى حماية حقوق الإنسان وهذه غاية مشروعة حيث تكمن مشروعيته من وجهة نظر أنصاره في انه يهدف الى حماية حقوق الإنسان، وبالتالي يمكن أن ينظر اليه على انه تصرف مشروع. فبالنسبة للاتجاه الأول (المعارضين) فيذهبون الى عدم جواز التدخل في شؤون الدولة بدعوى وجود أسباب واعتبارات إنسانية[1].

ويستند أنصار هذا الاتجاه في رفضهم ومعارضتهم للتدخل الإنساني على أساس انه عمل غير مشروع وفقاً لأحكام القانون الدولي العام لكونه لا يستند الى سند قانوني وأنه يشكل اعتداءاً على مبدأي السيادة وعدم التدخل واللذين يعدان من

---

[1] من أنصار هذا الاتجاه: (Kelsen) and (Berger) و(Brierly) و(Schwarzen) راجع في ذلك: د. محمود سامي جنينه، مصدر سبق ذكره، ص198

أهم مبادىء القانون الدولي العام ويذهب (دسباينيه) بهذ الاتجاه الى القول ((بأن هـذا التـدخل يتنافى مع استقرار الدولة وما لها من الحرية في معاملة الرعايا، وأن التسليم بجواز هـذا التـدخل يـؤدي الى الفوضى في العلاقات الدولية وتدخل الدول في شؤون بعضها كلما دعتها أغراضها السياسية الى ذلك))[1].

ويذهب البعض في اتجاههم الى رفض فكرة التدخل الإنساني وعده عملاً غير مشروع وفقـاً لاحكـام القانون الدولي العام، الى الرد على أنصار التدخل الإنساني الذين يستندون في تأييدهم لـه عـلى أسـاس انه يستند الى مبادىء أخلاقية تبرره، إذ يرد عليهم بالقول ((بأن الاستناد الى قواعد أخلاقية غير كاف لتبرير هـذا التدخل، وأن هذا التدخل يعد تدخلاً غير مشروع وأن القواعد الأخلاقية التي يستند اليها تعد غير صحيحة وذلك لمخالفتها للقواعد القانونية وبهذا يكون التـدخل الإنساني مخالفـاً للقواعـد الأخلاقيـة أيضاً وذلـك لمخالفته القواعد القانونية))[2].

بينما يذهب الاتجاه الثاني (المؤيدين) الى أن التدخل الإنساني هو تدخل مـشروع ولا تمنعـه قواعـد القانون الدولي العام[3]. غير أن أنصار هذا الاتجاه اختلفوا في السند القانوني الذي تـستند اليـه مـشروعية التدخل الإنساني إذ أن الأغلبية تذهب الى أن مشروعيته ترتكز على أساس أخلاقي فقد علمنا مما تقـدم أن (كروشيوس) كان أول من تناول فكرة التدخل الإنساني وكان قد أسس مشروعيتها على أساس أخلاقي وذلك ضمن مفهوم الحرب العادلة التي تناولها في كتاباته وجاء بعده العديد

---

[1] نفس المصدر السابق، ص198
[2] راجع: د. لويس لوفر ،مصدر سبق ذكره، ص303.
[3] من أنصار هذا الاتجاه: (Groious) و(Wheaton) و(Winfield) و(Rougier) و(Stow ell).

من الفقهاء الذين أسسوا مشروعية التدخل الإنساني على أساس أخلاقي. فعلى سبيل المثال يذهب (لورنس) عند تبريره للتدخل الإنساني انه لا يستند الى سند قانوني بل انه يستند الى سند أخلاقي وما دامت دائرة الأخلاق والآداب العامة أوسع من دائرة القانون فأن التدخل الإنساني يعد مشروعاً ما دام يستند الى الاخلاق والآداب العامة[1].

ويذهب الغنيمي الى القول (.. أن التدخل الإنساني لا يمكن أن ينظر اليه بوصفه أمراً مخالفاً للمبادىء العامة للقانون، بل أن العكس هو الصحيح وأن القانون الدولي الذي يحول دون حصول مثل هذا التدخل ويمنعه بموجب قواعده يهدد نفسه بالاتصاف بالتدني الأخلاقي[2].

ويذهب (Oppenheim) اتجاهاً وسطاً بخصوص مشروعية التدخل الإنساني إذ انه يعترف بعدم وجود قاعدة قانونية تبرر التدخل الإنساني ولكنه يضيف الى ذلك (... انه إذا أتضح أن الدولة تعامل الأفراد الذين يقيمون فيها معاملة تشوبها القسوة والهمجية، فأن تدخل دولة أخرى أو مجموعة دول لمنع ذلك يعد مما تسمح به وتحبذه قواعد الأخلاق بالرغم من عدم مطابقته الحرفية لقواعد القانون الدولي العام على أن يكون ذلك شريطة عدم وجود غرض خفي وراء هذا التدخل[3].

وهناك من يذهب الى اجازة التدخل الإنساني فقط في حالة تضرر الدولة المتدخلة من انتهاكات حقوق الإنسان التي ترتكبها الدولة المتدخل ضدها.

---

(1) د. لويس أوفر، مصدر سبق ذكره، ص 301.

(2) د. محمد طلعت الغنيمي، مصدر سبق ذكره، ص339.

(3) .Oppenheim.I.International Law,8th, ed. London-uk, Longmam Green Co. 1955- Pp.312-313

ويذهب (Jenyhide) بهذا الخصوص الى (... أن التدخل الإنساني جائز لكن هذه الاجازة غير مطلقة إذ أنها مقصورة على الحالات التي تؤدي فيها الاعمال اللاإنسانية المرتكبة في دولة معينة الى الاضرار بدولة أخرى ومصالحها والاساءة الى حقوقها، إذ انه في مثل هذه الحالة يجوز للدولة المتضررة أن تتدخل إنسانياً لوقف الانتهاكات لحقوق الإنسان دفاعاً عن مصالحها وحقوقها[1].

وهذا الرأي يعني حرية الدولة في التعامل مع من يقيم في اقليمها كيفما تشاء حتى وأن أدى الأمر الى وقوع انتهاكات جسيمة لحقوق الإنسان ما لم تؤد تلك الانتهاكات الى الاضرار بالدول الأخرى وبموجب هذا المفهوم يمكن التدخل مهما كانت درجة جسامة انتهاكات حقوق الإنسان إذا كان من شأنها الاضرار بالدول الأخرى. في حين ذهب (Shtroap) الى (.. عدم جواز التدخل الإنساني إلاّ في حالة وجود معاهدة تسمح به)[2].

مما تقدم نخلصُ الى أن مشروعية أو عدم مشروعية التدخل الإنساني كانت ولا تزال محلاً للخلاف الفقهي، ويرجع ذلك لكونه يؤدي الى انتهاك مبدأ مهم من مبادىء القانون الدولي العام وهو مبدأ السيادة وما يتفرع عنه من مبادىء وعلى رأسها مبدأ عدم التدخل. ولكونه لا يستند الى سند قانوني صريح ومتفق عليه لتأسيس مشروعيته إذ أن الحديث عن مشروعية التدخل الإنساني تعد بمثابة الحديث عن الصراع بين مفاهيم الاخلاص والعدالة ومفاهيم السيادة وعدم التدخل وأن ترجيح كفة التدخل الإنساني المطابق للمفهوم القانوني للتدخل الإنساني وللشروط

---

[1] انظر: د. عبد المجيد عباس، مصدر سبق ذكره، ص 217 - 218.

[2] انظر: د. محمود سامي جنينه، مصدر سبق ذكره، ص198.

والمعايير القياسية كافة يعد ترجيحاً لكفة الأخلاق والعدالة على غيرها من الاعتبارات الأخرى.

وبالرجوع الى قواعد حقوق الإنسان سواء على المستوى الداخلي أم الدولي نجد أن أغلبها كان بالأصل عبارة عن قواعد أخلاقية تطورت بمرور الزمن لتصبح قواعد قانونية على المستوى الداخلي أو الدولي. فعلى المستوى الداخلي أصبحت تلك القواعد أما على شكل قواعد قانونية دستورية أو عادية وأما على المستوى الدولي فقد تطورت تلك القواعد لتصبح قواعد قانونية دولية سواء كانت عرفية أم اتفاقية، إذ أن قواعد حقوق الإنسان حالها حال العديد من القواعد الأخلاقية الأخرى تطورت وأصبحت قواعد قانونية دولية بعد أن كانت مجرد قواعد أخلاقية، مثال ذلك القواعد الإنسانية الخاصة بمعاملة أسرى وجرحى الحروب إذ أصبحت قواعد قانونية بعد أن كانت مجرد قواعد أخلاقية[1].

كما أن خرقها يعني خرقاً لقواعد القانون الدولي وأن اعمالها يعني اعمالاً لقواعد هذا القانون.

وتجدر الاشارة الى أن العديد من مبادىء حقوق الإنسان قد أصبحت قواعد قانونية دولية، وذلك من خلال النص الصريح في ميثاق الأمم المتحدة على مبدأ احترام حقوق الإنسان واعتباره مقصداً من مقاصد المنظمة، تلك المنظمة التي تمثل اليوم المجتمع الدولي، واعمال تلك المبادىء تحقيقاً لمقصد الأمم المتحدة من خلال العمل على عقد العديد من اتفاقيات حقوق الإنسان والتي تعد

---

[1] انظر: د. علي صادق أبو هيف، القانون الدولي العام ، ج1، ط12،منشأة المعارف،الأسكندرية، مصر، ص78.

قانوناً قائماً بحد ذاته ضمن القانون الدولي العام وأن خـرق أحكـام القـانون الأول بالتأكيـد يعنـي خرقاً لأحكام القانون الثاني لكونه قد أصبح جزءاً منه، إذ انه من المؤكد أن اتفاقيـات حقـوق الإنـسان قـد عقدت لتحقيق غاية وهي اعمال ما تتـضمنه هـذه الاتفاقيـات وهـي تحقيـق الاحـترام لحقـوق الإنـسان وحمايتها، إذ انه ليس من المنطق أن تعقد تلك الاتفاقيات كي تبقى حبراً على ورق، بل انه لا بد من اعـمال أحكامها في سبيل تحقيق الغاية منها. لذلك أصبحت مسألة الحمايـة الدوليـة لحقـوق الإنـسان تمثـل أحـد المبادىء الرئيسية بل الحاكمة في القانون الدولي المعاصر، إذ مـن الممكـن أن تـصل هـذه الحمايـة الى حـد التدخل في شؤون الدول ضمن مفهوم التدخل الإنساني.

ولتوضيح طبيعة التدخل الإنساني والاخـتلاف الفقهـي حـول مـشروعيته قسمنا هـذا المبحـث الى مطلبين نتناول في المطلب الأول العلاقة بين التدخل الدولي والسيادة وفي الثاني نحاول التمييـز بـين التـدخل الدولي الإنساني والمساعدة الإنسانية.

134

المطلب الأول

التدخل الدولي الإنساني والسيادة

تكمن أهمية بحث العلاقة بين التدخل الدولي والسيادة في أن مبد أ السيادة هو المبدأ القانوني الذي يحول دون السماح بحصول تدخل دولي، وهو المبدأ الذي يتمسك به المعارضون للتدخل الإنساني لتبرير رفضهم له وعده عملاً غير مشروع طبقاً لمبادىء القانون الدولي العام على اعتبارأن مبدأ السيادة وما يترتب عليه من حقوق وواجبات يعد من مبادىء القانون الدولي العام وأن التدخل الإنساني يؤدي الى خرق هذا المبدأ وبالتالي خرق القانون. وتكمن العلاقة السلبية المتضادة بين التدخل الإنساني والسيادة في التنافر المبدئي بين مفهوم التدخل عموماً ومفهوم السيادة. ويمكن فهم العلاقة بين التدخل الإنساني والسيادة من خلال فهم العلاقة المبدئية بين الفكرة العامة للتدخل ومبدأ السيادة على اعتبار أن التدخل الإنساني هو أحد صور التدخل لذلك سنقوم بتوضيح فكرتي التدخل والسيادة وبما يتوافق وأهداف البحث.

أولاً: التدخـــل

تعد فكرة التدخل فكره قديمة في العلاقات الدولية فلقد كان التدخل من الأساليب الرئيسية التي استخدمتها الدول لاستعمال القوة في علاقاتها الدولية منذ القدم، وشهد مفهوم هذه الفكرة تطوراً كبيراً فقد ارتبطت النظرة الى مشروعيتها بتطور القانون الدولي العام وقد جرى في التاريخ الحديث عدة محاولات لتبني التدخل وتبريره وعده عملاً مشروعاً في حالات معينة، ففي البداية كان التدخل يعتبر مشروعاً في ظل القانون الدولي التقليدي وبموجب مبادىء الحلف الأوربي

المقدس لكن النظرة الى التدخل بوصفه عملاً مشروعاً لم تستمر وتغيرت النظرة اليه بتطور المجتمع الدولي والقانون الدولي معه، إذ تقلص الحديث عن مشروعيته تدريجياً حتى الوصول الى عدم مشروعيته، بحيث أصبح الأصل عدم مشروعية التدخل. مما مهد لظهور مبدأ جديد في القانون الدولي العام يمنع التدخل وهو مبدأ عدم التدخل والذي يعد التطبيق العملي لمبدأ السيادة.

لقد أورد كتاب القانون الدولي العام العديد من التعاريف للتدخل، منها تعريف الأستاذ(Coast) والذي حاول تقديم تعريف شامل للتدخل حيث يقول (.. تدخل دولة في شؤون دولة أخرى يهدف فرض ارادتها عليها سواء كان الهدف من ذلك إنسانياً أم غير إنساني))[1].

أما (كوريفين) فيذهب الى القول بأن (.. التدخل هو احلال دولة لسلطتها محل دولة أخرى بقصد تحقيق أثر قانوني لا تستطيع الدولة الأخيرة – أو لا ترغب – أن تحققه، فاذا قابلت السلطة المحلية محاولات التدخل بالمقاومة المسلحة أنقلب الوضع الى حرب))[2].

ويعرفه الأستاذ (L.Cavare) بأنه ((..انغماس دولة في الشؤون الداخلية لدولة أخرى بهدف فرض ارادتها عليها..)) ومن تعاريف الكتاب العرب للتدخل، تعريف الدكتور سموحي فوق العادة حيث يرى أن التدخل هو ((تعرض احدى الدول للشؤون الداخلية أو الخارجية لدولة أخرى بغية ارغامها على القيام بعمل

---

[1] سمير الميرغني، المنازعات المسلحة في القانون الدولي العام وطبيعة الحرب اللبنانية ،رسالة ماجستير غير منشورة كلية القانون والسياسة، جامعة بغداد، 1978، ص213 وما بعدها.

[2] د. محمد طلعت الغنيمي، الأحكام العامة في قانون الأمم- قانون السلام ،منشأة المعارف، الأسكندرية ، 1970،ص341.

معين أو الامتناع عنه، مستعملة في سبيل ذلك نفوذها وسلطتها ومـا لـديها مـن وسـائل الضـغط والاكراه))[1].

أما محمـد طلعـت الغنيمي فيرى أن التـدخل هـو(تعـرض دولـة لـشؤون دولـة أخـرى بطريقـة استبدادية وذلك بقصد الابقاء على الأمور الراهنة للأشياء أو تغييرها)[2].

كما ويعرفه سمير الميرغني بأنه ((.. فرض ارادة دولة على الارادة الحقيقية لدولة ثانيـة سـواء مـن خلال استخدام القوات المسلحة أو من خلال التأثير الاقتصادي أو السياسي أو الثقافي))[3].

ويرى البعض أن أحسن طريقة لتعريف التدخل هي مـن خـلال تعريف عـدم التـدخل وفي هـذا يقول (Tale rand) (.. أن اللا تدخل كلمة تعني نفس ما يعنيه التدخل)[4].

على الرغم من استعراضنا للتعاريف أعلاه، إلاّ أن علينا الاقرار بصعوبة وضع تعريف مـانع جـامع ((للتدخل)) مع ذلك فأننا نرى أن أحسن وسيلة لتحديد تعريف ومفهوم واضح (للتدخل) هـو مـن خـلال وضع الأطر العامة لمثل هـذا التعريف ومناقـشتها أولاً ومن ثم محاولـة وضع التعريـف المطلـوب ثانيـاً ونتوافق في الرأي مع ما ذهب اليه (Schwarz)[5]. في تحديد مفهوم (التدخل) حيث يرى، أن

[1] د. سموحي فوق العادة، القانون الدولي العام، دمشق، 1960، ص229.
[2] د. محمد طلعت الغنيمي، مصدر سبق ذكره، ص329.
[3] سمير الميرغني، مصدر سبق ذكره، ص212.
[4] نفس المصدر، ص213.
[5] راجع:

Schwarz. Op. Cit, pp.81 and after.

أول معالم هذا الاطار العام هي أن الغاية من التدخل تكون المحافظة من وجهة نظر المتدخل على الأقل، على الوضع القائم، سواء كان من الناحية السياسية أو القانونية، وثانياً ميل ميزان القوى بين الطرف المتدخل والطرف الأخر بشكل واضح في صالح الأول، إذ لا يعقل أن يتدخل طرف ضعيف في شؤون طرف قوي والأ واجه الحرب، وثالثاً فأن التدخل هو عمل محدد بالوقت وبالوسائل ويمارس ضمن سياق العلاقات العامة الأخرى، وأخيراً فأن التدخل يقع سواء كان يدعوه من قبل الجهة المعنية به أم لا، وذلك لأنه موجه للتأثير على البناء السياسي والاجتماعي للجهة الأخرى.

وهكذا فأن التدخل هو موقف أو عمل ذو مدة محدودة، تقوم بواسطته دولة أو منظمة دولية أو مجموعة من الدول بتجاوز أطر العلاقات القائمة المتعارف عليها، وتحاول فرض ارادتها على دولة أو مجموعة من الدول في سبيل اجبارها على القيام بعمل ما، أو اتخاذ موقف معين، سواء كان سياسياً أو معنوياً أو قانونياً.

بمعنى أخر أن التدخل لا يتم إلاّ بصدور تصرف (سلبي أو ايجابي) عن الجهة الدولية المتدخلة وأن مثل هذا التصرف يكون أمراً استثنائياً على صعيد العلاقات الدولية القائمة. وأن هذا التدخل يكون أما في الشؤون الداخلية أو الخارجية للدولة، ويهدف الى فرض ارادة الجهة المتدخلة على الجهة المتدخل في شؤونها عن طريق التأثير في ارادتها واجبارها على القيام بعمل أو الامتناع عن القيام بعمل معين أو عن طريق مزاحمة الدولة الهدف في حقها بالاستئثار بممارسة اختصاصاتها الداخلية أو الخارجية. أو يكون ذلك بقيام الجهة المتدخلة بممارسة

بعض الاختصاصات التي تعود بالأصل الى الدولة الهدف أو عن طريق منع الدولة الهدف مادياً من ممارسة هذه الاختصاصات.

هذا ويميل البعض الى توسيع مفهوم التدخل بحيث يشمل صوراً كثيرة جداً من صور العلاقات بينما يميل البعض الأخر لأعطائه مفهوماً أضيق ونحن نؤيد الرأي الثاني وذلك لامكان حصر المفهوم ومناقشته بشكل منطقي، ومن الناحية الأخرى نرى أن التدخل ينطبق على العلاقات بين الدول وليس بين الأفراد أو الأحزاب أو الجماعات السياسية أو المنظمات أو الجماعات الخاصة، أو بين هذه المجموعات أو الدول، وإذا ما حدث التدخل من قبل مجموعات لا علاقة واضحة لها مع الدولة المتهمة بالتدخل ويتمثل ذلك في اعمال التسلل واعمال التخريب وحركات العصابات فمن الضروري معرفة وجود مثل هذه العلاقة مع الدول الأجنبية قبل امكان وصف العمل بأنه تدخل.

ثانيا: السيادة

لقد ظهرت فكرة السيادة على صعيد العلاقات الدولية كرد فعل على التدخل، إذ تمثل الوجه السلبي للسيادة بمبدأ عدم التدخل الذي ظهر على صعيد العلاقات الدولية كمبدأ جديد يحكم التدخل. ولقد كانت فكرة السيادة ولا تزال غامضة وغير واضحة، حيث كانت ولا تزال محلاً للنقاش والخلاف في الأوساط الفقهية للقانون الدولي العام، وبما أن فكرة السيادة هي فكرة متضادة ومتناقضة مع فكرة التدخل فقد تطورت العلاقة بينهما بتطور مفهوم السيادة من حيث تطرفها. فقد تطورت فكرة السيادة بتطور المجتمع الدولي، إذ كان أنصار السيادة ينادون في البداية بفكرة السيادة المطلقة، ومحتوى هذه الفكرة أن سيادة الدولة مطلقة ولا يقيدها أي قيد، أي أن الدولة هي التي تسود في كل ما يتعلق بشؤونها الداخلية والخارجية ولا تسود عليها أي دولة أخرى ويترتب على ذلك أن للدولة مطلق الحرية في تصريف شؤونها الخارجية كافة وكل ما يتعلق بعلاقاتها مع الدول الأخرى دون أي قيد يقيد حريتها، فلها أن تعقد ما تشاء من الاتفاقات ولها أن تتصرف بما تشاء وأن تلتزم بما تشاء وأن تتنصل عن التزاماتها متى تشاء باعتبار أن ارادتها هي العليا و لا يقيدها أي قيد.

أما فيما يتعلق بالشؤون الداخلية فكذلك لها مطلق الحرية في تصريفها بارادتها ولا تتقيد بشأن ذلك بأي قيد، ولها أن تعامل رعاياها كما تشاء وبأية معاملة وكذلك المقيمين في اقليمها من رعايا الدول الأخرى وذلك بوصفها سيدة البلاد[1]. ولكن في الواقع لم تكن الدولة حره بشكل مطلق في التعامل مع رعاياها أو رعايا

[1] للمزيد من التفصيل في مظاهر السيادة، انظر، د.عصام العطية، القانون الدولي العام ،جامعة بغداد- كلية القانون ط5، 1992،ص ص282- 284.

الدول الأخرى المقيمين في اقليمها، وكما تشاء طبقاً لحقوقها السيادية إذ أن التعامل السيء للدولة مع رعاياها أو الأجانب المقيمين في اقليمها بحيث يخالف ذلك المبادىء الإنسانية ولا يراعي الاعتبارات السائدة، كان غالباً ما يؤدي الى تعكير صفو الأجواء الدولية ويخلق مشاكل دولية تؤثر في مصالح الدولة، لذلك فقد كانت الدول تبتعد عن مثل تلك الأفعال السيئة تجنباً لتلك المشاكل والاضرار الناشئة عنها بالرغم من عدم وجود التزام صريح يفرض عليها ذلك[1]. ونظراً للانتقادات الشديدة التي وجهت الى فكرة السيادة المطلقة[2]. ظهر اتجاه عمد الى التقليل من توسع فكرة السيادة بحيث تتلائم مع تطور القانون الدولي، وكان ذلك بتقييدها وتحديد مداها بحدود وقواعد القانون الدولي العام، وبذلك تحولت السيادة من كونها سيادة مطلقة الى سيادة مقيدة[3]. إذ أن بظهور المتغيرات الدولية الجديدة وانتهاء الحرب الباردة دخل مفهوم السيادة في تطور جديد حيث أخذت بعض الآراء تعيد النظر بمفهومه السابق إذ حصل تغيير في النظر الى السيادة وأخذت الاتجاهات الفكرية الجديدة تسعى نحو المزيد من تقييد سيادة الدول. فترى الرؤية الحديثة بأن السيادة لم تعد مطلقة وأن هناك حاجه لاعادة النظر فيها ليس من أجل أضعاف جوهرها وانما بقصد الاقرار بأنها يمكن أن تتخذ أكثر من شكل وأن تؤدي أكثر من وظيفة وهذه الرؤية يمكن أن تساعد على حل المشاكل سواء داخل الدول أو فيما بينها[4].

[1] انظر: د.عبد المجيد عباس، مصدر سبق ذكره، ص ص216-217.

[2] راجع: د. عصام العطية ،مصدر سبق ذكره، ص ص 284-287.

[3] للمزيد من التفصيل ،راجع: أ. د. سعد حقي توفيق، مبادىء العلاقات الدولية ، دار وائل للنشر والتوزيع، عمان ط1 2000، ص ص384- 390.

[4] د. بطرس بطرس غالي، نحو دور أقوى للأمم المتحدة، مجلة السياسة الدولية، مركز الأهرام للدراسات السياسية والأستراتيجية- القاهرة، العدد (111)، يناير 1993، ص11.

لقد دحضت هذه الرؤية الحديثة الرؤى التي تمثل السيادة بالحصن الذي يقي الدولة من تدخل الدول الأخرى وبالتالي فأن التقليل من صلابة هذا الحصن يؤثر في مدى ما يعنيه هذا الحصن ضد التدخل. فالتقليل من فكرة السيادة المطلقة التي لا تسمح بأي نوع من أنواع التدخل مهما كان الغرض منه سيقود الى سيادة مقيدة ستكون مجبرة على أن تسمح بما تجيزه قواعد القانون الدولي العام.

ونتيجة لذلك ظهر ما يسمى بمشروعية التدخل، والذي يعني وجود تدخلات مشروعة وأخرى غير مشروعة. فالتدخلات المشروعة هي تلك التدخلات التي تستند الى قواعد القانون الدولي العام وتكون مشروعة لمشروعية الغاية منها. أما التدخلات غير المشروعة فهي تلك التدخلات التي تكون مخالفة لقواعد القانون الدولي العام ولا تستند الى قواعده، وهذا تحول كبير في حياة الدول.

لقد وضعت عدة تعاريف للسيادة نورد منها على سبيل المثال لا الحصر تعريف أستاذ القانون الدولي (Korowicz) للسيادة بأنها (... سلطة عليا تملكها الدولة داخل اقليمها واستقلالها عن أية سلطة خارجية)[1].

بينما يعرفها الدكتور (محمود سامي جنينه) بأنها (... حق الدولة في تصريف شؤونها الداخلية والخارجية دون أن تخضع فيها خضوعاً قانونياً لأية سلطة خارجية)[2].

وعليه وبناءاً الى التعاريف التي أوردناها أعلاه فأن السيادة تتضمن حكمين الحكم الأول هو ممارسة الدولة لاختصاصاتها والاستئثار بذلك، أي عدم مزاحمتها من قبل جهة دولية أخرى أو منعها من ممارسة اختصاصاتها، أي أن اختصاصات

---

[1]Korowicz , Introduction in International Law , He ague ,1964,p84

[2] د. محمود سامي جنينه، مصدر سبق ذكره، ص179.

الدولة تمارس من قبل الدولة حصراً. أما الحكم الثاني فهو حرية الدولة في ممارسة هذه الاختصاصات وعدم التأثير في ارادتها من قبل أي جهة أجنبية لاجبارها على ممارسة اختصاصاتها بشكل لا يتفق مع ارادتها[1].

وبما أن السيادة ظهرت – كما أسلفنا- كرد فعل على التدخل، وبالتحديد التدخل الذي كانت تمارسه الامبراطورية الجرمانية والبابا تجاه الملكيات في أوربا، وذلك في سبيل تحصين ممارسة الدولة لوظائفها ضد أي تدخل من شأنه أن يمس حقها وحريتها في ممارسة اختصاصاتها والاستئثار بذلك. فقد كان مبدأ عدم التدخل يمثل الوجه السلبي والتطبيق العملي على الصعيد الدولي لمبدأ السيادة، والذي ظهر على صعيد العلاقات الدولية لمنع التدخل في شؤون الدول وانتهاك سيادتها. أي أن مبدأ عدم التدخل يستند الى مبدأ السيادة، حيث يذهب الأستاذ (O Connel) الى تأكيد ذلك بالقول (... عدم التدخل ما هو إلاّ سيادة الدولة تجاه الدول الأخرى)[2].

ويمكننا فهم العلاقة بين التدخل والسيادة من خلال الاقرار بأن التدخل يشكل اعتداءاً على السيادة ويكون ذلك بالمساس بسلامة ممارسة الدولة لاختصاصاتها ويتم ذلك أما بالتعدي المباشر على ذلك من خلال مزاحمة الدولة في ممارستها لاختصاصاتها بممارسة البعض منها من قبل جهة أجنبية أو بمنع الدولة مادياً من ممارسة هذه الاختصاصات أو بالتعدي غير المباشر على سلامة ممارسة الدولة لاختصاصاتها وذلك من خلال المساس بحريتها في ممارسة اختصاصاتها وذلك بالضغط على الدولة بشكل يؤدي بالنهاية الى اجبار الدولة على اتخاذ موقف معين

[1] راجع: د. عصام العطية، مصدر سبق ذكره، ص 283.
[2] O Connel ,International Law ,Vol -1 ,London, 1965 ,p-122

أو التراجع عن موقف معين بسبب تلك الضغوط، أي اجبارها على أن تمارس اختصاصاتها بـشكل لا يتفق مع ارادتها الحرة[1].

مما تقدم نستنتج انه يمكن التعرف على العلاقة بـين التـدخل الإنسـاني والـسيادة مـن خـلال فهـم العلاقة بين التدخل عموماً والسيادة، على اعتبار أن التدخل الإنساني هو أحـد صـور التـدخل وأنـه يحـدث ذات الآثار على السيادة وأنه محكوم بذات القواعد التي تحكم التدخل والسيادة بشكل عام، وعليه يمكننا القول بأن العلاقة بين التدخل والسيادة هي علاقة متضادة أو عكسية ويمكن تشبيهها بالعلاقة بـين كفتي الميزان حيث أن رجحان أي من الكفتين لا بد أن تكون على حساب الكفة الأخرى وهكذا فأنه كلما رجحت كفة التدخل فأن ذلك لا بد أن يكون على حساب كفة السيادة ومبدأ عدم التدخل بوصفه الوجـه الـسلبي للسيادة والعكس صحيح.

---

[1] للمزيد من التفصيل، انظر:

Gene.M.Lyons, Michael Mastanduno; Beyond Westphalia?: State Sovereignty and Intervention, Legal Library, USA, June 1995

المطلب الثاني
التدخل الدولي والمساعدة الإنسانية

تلتقي فكرة التدخل الدولي (الإنساني) مع فكرة المساعدة الإنسانية في أن الغرض من الفكرتين هـو تحقيق غاية إنسانية عليا، وأن تحقيق هذه الغاية يكون عن طريق جهة دولية أجنبية. وأن هـذا الالتقاء فضلاً عن جوانب أخرى قد قاد البعض الى الخلط بين الفكرتين وعدهما فكرة واحدة[1]. لـذلك سـنحاول في هذا المطلب بيان العلاقة بين المساعدة الإنسانية والتدخل الإنساني.

أولاً: المساعدة الإنسانية

لقـد اسـتعملت عـدة مـصطلحات في القانون الدولي الإنساني للدلالة عـلى مـا يعـرف اليـوم بـ (المساعدة الإنسانية) إذ استعملت مصطلحات (أغاثة) و (نجـدة) و(عملية انقـاذ) أو (عمليـة مـساعدة) وغيرها من المصطلحات التي تدل كلها على فكرة واحدة وهي تقديم خدمات صحية أو غذائية وما شابهها من قبل جهات دولية الى ضحايا الكوارث الطبيعية والنزاعات المسلحة الدولية أو الداخلية. وهـذه الفكـرة ليست بفكرة حديثة في القانون الدولي، بل أنها قديمة قدم القانون الدولي الإنساني إذ أن هذا القانون كـان قد عرف العديد من حالات المساعدة الإنسانية التي قامـت بهـا الـدول والمـنظمات الدوليـة الإنسانية في حالات الكوارث والأزمات الإنسانية.

---

[1] د. محمد علي مخادمه، الحق في المساعدة الانسانية، سلسلة الأبحاث الانسانية والاجتماعية، المجلـد (13) العـدد (2 / أ)، منشورات جامعة اليرموك – الأردن، 1997، ص213 وما بعدها

ويتضح ذلك بشكل واضح عند الاطلاع على تاريخ اللجنة الدولية للصليب الأحمر الحافل بالعديد من التطبيقات للفكرة ،إذ ان وجود هذه المنظمة أرتبط أصلاً بغاية تفعيل نظام المساعدة الإنسانية وغيرها من النظم الإنسانية.

لقد ظهر مصطلح (المساعدة الإنسانية) على صعيد القانون الدولي المعاصر كمصطلح يستعمل للاشارة الى الفكرة بموجب قرار صدر عن الجمعية العامة في (8 / أيلول 1988) وحمل الرقم (43 / 131)[1]. ويتضمن الاشارة الى مساعدة ضحايا الكوارث الطبيعية وحالات الطوارىء المماثلة، حيث نص في مادته الثامنة على (.. أن ترك ضحايا الكوارث الطبيعية وحالات الطوارىء المماثلة بلا مساعدة إنسانية يمثل خطراً على الحياة الإنسانية واهانة لكرامة الإنسان..).

إذا فالمساعدة الإنسانية تهدف الى تحقيق أهداف إنسانية تتمثل بمديد العون لضحايا الكوارث الطبيعية والحالات المشابهة حيث يتحمل المجتمع الدولي المسؤولية الأساسية عن تقديم المساعدة الإنسانية ويتمثل المجتمع الدولي بالدول والمنظمات الدولية سواء كانت حكومية أو غير حكومية وهناك من يذهب الى القول، بأن تقديم المساعدة الإنسانية من قبل الأعضاء في الأسرة الدولية هو واجب يقع على عاتق كل عضو القيام به. وأن هذا الواجب ينهض كالتزام مقابل لحق الضحايا المحتاجين للمساعدة الإنسانية في الحصول عليها.

أي أن المساعدة الإنسانية هي حق الضحايا على المجتمع الدولي لاعمال هذا الحق وأن هذا الواجب (... يقوم على الصعيد الأخلاقي على الأسس ذاتها التي يقوم عليها الحق في الحياة، حيث تتطلب اعتبارات العدالة الاجتماعية على صعيد العلاقة

---

[1] نفس المصدر السابق، ص214

بين الفرد والدولة والعلاقة بين الفرد والمجتمع والمجتمع الدولي اعمال هذا الحق[1].

وقد أشار قرار الجمعية العامة سابق الذكر الى الجهات التي تقع على عاتقها مسؤولية المساعدة الإنسانية وخاصة فيما يتعلق ب (..المساهمة الكبيرة في تقديم المساعدة الإنسانية التي تقوم بها المنظمات الدولية والمنظمات غير الحكومية التي تعمل دون تحيز وبدوافع إنسانية صرفة..)[2].

كما حددت المادة السابعة من القرار الدول المدعوة بشكل خاص وأكثر الحاحاً الى تقديم المساعدة الإنسانية وهي الدول (.. الواقعة بالقرب من مناطق الكوارث الطبيعية وحالات الطوارىء المماثلة ولاسيما في حالة المناطق التي يصعب الوصول اليها..) [3].

كما حدد القرار الحالات التي تستدعي المساعدة الإنسانية بحالات الكوارث الطبيعية والحالات التي تكون السبب في فقدان الحياة البشرية وفناء الأموال وارتحال السكان. أي انه حدد الحالات بشكل غير مباشر وذلك من خلال تحديد نتائجها وأثارها، وبذلك فأن أية حالة يمكن أن تؤدي الى تلك النتائج يمكن أن تعد ضمن الحالات التي تستدعي المساعدة الإنسانية سواء كانت بسبب الطبيعة أو لأي سبب أخر، إذ أن الكوارث الطبيعية معلومة ومن السهل تحديدها وأن القرار يهدف من تعداد الآثار والنتائج سابقة الذكر توسيع مفهوم الحالات التي تستدعي المساعدة الإنسانية كي تشمل فضلاً عن الكوارث الطبيعية، الكوارث الإنسانية التي تحصل

---

[1] مصدر سبق ذكره، ص 215

[2] المادة (3) من القرار (131/43).

[3] المصدر نفسه، الفقرة (7) من مقدمة القرار، ص214

بسبب الإنسان والتي تتمثل بالانتهاكات الخطيرة لحقوق الإنسان إذ أن أثر مثل تلك الانتهاكات على الإنسانية قد يكون أكبر من أثر الكوارث الطبيعية.

ثانياً: أوجه التشابه بين المساعدة الإنسانية والتدخل الإنساني

تلتقي فكرتا التدخل الإنساني والمساعدة الإنسانية عند العديد من النقاط، والتشابه بين الفكرتين يكمن في عدة نواح، إذ تقوم كلا الفكرتين في الأصل على أساس قواعد أخلاقية وأدبية إذ أن قواعد الأخلاق هي التي تفرض اللجوء الى التدخل الإنساني[1]. وكذلك الحال في المساعدة الإنسانية إذ أن الأخلاق والتضامن يفرضان على المجتمع الدولي واجباً أخلاقياً وأدبياً لتقديم المساعدة الإنسانية لمن يحتاجها. أي أن قواعد الأخلاق والآداب والعدالة هي التي دفعت المجتمع الدولي في الأصل الى القيام بالتدخل الإنساني أو تقديم المساعدة الإنسانية إذ أن هذه القواعد لا ترتضي السكوت على أهدار حياة البشر والاضرار بهم دون تقديم المساعدة اليهم أو التدخل لوقف ذلك من قبل المجتمع الدولي، بحجة وجود السيادة والحدود الدولية التي تحول دون تجاوزها وكأن مبدأ السيادة أهم من حياة البشر. ولكن هذا لا يعني أن المساعدة الإنسانية أو التدخل الإنساني يتمان بالاستناد الى قواعد الأخلاق فقط وبشكل مباشر، إذ أن ذلك غير كاف لتبريرها، بل أن المجتمع الدولي يعززها بأسانيد قانونية لتبريرها وفقاً لأحكام القانون الدولي العام.

وكذلك تتشابه الفكرتان من حيث الغاية، إذ أن الغاية العليا من الفكرتين هي واحدة وهي غاية إنسانية عليا تتمثل بحماية حقوق الإنسان ووقف الانتهاكات الخطيرة لها وبشكل خاص حقه في الحياة وأن الاعتبارات الإنسانية يجب أن تسمو

---

[1] Oppenheim ,L,Op.Cit,pp.312-313

فوق كل شيء عند تقديم المساعدة الإنسانية أو القيام بالتدخل الإنساني، أي يجب أن تكون المساعدة أو التدخل بعيدة عن الانحراف أو التجاوز عن الغايات الإنسانية ويجب أن تسمو تلك الغايات على كل الاعتبارات الأخرى.

كذلك يتشابه نظام المساعدات الإنسانية مع نظام التدخل الإنساني في أن الجهة التي تتولى القيام به هي جهة دولية أجنبية سواء أكانت هذه الجهة دولة أم مجموعة دول أم منظمة دولية أو مجموعة منظمات.

ثالثاً: أوجه الاختلاف بين التدخل الإنساني والمساعدة الإنسانية

يكمن الاختلاف السياسي بين التدخل الإنساني والمساعدة الإنسانية في مدى تعرض كل من النظامين ومساسهما بسيادة الدولة الهدف واستقلالها السياسي، إذ أن الشرط الأساسي لمشروعية المساعدة الإنسانية هو احترام السيادة الوطنية للدولة الهدف واختصاصها الوطني، أي أن المساعدة الإنسانية تكون غير مشروعة إذا كان فيها تعرض أو انتقاص لسيادة الدولة الهدف، إذ أن المساعدة الإنسانية يجب أن لا تؤدي الى المساس بسيادة الدولة الهدف. وقد أعطى قرار الجمعية العامة للأمم المتحدة (43 / 131) الأولوية للسيادة الوطنية على المبادىء والاعتبارات الإنسانية، إذ جاء في ديباجة القرار انه(يجب مراعاة سيادة الدولة وسلامتها الاقليمية ووحدتها الوطنية قبل كل شيء..) وكذلك يؤكد قرار أخر صادر عن الجمعية العامة أيضاً وبالرقم (45 / 100) والمؤرخ في 1990/12/14 وبخصوص المساعدة الإنسانية أيضاً على وجوب احترام السيادة الوطنية للدولة الهدف وكذلك دورها في القيام بتنظيم خطط المساعدة الإنسانية على اقليمها، أي أن مشروعية المساعدة الإنسانية تتوقف على ارادة الدولة الهدف وموافقتها على قبول المساعدة الانسانية

وأنه لا يجوز بأي حال من الأحوال أن يكون هناك أي قرار يفرض على الدولة الهدف بأن تقبل المساعدة الإنسانية[1]. إذ أن تنفيذ عمليات المساعدة عنوة على اقليم الدولة الهدف ودون أخذ موافقتها المسبقة أو اجبارها على الموافقة أو الزامها بالموافقة يعني عدم مشروعية المساعدة إذ أن القواعد التي تحكم نظام المساعدة الإنسانية تستدعي الحصول على موافقة الدولة صاحبة السيادة على الاقليم الذي ستتم فيه عمليات المساعدة.

ويثار سؤال هنا عن الحل في حالة وجود حالة تستدعي المساعدة الإنسانية على اقليم معين لا توجد فيه سلطة ذات سيادة أو توجد فيه أكثر من سلطة متخاصمة.؟ أو كما يسميها الكاتب (Oliver paye)، (حالة اختفاء الدولة)[2].

أما في حالة التدخل الإنساني فأن الأمر ليس كذلك، إذ انه من الممكن طبقاً للقواعد التي تحكم نظام التدخل الإنساني أن يتم التدخل دون موافقة الدولة الهدف وانه يمكن ان يحصل بالرغم من معارضتها وهذا هو الأصل فيه، أي أن هذا النظام يمكن ان يؤدي الى انتهاك سيادة الدولة الهدف أو استقلالها إذ انه في حالة التدخل الإنساني تسمو الاعتبارات الإنسانية والأخلاقية على الاعتبارات الأخرى ومنها سيادة الدولة واستقلالها[3].

إذ أن التدخل الإنساني عبارة عن اجبار للجهات التي تقوم بالانتهاكات الخطيرة لحقوق الإنسان على الكف عن القيام بها أو منعاً مادياً من القيام بذلك

---

[1] د. علي مخادمة، مصدر سبق ذكره، ص184 وما بعدها

[2] Oliver Paye,Save qui Peul ? Iedroit International Face aux Crises Humanitaires, Collection.de droit International, N.31, Editions Bruylant/Editions del I Universite de Bruxlles, Bruxelles1996, p.185.

[3] د. جير هارد فان غلان، مصدر سبق ذكره، ص183

ويكون ذلك بأتباع أساليب مختلفة ومتنوعة بحسب الحالة وقد تصل غالباً الى حد استعمال القوة العسكرية، و يدل مصطلح التدخل الإنساني ومن كلمة (تدخل) على وجود عنصر الجبر والضغط والاكراه للدولة الهدف لما عد واحداً من صور التدخل، إذ ان من المعروف انه لـو تمـت معالجـة الأزمة، أي اصـلاح الأوضاع المتعلقة بانتهاكات حقوق الإنسان وموافقة الدولة الهدف لما كان في ذلك أي اعتداء عـلى سيادة الدولة الهدف وبالتالي فأن هذا يعني عدم وجود التدخل.

يتضح مما تقدم أن التـدخل الإنسـاني يـتم باستعمال الوسائل القسرية في سبيل حماية حقـوق الإنسان واجبار الجهات المسؤولة عن تلك الانتهاكات على الكف عن ذلك حتى وأن كانت هـذه الجهـات تمثل السلطة الرسمية في الدولة الهدف وهذا يعني بالتأكيد المساس بسيادة الدولة الهـدف. أمـا المسـاعدة الإنسانية فلا يجوز أن تفرض على الدولة الهدف بالقوة. بل أنها يجب أن تكون بموافقتها، إذ أن الدولـة الهدف تكون حرة في قبول المساعدة أو رفضها. والمثال على ذلك العرض الذي تقدمت به الصين الى تـايوان في أيلول عام 1999 خلال الكارثة الطبيعية التي لحقت بالأخيرة بسبب الهـزات الأرضية، فقد رفضت تايوان العرض الصيني. والتساؤلات التي تثـار بهذا الشأن كثـيرة منهـا مـا مـدى حريـة الدولـة الهـدف في رفض المساعدة الإنسانية، وهل أن هذه الحرية مطلقة أم أنها مقيدة.؟

وهل يمكن أن تقف السيادة حائلاً دون انقاذ أرواح البشر.؟

في الحقيقة تقع مسؤولية تقديم المساعدة الإنسانية في المقام الأول على عاتق الدولة ذاتها ضحية الحالات التي تتطلب المساعدة الإنسانية إذ أن هذه الدولة لا بـد لهـا أن تبـذل الجهـود في سـبيل تقـديم المساعدة للضحايا المنكوبين، لكن قد يحصل أن

لا تكون امكانات هذه الدولة كافية للقيام بالمساعدة فيتطلب الأمر هنا الحصول على مساعدة خارجية، ولكن قد يحصل أن ترفض الدولة الهدف قبول المساعدة الإنسانية فهذا الرفض أما أن يكون بسبب مبرر ومقنع كأن تكون المساعدة الإنسانية المعروضة من دولة تهدف من وراء تقديم المساعدة تحقيق أهداف معينة غير الأهداف الإنسانية المحضة المعلنة، لذلك فأن رفض الدولة الهدف في مثل هذه الأحوال قد يكون مبرراً ومشروعاً ولكن بشرط أن يكون تبرير الرفض مقنعاً. وقد يكون رفض الدولة الهدف لقبول المساعد غير مشروع ولا يستند الى أسباب كافية ومقنعة لرفض قبول المساعدة، فهل يجوز في مثل هذه الأحوال فرض المساعدة استثناءاً؟

في هذا الخصوص كان قد أعلن الرئيس الفرنسي ميتران عند افتتاحه مؤتمر الأمن والتعاون الأوربي يوم 1989/5/30 بأنه (.. حيثما يبدأ واجب النجدة يتوقف واجب عدم التدخل.) [1]. وضمن هذا التوجه كان معهد القانون الدولي قد أعتمد قراراً خلال مؤتمره في 1989/9/14. جاء فيه انه (.. لا يجوز للدولة التي تكون ضحية الكوارث عندما يكون السكان بحاجة إلى المساعدة والاغاثة أن ترفض تعسفاً مثل هذه المساعدة الإنسانية..) [2]. أي أن قرار المعهد قد عد هذا الرفض من قبل الدولة الهدف تعسفاً باستعمال الحق، والحق المقصود هنا هو حق الدولة الهدف في قبول أو رفض المساعدة وأن هذا الرفض يعد غير مشروع ويبرر انهاء أزمة رفض تقديم المساعدة بالقوة لاجبار الدولة الهدف على قبول تقديم المساعدة.

[1] انظر: باسيل يوسف، النظام الدولي الجديد وحقوق الانسان ضمن كتاب النظام الدولي الجديد - أراء ومواقف تحرير باسل البستاني، بغداد، 1992، ص59

[2] International Law Commission, year book of International Law, 1989, p.219

والحقيقة هي أن ما يحصل هو ليس تقديم لمساعدة إنسانية هنا، بل انه تدخل إنساني أي أن أزمة رفض قبول المساعدة الإنسانية تنتهي بتدخل إنساني، إذ أن اجبار الدولة الهدف على قبول المساعدة أو تقديمها رغماً عنها ما هو إلاّ تدخل إنساني وذلك نظراً لما يترتب عليه من انتهاك لسيادة الدولة الهدف وليس حالة استثنائية للمساعدة الإنسانية.

وهناك حالة أخرى يمكن أن تتحول فيها المساعدة الإنسانية الى تدخل إنساني وهي حالة وجود عقبات و موانع تعترض طريق المساعدة الإنسانية وتحول دون وصولها الى الضحايا وتحقيق الغاية منها، لذلك فأن في مثل هذه الأحوال قد يتم التجاوز على اعتبارات سيادة الدولة الهدف في سبيل تحقيق أهداف المساعدة الإنسانية. هذا وقد شهدت السنوات الأخيرة أكثر من تطبيق لهذه الحالة فهي في الحقيقة تمثل أحد صور التدخل الإنساني، مثال ذلك الحالة اليوغسلافية.

يبدو لي مما تقدم أن المساعدة الإنسانية هي احدى النظم الإنسانية التي عرفتها الأسرة الدولية والقانون الدولي العام والتي تتلخص فكرتها في الواقع في تقديم خدمات إنسانية (طبية أو غذائية أو ما شابه) الى ضحايا الكوارث الإنسانية، من قبل الأسرة الدولية، سواء كانت هذه الكوارث من فعل الطبيعة أم بفعل الإنسان، ويشترط في المساعدة الإنسانية أن تكون دون تمييز أو تحيز ووفقاً للاعتبارات الإنسانية ودون التأثير بغيرها من الاعتبارات الأخرى، وأن يراعى عند تقديمها احترام سيادة الدولة الهدف بالدرجة الأولى وأن تقديم المساعدة الإنسانية هو رهن بقبولها من قبل الدولة الهدف وأن للدولة الهدف الحرية في القبول أو الرفض غير أن الاعتبارات الإنسانية والأخلاقية والأدبية تقيد حرية الدولة ولا تجيز لها التعسف

باستعمال حقها في حرية القبول أو الرفض بحيث تزيد المأساة الإنسانية ودون وجه حق.

وعلى الرغم من ان نظام المساعدة الإنسانية يعطي الحرية للدولة الهدف في قبول المساعدة أو رفضها، فأنه من غير الممكن أن تقف الأسرة الدولية موقف المتفرج على المآسي الإنسانية في دولة معينة لا شيء بل لمجرد رفض حكومة تلك الدولة ودون وجه حق قبول المساعدة الإنسانية، وتمسكها بمبدأي السيادة وعدم التدخل، بل انه من الممكن لها أن تنهي تلك المأساة بتقديم المساعدة الإنسانية بالقوة والذي يحصل في الحقيقة هو ليس حالة استثنائية لتقديم المساعدة الإنسانية بل انه بداية لعملية تدخل إنساني لوقف الانتهاكات الخطيرة لحقوق الإنسان، أي انه من الممكن أن تتحول المساعدة الإنسانية في حالة تعذر تقديمها دون وجه حق الى تدخل إنساني وتحكم هذه العملية الجديدة بقواعد جديدة هي القواعد التي تحكم نظام التدخل الإنساني.

الفصل الثالث

التدخل الدولي الانساني في ظل القانون الدولي المعاصر

الفصل الثالث

التدخل الدولي الانساني في ظل القانون الدولي المعاصر

توطئـــة

يعكس عهد الأمم المتحدة التطور الذي وصل اليه القانون الدولي العام من ناحية التنظيم الـدولي، حيث اصبحت تمثل المجتمع الدولي بكل ما يعنيه ذلك من تـأثير في القانـون الـدولي العـام، إذ اصبح هـذا القانون محكوماً بمبادئ هذه المنظمة، تلك المبادئ التي وجدت في سبيل تحقيق اهداف المنظمة وبالتـالي تحقيق ما يطمح اليه المجتمع الدولي.

والتدخل الانساني محل دراستنا وبأقل تقدير بوصفه حدثاً أو ظاهرة على صعيد العلاقات الدوليـة، لابد ان يكون محكوماً بأحكام القانون الدولي المعاصر، ذلك القانون المحكوم بـدوره بـأحكـام ميثـاق الامـم المتحدة. ولمعرفة حكم التدخل الانساني ووضعه في ظل القانون الدولي المعـاصر، لابـد مـن معرفـة موقـف هذا القانون منه وحالاته في ظل هذا القانون.

لذلك سوف اقسم هذا الفصل الى مبحثين وبالشكل الاتي:

المبحث الاول: التدخل الدولي الانساني وميثاق الامم المتحدة.

المبحث الثاني: صور التدخل الدولي الانساني في ظل القانون الدولي المعاصر.

المبحث الأول

التدخل الدولي الانساني وميثاق الأمم المتحدة

علمنا مما تقدم ان مصطلح (التدخل الانساني) ليس بمصطلح جديد في القانون الدولي العام. لكن إذا بحثنا عن هذا المصطلح في ميثاق الأمم المتحدة لوجدناه خالياً من الاشارة اليه أو أي اشارة صريحة الى مفهومه. وبما ان القانون الدولي المعاصر محكوم بأحكام ميثاق الأمم المتحدة. فأن مشروعية التدخل الانساني واستناده الى أحكام القانون الدولي العام تتوقف على موقف الميثاق منه لذلك نجد ان انصار التدخل الانساني ومعارضيه يستندون الى مواد الميثاق لتبرير التدخل الانساني نجد ان موقف القانون الدولي المعاصر منه. ومشروعيته من عدمها تتوقف على الاجابة عن الأسئلة الآتية: هل يستند التدخل الانساني الى نصوص معينة من ميثاق الأمم المتحدة؟ ما مدى الزامية هذه النصوص؟ هل يخالف التدخل الانساني مبدأ عدم التدخل؟

وسنحاول الاجابة عن هذه الأسئلة بعد تقسيم هذا المطلب الى فرعين وكالاتي:

المطلب الأول: طبيعة نصوص الميثاق الخاصة بحقوق الانسان.

المطلب الثاني: التدخل الانساني ومبدأ عدم التدخل.

158

المطلب الأول

طبيعة نصوص الميثاق الخاصة بحقوق الانسان

علمنا عند حديثنا عن حقوق الانسان في عهد الأمم المتحدة ان ميثاقها يعد الوثيقة الدولية الأولى من نوعها التي من بين ما تتناوله اشارة صريحة وواضحة الى مبادئ حقوق الانسان. ويعد صدور هذه الوثيقة البداية لعهد جديد في مسيرة تطور حقوق الانسان وذلك ينقلها الى الصعيد الدولي والنص عليها في ميثاق منظمة عالمية تضم جميع دول العالم تقريباً.

وعلى الرغم من الحقيقة الواضحة من ان تدويل حقوق الانسان بموجب ميثاق الأمم المتحدة. كانت خطوة الى امام في مسيرة حقوق الانسان. فقد كان هناك من يشكك في فائدة مثل هذه الخطوة لأعمال مثل هذه الحقوق، إذ كثيراً ماكان يثار الجدل حول طبيعة الالتزامات التي تفرضها نصوص الميثاق التي تتناول حقوق الانسان، على الدول الأعضاء في الأمم المتحدة. وهذا الجدل يكمن في مدى ترتيب تلك النصوص لالتزامات قانونية بذمة الدول الأعضاء ومدى امكانية مساءلة الدولة التي تخالف هذه النصوص، إذ ان الميثاق تناول حقوق الانسان بصفة تتسم بالعمومية وان مثل هذه الصيغة لا يمكن تطبيقها بل انها تحتاج الى نصوص محددة تكون قابلة للتطبيق[1]. وانه لم يلزم الدول الأعضاء بها، إذ انه لم يلزم بغير تحقيق التعاون الدولي على حل المسائل الدولية ذات الصبغة الانسانية، ولم يلزم الدول

---

[1] انظر: سلوان رشيد ، التدخل الانساني في القانون الدولي العام، رسالة ماجستير غير منشورة -كلية القانون . جامعة الموصل، لسنة 2000-ص 106.

الأعضاء بغير تعزيز احترام حقوق الانسان للناس جميعاً بلا تمييز،[1] وانه لم ينص على (حماية) هذه الحقوق أو الزام الدول بشكل مباشر بأحترامها، وبالتالي اعتبار مخالفتها مخالفة لأحكام الميثاق. ويذهب بالمقابل الكثير من الكتاب الى ان قراءة المادة (1) الفقرة (3) والمادتين (55) و (56) توضح ان هناك التزاماً على الدول الأعضاء بأن تحترم حقوق الانسان، إذ تنص المادة (56) على (ان يتعهد جميع الأعضاء بأن يقدموا منفردين أو مشتركين بما يجب عليهم من عمل بالتعاون مع الهيئة لادراك المقاصد المنصوص عليها في المادة الخامسة والخمسين)، وان من بين المقاصد المنصوص عليها في المادة (55) (ج- ان يشيع في العالم احترام حقوق الانسان والحريات الأساسية بلا تمييز...) وان كلمة (يتعهد) الواردة في بداية المادة (56) تدل على الالزام[2].

وهناك من يذهب الى ان الزامية نصوص الميثاق المتعلقة بحقوق الانسان تكمن في اطار فكرة المجتمع الدولي وضرورة احترام النظام العام لهذا المجتمع الذي افترض ميثاق الأمم المتحدة وجودة وذلك بأشارته في ديباجته الى (شعوب الأمم المتحدة) التي وافقت على الميثاق وانشأت بموجبه هيئة دولية تسمى الأمم المتحدة[3]. ويُشبه صاحب هذا الراي فكرة النظام العام في المجتمع الدولي بفكرة النظام العام في المجتمع الداخلي، إذ يقول انه (إذا كان يتعين على الافراد في دولة احترام النظام العام حفاظاً على الصالح العام في المجتمع القومي، فأن الدولة أيضاً

---

[1] المادة (1) الفقرة (3).

Dinh. N.O, Dailier. P, Pellet. A, Droit International Pnblic, 2. Ed, Paris, 1980, p. 547.

[2] نقلاً عن ابراهيم بدوي الشيخ، مصدر سبق ذكره،ص 135.

[3] ابراهيم بدوي الشيخ، المصدر نفسه السابق ،ص 135.

يتعين عليها احترام النظام العام في المجتمع الدولي حفاظاً على الصالح العام لهذا المجتمع والذي يتطلب فيما يتطلب وبالدرجة الأولى احترام حقوق الانسان وحرياته الأساسية)[1]، ويستشهد كذلك بعدة ادلة إذ يذهب الى ان أهمية فكرة النظام العام في المجتمع الدولي تظهر في ان الأمم المتحدة لا تلزم أعضاءها فحسب بالمبادئ الواردة في الميثاق بل انها تعمل أيضاً على ان (تسير الدول غير الأعضاء فيها على هذه المبادئ بقدر ما تقتضيه ضرورة حفظ السلم والامن الدوليين)[2]. أما بالنسبة الى الدول الأعضاء فانه إذا امعن عضو من أعضاء الأمم المتحدة في انتهاك مبادئ الميثاق جاز للجمعية العامة ان تفصله من الهيئة بناءاً على توصية من مجلس الامن[3]. ويشير صاحب هذا الرأي أيضاً الى ماذكره رئيس وفد مصرفي مؤتمر سان فرانسيسكو امام الدورة الاستثنائية للبرلمان المصري بشأن ميثاق الأمم المتحدة، من ان الميثاق يعد (خطوة موفقة في طريقه الانسانية) وان مقاصدة ومبادئه ليست مجرد الفاظ يطرب لها أو يبتغي بها ان تهز النفوس أو تحرك المشاعر، بل هي حقائق واقعة يراد بها ان تكون الزاماً للدول وعهد اليها، تقاس بها تصرفاتها ويحكم بها على أعمالها[4].

ويبدو لي مما تقدم ان النصوص الواردة في الميثاق والمتعلقة بمبادئ حقوق الانسان لا يمكن عدها مجرد نصوص شكلية موضوعة اعتباطاً في الميثاق ولا تهدف الى أعمال محتواها، وانها نصوص غير ملزمة للدول الأعضاء ومن باب اولى غير ملزمة للدول غير الأعضاء لمجرد ان الميثاق قد نص عليها بصيغة تتسم

---

[1] ابراهيم بدوي الشيخ. مصدر سبق ذكره، ص 136.

[2] المادة (2) الفقرة (6).

[3] المادة (6).

[4] ابراهيم بدوي الشيخ، المصدر نفسه السابق ،ص 136.

بالعمومية وعدم التفصيل أو لانه لم ينص صراحه على حماية حقوق الانسان. إذ انه صحيح ان هذه النصوص تتصف بالعمومية ولكن النص صراحة على حماية حقوق الانسان، إذ انه صحيح ان هذه النصوص تتصف بالعمومية ولكن النص على مبدأ معين بصيغة تتسم بالعمومية لا يعني بالضرورة ان المقصود بذلك عدم الزامية ذلك المبدأ وقد يكون النص على مبادئ حقوق الانسان في الميثاق بصيغة العموم قد يرجع الى ان هذه المبادئ هي مبادئ قد تتضمن تفصيلات قد تتغير وتختلف بأختلاف الزمان، إذ ان ما لا يعد حقاً انسانياً في زمن معين قد يعد كذلك لاحقاً، وان أهمية البعض من هذه الحقوق قد تختلف من زمن الى آخر، إذ ان ما قد لا يعد حقاً انسانياً مهماً في زمن معين قد يكون على العكس من ذلك في زمن آخر. وبالتالي فأن النص بالتفصيل على حقوق الانسان ضمن نصوص تفصيلية محددة في الميثاق قد يتناقض مع هذه الحقيقة. وكذلك ان مفاهيم حقوق الانسان والنظرة اليها قد تختلف بأختلاف الامم والحضارات. إذ ان ما يعد من حقوق الانسان لدى امة معينة قد لا يعد كذلك لدى أخرى[1]. كذلك كان لابد من الاتيان بنصوص عامة تتسع لاستيعاب الحقوق الانسانية كافة على اختلاف الزمان والمخاطبين بها، ومن ثم فأنه من الممكن ان تفصل تلك الحقوق فيما بعد بشكل يتلاءم مع الاحتياجات الانسانية وظروف المجتمع الدولي، ويمكن ان يعاد مثل هذا التفصيل أو يعدل فيما بعد بمرور الزمن لذلك نجد انه قد تم تناول تفصيلات حقوق الانسان بعد صدور الميثاق وذلك في نصوص الاعلان العالمي لحقوق الانسان، والذي الحق فيما بعد بالعهدين الدوليين الخاصين بالحقوق المدنية والسياسية والاقتصادية والاجتماعية والثقافية والذي تم فيهما تناول هذه الحقوق بشكل أكثر خصوصية وتفصيل، ولم يكتف المجتمع الدولي بذلك بل صدرت العديد من المواثيق الدولية الاقليمية الخاصة

---

[1] انظر. د.عبد المجيد عباس، مصدر سبق ذكره، ص 23.

بحقوق الانسان والتي تناولت حقوق الانسان بشكل يتلاءم مع الحاجات الانسانية لدول معينة تربطها روابط اقليمية أو حضارية مشتركة كالاعلان الامريكي لحقوق الانسان وواجبات الانسان الصادر سنة 1948 وميثاق الاتفاقية الاوربية لحماية حقوق الانسان لسنة 1951 والاعلان الافريقي لحقوق الانسان والشعوب الذي تم اقراره سنة 1981.

أما فيما يتعلق بعدم نص الميثاق بشكل صريح على ان احترام حقوق الانسان تعد من بين مقاصد المنظمة وان النص عليها في المادة الأولى كان ضمن الفقرة الثالثه الخاصة بالتعاون الدولي. فأنه مثل هذا القول مردود، إذ ان قراءة الفقرة (3) من المادة (1) تدلنا على ان الغاية من ايراد النص ليس تحقيق التعاون الدولي بل ان تحقيق التعاون الدولي يكون في سبيل تحقيق غايات معينة من ضمنها (تعزيز احترام حقوق الانسان)، إذ جاء في المادة (1) ان (مقاصد الأمم المتحدة هي: 3- تحقيق التعاون الدولي على ... وعلى تعزيز احترام حقوق الانسان والحريات الأساسية للناس جميعاً..) أي ان (تعزيز احترام حقوق الانسان) هو من الغايات التي يهدف التعاون الدولي الى تحقيقها، وما يعنيه ذلك هو ان تحقيق تلك الغاية يعد من بين مقاصد الأمم المتحدة. وان النص يدل كذلك على انه من الممكن افتراضاً ان يتحقق التعاون الدولي ولكن قد لا يتحقق (تعزيز احترام حقوق الانسان)، ففي مثل هذه الحاله هل يمكن ان يتحقق الهدف المقصود في الفقرة (3) من المادة (1)؟.

أما فيما يتعلق بعدم استعمال كلمة (حماية) (Protection) فيبدو لي ان عدم استعمالها لا يعني عدم تحقيق فكرتها. إذ ان تفسير نص الفقرة (3) من المادة (1) يفيد بأن المقصود من عبارة (تحقيق التعاون الدولي على تعزيز احترام حقوق الانسان) هو تحقيق التعاون الدولي لتأكيد وضمان احترام هذه الحقوق وان كلمة (تعزيز) تعني هنا (تقوية)، أي ان احترام حقوق الانسان قائم وما (التعزيز) إلاّ في

سبيل ديمومة هذا الاحترام. ومن المؤكد ان ضمان ديمومة هـذا الاحترام لا يـتم إلاّ بمنع حصول انتهاكات لهذه الحقوق، وان منع هذه الانتهاكات لا يمكن ان يحصل إلاّ بحماية هذه الحقـوق، وان منعهـا دولياً يعني حمايتها دولياً.

يتضح لي من كل ما تقدم ان (احترام حقوق الانسان) بما يعنيه هذا التعبير من، اولا، العمل وصولاً الى تحقيق هذا الاحترام. وثانياً، العمل على المحافظة عليه يعتبر من اهم أهداف الأمم المتحدة لا بـل كـما يذهب البعض أساسها الفلسفي والاخلاقي، إذ انه ليس من المقبول منطقياً ان يكون ايـراد مبـادئ حقـوق الانسان ضمن ميثاق الأمم المتحدة اعتباطاً أو لمجرد التباهي أو في سبيل تحقيق أهداف أخرى، في حين ان الحقيقة احترام حقوق الانسان يمثل بحد ذاته غايه عليا سامية لاي هـدف آخـر. فمـن المعلـوم ان هـدف تحقيق (الامن والسلم الدوليين) يمثل هدف للامم المتحدة ولاخـلاف في ذلك، وانـه مـن المعلـوم ان هنـاك صلة قوية بين (الامن والسلم الدوليين) واحترام حقوق الانسان. لان احترام هذه الحقوق يؤدي الى الحفاظ على الامن والسلم الدوليين، فهو يعني تـوفير الجـو المناسب لتحقيق ذلك. إذ مـن المعلـوم ان الاعـداد للحروب والقيام بها يتطلب خرق العديد من الحقـوق الانسانية وان وجـود الاحـترام لهـذه الحقـوق يعني بالتأكيد منع ذلك وبالتالي يحول دون الاعداد لها أو القيام بها وبالمقابل فأن تحقيق الامن والسلم الدوليين والمحافظة عليهما يمثل القاعدة أو الجو المناسب لتحقيق احـترام حقـوق الانسان وديمومة ذلك. وذلك لنفس السبب المذكور اعلاه، لذلك نجد ان من اهم حقوق الانسان الجماعية حقه في السـلام، والـذي يعـد بمثابة القاعدة أو الجو المناسب للتمكن من أعمـال باقي الحقوق. ومن المعلـوم ان تحقيـق الامـن والسـلم الدوليين هو السبيل لتحقيق هذا الحقد.

وبما ان احترام حقوق الانسان يعد هدف من أهداف الأمم المتحدة، فأن من المؤكد ان تحقيق هذا الهدف لايتم مالم تكن جميع النصوص المتعلقة بحقوق الانسان

164

ملزمة، وبالتالي فان مخالفتها تعني مخالفة أحكام الميثاق. وتتأكد الزامية نصوص الميثاق الخاصة بحقوق الانسان من خلال تعزيزها بالزامية نصوص العديد من اتفاقيات، حقوق الانسان والتي عقدت في ظل الأمم المتحدة والتي عقدت أعمالاً لنصوص حقوق الانسان الواردة في الميثاق، وان ما تتضمنه هذه الاتفاقيات من أحكام يعد قانوناً قائماً بحد ذاته يترتب على مخالفته مخالفه أحكام القانون الدولي العام. إذ ان عقد هذه الاتفاقيات وبهذا العدد الكبير ومن قبل الغالبيه العظمى من دول العالم، بالتأكيد يعني ان هناك توجهاً دولياً نحو أعمال مضمون تلك الاتفاقيات ايماناً بالزاميتها.

المطلب الثاني

التدخل الانساني ومبدأ عدم التدخل

يعد مبدأ عدم التدخل من المبادئ المهمة في القانون الدولي العام، والتي اخذ بها ميثاق الأمم المتحدة، ذلك الميثاق الذي تضمن في الوقت نفسه العديد من النصوص المتعلقة باحترام حقوق الانسان وحرياته الأساسية، وعدها من بين الأهداف التي جاءت المنظمة من اجل تحقيقها. فهل يمكن ان يحول مبدأ عدم التدخل دون القيام بالتدخل الدولي لحماية حقوق الانسان؟ أي هل يمكن ان يحول المبدأ دون تحقيق الهدف؟.

يعد مبدأ عدم التدخل من المبادئ القانونية المهمة التي تضمنها ميثاق الأمم المتحدة، لا بل انه يشكل المبدأ الأساسي الذي تقوم عليه الطبيعة القانونية للامم المتحدة، إذ ان هذا المبدأ يتصل بمعظم المبادئ القانونية الأخرى التي تضمنها الميثاق[1]. ولم يقتصر مبدأ عدم التدخل الوارد في الميثاق على منع تدخل الدول بل انه منع تدخل المنظمة ذاتها في شؤون الدول إلاّ في حالات استثنائية. ولقد كان هذا المبدأ ولا يزال محلاً للجدل والخلاف وتباينت المواقف الأساسية منه في الاوساط الفقهية والدولية وخاصة فيما يتعلق بمسائل حقوق الانسان. ويكمن الجدل والخلاف وتباين المواقف في اعطاء الاولوية للنصوص الخاصة بعدم التدخل على تلك الخاصة بأحترام حقوق الانسان أو العكس .

وسوف اقسم هذا المطلب الى قسمين اتناول في الأول منع تدخل الدول وفي الثاني منع تدخل الأمم المتحدة.

---

[1] د.صالح جواد الكاظم، دراسة في المنظمات الدولية، مطبعة الارشاد، بغداد 1975 ص 164.

أولاً: منع تدخل الدول

لم يحرم ميثاق الأمم المتحدة بشكل صريح تدخل الدول في شؤون الدول الأخرى. لكن يمكن ان يستنتج هذا التحريم بشكل مباشر من نص الفقرة (4) من المادة (2) الخاص بمنع استخدام القوة، وبشكل غير مباشر من نص الفقرة (1) من ذات المادة والذي تضمن النص على مبدأ المساواة ونص الفقرة (2) من ذات المادة والخاص بمبدأ حسن النية، ونص الفقرة (3) من ذات المادة والخاص بفض المنازعات الدولية بالوسائل السلمية. إذ جاء في نص الفقرة (4) من المادة (2) (يمتنع جميع أعضاء الهيئة في علاقاتهم الدولية عن التهديد باستعمال القوة أو استخدامها ضد سلامة الأراضي أو الاستقلال السياسي لاية دولة أو على أي وجه آخر لا يتفق ومقاصد الأمم المتحدة) إذ يعد مبدأ (عدم استخدام القوة)[1] والذي جاء به هذا النص منعاً من التدخل. إذ ان التدخل لابد ان يكون مقروناً بأستخدام القوة، وان منع استخدام القوة يعني بالتأكيد منع التدخل، لكن هذا القول يتطلب ان يكون المقصود من القوة في هذا النص القوة بمفهومها الواسع وليس الضيق (القوة العسكريه فقط)، إذ ان اقتصار معناها على التدخل العسكري يعني عدم منع الاساليب الأخرى والتي يحتويها المفهوم الواسع للقوة، وبالتالي فأن هذا يعني جواز حصول التدخل وبالتالي عدم تحقيق مبدأ عدم التدخل.

والسؤال الجوهري هنا، ما المقصود بكلمة (القوة) الواردة في نص الميثاق (فق 4/م2)؟.

[1] Kelsen, Hans, The Law of United Nations, London, 1951, p. 106-108.

لم تحدد الفقرة (4) من المادة (2) ما إذا كانت القوة التي تشير اليها هي القوة المسلحة أو أي نوع اخر من القوة. إذ يذهب البعض من الفقهاء الى ان المقصود بالقوة هنا هي (القوة المسلحة) فقط، ولا يشمل غيرها من أساليب الضغط والاكراه، وذلك على اعتبار ان تطبيق هذه القوة أو استخدامها انما يتم بواسطة حرب عدوانية أو هجوم مسلح أو عدوان ترتكبه الدول بأستخدام قواتها المسلحة أو جماعات منظمة تابعة لها أو مسندة من قبلها[1]. ويستند هؤلاء في ذلك بالرجوع الى عبارة (القوة المسلحة) الواردة في ديباجه الميثاق، مع الاخذ بنظر الاعتبار كذلك، ان ديباجة الميثاق قد نصت صراحة أيضاً على تعهد مؤوسسي المنظمة بعدم استخدام (القوة المسلحة) إلاّ لتحقيق المصالح المشتركة، وعليه فأن ليس هناك ما يمنع دولة ما من اللجوء الى أعمال انتقامية اقتصادية أو غيرها إذا ما ارتكبت دولة أخرى ضدها عملاً يتنافى والقانون الدولي[2].

وبمقابل الاتجاه السابق، يذهب فريق اخر من الفقهاء الى ان ما من سبب قانوني يدعو الى اقتصار معنى القوة على القوة المسلحة فقط، بل ان ذلك يمكن ان يوسع ليشمل الضغط الاقتصادي، النفسي، وأعمال أخرى، ويشفعون رأيهم بأن الاكراه السياسي والاقتصادي قد يكون تهديداً للاستقلال السياسي للدول، يعادل في خطره التهديد العسكري، بمعنى اخر، ان الميثاق لا يفرق بين (القوة المسلحة) أو اشكال أخرى إلاّ في حالات استثنائية محددة[3]. ويذهب فريق ثالث يضم بعض

---

[1]Oppenhiem, L, op. Cit, p. 153.

[2]Good rich. L. M; The united Nationsinchanging world. New York, p. 48-49.

[3]Good rich. L. M; op. Cit, p. 48-49.

الفقهاء*[1]. الى القول بأن القوة لا تشمل الاكراه غير العسكري الذي يمارس على مستوى واطيء، ويقصدون به استخدام الاكراه بدرجة تكفي لتقييد حرية تصرف الدولة الموجه ضدها، ولكن ليس للتأثير في أمنها القومي، ويعتقدون ان ذلك امر تتطلبه الحياة الدولية العمليه. لذا فهو عمل مشروع ولا يعتبر جريمة دولية بل اضرار دولي[2].

ويبدو لنا ان المقصود بكلمة (القوة) الواردة في نص الفقرة (4) من المادة (2) هو أي شكل من اشكال الضغط والاكراه المادي أو المعنوي. إذ ان تفسير مفهوم القوة الوارد في هذا النص يجب ان يكون تفسيراً عملياً يتلائم مع تطورات المجتمع الدولي وما شهده أو قد يشهده من تطور وتنوع وظهور وسائل جديدة للضغط والاكراه قد تكون أكثر وقعاً وتأثيراً من القوة المسلحة، أي ان كلمة (القوة) يجب ان تفسر تفسيراً وظيفياً بحسب ما يؤدي اليه استعمال للقوة، وهو الضغط والاكراه، وبالتالي فأن هذا يعني ان مفهوم القوة يستوعب كل ما من شأنه تحقيق ذلك. وعلية، فأن كل اشكال القوة التي يحويها المفهوم الواسع للقوة تعد محرمة بموجب هذا النص.؟

والسؤال الذي يطرح نفسه هنا، هل ان هذا التحريم أو المنع يشمل جميع حالات استخدام القوة من قبل الدول، بمعنى هل ان التحريم مطلق؟ ام هنالك استثناءات عليه؟ وهل يدخل التدخل الانساني من قبل الدول ضمن قائمة هذه الاستثناءات.؟

---

[1] *يضم هذا الاتجاه رأي الفقهاء

(Kelsen, Brownlie, Rosalin, Higgns)

[2] صالح جواد الكاظم، مصدر سبق ذكره، ص 153.

169

من خلال تتبع قراءة نص الفقرة (4) من المادة (2) نجد ان صيانة النص تفيد بعدم اطلاق حكم تحريم استخدام القوة الوارد فيه، إذ انه فضلاً عما نص عليه الميثاق في المادة (51) منه، حول جواز استخدام القوة من قبل الدول في حالة الدفاع عن النفس، نجد ان النص يحدد الحالات التي يحرم فيها استخدام القوة بحالات خاصه وهي (استخدام القوة ضد سلامة الأراضي) و(استخدام القوة ضد الاستقلال السياسي)، وهذا يعني جواز استخدامها بحيث لا تمس السلامه الاقليميه أو الاستقلال السياسي، أو بالشكل الذي يتعارض ومبادئ وأهداف الامم المتحده.

ان تبني أي من الفكرتين له أهمية كبرى في ترتيب النتائج وذلك لان الاخذ بمفهوم القوة المسلحة فقط. أي التفسير الضيق- سيحرم الدول المعتدى عليها من اتخاذ أي اجراء دفاعاً عن نفسها تجاه أي اعتداء غير مسلح، والعكس صحيح. وعليه فأننا نتفق مع الرأي القائل بتوسيع مفهوم القوة بحيث يشمل كل الضغوط السياسية والنفسية والاقتصادية، اضافة الى استخدام كافة اشكال القوة المشار اليها سابقاً، لما في ذلك من تجاوب مع مصلحة الدول الناميه التي كثيراً ماتعرضت لضغوط مختلفة، وان استخدام القوة قد يكون مباشراً أو غير مباشر ولكن الدولة تعد مسؤولة عن اللجوء الى القوة المسلحة المحرمة في الميثاق سواء تم القتال بواسطة قواتها النظاميه أو غير النظاميه كالميليشيا (Militia) أو قوات الامن والشرطة[1].

ومن قراءة كتابات انصار التدخل الانساني نجد ان تبريرهم للتدخل الانساني من قبل الدول قد يستند الى الاستثناءات الواردة في نص الفقرة (4) من المادة (2)، وعليه سنتناولها كالاتي:

---

(1) Brownlie; op. Cit, p. 36.

1. التدخل الانساني والدفاع عن النفس

لقد اشار ميثاق الامم المتحده الى حق الدفاع الفردي والجماعي عن النفس في الماده (51) منه[*]، حيث يعد تقرير حق الدفاع عن النفس في المادة المذكوره في الميثاق بمثابه استثناء لاستخدام القوة للدفاع عن النفس، الوارد على الاصل العام المتمثل بمنع استخدام القوة الوارد في الميثاق في نص المادة (2/فق4). إذ ان نص الميثاق عليه يعد أعمالاً وتفعيلاً لحق الدفاع عن النفس المعروف منذ القدم في معظم النظم القانونية.

فلقد كان القانون الدولي التقليدي يجيز تدخل الدولة لدى دولة أخرى بهدف حماية حقوق رعاياها المقيمين في الدولة الاخيره في حال تعرض حقوقهم للانتهاك وكانت مشروعية هذا التدخل تؤسس على أساس عدها من قبيل الدفاع عن النفس، إذ انه يعد تحقيقاً لحق الدولة في البقاء وذلك بصيانة عناصر قيامها، إذ ان من المعلوم ان مواطني الدولة يعدون عنصراً مهماً من عناصر قيامها[1]. ونظراً لان القانون الدولي التقليدي كان يجيز استخدام القوة لحماية المواطنين في الخارج وانقاذهم وان كان يعد ذلك من قبيل الدفاع عن النفس فأن هنالك من يرى ان ميثاق الأمم المتحدة أيضاً اجاز مثل هذا الاستخدام إذ يجوز للدولة ان تتدخل انسانياً لانقاذ

---

[*] أكدت المادة (51) من الميثاق: ليس في هذا الميثاق ما يضعف الحق الطبيعي للدول، فرادى أو جماعات، في الدفاع عن انفسهم إذا اعتدت قوة مسلحة على احد أعضاء الامم المتحدة وذلك الى ان يتخذ مجلس الامن التدابير اللازمة لحفظ السلم والامن الدوليين، والتدابير التي اتخذها الأعضاء استعمالاً لحق الدفاع عن النفس تبلغ الى مجلس الامن فوراً، ولا تؤثر تلك التدابير بأي حال فيما للمجلس، بمقتضى سلطته ومسؤولياته المستمدة من أحكام هذا الميثاق، من الحق في ان يتخذ في أي وقت ما يرى ضرورة لاتخاذه من أعمال لحفظ السلم والامن الدوليين أو اعادته الى نصابه. أنظر:
UN charter: op. cit, pp. 32-33.

[1] راجع: د.عبد المجيد عباس، مصدر سبق ذكره، ص 235.

مواطنيها في الخارج ووقف الانتهاكات التي تتعرض اليها حقوقهم، وان مشروعية هذا التدخل تستند الى نص المادة (51) من الميثاق والتي اجازت استخدام القوة من قبل الدول دون الحاجه الى تخويل من مجلس الامن وذلك للدفاع عن النفس[1].

ومن البديهي، ان يكون اجراء الدولة بأستخدام القوة كوسيله لحماية ارواح وحقوق رعاياها المقيمين في الخارج، والذي كان يعد في ظل القانون الدولي التقليدي من قبيل الدفاع عن النفس، قد يدخل ضمن مفهوم التدخل الانساني إذا توفرت شروطه العامه، فهل يمكن تأسيس مشروعية التدخل الانساني في مثل هذه الحاله على أساس عدة من قبيل الدفاع عن النفس بموجب أحكام الميثاق؟.

ان الاجابه على هذا السؤال مرتبط بمدى التطابق بين مفهوم الدفاع عن النفس الوارد في الميثاق، وبين مفهوم استخدام القوة للدفاع عن النفس في ظل مفاهيم القانون الدولي التقليدي ؟ بمعنى هل يعد التدخل لحماية المواطنين في الخارج من قبيل الدفاع عن النفس بموجب أحكام ميثاق الأمم المتحدة؟.

من المعروف ان حق الدفاع عن النفس الوارد في نص المادة (51) من الميثاق وجد في سبيل صيانة حقوق معينة للدولة المعتدى عليها الى ان يتخذ مجلس الامن التدابير اللازمة بشأن الحاله. ولم يحدد الميثاق الحالات التي يجوز فيها استعمال القوة للدفاع عن النفس، إذ جاء نص المادة (51) عاماً ولم يحدد الحالات ، إذ جاء فيه (... إذا اعتدت قوة مسلحة على احد أعضاء الامم المتحده...)، أي انه لم يحدد محل الاعتداء ونوعه، وهل هو اعتداء على الدولة أم هو اعتداء على مواطنيها في الخارج؟.

---

[1] Bowett. D. W, The International Theories of Intervention and Self-Defense, The Johns Hopkings Press, 1974, p. 44.

لقد عرفت الجمعية العامة للامم المتحدة (حق الدفاع عن النفس) في نص القرار (29/3314) الصادر سنة 1974، وبدلا له المادة (2) والمادة (39) والمادة (51)، والذي يتلخص (بان حق الدفاع النفس هو كافة الاجراءات التي تلجأ اليها الدولة، منفردة أو مجتمعه لصد العدوان الواقع عليها من قبل دولة أخرى، أو لاستخلاص حقوقها القانونية عند فشل الوسائل السلمية الأخرى)[1]. وبما ان تعريف الجمعية العامة قد عد العدوان مبرراً لنهوض حق الدفاع عن النفس، فان الحقوق التي يحميها هذا الحق تتحدد بالحقوق التي يمسها العدوان. وقد حددت المادة الأولى من قرار الجمعية العامه سابقة الذكر، الحقوق التي يمسها العدوان من خلال تعريف العدوان بأنه (استخدام القوة المسلحة من قبل دولة ضد سيادة دولة أخرى أو وحدتها الاقليميه أو استقلالها السياسي أو بأي اسلوب اخر يتناقض مع ميثاق الأمم المتحدة)، وعليه فأن حماية المواطنين في الخارج ليس ضمن هذه الحالات، وهذا يعني عدم امكانية اعتبار التدخل لحماية المواطنين في الخارج ضمن مفهوم حق الدفاع عن النفس وهذا يعني بالتأكيد عدم امكانية تأسيس مشروعية التدخل الانساني على أساس انه من قبيل الدفاع عن النفس، وذلك كون ان مثل هذا التدخل حتى وان كان مشروعاً وفقاً لمفهوم الدفاع عن النفس، فأنه لا ينسجم مع مفهوم التدخل الانساني في ظل القانون الدولي المعاصر، كون هذا المفهوم يقتضي ان يكون التدخل بقصد حماية حقوق الانسان بصرف النظر عن جنسية أو أي وجه اخر للتمييز، ومبدأ عدم التمييز هذا واضح في نصوص ميثاق الأمم المتحدة الخاصة بحقوق الانسان ونصوص الاعلان العالمي لحقوق الانسان والعديد من المواثيق

---

[1] قرار الجمعية العامة للأمم المتحدة رقم (29/3314) لسنة 1974.

والاتفاقيات الدولية الأخرى، إذ ان نصوصها تخاطب بأحكام كل انسان دون أي تمييز. في حين إذا نظرنا الى تدخل الدولة لحماية رعاياها في الخارج نجد انه يحصل على أساس انتماء الاشخاص الذين تكون حقوقهم محلاً للانتهاك الى الدولة المتدخله، وانه قد لا تتدخل تلك الدولة لو كان هؤلاء الاشخاص ينتمون الى دولة أخرى، لذلك فأنه قد يعد تدخل الدولة لحماية رعاياها في الخارج ممارسة لاحد حقوقها، لكنه قد لا يدخل ضمن مفهوم الحمايه الدولية لحقوق الانسان، ولا يمكن تحديد ذلك إلاّ من خلال معرفة نيه الدولة المتدخله، لذلك فأن كان تدخل الدولة لمجرد حماية رعاياها وبالتالي حماية مصالحها وليس على أساس انساني ووفقا لأحكام مفهوم التدخل الانساني، فأنه لا يدخل ضمن مفهوم التدخل الانساني، أما إذا كان تدخل الدولة لغاية انسانيه بحته وهي وقف الانتهاكات الخطيرة لحقوق الانسان بغض النظر عن انتماء هذا الانسان، وان كان من باب اولى ان يكون لحماية الحقوق الانسانيه لرعاياها، فأنه يعد تدخلاً ضمن مفهوم التدخل الانساني.

2. عبارة (ضد سلامة الأراضي أو الاستقلال السياسي)

لقد حدد نص الفقرة (4) من المادة (2) حالات معنيه يحرم فيها استخدام القوة وهي استخدامها ضد سلامة الأراضي أو الاستقلال السياسي لاية دولة وان مثل هذا النص قد يدفع الى القول بأن استخدام القوة يكون مشروعاً وغير محرم بموجب هذا النص إذا لم يكن ضد سلامة الأراضي أو الاستقلال السياسي للدولة الهدف، لذلك لابد من معرفة القصد من هذا النص وعلاقته بالتدخل الانساني.

أ/ معنى (ضد سلامة الأراضي أو الاستقلال السياسي).

يرى الدكتور صالح جواد الكاظم، انه لا يصعب تحديد معنى (سلامة الأراضي) في ضوء الكثير من القرارات الصادرة عن الجمعية العامه بهذا الصدد، وفي ضوء بقية نصوص الميثاق. وسلامة أراضي دولة ما تعني وحدة أراضيها، أي عدم تجزئتها وضم جزء منها الى دولة أخرى أو تغيير حدودها. إلاّ ان احترام سلامة الأراضي يعني ليس مجرد عدم التجزئة أو الضم. بل عدم خرق مجالاتها الجوية أو البحرية أيضاً، وان لم يكن الغرض من ذلك الخرق هو ضم جزء من أراضيها[1].

أما بخصوص الاستقلال السياسي فهناك من يذهب الى انه (يمكن ان يعني حرية اختيار شكل الحكومة كما انه يعني الحرية التي تتمتع بها الحكومة القائمة وعدم الضغط عليها أو التعرض اليها[2].

أما بخصوص المساس بالاستقلال السياسي، فيقصد به كل ما يمس ارادة الدولة في ادارة شؤونها الداخلية والخارجية. ويعد خرقاً لهذا الاستقلال السياسي كل ما من شأنه اكراه الدولة على القيام بعمل عام كانت تريد القيام به لولا هذا الاكراه[3].

ب/ علاقة النص بالتدخل الانساني:

يتضح من قراءة النص انه قد حدد اطلاق تحريم استخدام القوة أو التهديد بأستخدامها وقصر على الاستخدام أو التهديد بالاستخدام الذي يكون من شأنه ان يؤدي الى المساس بسلامة الأراضي أو الاستقلاب السياسي لاية دولة. وهنا ووفقاً

---

(1) د.صالح جواد الكاظم ، مصدر سبق ذكره، ص 155.

(2) سلوان رشيد السنجاري، مصدر سبق ذكره، ص 116.

(3) د.صالح جواد الكاظم ، مصدر سبق ذكره، ص 156.

لمفهوم المخالفة نتسأل بالقول هل ان هذا يعني عدم تحريم استخدام القوة أو بـذلك، إذا لم يكـن من شأن ذلك الاستخدام أو التهديد ان يـؤدي الى المـساس بـسلامة الأراضي أو الاستقلال الـسياسي في ايـة دولة؟ وهل يكون التدخل الانساني مـشروعاً إذا لم يكـن مـن شأنـه المـساس بـسلامة الأراضي أو الاستقلال السياسي للدولة الهدف؟.

في وقت نجد فيه ان العديد ممن يحاجج بعدم مشروعية التدخل الانساني من قبل الدول في عهد الأمم المتحدة، يستند الى الحكم الوارد في نص الفقرة (4) من المادة (2) الخاص بتحريم استخدام القوة من قبل الـدول في العلاقات الدولية، نجـد في الوقت نفسه ان هنـاك العديد مـن الكتاب يـذهبون الى ان مشروعية التدخل الانساني من قبل الدول قد تستند الى الحكم الوارد في ذات النص. وذلك علـى اعتبار ان التحريم الوارد في عبارات النص ليس بتحريم مطلق بل انه قد حرم استخدام القوة أو التهديد باستخدامها ضد سلامة الأراضي الاقليمية أو الاستقلال السياسي فقط، وبالتالي فأن أي استخدام آخر للقـوة أو التهديـد بها لا يعد محرماً إذا لم تكن مـن شـأنه المـساس بالسلامة الاقليمية أو الاستقلال الـسياسي، وبذلك فأن استخدام القوة في التدخل الانساني قد يكون مستثنى من التحريم إذا لم يكن من شأنه المـساس بالسلامة الاقليمية أو الاستقلال السياسي.

وقد تحدث العديد من الكتاب حول مشروعية التـدخل الانساني في حالـة كونه لا يمـس السلامة الاقليمية أو الاستقلال السياسي للدولة الهدف إذ يذهب (Thomas)

الى القول بأنه "التدخل الذي لا يلحق ضرراً بسلامة الأراضي أو الاستقلال السياسي للدولة لاتمنعة الفقرة الرابعة من المادة الثانية"[1].

ويرى (Stone) كذلك بأن ماتحرمه الفقرة (4) من المادة (2) ليس التهديد بالقوة أو استخدامها ولكن فقط تلك الأعمال الموجهة تحديداً ضد سلامة الأراضي الاقليمية أو الاستقلال السياسي لدولة ما[2]. وهنالك من يحدد مشروعية استخدام القوة طبقاً لأحكام الفقرة (4) من المادة (2) بحسب منه الطرف المتدخل، إذ يرى (Bowett) ان العبارات الواردة في الفقرة (4) من المادة (2) تعني ان استخدام القوة إذ تم دون وجود النية لخرق السلامة الاقليمية أو الاستقلال السياسي لدولة معينة سوف لن يكون مخالفاً لأحكام النص وبالتالي فأنه ليس مخالفاً لأحكام الميثاق.

ويتضح مما تقدم ان تحقيق التوافق بين التدخل الانساني ونص الفقرة (4) من المادة (2) يستند الى تفسير عبارات النص فيما يتعلق بأستخدام القوة أو التهديد بأستخدامها ضد (سلامة الأراضي أو الاستقلال السياسي). وإذا رجعنا الى الأعمال التحضيرية للميثاق نجد ان مقترحات (د. مبارتن اوكس) لم تنص على هذه العبارة إذ كان النص الاصلي قبل اضافة هذه العبارة كما يأتي (يمتنع أعضاء الهيئة جميعاً في علاقاتهم الدولية عن التهديد بأستخدام القوة أو استخدامها على أي وجه لا يتفق ومقاصد الأمم المتحدة)[3]. وفي مؤتمر سان فرانسيسكو طالبت بعض الدول بأضافة مثل هذه العبارة وكان من بين من طالب بذلك استراليا إذ تم الاخذ بالتعديل

---

(1) انظر:

Thomas. A. and Thomas A, Non-Interventional, 1956. P. 15.

(2) Brownlie. I, op. Cit, p. 237.

(3) Brownlie. I, International Law and of use force by state, oxford, 1963, p. 266.

الذي طالبت به بهذا الخصوص، والذي تضمن اضافة عبارة (ضد سلامة الأراضي أو الاستقلال السياسي)، وبخصوص القصد من ادراج هذه العبارة كان المندوب الاسترالي قد اوضح ان القصد ليس وضع هذه العبارة لتحديد التحريم على مايمس سلامة الأراضي أو الاستقلال السياسي فقط، إذ ان ذلك امر معمول به أساساً بموجب أحكام القانون الدولي العام، وان اقتراح اضافة العبارة كان بقصد التاكيد على هذا الامر[1].

وبهذا الخصوص يرى (Kelsen) ان منع استخدام القوة الوارد في الفقرة (4) من المادة (2) لا يقصد به تحديد المنع فقط بذلك الاستخدام للقوة أو التهديد بأستخدامها. الموجه ضد سلامة الأراضي أو الاستقلال السياسي بل الامتناع عن القيام بأي عمل ضدها لا يتفق ومقاصد الأمم المتحدة[2]. ويبدو لي من ما تقدم انه لا يمكن لتبرير التدخل الانساني الاستنادا الى تفسير نص الفقرة (4) من المادة (2) تفسيراً يفيد بعدم تحريم استخدام القوة أو التهديد بأستخدامها إذا لم يكن من شأن ذلك الاستخدام أو التهديد ان يؤدي الى المساس بالسلامة الاقليمية أو الاستقلال السياسي. أي انه عد التدخل الانساني مشروعاً إذا لم يكن من شأنه المساس بالسلامة الاقليمية أو الاستقلال السياسي، إذ انه حتى وان سلمنا افتراضاً بصحة التفسير اعلاه نجد ان هذا التفسير لا يتفق وطبيعة التدخل الانساني، إذ ان التدخل الانساني هو احد صور التدخل. والتدخل لابد ان يكون في سبيل تحقيق هدف معين، وان تحقيق هذا الهدف يعني بالتاكيد فرض ارادة الطرف المتدخل على الطرف المتدخل ضده، إذ انه لو

---

[1] انظر:

Brownlie. I, op. Cit, p. 266

[2] Kelsen. H, op. Cit, p. 770.

كان من الممكن تحقيق الهدف المرجو بالارادة الحرة للطرف المتدخل ضده. لما كنا اصلاً امام تدخل، إذ ان التدخل لابد ان يكون يهدف الى تحقيق فرض الارادة وتحقيق فرض الارادة لابد ان يكون مقروناً باستخدام القوة، واستخدام القوة لابد ان يؤدي وبأقل تقدير الى المساس يالاستقلال السياسي للطرف المتدخل ضده. وبالتالي فان ذلك يعني عدم مشروعية المتدخل.

3. عبارة (أو على أي وجه لايتفق ومقاصد الأمم المتحدة)[1]

ان ايراد العبارة اعلاه وفضلاً عما سبق بخصوص ذكر كون استخدام القوة أو التهديد بها ضد سلامة الأراضي أو الاستقلال السياسي وما يكتنف هذا النص من غموض وعدم اتفاق الاراء حول تفسير موحد له لبيان المقصود منه فيما يتعلق بالجوانب التي يمنع استخدام القوة فيها، يدفعنا الى التساؤل حول المقصود بعبارة (أو على أي وجه لا تتفق مقاصد الأمم المتحدة) الواردة في نهاية النص وعن الغاية من ايرادها؟ فهل يعني ايرادها عدم تحريم استعمال القوة إذا كان ذلك الاستعمال على وجه يتفق ومقاصد الأمم المتحدة؟ وهل هذا يعني بالتالي عدم تحريم استخدام القوة في التدخل الانساني على اعتبار انه يهدف الى حماية حقوق الانسان وان ذلك يتفق ومقاصد الأمم المتحدة؟.

ذكرنا فيما تقدم ان (Kelsen) يذهب إلى تفسير الفقرة (4) من المادة (2) بالقول انها تعني امتناع جميع الأعضاء في المنظمة عن استخدام القوة أو التهديد بأستخدامها ليس فقط ضد سلامة الأراضي أو الاستقلال السياسي لاية دولة فحسب، بل الامتناع عن القيام بأي عمل ضدها لا يتفق ومقاصد الأمم المتحدة. ويتضح من

---

[1] الشطر الاخير من نص الفقرة (4) من المادة (2) من ميثاق الامم المتحدة.

هذا التفسير ان (Kelsen) يرى ان المقصود من عبارة (أو على أي وجه لا يتفق ومقاصد الأمم المتحده) هو تعميم تحريم استخدام القوة أو التهديد بها بدلاً من تخصيص ذلك بالنسبه إلى ما يلحق الضرر بالسلامة الاقليمية أو الاستقلال السياسي. وبحسب تفسير (Kelsen) فأن استخدام القوة أو التهديد بذلك يعد محرما في جميع الاحوال إذا كان ذلك الاستخدام أو التهديد لا يتفق ومقاصد الأمم المتحده، ولا يقتصر التحريم على الحالات التي يكون من شأن الاستخدام أو التهديد المساس بسلامة الأراضي أو الاستقلال السياسي. وهذا التفسير يتفق مع المقترح الاسترالي الذي قدم لتعديل النص الخاص بتحريم استخدام القوة ضمن مقترحات (د. مبارتن اوكس) أثناء الأعمال التحضيرية لميثاق الأمم المتحدة، والذي توج بالموافقة عليه في مؤتمر سان فرانسيسكو وذلك بإضافة عبارة (ضد سلامة الأراضي أو الاستقلال السياسي...)[1].

ويذهب (Brownlie) الى ان المقصود من عبارة (أو على أي وجه لا يتفق ومقاصد الأمم المتحدة) هو اضفاء الشرعية على استخدام القوة من قبل الدول الأعضاء وبشكل عمل تعزيزي مسند من قبل مجلس الامن[2].

مما تقدم، يبدو لنا ان المقصود بعبارة (أو على أي وجه لا يتفق ومقاصد الامم المتحده) هو تحريم استخدام القوة أو التهديد بأستخدامها بأية صيغة لا تتفق ومقاصد الامم المتحده، وما ايراد عبارة (ضد سلامة الأراضي أو الاستقلال السياسي) إلاّ على سبيل التوكيد في سبيل التأكيد على أهمية السلامة الاقليمیه للدولة

[1] راجع:

Brownlie. I; Op. Cit, p. 266.
[2] Brownlie. I; Op. Cit, p. 268 .

واستقلالها السياسي، وعكس ذلك، يمكن ان تستخدم القوة أو ان يتم التهديد بأستخدامها إذا كان ذلك الاستخدام أو التهديد يتماشى مع مقاصد الامم المتحده. وبما ان مقاصد الأمم المتحدة الأساسية تتمثل بحفظ الامن والسلم الدوليين واحترام حقوق الانسان، فأن السؤال الذي يطرح نفسه، هل ان نص الفقرة (4) من المادة (2) يسمح بأستخدام القوة أو التهديد بأستخدامها على سبيل التدخل الانساني على اعتبار ان غايته تتفق ومقصد الأمم المتحدة باحترام حقوق الانسان؟.

لذلك يذهب (Lillich) الى القول بأن (عند فحص الميثاق يظهر ان غرضيه الرئيسيين هما حماية حقوق الانسان وحفظ الامن والسلم الدوليين وان ما حرمته الفقرة (4) المادة (2) الوثيقة الصله بهذين المقصدين هو التهديد بالقوة أو استخدامها ضد سلامة الأراضي أو الاستقلال السياسي لاية دولة أو باي شكل اخر لا يتفق مع مقاصد الأمم المتحدة. وبما ان التدخلات الانسانية تتماشى مع مقصد الأمم المتحدة، فانها تعزز في الواقع احد المقاصد الرئيسيه للمنظمة الدولية في مواقف عديده[1].

كذلك يرى (Reisman) "ان مشروعية التدخل الانساني تعتمد على الهيكل الرئيس لمقاصد الأمم المتحدة، والذي تتساوى بموجبه حماية حقوق الانسان مع المحافظة على السلام، وبذلك وبحسب هذا التأويل، فأنه يجوز للدول القيام بالتدخل الانساني على الرغم من وجود الفقرة (4) من المادة (2) عندما ينسجم هذا التدخل مع غاية حماية حقوق الانسان، إذ ان التحريم الوارد هو ليس ضد استخدام القوة القسرية بحد ذاتها بل انه ضد استخدام القوة بوسائل غير قانونية محددة"[2]. وعلى

---

[1] انظر: .Lillich. R. B; Inter vention to protect Human Rights, Me cill. I.J, 1996, p. 210

[2] نقلاً عن:سلوان رشيد السنجاري، مصدر سبق ذكره ، ص 120.

هذا الأساس يربط (رايزمان) بين التدخل الانساني والقانون الدولي، إذ يذهب الى القول بانه مادامت الانتهاكات الشديدة لحقوق الانسان تعجل القيام بالتدخل الانساني. وما دام انه يتماشى مع التعليمات القانونية العامة التي تحكم استخدام القوة، الاقتصاد، التكافؤ، وشرعية المقصد.... الخ، فانه يمثل دفاعاً عن القانون الدولي[1].

مما تقدم نستنتج ان تطبيق مفهوم المخالفه على عبارة (أو على وجه لا يتفق ومقاصد الأمم المتحدة) يفيد بامكانيه استخدام القوة أو التهديد بها من قبل الدول إذا كان ذلك يتفق ومقاصد الأمم المتحدة، ومن المعلوم ان مقاصد الأمم المتحدة الرئيسه تتمثل بحفظ الامن والسلم الدوليين واحترام حقوق الانسان. وهكذا يمكن استخدام القوة من قبل الدول على سبيل التدخل الانساني لوقف الانتهاكات الخطيرة لحقوق الانسان، وبالتالي الأعمال المباشر لمقصد الأمم المتحدة في احترام حقوق الانسان أو الأعمال غير المباشر لمقصد الأمم المتحدة في حفظ الامن والسلم الدوليين، وذلك إذا كان من شأن تلك الانتهاكات ان تؤدي الى تهديد الامن والسلم الدوليين.

---

[1] David. J. Scheffer; Challenges Conforonting Collective Security, Ibid, p. 187.

المبحث الثاني
صور التدخل الانساني في ظل القانون الدولي المعاصر

مقدمـــة

ان القانون الدولي المعاصر هو القانون القائم في ظل التنظيم الدولي الحالي، وان هذا القانون محكوم بأحكام ميثاق الأمم المتحدة، وان هذا يعني بالتأكيد ان التدخل الانساني اليوم محكوم بأحكام هذا القانون.

وبالرجوع الى التدخل الانساني نجد ان له عدة صور من حيث الجهة القائمه به، إذ انه من المعلوم ان التدخل الانساني لابد ان تقوم به جهة دولية وهذه الجهة أما ان تكون منظمة دولية أو دولة معينـة أو مجموعة من الدول، وبما ان منظمة الأمم المتحدة هـي المنظمة العالميـة الأولى في ظل القانـون الـدولي المعاصر، ذلك القانون المحكوم بأحكام ميثاقها، ذلك الميثاق الذي تضمن مقاصد المنظمة وعلى راسها حفظ الامن والسلم الدوليين واحترام حقوق الانسان، تلك المقاصد التي وجـدت المنظمـة مـن اجل تحقيقها بالطرق المحددة في ميثاقها والتي قد تصل الى حد التدخل في شـؤون الـدول. وبما ان الأمم المتحدة هـي المسؤوله الأولى عن تحقيق مقاصدها وبالتالي تحقيق ما يطمح اليه المجتمع الدولي الـذي اوجـدها، فـان هذا يعني ان الاولويه في العمل لتحقيق هذه الأهداف تكون للمنظمة نفسها بالدرجة الأولى. لكن هـذا لا يعني بالضروره عدم قيام الدول بالعمل منفرده أو مجتمعه في سبيل تحقيق ذات المقاصد، إذ ان مقاصد الأمم المتحدة ماهي الاغايات يطمح المجتمـع الـدولي الى تحقيقها. وبما ان الـتدخل الانساني يتفق مـع مقاصد الأمم المتحدة وبأقل

تقدير من حيث الغاية منه، فان هـذا يعنـي ان صـور التـدخل الانـساني في ظـل القـانون الـدولي المعاصر تتمثل في التدخل الانساني من قبل الأمم المتحدة والتدخل الانساني مـن قبـل الـدول أو المنظمات الدولية الاقليمية.

المطلب الأول

التدخل الانساني من قبل المنظمات الدولية

1. التدخل الانساني من قبل الأمم المتحدة

من المعلوم ان وجود ايه مؤسسه أو منظمة لابد ان يكون في سبيل تحقيق أهداف معينة، والا اصبح وجودها وعدمه سواء. ومن المؤكد ان منظمة الأمم المتحدة كمنظمة دولية وجدت في سبيل تحقيق أهداف معينة وان تحقيق هذه الأهداف قد يكون بأساليب متعدده، وهناك من بين هذه الاساليب ما يدخل ضمن مفهوم التدخل، أي التدخل في شؤون الدول في سبيل تحقيق أهداف المنظمة.

وبخصوص مفهوم التدخل الانساني، نجد ان من بين أساليب المنظمة للتدخل في سبيل تحقيق أهدافها ما قد يتفق مع مفهوم التدخل الانساني أو ما قد يتطابق مع هذا المفهوم، والاسلوب الذي يتفق مع التدخل الانساني يتمثل بتدخل الأمم المتحدة لوقف انتهاكات حقوق الانسان التي تشكل مساساً بالامن والسلم الدوليين، ويمثل هذا الاسلوب أعمالاً (تفعيلاً) لهدفها الرئيسي في حفظ الامن والسلم الدوليين. أما الاسلوب الذي يتطابق مع مفهوم التدخل الانساني فيتمثل بتدخل الأمم المتحدة بقصد حماية حقوق الانسان أعمالا لهدفها في تحقيق الاحترام لحقوق الانسان.

واذا كان الجدل حول مشروعيه التدخل الانساني من قبل الدول كبيراً وواسعاً في الاوساط القانونية والسياسية، فهو اقل بكثير فيما يتعلق بالتدخل الانساني من قبل الأمم المتحدة نفسها، إذ ان القول بعدم مشروعيه تدخل الأمم المتحدة لوقف انتهاكات حقوق الانسان وخاصه تلك الانتهاكات التي من شانها ان تعرض الامن والسلم الدوليين للخطر، يعني شل المنظمة وافراغٍ لتلك النصوص الوارده في

الميثاق والمتعلقه بهذه المسائل من محتواها وهذا قول لا يقبله المنطق السليم، ويتأكد ذلك عند النظر الى الدور المتنامي للأمم المتحدة على الساحة الدولية والارتفاع الايجابي المستمر في الخط البياني لدور المنظمة المتجه نحو زيادة صلاحياتها وفاعليه دورها في الساحة الدولية.

وبالعودة الى آراء مؤيدي ومعارضي التدخل الانساني في عهد القانون الدولي المعاصر، نجد ان غالبية المؤيدين للتدخل الانساني يؤكدون على جواز التدخل من قبل الأمم المتحدة ولا يتقبلون أي نقاش أو جدل حول ذلك، أما فيما يتعلق بالمعارضين فنجد ان عدداً كبيراً منهم لا يجادل في جواز التدخل من قبل الأمم المتحدة أو يميل الى امكانية جواز ذلك في حالات استثنائية وان الخلاف كله ينصب حول مشروعيه التدخل من قبل الدول.

وبالعودة الى التدخل الانساني من قبل الأمم المتحدة نجد انه كما علمنا، أما ان يتم أعمالا لهدفها في حماية حقوق الانسان أو انه يتم أعمالاً لهدفها في حفظ الامن والسلم الدوليين.

أ- التدخل لأعمال هدف الأمم المتحدة في حماية حقوق الانسان

تقوم الأمم المتحدة بهذا التدخل على سبيل قيامها بوظائفها وفقاً لمبادئها في سبيل تحقيق أهدافها. ويكون ذلك بقيامها باتباع الطرق المحددة في ميثاقها في سبيل تحقيق أهدافها والتي قد تصل الى حد التدخل في شؤون الدول. وقيام المنظمة بهذا التدخل أما ان يكون بشكل مباشر من قبلها أو يكون بشكل غير مباشر عن طريق دعوه أو تكليف دولة معينة أو مجموعةدول معينة أو منظمة اقليميه للقيام بذلك نيابة

عنها، وبالتالي نيابة عن الاسرة الدولية، والهدف الذي تسعى الأمم المتحدة الى تحقيقه من هذا التدخل هو أعمال هدفها في حمايه حقوق الانسان.

أما المبدأ الذي يحكم هذا التدخل من حيث المشروعية، فهو مبدأ عدم التدخل الوارد في الفقرة (7) من الماده (2) من الميثاق، والذي يحدد الحالات التي يجوز فيها للأمم المتحدة التدخل في شؤون الدول. إذ يستند هذا التدخل الى مفهوم المخالفه لمعنى الشعار الأول من هذا النص والذي جاء فيه (ليس في هذا الميثاق ما يسوغ للأمم المتحدة ان تتدخل في الشؤون التي تكون في صميم الاختصاص الداخلي لدولة ما)(*). إذ ان مفهوم المخالفه لمعنى هذا النص يفيد بأنه يجوز للأمم المتحدة ان تتدخل في المسائل التي تكون خارجه عما هو داخل في صميم الاختصاص الداخلي للدول. وقد علمنا مما تقدم عند الحديث عن التدخل الانساني ومبدأ التدخل ان مسائل حقوق الانسان قد اصبحت في ظل القانون الدولي المعاصر خارجه عن نطاق الاختصاص الداخلي للدول ويستدل على ذلك من التطبيقات العديده لاجهزه الأمم المتحدة والتي اعتبرتها خارجه عن صميم الاختصاص الداخلي استناداً الى الصلاحيه المخوله اليها بموجب الميثاق. واخراج مسائل حقوق الانسان من صميم الاختصاص الداخلي للدولة يعني امكانية تدخل الأمم المتحدة انسانياً بصددها.

والسؤال الذي يثار هنا، هو هل ان التدخل الانساني في عهد القانون الدولي المعاصر، وفي ظل الميثاق يمكن ان يحصل بذات الاساليب التي يتضمنها المفهوم العام للتدخل الانساني؟.

(*) لمزيد من التفصيل راجع نص المادة (2) الفقرة (7) من ميثاق الأمم المتحدة.

ان مشروعيه تدخل الأمم المتحدة لحمايه حقوق الانسان تستند الى مفهوم المخالفه لما ورد في النص المشار اليه فيما تقدم، وذلك باخراج تدخل الأمم المتحدة لحماية حقوق الانسان عن نطاق التحريم الوارد في النص، وبما ان المفهوم الفني والقانوني للتدخل المحضور بموجب النص يتحدد بتفسير تعبير (التدخل) الوارد في النص، فأن المفهوم الفني والقانوني للتدخل المشروع بموجب مفهوم المخالفه يتحدد أيضاً بتفسير تعبير (التدخل) الوارد في النص.

وبما ان التدخل الانساني هو احد صور التدخل المشروع بموجب أحكام الميثاق، فان الاساليب المشروعة للتدخل الانساني بموجب الميثاق تتحدد بأساليب التدخل المشروع بموجب الميثاق. وبالرجوع الى الميثاق نجد انه لم يعرف ولم يبين المقصود بالتدخل. لذلك ذهب البعض الى تفسيره تفسيراً واسعاً، و يستند انصار هذا الاتجاه في ذلك الى احتلال المادة (2) الفقره (7) والتي جاء فيها تعبير (التدخل) الصداره في الميثاق، الامر الذي يعني انها تشكل قيداً على جميع هيئات الأمم المتحدة ، وبموجب هذا الاتجاه يعد تدخلاً انشاء لجنه للتحقيق أو اتخاذ أي قرار ملزم وكذلك اتخاذ أي اجراء ملزم من قبل الأمم المتحدة في المسائل المطروحه امامها إذا كانت تلك المسائل داخله في صميم الاختصاص الداخلي للدول إلاّ إذا كان من شانها تشكيل خطوره على الامن والسلم الدوليين[1].

وبما ان التحريم بموجب هذا الاتجاه يشمل أي اجراء متخذ من قبل الأمم المتحدة فأن التدخل المباح وفقاً لمفهوم المخالفه يشمل كذللك اتخاذ أي اجراء من قبلها لتحقيق الغاية من التدخل. فهل يمكن لجوء الأمم المتحدة الى وسائل الاكراه

---

[1] راجع:

Good Rich. L. M.; op. Cit, p. 63-72.

الوارده في الفصل السابع من الميثاق في سبيل تحقيق هدفها في حمايه حقوق الانسان؟.

ان التدخل في شؤون الدول من قبل الأمم المتحدة يتم على سبيل قيامها بوظائفها في سبيل تحقيق أهدافها والتي تتمثل في التدخل الانساني لحمايه حقوق الانسان، إذ ان من المعلوم ان قيامها بتأديه وظائفها في سبيل تحقيق أهدافها قد يتم بعده طرق قد يكون البعض منها ضمن مفهوم التدخل وقد يكون البعض الاخر خارجاً عنه. وبالرجوع الى وسائل الاكراه التي تم النص عليها في المواد (41) و(42)[*] من الميثاق، وهي وسائل للاكراه يمكن لمجلس الامن ان يلجأ اليها في سبيل تحقيق هدف الأمم المتحدة في حفظ الامن والسلم الدوليين، وبالرجوع الى المفهوم العام للتدخل نجد ان وسائل الاكراه المنصوص عليها في المواد سابقة الذكر تدخل في صميم مفهوم التدخل واكثر من غيرها من الاساليب وبشكل خاص استخدام القوة العسكرية، إذ انه ليس هناك جدال حول عدها تدخلاً. وبالرجوع الى الغاية من ايراد هذه الوسائل ضمن الميثاق نجد انها تتمثل بتحقيق هدف من أهداف المنظمة إلاّ وهو حفظ الامن والسلم الدوليين، وان تحقيق هذا الهدف بأتباع هذه الوسائل يمكن ان يكون تدخلاً في شؤون الدول وان هذا التدخل يكون جائزاً حتى وان كان في مسائل تدخل في صميم الاختصاص الداخلي وذلك لانها تشكل مساساً بالامن والسلم الدوليين.

وبما ان استخدام هذه الوسائل يدخل في صميم المفهوم العام للتدخل، وبما ان ايراد هذه الوسائل في الميثاق هو في سبيل تحقيق احد أهداف هذه المنظمة إلاّ وهو

---

[*] للمزيد راجع المادة (41) و (42) من ميثاق الأمم المتحدة.

حفظ الامن والسلم الدوليين، وبما ان وقف انتهاكات حقوق الانسان تدخل ضمن مفهوم هدف الأمم المتحدة في حماية حقوق الانسان وان مسائل حقوق الانسان هي مسائل خارجه عن صميم الاختصاص الداخلي للدول، هذا ان لم تكن خارجه عن المفهوم العام للاختصاص الداخلي، فأنه من الممكن انه يتم التدخل الانساني من قبل الأمم المتحدة باللجوء الى هذه الوسائل.

قد يكون من المفيد هنا ان نورد راي البروفسور (Reisman) بخصوص التدخل الانساني من قبل الأمم المتحدة ، والذي يذهب فيه الى القول بان " التدخل الانساني من قبل المنظمة يعتمد على الهيكل الرئيس لمقاصد الأمم المتحدة والذي تتساوى فيه حمايه حقوق الانسان مع المحافظه على السلام"[1]. وبما ان مجلس الامن هو الجهاز الرئيس للأمم المتحدة والمسؤول الأول عن أعمال هذه المنظمة لحفظ الامن والسلم الدوليين والذي لا يمكن ان تتخذ أي من الاجراءات والوسائل الوارده في الفصل السابع من الميثاق إلاّ بموافقته فانه قياساً على ذلك فلا يمكن استخدام أي من تلك الوسائل إلاّ بموافقته وبأشرافه.

والتدخل الانساني من قبل الأمم المتحدة كأحدى حالات، التدخل الانساني في ظل القانون الدولي المعاصر لابد ان يكون محكوماً بشروط معينة، إذ ان من المعروف ان انتهاكات حقوق الانسان تعد عملاً غير مشروع وذلك لكونها تعد مخالفه للقواعد القانونية الخاصة لحقوق الانسان سواء على المستوى الداخلي أو الدولي، أي انها تعد حاله غير مشروعة، بما ان التدخل الانساني يهدف الى وقف

[1] Reisman, Op. Cit, p. 177.

انتهاكات حقوق الانسان فان هذا يعني انه يهدف الى استعادة المشروعية، وان أي عمل يهدف الى استعادة المشروعية بالتأكيد يجب ان يكون مستنداً الى المشروعية. وشرط التدخل الانساني تتمثل بالشروط الموضوعية والاجرائية، أما الشروط الموضوعية فهي الشروط العامة لمفهوم التدخل الانساني والواجبة التوفر في أي تدخل انساني كالغاية منه وغيرها من المعايير الموضوعية التي تناولناها فيما تقدم أما الشروط الاجرائية أو الشكليه فهي شروط قد تختلف من حاله الى أخرى وذلك باختلاف الجهة القائمة بالتدخل.

وبالرجوع الى هذه الشروط نجد انها ليست شروطاً محددة وثابته بموجب نصوص مقننه، بل ان المجتمع الدولي حصل عليها نتيجة لقيامه بتحقيق التزاوج أو التوافق بين القواعد العامة لمفهوم التدخل الانساني والقواعد العامة في القانون الدولي العام، لذلك نجد ان هناك من يقترح عقد بروتوكول خاص تتحدد فيه قواعد قانونية محددة لحكم نظام التدخل الانساني وذلك لاهميته وخطورته في الوقت نفسه[1].

وقد اقترح بعض الكتاب جملة من الشروط الشكلية لحكم التدخل الانساني ممكن ان يؤدي الاخذ بها الى تحسين وضع هذا التدخل منها:

1. وجود شكوى مقدمه من قبل احدى الجهات الدولية، ويفضل ان تكون هذه الجهة مختصة وذات خبرة في ميدان حقوق الانسان والقانون الدولي الانساني، كاللجنة

---

(1) انظر:

Reisman, op. Cit. P. 195.

الدولية للصليب الأحمر أو المفوضية العليا لشؤون اللاجئين أو منظمة العفو الدولية أو مراقبي الأمم المتحدة ... الخ، وتتضمن هذه الشكوى معلومات وحقائق وادلة تبني حجم الحالة ومدى ضرورة اتخاذ اجراء بشأنها والوسائل الفعالة لمعالجة الحالة وكل ما يتعلق بذلك.

2. نشر (اعلان) الشكوى والتدخل المزمع بصدد الحالة محل الشكوى ولا يكون ذلك للدولة المتهمة فقط بل للأعضاء الاخرين في الاسرة الدولية. ويعد الاعلان للدولة المهتمة امراً ضرورياً إذ انه قد يؤدي الى الاستجابة الى الشكوى واعادة التقدير ويوفر فرصة معقولة للدولة المتهمة بتصحيح الاوضاع قبل القيام بالتدخل وذلك بوقف انتهاكات حقوق الانسان واتخاذ ما يلزم بشأن ذلك، وهذا يعني تجنب التدخل الانساني وما يترتب عليه من اشكالات وفي الوقت نفسه يعني تحقيق الغاية منه بأقل الخسائر. واعلان الشكوى وتأكيد ذلك بالنسبة للدولة المتهمة قد يعد بمثابة انذار اولي للدولة المتهمة والدعوى لها لاصلاح الاوضاع، وبالتالي فان رفض هذه الدعوة وعدم الاكتراث بالانذار يعني امتناعاً عن وقف حاله اللامشروعيه ورفضاً لاستعادة المشروعية وما يعنيه ذلك من تشجيع على التدخل ومباركة ذلك دولياً[1].

3. توجيه انذار رسمي الى الدولة المتهمه يتضمن حيثيات حاله عدم المشروعية الحاصله بسبب انتهاكات تلك الدولة لحقوق الانسان وكذلك دعوة لاستعمالها المشروعية بوقف انتهاكات حقوق الانسان وتحديد سقف زمني لذلك يمثل السقف الزمني للانذار الرسمي، وان هذا السقف يتحدد بحسب الحالة والظروف

---

[1] راجع: سلوان رشيد السنجاري، مصدر سبق ذكره، ص 138-139.

المحيطة بها ويعتمد على درجة جسامة انتهاكات حقوق الانسان وصعوبة اصلاح الاوضاع واستعادة المشروعية من قبل الدول المتهمة ومدى ما تتطلبه جسامة انتهاكات حقوق الانسان واثرها وامكانية تفاقم الازمة ومقدار ما تطلبه من الاستعجال باتخاذ اجراءات سريعة والتدخل الانساني السريع لانهاء المعانات، ويمكن تحديد معيار يمكن من خلاله تحديد السقف الزمني للانذار، وذلك بالقول انه كلما عظم حجم الدمار بسبب الممارسة غير المشروعة عجل على انهائه بسرعة[1].

ب. تدخل الأمم المتحدة لوقف انتهاكات حقوق الانسان التي تشكل خطراً على الامن والسلم الدوليين

يعد حفظ الامن والسلم الدوليين هدف رئيسياً للأمم المتحدة، وفي سبيل تحقيق هذه الغاية تقوم المنظمة بممارسة وظائفها وفقاً لمبادئها المبينه في الميثاق في سبيل تحقيق هذه الغاية، وتعمل على تحقيق هذه الغاية بعدة طرق وقد يصل ذلك الى حد التدخل في شؤون الدول، وهو تدخل مشروع في جميع الاحوال بموجب الماده (2) الفقرة(7) من الميثاق، إذ انه وبموجب هذا النص يجوز للأمم المتحدة ان تتدخل في شؤون الدول في أي حاله إذا كان من شأن تلك الحالة ان تؤدي الى المساس بالامن والسلم الدوليين والسؤال الذي يطرح، هو هل تشكل انتهاكات حقوق الانسان خطراً على الامن والسلم الدوليين، وبالتالي هل يعني ذلك امكانية تدخل الأمم المتحدة لوقف هذه الانتهاكات وبالتالي أعمال لهدفها في حفظ الامن والسلم الدوليين؟.

---

[1] المصدر نفسه، ص139.

تبعاً لما تقدم وعند حديثنا عن مبدأ عدم التدخل علمنا ان انتهاكات حقوق الانسان من الممكن ان تشكل خطراً على الامن والسلم الدوليين، وان هناك اجماعاً بين انصار التدخل الانساني وعدد كبير من معارضيه بشكل عام في تأييد جوازه إذا قامت به الأمم المتحدة لوقف انتهاكات حقوق الانسان التي تشكل خطراً على الامن والسلم الدوليين، وان هناك اتجاهات قديمة في القانون الدولي وفي الأمم المتحدة نحو هذا الاتجاه، وان تطبيقات الأمم المتحدة المتعدده تفيد بالاخذ بتلك الاتجاهات، ولكن ماهي محددات انتهاكات حقوق الانسان التي تمس الامن والسلم الدوليين؟.

ليس بالضرورة ان تشكل انتهاكات حقوق الانسان خطراً على الامن والسلم الدوليين، إذ ان العلاقة النسبيه بين انتهاكات حقوق الانسان والمساس بالامن والسلم الدوليين ليست علاقة قائمة دائماً بل هي علاقة احتماليه، وان قيام هذه العلاقه من عدمه يتوقف على طبيعة هذه الانتهاكات وجسامتها واختلاف ظروفها من حيث الزمان والمكان إذ انه من المؤكد ان ليس أي انتهاك لحقوق الانسان يمكن ان يشكل خطراً على الامن والسلم الدوليين، فكما علمنا ان انتهاكات حقوق الانسان يمكن ان تضف الى عدة اصناف من حيث جسامتها وضررها بالبشريه، فاي من هذه الاصناف يمكن ان يشكل خطراً على الامن والسلم الدوليين؟.

لايوجد معيار موضوعي ثابت ممكن من خلاله تحديد انتهاكات حقوق الانسان التي تشكل خطراً على الامن والسلم الدوليين بمعزل عن باقي الظروف الموضوعية المحيطة بها، فقد يكون هناك انتهاكات لحقوق الانسان في بقعة معينة من العالم لكنها وفي ظل الظروف المحيطة بها لا تشكل خطراً على الامن والسلم الدوليين والمقصود بالظروف المحيطة بها الظروف المكانية والزمانية التي تقع فيها

انتهاكات لحقوق الانسان، فقد تقع انتهاكات حقوق الانسان في دولة معينة أو في اقليم معين له ظروف قانونية وسياسية وجغرافية وتاريخيه خاصة به، أو انها تقع في ظروف زمانية معينة وفي فترة زمنية تكون فيها الاجواء الدولية تساعد على قيام ما يشكل خطراً على الامن والسلم الدوليين هناك، كان تقع تلك الانتهاكات على اقلية موجودة في ذلك الاقليم، وتنتمي هذه الاقلية في اصلها الى دولة مجاورة، فان حصول انتهاكات جسيمة لحقوق هذه الاقلية من الممكن ان يؤدي الى تدخل الدولة التي تنتمي اليها الاقلية في اصلها أو هناك روابط معها. وقد يدفع ذلك دولة ثالثه الى التدخل ضد الدولة المتدخله وما يعنيه ذلك من امكانية قيام حرب في تلك المنطقة.

ومن تطبيقات الأمم المتحدة نجد ان انتهاكات حقوق الانسان التي من الممكن ان تشكل خطراً على الامن والسلم الدوليين غالباً ما تكون تلك الانتهاكات التي تبرر التدخل الانساني والتي تناولناها فيما تقدم وهي الانتهاكات الخطيرة لحقوق الانسان ويكون ذلك في حاله وقوع تلك الانتهاكات في ظروف مكانية وزمانية ملائمة بحيث تؤدي الى تشكيل خطراً على الامن والسلم الدوليين.

ومما تقدم يبدو لي انه ليس هناك معيار موضوعي تلجأ اليه الأمم المتحدة لتقييم حاله معينة من انتهاكات حقوق الانسان وعدها من الحالات التي تدخل ضمن مفهوم تهديد الامن والسلم الدوليين. إذ ان الميثاق لم يحددها وقد ترك الصلاحية لاجهزة الأمم المتحدة لتقييم الحالات واتخاذ القرار بمدى خطورتها على الامن والسلم الدوليين وبالتالي اتخاذ الاجراءات المناسبة لمعالجتها.

والسؤال المطروح هو، هل تشكل انتهاكات حقوق الانسان في دولة ما وحاله استمرارها خطراً على الامن والسلم الدوليين؟.

ان تدخل الأمم المتحدة لوقف انتهاكات حقوق الانسان التي تشكل خطراً على الامن والسلم الدوليين، يتم بأشكال التدخل كافة، وبأستخدام أساليب متنوعة وبشكل خاص من قبل مجلس الامن بموجب تطبيق تدابير القمع الواردة في الفصل السابع، وهذا التدخل أما ان يتم من قبل الأمم المتحدة نفسها أو من قبل الدول الأعضاء بناءاً على طلب من مجلس الامن ويكون ذلك بالتعاون والتنسيق مع الأمم المتحدة واشراف مجلس الامن وطبقاً لمواد ميثاق الأمم المتحدة.

ويبدو لي من كل ما تقدم ان تدخل الأمم المتحدة لوقف انتهاكات حقوق الانسان التي تشكل خطراً على الامن والسلم الدوليين في سبيل تحقيق غاية حفظ الامن والسلم الدوليين أي ان هذا التدخل يتقرر عند قيام علاقة السببية بين انتهاكات حقوق الانسان واحتمال الاضرار بالامن والسلم الدوليين، وبما ان تحقيق غاية هذا التدخل تتم من خلال وقف انتهاكات حقوق الانسان، فان هذا يعني ان هذا التدخل يمكن ان يؤدي الى تحقيق غاية التدخل الانساني، إذ انه يؤدي الى وقف انتهاكات حقوق الانسان، وبعبارة أخرى ان التدخل لحفظ الامن والسلم الدوليين عن طريق وقف انتهاكات حقوق الانسان التي تضر بالامن والسلم الدوليين، يهدف الى وقف انتهاكات حقوق الانسان في سبيل تحقيق غاية حفظ الامن والسلم الدوليين، أي ان الغاية منه ليست انسانية وبالتالي فان هذا يعني ان الذي يدفع الى التدخل ليس جسامة انتهاكات حقوق الانسان ومدى اضرارها بالبشرية وخرقها لقوانين ومبادئ حقوق الانسان بل انه مدى خطورة تلك الانتهاكات على الامن والسلم الدوليين. وان

هذا يعني امكانية حصول هـذا التـدخل عنـد وجـود أي انتهـاك لحقـوق الانـسان ومهـما كانـت جسامته وخطورته إذا كان من شان ذلك المساس بالامن والسلم الدوليين. كما انـه يعنـي في الوقـت نفـسه امكانية عدم حصول هذا التدخل مهماً كانت جسامة انتهاكات حقوق الانسان ومهـما كـان اضرارهـا كبـيراً بالبشرية، إذا لم يكن من شانها الاضرار بالامن والسلم الـدوليين. وهـذا يعنـي ان هـذا التـدخل قـد يـؤدي تصادفياً الى تحقيق الغاية من التدخل الانساني ولكنه ليس بالسبيل الفعال لتحقيق هذه الغاية.

2. اللجنة الدولية للصليب الأحمر (ICRC) وفكرة التدخل الانساني

لقد لعبت اللجنة الدولية للصليب الأحمر (ICRC) دوراً ريادياً في انشاء وتـدوين قواعـد القـانون الدولي الانـساني، كـما تلعـب نفـس الـدور في مراقبـة احـترام تنفيـذ هـذه القواعـد خـلال سـير العمليـات العسكرية.

ومنذ عام 1993 نظمت اللجنة العديد من المؤتمرات الانسانية والحلقات الدراسـيه لبلـورة معـايير واضحة لضمان احترام هذا القانون أي الانتقال الحقيقي به من الجانب النظري الى الجانب العمـلي، ومنـذ انشاء هذه الحركة الانسانية عام 1864 وعملها يتميز بالاستقلالية والحيـاد والموضـوعية والانـسانية، ومـن هذا المنطلق فان معرفة موقف اللجنة الدولية للصليب الأحمر من فكرة التدخل الانساني يكتسب أهميـة خاصة.

فقد اشار السيد (Jacques forster) نائب رئيس اللجنة الدولية للصليب الأحمـر، في محـاضرة لـه امام الحلقه الدراسـيه حـول القـانون الـدولي الانـساني (جنيـف /8-9 اذار 2000)، الى ان مـصادر مختلفـة اخذت تتحدث عن تعبير (التدخل الانساني) (العسكرية الانسانية) (الحرب الانسانية) (القـصف الانـساني)، ثم استدرج

قائلاً "انا استشهد بهذه العبارات ليس فقط لاعبر عن شعوري العميق واهتمامي بشان استعمال هذه العبارات، ولكن لاعبر عن قلقي بشان استعمال كلمة (الانسانية) واللجنة الدولية للصليب الأحمر كمنظمة انسانية تستمد ولايتها من القانون الدولي الانساني، هي بالواقع قلقه بخصوص هذا الاستعمال الواسع وغير الدقيق. اضافه الى ان اللجنة الدولية للصليب الأحمر تعتبر ان مصطلح (التدخل الانساني) غير مفيد وخطر منذ ان قادنا الى نتائج خاطئه شوشت رؤيا التمييز بين سمات القانون الدولي الانساني والعمل الانساني"[1].

ويذهب السيد (Yves sandoz) مدير قسم القانون الدولي والاتصالات في اللجنة الدولية للصليب الأحمر، الى القول "بكل تأكيد ان الحرب هي من اسوأ اعداء حقوق الانسان، والنضال من اجل عالم يسوده السلم هو من الاختيارات المفضلة. وبالنظر لعدم القدره للتوصل الى ذلك، ووضع حد للحرب يجب دائماً البحث عن وسيله لتليينها بقصد انقاذ الامور الأساسية، الحدود الدنيا من سمات الانسانية حتى في قلب النزاعات المسلحة، وهذا هو الهدف المقرر في القانون الدولي الانساني)[2]. ويؤكد (Yves) في محاضرة امام لجنة الشؤون الخارجية والامن في البرلمان الاوربي حول التدخل الانساني ما يلي (ان المشكلة الحالية لاتكمن في عدم

---

[1] Jacque forster "Humanitarian Inter vention and Inter national Humanitarian Law" Key not address at The ninth annual Seminor on Inter national humanitarian Law for diplomats accredited to the UN, Geneva, 8-9 March 2000.

[2] Yves Sandoz "Limites et Conditions dudroit d' Interventionet droit Inter national dans les domain humanitaire-Vers une nauvelle conceptionolede la souverainete national" audition publiques de la commission des affaires etrangeres et de la securite de parlement europeen sur le droit d' inter vention humanitaire, Bruxelle, 25 Ian 1994.

كفاية المعايير القانونية... ولكن تكمن في انتهاك هذه المعايير. وفي اطار الانتهاك الجسيم والخطير للقانون الدولي الانساني، وحتى حقوق الانسان خارج اطار حالة النزاع المسلح، يمكن تحديد مسألة التدخل الانساني ، ونقول على الفور إذا اصبح ذلك ضرورياً، فان التدخل العسكري لأهداف انسانية ليس حلاً جيداً ويبقى دائماً أسوأ الحلول في الحالات المعقده. وينتج عن التدخل نوعان من الفشل يتطلب البحث عنهما واستخلاص النتائج منهما وهما:

أ- الفشل في حل النزاع بالوسائل والطرق السلمية، وهذه هي المهمة الأساسية لمنظمة الأمم المتحدة ، والفشل هنا يعني دائماً الحرب.

ب- فشل القانون الدولي الانساني والذي طموحه خلال الحرب هو تطبيق المعايير الانسانية على أساس رضائي. دون استعمال القوة).

ويضيف الى ذلك (ان من الأساسي هـو تعزيز الوسائل اللازمة لمنع النزاعات سواء عـن طريق المساعدة في التنمية وتعزيز حقوق الانسان... فاللجنة الدولية للصليب الأحمر كغيرها مـن المنظمات لا تقول لكم اليوم يجب ان تكونوا بديلاً عنها في نظام يقوم على أساس التدخل العسكري... كـما ان تـشييد نظام يقوم على التدخل العسكري لأهداف انسانية يرتب استقالة المجموعة الدولية عن مواجهة تحدياتها الحقيقية: الوقاية من النزاعات وازدهار القيم الأساسية الوارده في القانون الدولي الانساني). وهذا ما اكده السيد (Jakob kellenerger) رئيس اللجنة الدولية للصليب الأحمر في معرض حديثه حـول تدخل حلـف شمال الاطلسي (NATO) في كوسوفو بالقول " ان اللجنة الدولية للصليب الأحمر قد ذكرت حلف شمال الاطلسي بان قواتها ملزمة بأحترام القانون الـدولي الانساني، شـانها شـان الاخرين ، فـاني لا أحب العبـارة المختزلة (التدخل الانساني) لوصف التدخل العسكري، وفي حال

استعمال القوة فان عبارة (الانساني) لا تكون في محلها، مع ذلك فليست لدي مشكلة مع فكرة التدخل العسكري لاغراض انسانية، فالعمليات السياسية - العسكرية يمكن ان تأخذ ابعاداً انسانية مثل: العمل على اعادة اللاجئين، اعادة السكان المرحلين، اقامه القانون والنظام وخلق الظروف الملائمة لعمل الوكالات الانسانية)[1].

ويذهب المستشار الدبلوماسي لادارة اللجنة الدولية للصليب الأحمر (ICRC) السيد (Francois BuGNion) الى دعم فكرة التدخل العسكري لاغراض انسانية مركزاً على تدخل حلف (النانو) في كوسوفوا كمثال واضح على توافق هذا التدخل مع القانون الدولي الانساني ويؤكد ان هذا التدخل قد اجبر حكومة بلغراد على سحب قواتها من كوسوفو (وافقت على انتشار قوات الحلف في هذا الاقليم، وعودة الالبان الى كوسوفو ... وعلى الرغم من ذلك فان تدخل حلف (الناتو) لم يؤت ثماره المطلوبه، فاللاجئون العرب حلو محل البان كوسوفو والمستقبل وحدة يمكن ان يقرر مدى امكانية التعايش بين الطائفتين المتواجدتين على نفس الارض، ونحن لا نعتقد ان تدخل حلف الناتو في كوسوفو يمكن ان يتم في افريقيا، أو داخل القوقاز أو في افغانستان أو العراق، حيث ان تدخل حلف الناتو خارج القارة الاوربية سيؤدي الى ان ترفع دروع الحماية من جميع الاطراف التي ترى ان مثل هذا العمل هو عودة الى عهد الاستعمار) ويضيف قائلاً (وبالعكس فان السكوت امام الانتهاكات الجسيمه للقوانين واعراف الحرب وحقوق الانسان أو السكوت على السياسات التي تهدف الى تدمير الشعوب أو السكوت عن جرائم الابادة الجماعية ستؤدي الى تقويض قوة القانون الدولي الانساني وكذلك التنظيم الدولي بحماية

---

[1] Magazine of the International Red-Cross and Red-Cre scent Movement issue 2/2000; p.22.

حقوق الانسان .... لذلك فان النظام الدائم المنشود لا يمكن ان يقوم على أساس القوة، وانما من خلال اقامه نظام دولي جديد يقوم على الحوار والتشاور واحترام القانون وحقوق الانسان وان من شان ذلك ان ينقذ القرن القادم من الحروب)[1].

مما تقدم نستشف ومن خلال استعراض افكار الهيئات القياديه للجنه الدولية للصليب الأحمر بأعتبارها الراعيه والمتابعه لتطبيق القانون الدولي الانساني على مستوى المجتمع الدولي بشكل عام، ان الواقع العملي يثبت انه ليس كافياً في هذه الظروف التذكير بقواعد القانون الدولي الانساني والالتزامات المنصوص عليها في القانون الدولي الانساني. والتي هي في الواقع لا تطبق في حاله الاضطرابات الداخليه فان على اللجنة الدولية للصليب الأحمر ان تتكيف بالسرعة الممكنة مع السياقات الجديدة من خلال التطوير المستمر وصياغة رسالتها بطريقة أخرى أكثر مناسبة للظروف، ولذلك فان كل أمثلة الصراع والتدخل في افريقيا، آسيا وامريكا اللاتينية، بالاضافة الى المآسي التي برزت في البلقان ومنطقة القوقاز، وردود (فعل المجتمع الدولي المتأخرة على جريمة الابادة الجماعية في روانـدا والخلافات التي احاطت موضوع شرعية استعمال القوة، كلها أمثلة تدلل على أهمية التفكير بتقوية التنظيم الدولي على أساس من الوضوح واحترام القانون الدولي وحقوق الانسان[*]. وعليه نستطيع القول ان اللجنة الدولية للصليب الأحمر لاتزال في مرحلة التأمل والتفكير بغيه بلورة مواقف محددة من التدخل الانساني والذي يجب ان يأخذ لمواجهة الانتهاكات الجسيمه للقانون. الدولي الانساني، فاذا كانت فترة السيد

---

[1] انظر:

Francois BUGNio "le droit inter national humanitair: ale preuve des conflicts de notre temps" Revue inter national de la croix-Rouge, september 1999 No. 835.p. 495.

[*] راجع:

Statement by the ICRC - Now York, 17 November 1999.

(Alixander Huy) رئيس اللجنة الدولية للصليب الأحمر خلال فترة الثمانينات قد تميزت بالتمسك الكامل بمبادئ اللجنة، وتميزت سياسة خلفه السيد (SumarukA cornelo) خلال فترة التسعينات بالانفتاح والمواجهة فهل ستتميز فترة وزير خارجية سويسرا السابق ورئيس اللجنة الحالي السيد (JacoupkelrnperGer) باستغلال عنصر الانسانية لمسخ العناصر الثلاثة الأخرى التي يقوم عليها عمل اللجنة وهي الحياد والموضوعية والاستقلالية.

المطلب الثاني

التدخل الانساني من قبل الدول والمنظمات الاقليمية

علمنا مما تقدم ان الاصل في التدخل الانساني في عهد التنظيم الدولي الحالي بموجب أحكام ميثاق الأمم المتحدة هو التدخل الانساني الذي تقوم به الأمم المتحدة ، وذلك على اعتبار ان قيامها بتدخل من هذا النوع يدخل ضمن مفهوم ممارستها لاختصاصها وفقاً لمبادئها في سبيل تحقيق أهدافها المبنية في ميثاقها وذلك على اعتبار ان حماية حقوق الانسان عن طريق وقف انتهاكات حقوق الانسان تتدرج بشكل مباشر ضمن مقصدها في تحقيق الاحترام لحقوق الانسان وقد تندرج بشكل غير مباشر وفي حالات خاصة ضمن مقصدها في حفظ الامن والسلم الدوليين. وادراج هذه الأهداف في ميثاق الأمم المتحدة وعدها غايات عليا وجدت المنظمة من اجل تحقيقها، تلك المنظمة التي تضم غالبية دول العالم، يمكن عده بمثابة التخويل المطلق من المجتمع الدولي لهذه المنظمة للاضطلاع بمهامها في سبيل تحقيق هذه الغايات وعد الأمم المتحدة جهازاً جماعياً مركزياً يتولي تحقيق أهداف المجتمع الدولي، يترتيب عليه نتيجة تمثل بوجوب عدم مزاحمتها عند القيام بوظائفها لذلك نجد ان هناك شبه اجماع بين الكتاب الذين تناولوا التدخل الانساني في عهد الأمم المتحدة في تاييد التنفيذ المركزي للتدخل الانساني عن طريق الأمم المتحدة [(1)].

وتتعزز اراء الكتاب في هذا الاتجاه بالعديد من التطبيقات للأمم المتحدة والتي تتبنى فيها ذلك. ولكن هل ان هذا يعني وقوف المجتمع الدولي بما يضم من دول

---

(1) انظر:

Blact Falk. R, the Future of the International legal order, 1971, p. 122.

ومنظمات دولية موقف المتفرج في حالة حصول انتهاكات خطيرة لحقوق الانسان تستوجب التدخل الانساني عند عجز الأمم المتحدة عن اتخاذ الاجراء المناسب لمعالجة الحالة؟ هل يمكن ان تعترض أو تمنع الأمم المتحدة تدخلاً انسانياً من قبل دولة أو مجموعة دول أو منظمة دولية يتماشى مع أهدافها ومبادئها لالشيء بل لمجرد حقها في الاستئثار بممارسة حقها في التدخل الانساني؟.

وفي وقت نجد فيه ان هناك شبه اجماع بين الفقهاء حول تاييد التدخل الانساني من قبل الأمم المتحدة ، نجد ان هناك تردد في اجازه هذا التدخل إذا قامت به جهات دولية أخرى غير الأمم المتحدة[1]. كالدول والمنظمات الدولية الاقليمية وحتى الاراء التي تجيز التدخل الانساني من قبل الدول والمنظمات نتيجة الى حصر تلك الاجازة في الحالات التي تعمل فيها الأمم المتحدة عن القيام بالاجراءات المركزيه الفعاله لمعالجة الانتهاكات الخطيرة لحقوق الانسان.

وعجز الأمم المتحدة عن القيام بالتدخل الانساني والذي يبرر القيام به من قبل الدول، أما ان يكون بسبب عدم امكانية اتخاذ القرارات والاجراءات المناسبة وفي الاوقات المناسبة وقف تلك الانتهاكات، ولعدم فاعلية تلك القرارات والاجراءات المتخذة من قبل المنظمة لمعالجة الحالة. والحالة الأولى ليست مستبعدة في نطاق منظمة دولية حكوميه تضم عدداً كبيراً من الدول وما يعنيه ذلك من وجود تضارب في المصالح الخاصة لهذه الدول واندراجها ضمن تيارات سياسية عالمية معينة تخدم مصالحها الخاصة، الامر الذي يعني عدم امكانية اتخاذ القرارات المناسبة وفي الاوقات المناسبة بسبب الاختلاف في وجهات النظر باختلاف هذه

---

[1] انظر:

Ibid, op. Cit, p. 122.

الدول وباختلاف مصالحها. وكان مثل هذا السبب الذي يمنع الأمم المتحدة من اتخاذ القرارات المناسبة في العديد من الحالات واضحاً خلال فترة الحرب الباردة بين المعسكرين الاشتراكي والراسمالي، وماترافق معه من انقسام دول العالم الى تيارين رئيسين يمثل كل منهما احد المعسكرين وبالتالي تأثير ذلك على توحيد وجهات النظر لاتخاذ القرار المناسب وفي الوقت المناسب عندما يكون الامر محلاً للخلاف بين القطبين الرئيسين. أما الحالة الثانية فهي ليست مستبعدة أيضاً إذ انه ليس من المؤكد ان تكون جميع القرارات والاجراءات المتخذه من قبل الأمم المتحدة فاعلة في سبيل معالجة الحالة التي اتخذت بصددها إذ انه ليس بالضرورة ان يكون أي قرار أو اجراء يدخل ضمن مفهوم التدخل الانساني فاعلاً في سبيل تحقيق الغاية العليا منه، فقد يتخذ قرار بادانة الانتهاكات الخطيرة لحقوق الانسان في دولة معينة أو فرض عقوبات معينة على حكومة دولة معينة لاجبارها على وقف تلك الانتهاكات لكن اصدار مثل هذا القرار واتخاذ مثل تلك العقوبات ليس بالضرورة ان يكون كافياً لمعالجة الحالة، فقد تستمر الانتهاكات على الرغم من صدور ذلك القرار أو اتباع تلك العقوبات. ومثال ذلك استمرار انتهاكات حقوق الانسان في جنوب افريقيا لعدة سنين على الرغم من صدور العديد من قرارات الادانة من قبل الأمم المتحدة . وقد تربط هذه الحالة بالحالة الأولى ويكون ذلك عند اصدار المنظمة لقرار معين غير فاعل لمعالجة الحالة وفشلها، كأصدار قرار بأدانة انتهاكات حقوق الانسان المرتكبه من قبل حكومة دولة معينة، وضرورة اتخاذ عقوبات معينة لاجبار تلك الحكومة على الكف عن تلك الانتهاكات، لكنها تفشل بالنهاية في اتخاذ قرار بفرض العقوبات.

ولمثل هذه الاسباب التي تتناقض مع الغاية العليا للأمم المتحدة والتي تتمثل بتحقيق الأهداف التي وجدت لتحقيقها، ينهض حق الدول بالقيام بالتدخل الانساني بالاعتماد على النفس في حاله عجز الأمم المتحدة عن القيام به مركزياً وبالتالي فان هذا يعني عدم حصر التدخل الانساني المشروع من حيث الجهة القائمة به بالامم المتحدة.

وبهذا الخصوص يستشهد السيد (Jennings) حول امكانية التدخل الانساني من قبل الدول بان (الجدل حول جواز التدخل الانساني من قبل الدول لا يمكن حله في نهاية المطاف إلاّ بالمسار الفعلي الذي تسلكه الاحداث) ومن ثم يذهب الى القول بأن المنحنى الفعلي الذي اتخذته الاحداث عام 1971 في بنغلادش (شرق باكستان سابقاً) وعجز الأمم المتحدة المطلق عن اتخاذ اجراءات فعالة لانهاء أعمال الابادة الجماعية وتخفيف المعانات من شأنه ان ينهي والى الابد كل الجدل العقائدي بان التدخل الجماعي لحماية حقوق الانسان يكون مشروعاً فقط عندما تتخذه مؤسسات دولية[1].

وفي ضوء ما تقدم يذهب الاستاذ (Lillich) الى تأسيس مشروعية التدخل الانساني من قبل الدول، إذ يذهب الى القول بأن ميثاق الأمم المتحدة لايمنع الاعتماد على النفس في حالة التدخل الانساني. وان تخلي الحكومات عن وعي عن حقها في الاعتماد على النفس للقيام بالتدخل الانساني قائم على افتراض ان اجراءات التنفيذ الجماعية المركزية من قبل الأمم المتحدة ستكون متاحه وفاعلة في سبيل معالجة

---

[1] Lillich. R. B, Humanitarian Intervention, The Johns Hopkings press, 1974, p230.

الحالة، وهذا يعني نهوض حق التدخل الانساني من قبل الدول بالاعتماد على النفس في حالة عدم اتاحه أو فاعلية الاجراءات المركزية من قبل الأمم المتحدة[1].

وبالرجوع الى ميثاق الأمم المتحدة نجد ان منع الاعتماد على النفس قد ورد في المادة الثانية في فقرتها الرابعة والتي تحدثنا عنها فيما تقدم، وبخصوصها نتساءل هنا القول هل ان نصها يمنع الدول من الاعتماد على النفس في حالة التدخل الانساني من قبل، ويقصره على حالة الدفاع عن النفس بموجب المادة (51)؟.

يذهب الاستاذ (Reisman) إلى ان الميثاق لا يستبعد اطلاقاً الاعتماد على النفس من قبل الدول وانه لا يقصد ذلك على حالة الدفاع عن النفس فقط بموجب المادة (51)، ويضيف إلى ذلك (انه لابد لأي تفسير عقلاني ومعاصر للميثاق ان يخلص إلى الاستنتاج بان المادة الثانية في فقرتها الرابعة تطمس حق الاعتماد على النفس طالما ان المنظمة يمكنها القيام بدور المنفذ. وحينما تعجز المنظمة عن القيام بذلك تنتعش امتيازات الاعتماد على النفس[2]. أي ان الاصل هو عدم جواز الاعتماد على النفس من قبل الدول للقيام بالتدخل الانساني وحصر ذلك بالتنفيذ المركزي من قبل الأمم المتحدة والاستثناء هو عكس ذلك، ولكن فقط عندما يثبت عجز الأمم المتحدة عن القيام بمعالجة الحالة، أي ان عجز الأمم المتحدة عن التنفيذ يعد بمثابة التعطيل الجزئي والمؤقت لقوة دفع الفقرة الرابعة من المادة الثانية[3].

ويجد التدخل الانساني ضمن مفهوم الاعتماد على النفس من قبل الدول. في حالة عجز الأمم المتحدة عن معالجة الحالة التي تتطلب التدخل الانساني

[1] Ibid, p 238.
[2] I bid, p. 185.
[3] Black. C and Falk. R, op. Cit, p. 273.

مشروعيته وعدم مخالفته للميثاق في اتفاقه مع هدف الأمم المتحدة في حماية حقوق الانسان (إذ ان التفسير السليم للفقرة (4) من المادة (2) والذي ينسجم مع مقاصد الأمم المتحدة هو ذلك التفسير الذي لا يحول دون الاعتماد على النفس في سبيل تحقيق مقاصد الأمم المتحدة عند عجزها عن القيام بذلك)[1]. إذ ليس من المنطق ان يحول مبدأ من مبادئ المنظمة دون تحقيق أهدافها، والمبدأ هو مبدأ عدم التدخل أما الهدف فهو حماية حقوق الانسان. إذ ان من المعلوم ان وجود المبدأ هو في سبيل تحقيق الهدف وهنا قد يتبادر الى الذهن سؤال حول الحكم في حالة التعارض بين التدخل الانساني لتحقيق مقاصد الأمم المتحدة في حماية حقوق الانسان ومقصد الأمم المتحدة في حفظ الامن والسلم الدوليين. أي عندما يؤدي التدخل الانساني الى الاضرار بالامن والسلم الدوليين، إذ ان من المعلوم ان التدخل الانساني قد يكون بأتباع العديد من الاساليب والتي قد تصل غالباً الى استخدام القوة العسكرية وما يتبع ذلك من احتمال الرد على استخدام تلك الاساليب من قبل الجهة المتدخل ضدها وما قد يترتب على ذلك من احتمال الاضرار بالامن والسلم الدوليين، إذ يذهب البعض الى القول بأن التدخل الانساني قد تكون صراعاً بين اعتبارات العداله والسلام[2]. أي ان القيام بالتدخل الانساني من الممكن ان يكون على حساب ديمومة السلام. ان هذا التساؤل يرجعنا الى القواعد العامة للتدخل الانساني والتي تناولناها فيما تقدم عند الحديث عن التدخل الانساني من حيث الغاية والاسلوب وذلك عندما توصلنا الى معيار بسيط يمكن من خلاله معرفة جدوى التدخل الانساني ومدى فائدته لتحقيق الغاية منه وذلك بالتساؤل عن فائدة التدخل الانساني وبأسلوب معين

---

[1] Reisman, op. Cit, p. 177.

[2] Franck Thomas. Mand Rodley Nigel. S, op. Cit, p. 275.

بصدد حاله معينة وهل ان الوضع من حيث اتفاقه مع غاية التدخل الانساني العليا سيكون افضل بعد القيام بهذا التدخل وانه إذا كانت الاجابة بالايجاب فان ذلك يعني جواز التدخل الانساني. وبـالرجوع الى العلاقة بين التدخل الانساني والسلام نجدها تتجسد بالعلاقة بين غايـة التـدخل الانسـاني والسـلام، وقـد علمنا مما تقدم ان هناك علاقة ايجابية وترابط بين الغايتين لكن على الرغم من السير المتوافق بين الغايتين قد يحصل ان يؤدي التدخل الانساني الى الاضرار بالسلام وذلك في حالة إذ نتج عنه قيام حالة من شـأنها ان تشكل خطراً على السلام. فعند تحقق مثل هذا الافتراض فلأي غاية تكون الاولوية؟.

بما ان هناك علاقة متبادلة بين احترام حقوق الانسان والسلام فأن هذا يعني ان التأثير السلبي في أي منهما لابد ان يؤدي الى تأثير سلبي في الاخر فان هـذا يعنـي ان الاضرار بالسلام لابـد ان يـؤدي بـشكل مباشر أو غير مباشر الى الاضرار بحقوق الانسان، إذ ان قيام حـرب نتيجـة التـدخل الانسـاني قـد يـؤدي الى الاضرار أكثر بالضحايا الذين حصل التـدخل الانساني لتخفيف معانـاتهم وكـذلك الافراد الاخـرين الـذين تطولهم اثار الحرب، وبالتالي توسع نطاق انتهاكات حقوق الانسان وزيادة الطين بلة، ويختلف الوضع مـن حاله الى أخرى بأختلاف الظروف المحيطه بكل حاله وبالتالي فان التـوازن بـين اعتبـارات الـسلام وضرورة القيام بالتدخل الانساني تختلف من حاله الى أخرى وان المعيار سابق الذكر قد يكون مفيـداً لتقريـر جـواز التدخل الانساني وفي جميع الاحوال يبقى القرار للمجتمع الدولي والأمم المتحدة بالـذات وبحـسب الحالـة وظروفها.

بعد ان علمنا مما تقدم ان التدخل الانساني من قبل الدول يكون جائزاً في حاله ثبوت عجـز الأمـم المتحدة عن القيام بمهامها لمعالجة الحالة التي تتطلب التدخل الانساني، وان هذا التدخل الانساني يكون على سبيل ممارسة حق الاعتماد على النفس. ونتـساءل بـالقول هـل ان هـذا الحـق ينهض تلقائيـاً ام انه يحتاج الى اتخاذ موقف معين من قبل الأمم المتحدة يدل على اجازة هذا التدخل؟.

ان التدخل الانساني المقصود مما تقدم هو ذلك التدخل الطوعي الذي تقوم به الدول أو المنظمات الدولية إذ ان التدخل من قبلها يمكن ان يكون طوعياً وذلك بقيام الدولة أو مجموعـة الـدول أو منظمـة دولية بالتدخل انسانياً دون وجود تفويض أو تكليف أو دعوة من الأمم المتحدة لها للقيـام بـذلك. كمـا يمكن ان يكون التدخل من قبل الدول أو المنظمات الدولية استجابة لطلب صريح أو دعـوة صريحـة مـن قبل الأمم المتحدة لدولة معينة أو مجموعة دول أو منظمة دولية للقيام بالتدخل الانساني في بقعة معينة من العالم وموقف الأمم المتحدة صريح وواضح من التدخل الانساني من قبل الدول أو المـنظمات الدوليـة بناءاً على طلب منها، إذ انه يدخل ضمن مفهوم التدخل من قبل الأمم المتحدة نفسها وذلك بانابتها لهذه الجهات الدولية للقيام بالتدخل عنها.

أما موقف الأمم المتحدة من التدخل الطوعي فهـو الـذي يحتـاج الى الـتفحص والتوضـيح، إذ انه غالباً ما يكون محلاً للتشكيك والاتهام بانه خارج خط سـير ارادة الأمـم المتحـدة وبالتـالي فانـه مـشروعيته تتوقف على موقف الأمم المتحدة منه. إذ انه من المعلوم ان الامم المتحدة ممثلـه لارادة المجتمـع الـدولي وهي الجهاز المركزي المسؤول اصلاً عن تحقيق مايصبو اليه المجتمع الدولي والذي تتمثل بتحقيق أهداف

الأمم المتحدة ، وبالتالي فأن صدور أي تصرف دولي مخالف لارادة الأمم المتحدة يعد تصرفاً غير شرعي لمخالفته لارادة المجتمع الدولي الممثله قانوناً بالأمم المتحدة. وموقف الأمم المتحدة من التدخل الانساني الطوعي من قبل الدول أو المنظمات الدولية يتبين من موافقتها عليه أو رفضه، وموافقة الأمم المتحدة على التدخل أما ان تكون صريحة أو ضمنية، وتكون الموافقة صريحة في الحالة التي يصدر فيها عن الأمم المتحدة ما يؤيد صراحة التدخل الانساني المقصود وهذه الموافقة أما ان تكون سابقة على التدخل أو تكون لاحقة عليه وتكون الموافقة الصريحة سابقة عندما تكون على شكل دعوة مفتوحة من قبل الأمم المتحدة للدول والمنظمات الدولية للتدخل الانساني في بقعة معينة من العالم. ومن ثم فانه من الممكن ان تستجيب احدى الدول أو مجموعة منها أو منظمة دولية لهذه الدعوى وتتدخل انسانياً في تلك البقعة من العالم. كما يمكن ان تكون الموافقة الصريحة من قبل الأمم المتحدة لاحقه على القيام بالتدخل الانساني ويمكن ان يكون ذلك بعد بدايته أي اثناءه، ويمكن ان تكون بعد الانتهاء منه، ويكون ذلك على شكل صدور تصرف عن الأمم المتحدة يؤيد صراحة ذلك التدخل، ويمكن ان يكون ذلك على شكل صدور قرار صريح عن الأمم المتحدة يؤيد فيه ذلك التدخل أو يباركه ويثني على جهود القائمين به، أما الموافقة الضمنية للأمم المتحدة على التدخل الانساني من قبل الدول أو المنظمات الدولية الاقليمية فيمكن استنتاجها من رد فعل الأمم المتحدة على التدخل، ويتضح ذلك من عدم اعتراض الأمم المتحدة على التدخل أو عدم ادانته إذ ان عدم الاعتراض أو الادانة يعد بمثابة الموافقة الضمنية للتدخل. وبالرجوع الى رد فعل الأمم المتحدة من التدخلات الانسانية التي حصلت من قبل

الدول والمنظمات الدولية نجد ان موقف الأمم المتحدة بالموافقة كان غالباً يتجسد في صورة الموافقة الضمنية، وبهذا الخصوص يذهب (Higgins) الى ان المجتمع الدولي يتردد في اعطاء الموافقة الصريحة على التدخلات الانسانية التي تتم من قبل الدول. الذي يجب ملاحظته هو ان القرار الغامض الذي تبناه مجلس الامن بصدد الاحداث في الكونغو والذي جاء فيه (ان المجلس يأسف للاحداث الاخيرة في الكونغو الديمقراطية) ولم يذكر مفهوم التدخل الانساني، لكن الذي يجب ملاحظته هو ان بلجيكا والولايات المتحدة لم تتلق أي ادانة رسمية على ذلك التدخل[1].

وبالرجوع الى التدخل الذي حصل في الكونغو نجد انه تدخل حصل لغاية انسانية بحسب تبرير الطرف المتدخل وهي انقاذ حياة الرهائن المحتجزين في (ستانليفيل) وانه حصل بالاعتماد على النفس من قبل كل من بلجيكا والولايات المتحدة وبالرجوع الى موقف الأمم المتحدة منه، نجد انه لم يتضمن اية ادانه أو رفض للتدخل لا صراحة ولا ضمناً فنظراً لكون هذا التدخل كان انسانياً وبأقل تقدير بحسب ما اطلقة عليه القائمون به فأن عدم ادانته من قبل الأمم المتحدة يفسرها البعض على انها بمثابة الموافقة الضمنية عليه[2]. ومن الحالات الأخرى الشبيهة بالحالة السابقة التدخل الانساني الهندي في شرق باكستان (بنغلادش حالياً) عام 1971 لوقف انتهاكات حقوق الانسان، إذ ان مجلس الامن لم يدن في قراره بصدد الاحداث في باكستان، التدخل الهندي[3]. وان عدم ادانة الأمم المتحدة

---

(1) انظر:

Black C and falk, R, op. Cit. P81.

(2) انظر:

Brownlie. I. Op. Cit, (Humanitarin interuention p. 243.

(3) انظر:

Fransk Thomas. Mand Rodley wigel. S, op. Cit, p272.

لممارسة الدول لحقها في الاعتماد على النفس عند القيام بالتدخل الانساني على العكس من موقفها من الاعتماد على النفس من قبل الدول في سبيل القيام بأعمال انتقامية وذلك بادانة الاعتماد على النفس من قبل الدول للقيام بأعمال انتقامية، يؤكد مشروعية التدخل الانساني الطوعي من قبل الدول والمنظمات الدولية في حالة الموافقة الصريحة والضمنية عليه من قبل الأمم المتحدة[1].

يتضح مما تقدم ان مشروعية التدخل الانساني الطوعي تتأسس على حق الاعتماد على النفس المتوافق مع مقاصد الأمم المتحدة والمحدد في حالة عجز الأمم المتحدة عن معالجة الحالة التي تتطلب التدخل الانساني والمشروط بالحصول على الموافقة عليه من قبل الأمم المتحدة، وان هذا التدخل أما ان تقوم به دولة أو مجموعة دول أو منظمة دولية اقليمية وهنا يثار سؤال حول الأفضل من بين هذه الجهات للقيام بالتدخل الانساني استثناءاً عن الاصل الذي يحصره بالتنفيذ المركزي من قبل الأمم المتحدة ؟.

بالرجوع إلى صلب المفهوم العام للتدخل الانساني نجد انه يتقبل أي تدخل من أي جهة دولية إذا كانت غايته العليا هي تحقيق الحماية لحقوق الانسان وليس اتخاذ ذلك غطاء في سبيل تحقيق غايات أخرى، أي انه يعد جائزاً سواء تم من قبل دولة أو مجموعة دول أو منظمة دولية إذا كانت متوفرة فيه الشروط العامة وعلى راسها الغاية منه، إذ انه ليس بالضرورة ان يفضل التدخل الانساني من قبل منظمة دولية على التدخل من قبل الدول أو العكس إذ كانت الغاية منه واحدة ولكن بالرجوع الى الواقع نجد ان احتمال الانحراف في التدخل الفردي عن غايات التدخل

---

[1]Brownlie I., op. Cit, p. 244.

الانساني تكون اكبر مـن امكانيـة حـصول ذلـك في التـدخل الجماعـي لـذلك لكـن لابـد مـن اتخـاذ الاحتياطات لمواجهة مثل هذه الانحرافات ويكون ذلك بتقييد التدخل الفردي وتفضيل التـدخل الجماعـي عليه سواء على شكل تدخل منظمات دولية أو تدخل مجموع من الدول، إذ ان احتمال توحد ارادة الـدول في سبيل تحقيق مصالحها الخاصة غير تلك التي يسعى التدخل الانساني الى تحقيقها يكون اضعف كلما زاد عدد الدول، وان زيادة عـدد الـدول تعنـي في الوقـت نفـسه زيـادة التمثيـل لارادة المجتمـع الـدولي هـذا بالاضافة الى ما لتعبيرات (متعددة الاطراف) أو (العمل الجماعي) أو (منظمة دولية) مـن اثـر وذلـك عـلى اعتبار انها مصطلحات شرفيه لها اثر خاصة في الراي العام وفي الاوساط الدولية الليبرالية[1].

وقد ذهب العديد من الكتاب الى وضع شروط خاصة بالتدخل الانساني الطـوعي مـن قبـل الـدول اضافة الى الشروط العامة لهذا التدخل يمكن مـن خلالهـا تقيـيم مـشروعية أي تـدخل يـزعم بانـه انـساني، وبحسب وجهة نظر هؤلاء فان عدم تطابق أي تدخل من قبل الدول يزعم بانـه انـساني مـع تلـك المعـايير يعني عدم مشروعية ذلك التدخل. إذ يذهب كل منه (Nanda) و(Lillich) الى وضع معايير معينة خاصـة بالتدخل الانساني من قبل الدول، إذ يذهبان الى اشتراط وجود دعوة خاصة ومحددة من قبل جهـة دوليـة مناسبة[2]. وهذه الجهة الدولية صاحبة الدعوة ممكـن ان تكـون حكومـة دولـة معينـة كـأن تكـون دولـة مجاورة للدولة المتهمة وذلك بوصفها اقرب الى الاحداث من غيرها، وقد تكون من قبل منظمة اقليميـة أو منظمة

---

(1) انظر:

I bid, p. 246.

(2) انظر:

Brownlie op. Cit, p. 248.

انسانية وان اشتراط مثل هذا الشرط تأكيد على عدم وجود مصلحة خاصة للدولة المتدخلة تسعى الى تحقيقها من وراء التدخل.

وفضلاً عن الشرط السابق يركز كل من (Nanda) و (Lillich) على شرط تحديد التدخل من حيث المدة ومدى القوة المستخدمة في التدخل من قبل الدول بشكل خاص. إذ ان من المعلوم ان هذا الشرط هو شرط عام ضمن المفهوم العام للتدخل الانساني، ويكون هذا التحديد بالقدر اللازم لتحقيق الغاية من التدخل الانساني، والتركيز على هذا الشرط بشكل خاص بالنسبة للتدخل من قبل الدول لغاية الاحتياط من أي انحراف أو تجاوز على الغاية الحقيقية للتدخل الانساني وبالتالي فان مخالفة هذه الشروط يعني الخروج عن حدود المشروعية والاباحة ودخولاً في اللامشروعية.

والحديث عن اللامشروعية عند التجاوز عمداً على القواعد العامة والخاصة التي تحكم التدخل الانساني يدفعنا الى التساؤل عن وجود الرقابة الدولية من قبل الأمم المتحدة على التدخل الطوعي من قبل الدول، إذ انه من المؤكد ان التدخل الانساني من قبل الدول والذي يدخل ضمن مفهوم تدخل الأمم المتحدة يحصل وفقاً لتوجيهات الأمم المتحدة وبناء على تفويض أو طلب أو دعوة منها. وان مثل هذا التدخل لابد ان يبدأ ويستمر وينتهي ضمن سلطة الأمم المتحدة أما التدخل الطوعي فيحصل ضمن سلطة الجهة الدولية القائمة به، فهل هناك رقابة دولية عليها؟.

يمكن ببساطة ان نبين ان الغاية من الرقابة على التصرفات ومعرفة اثرها القانوني وفقاً للمفهوم البسيط للرقابة هي فحص هذه التصرفات ومعرفة مدى مطابقتها لحكم القانون الذي يحكمها تمهيداً للحكم عليها بالمشروعية أو عدمها ومن

ثم اتخاذ الاجراء المناسب بصدد ذلك. وهي كذلك في الرقابة على التدخل الانساني من قبل الدول، إذ ان الغاية من وجود مثل هذه الرقابة هي لضمان عدم مخالفتها لأحكام القواعد القانونية الدولية التي تحكمها إذ انه من المعروف ان التدخل الانساني بوصفه نظاماً لحماية حقوق الانسان يمكن ان يطبق وفقاً لأحكام القواعد التي تحكمها. وبالتالي يمكن ان تحقق الغاية منه ضمن اطار المشروعية ولكنه في الوقت نفسه يمكن ان يستغل استغلالاً سلبياً لتحقيق أهداف خاصة للجهة القائمة به و تغطيتها بغطاء حماية حقوق الانسان لاضفاء صفتي الشرعية والمشروعية على هذا التدخل، وقد حصلت وبشكل خاص في العقد الاخير من القرن العشرين أكثر من حاله للتدخل تحت غطاء حماية حقوق الانسان في حين ان الحقيقة هي انها كانت حالات للتدخل غير المشروع والتي كانت تخفي تحت ادعاءات ومزاعم حماية حقوق الانسان أهداف سياسية واستعمارية غير مشروعة. وخير مثال على ذلك التدخل غير المشروع للولايات المتحدة الامريكية وبريطانيا وفرنسا في الشؤون الداخلية للعراق عام 1991 بزعم حماية حقوق الانسان في حين ان ذلك التدخل لم يحصل إلاّ في سبيل تحقيق أهداف سياسية واستعمارية بعيدة عن حماية حقوق الانسان وان ادعاءات حماية حقوق الانسان لم تكن سوى غطاء لتغطية الأهداف الحقيقية غير المشروعة لذلك التدخل.

ان التدخل الانساني في حقيقته سيف ذو حدين، فهو أما ان يؤدي الى تحقيق الغاية منه وبحسب أحكام القواعد القانونية المعروفة التي تحكمة وهنا يكون ضمن المشروعية. أو انه يتخذ غطاءاً في سبيل تحقيق أهداف خفية غير مشروعة للطرف المتدخل بالاستفادة من الاباحه المقرره لهذا التدخل بموجب أحكام القانون وهنا

يكون خارجاً عن المشروعية، لذلك فان القواعد التي تحكم التدخل الانساني وخاصة ذلك الذي تقوم به الدول يجب ان تكون شديدة وصارمة وحدية بحيث تؤدي الى تجنب السلبيات التي قد يؤدي اليها هذا النظام وان تطبيق أحكام هذه القواعد لايمكن ان يكون فاعلاً لتحقيق الغاية منها مالم تكن هناك رقابة دولية على تطبيقات هذا النظام. وبما ان ارادة المجتمع الدولي تتمثل بالامم المتحدة في ظل القانون الدولي المعاصر فان خير رقابه على مشروعية التصرفات الدولية وبضمنها التدخلات التي يزعم القائمون بها بانها انسانية هي الرقابة من الأمم المتحدة وبشكل خاص الجمعية العامةالتي تمثل المجتمع الدولي بشكل مباشر ويكون ذلك من خلال تفحص المواقف والحالات والظروف المحيطة بها وكل ما يتعلق بها والاطلاع على سير عمليات التدخل ومدى مطابقتها لأحكام القانون، وفي ضوء ذلك الحكم بمشروعية التدخل أو عدمها.

الفصل الرابع
حالات التدخل الدولي لأغراض إنسانية

الفصل الرابع
حالات التدخل الدولي لأغراض إنسانية

توطئـــة

بالرغم من ان التدخل الدولي الإنساني يسعى إلى تحقيق هدف عام يتحدد بحماية الإنسان ، إلاّ ان وسيلة تحقيق هذا الهدف تختلف بـاختلاف الآليـات الدوليـة المعنيـة بـذلك ، ووفقـاً لـذلك تـبرز حـالات مختلفة للتدخل الإنساني بالاستناد إلى تلك الآليات. وقبل هذا تتحدد حـالات هـذا التـدخل وفقـاً للأسـاس القانوني الذي يستند اليه، حيث أن هذا الأساس يميز بين نوعين من التدخل هما التدخل المشروع والتـدخل غير المشروع ، من حيث أن الأول يجد أساساً قانونياً يستند اليه أما الثاني فيفتقد الى مثل هذا الأساس. لكن هل من الممكن أن يكون التدخل إنسانياً وغير مشروع في نفس الوقت؟

ولو سلمنا بان للصفة الإنسانية تأثيراً كبيراً على مشروعية التصرفات الدولية ، وان غاية كـل تنظـيم دولي هو خدمة الإنسان وحمايته وتحقيق رفاهيته ، وهـو مـا يـستوجب شرعيـة كـل مـا يبـدر عـن هـذه التنظيمات لتحقيق هذه الغاية فانه لا يمكن القبول بفكرة أن الغاية تبرر الوسيلة ، وبالرغم من نبـل غايـة حماية حقوق الإنسان إلاّ أن هناك بعض الوسائل تتجاوز هذه الغاية ، ما لم تفتقد بالأصل اية اشارة اليهـا، خاصة أن كثيراً من الدول تتذرع بفكرة التدخل الإنساني للتدخل في الشؤون الداخلية للدول. وهـذا بـدوره يحتم علينا التمييز بين التدخل الذي تقوم به الدول وذلك الذي تقـوم بـه المـنظمات الدوليـة ، باعتبـار أن الأول يدخل ضمن اطار التدخل غير

المشروع ، مهما كان هدفه ، ما لم يستند الى قاعدة قانونية دولية تجيز ذلك استثناءً.

لذلك سنفرد هذا الفصل للتمييز بين حالتي التدخل المشروع وغير المشروع وعلى شكل مبحثين.

المبحث الأول

التدخل الإنساني المشروع

تتقرر شرعية التدخل الإنساني وفقاً للقواعد القانونية التي يستند اليها سواء منها العرفية أم الاتفاقية ، فضلاً عن قرارات المنظمات الدولية التي أضافت بعداً جديداً لهذا الموضوع.

وفي هذا الاطار يتحدد التدخل الإنساني المشروع في نوعين أساسيين ، فهو أما أن يتم في وقت السلم ، أو في وقت الحرب حيث أن قانون حقوق الإنسان ينطبق على الحالة الأولى في حين ينطبق القانون الدولي الإنساني على الحالة الثانية. لذلك سنقسم هذا المبحث الى مطلبين ، ندرس في الأول التدخل في وقت السلم ، وفي الثاني التدخل في وقت الحرب.

المطلب الأول

التدخل في وقت السلم

يختلف التدخل الإنساني الذي يتم في وقت السلم عن الذي يتم في وقت الحرب تبعاً لاختلاف طبيعة انتهاكات حقوق الإنسان التي تستوجب التدخل وطبيعة ذلك التدخل. فالانتهاكات التي تحدث في وقت السلم لا تكون ناتجة عن حالة الحرب ، بل أن الدولة التي يتم فيها التدخل تكون في حالة سلم ، ويتم تحديد تلك الانتهاكات وفقاً للمواثيق الدولية التي تولت الاهتمام بحقوق الإنسان ، وتبعاً لذلك تكون آليات التدخل سلمية.

وعليه ، سنتناول في فرعين ، دراسة موضوع المساعدات الإنسانية وحماية حقوق الإنسان والجماعات الإنسانية.

أولاً: المساعدات الإنسانية

إذا كانت الحروب تخضع لارادة الإنسان وتدبيره فان الكوارث الطبيعية تخرج عن حدود تلك الارادة وتفوق بكثير قدراته حيث يعجز عن منع وقوعها أو وقفها ، رغم انه في كثير من الأحيان يتنبأ بوقت وقوعها وحجم الخسائر التي يمكن أن تتسبب عنها، ومع ذلك لا يستطيع فعل شيء حيال ذلك سوى انتشال الجثث وتقديم المساعدة الإنسانية لضحايا الكوارث الطبيعية. ومن هنا تأتي أهمية المساعدة الإنسانية باعتبارها السبيل الوحيد لتخفيف معاناة ضحايا تلك الكوارث التي قد تصل من الحدة الى درجة تدمير البنى التحتية للدول المنكوبة وهلاك الآلاف من الناس ، حيث غالباً ما تفشل القدرات المحلية للدول التي تقع فيها الكارثة ، خاصة في الدول النامية ، من القيام بالأعمال اللازمة لانقاذ الضحايا ، مما يستدعي وصول مساعدة من خارج الحدود للمساهمة في عمليات الانقاذ التي تقوم بها السلطات المحلية لضحايا الكوارث الطبيعية. ومن هذا الجانب تعرف المساعدة الإنسانية بانها (كل عمل عابر للحدود تمارسه منظمات الاسعاف الحكومية وغير الحكومية والحكومات المختلفة من أجل انقاذ جماعة بشرية في حالة خطر مؤكد)[1].

ولكن ما هي الحالات التي تتطلب تقديم المساعدة الإنسانية؟

لم تكن هذه المسالة محل اتفاق حيث يعاني العاملون في مجال تقديم المساعدة الإنسانية بصورة خاصة ، من الصعوبة في تقدير نطاق الكوارث التي تستوجب

[1] ماريوبيطاني ، هل يعتبر العمل الانساني الخيري تدخلاً أم مساعدة ، ندوة أكاديمية المملكة المغربية (هل يعطي حق التدخل شرعية جديدة للاستعمار) ، الرباط ، 1992 ، ص162.

تقديم المساعدة ، حيث لا يوجد على الصعيد الدولي تعريف مقبول يمكن التعويل عليه لتحديد متى تصل المأساة إلى درجة (الكارثة Disaster) بالإضافة إلى عدم وجود معايير محددة ومقبولة لتحديد ظهور الكارثة. وقد طرح في هذا الشان عدد من المعايير ، حيث هناك من يعتمد على معدل الوفيات المرتفع كمعيار لتحديد ظهور الكارثة ، وهناك من يعتمد معيار الخطورة المحتملة على اعداد كبيرة من الناس بالرغم من عدم وقوع نسبة كبيرة من الوفيات ، وهناك من يعتمد معيار عدد المنكوبين ، في حين يلجا البعض إلى معيار جسامة الخسائر الاقتصادية الناجمة عن الكارثة كمعيار لتحديد الكارثة. ومن المناسب في تحديد نطاق الكارثة وتقدير ما إذا كان ضحايا الكوارث الطبيعية يتمتعون بحق المساعدة الإنسانية ان يأخذ بالحسبان جميع هذه الاراء[1].

فاذا كان تحديد نطاق وخطورة الكارثة الطبيعية يستلزم تقديم المساعدة الإنسانية ، فما مدى حق ضحايا هذه الكوارث بالتمتع بالمساعدة الإنسانية، وما هو الأساس القانوني للحق في المساعدة الإنسانية؟

ليس من اليسير الخوض فيما إذا كانت المساعدة الإنسانية من حقوق الإنسان وفقا للقانون الدولي أم لا. لان هذه المسالة ترتبط بتطور حقوق الإنسان الدولية ، فكما هو معروف انه لكي يظل مفهوم حقوق الإنسان مفهوماً مقبولاً فانه يجب ان يلبي احتياجات ووجهات النظر المتغيرة للأفراد والمجتمع الدولي. حيث ان البحث

---

[1]O. Ramsbotham and T. Wood house: Humanitari an Intervention in Contemporary conflict, Polity press, 1996, P. P. 12-18

ويراجع أيضا:

Peter Walker: Victims of Natwral Disaster and the right to Humanitarian Assistance, I. R. R. C., No. 325, 1998. P. 613.

225

عن حق المساعدة الإنسانية يجب ان يتحدد في إطار المحافظة على سلامة ومصداقية حقوق الإنسان على أساس انها ((المثل الأعلى المشترك الذي ينبغي ان تلبيه كافة الشعوب والأمم)) ، وبالتالي يتعين على من يقترح حقوقا جديدة ان يثبت انها تستحق المكانة الرفيعة لحقوق الإنسان ، وهو أمر غير سهل بسبب عدم وضوح المعايير الواجب اعتمادها لمعرفة متى ترتفع الحقوق إلى مصاف حقوق الإنسان المعترف بها دوليا ، وهذا ما سبب استمرار الجدل والنقاش حول تحديد حقوق الإنسان العالمية حتى بعد مرور خمسين عاما على اعتمادا الإعلان العالمي لحقوق الإنسان[1].

وبهذا الخصوص ، يرى أنصار فكرة ((الحق بالتدخل)) في القرارين [43/11 (1988) و45/ 100 (1990)] والصادرين عن الجمعية العامة للأمم المتحدة والمتعلقين بـ(المساعدة الإنسانية لضحايا الكوارث الطبيعية وحالات الطوارئ المماثلة) الدعم الكافي لهذه الفكرة على اعتبار انهما يقرران شرعية المساعدة الإنسانية المقدمة لضحايا الكوارث الطبيعية[2].

ذلك كونهما يشكلان نقطة البداية نحو تقنين الحق في المساعدة الإنسانية ومحاولة لتضيق الثغرة التي يعاني منها المجتمع الدولي بسبب عدم وجود اتفاقية دولية تتعلق بهذا الموضوع. وقد أكدت الجمعية العامة في هذين القرارين على ان الحق في الحياة يشكل الأساس الذي تستند إليه المساعدة الإنسانية معتبرة ان

---

(1) انظر:

Hard Castle and Chua: Humanitarian Assistance, OP. cit P. P. 593-597

(2) جان لوك بلوندل: عرض لكتاب (حق التدخل أو واجب المساعدة الانسانية) المجلة الدولية للصليب الأحمر، العدد 54 ، 1997 ، ص235

الحرمان من الحصول عليها يشكل انتهاكا للحق في الحياة الذي أكدت عليه العديد من المواثيق الدولية(*).

إذا فالحق في المساعدة الإنسانية ليس فقط يتطابق مع قانون حقوق الإنسان بل ضروري لأعمال حقوق الانسان الأساسية ، من قبيل الحق في الحياة والغذاء والملبس والمأوى ، وهي حقوق راسخة في القانون الدولي العرفي ، ويمكن التأكيد على انها أصبحت بمثابة قانون ملزم. ومن هذا المنطلق هناك من يطالب بجعل الحق في المساعدة الإنسانية من الحقوق الأساسية للإنسان[2].

إلى جانب ذلك يمكن القول آن الحق في المساعدة الإنسانية يجد سنده في قراري الجمعية العامة (131/43، 100/45) اللذين يسيران بنفس اتجاه الإعلانات الصادرة عن الجمعية العامة كالإعلان العالمي لحقوق الإنسان وإعلان مبادئ القانون الدولي المتصلة بالعلاقات الودية التعاون بين الدول وفقا لميثاق الأمم المتحدة[3].

ورغم ما تخطى به المساعدة الإنسانية من أهمية ، إلاّ ان العديد من الدول تتردد في قبولها ، على اعتبار ان المساعدة القادمة عبر الحدود تشكل انتهاكا لمبدأ أساسي في القانون الدولي وهو مبدأ السيادة الوطنية[4]. بيدا ان قرار الجمعية العامة (43/ 131و 45/ 100) والمتعلقان بالمساعدة الإنسانية ، يؤكدان على ضرورة

(*) راجع م/3 من الاعلان العالمي لحقوق الإنسان ، م/6 من المعهد الدولي الخاص بالحقوق الاقتصادية والاجتماعية والثقافية ، م/ 2 من اتفاقية قمع جريمة الفصل العنصري والمعاقبة عليها.

(2) HardCastle and chua: Humanitarian Assistance, OP. cit P.601

(3) د. محمد مخادمة ، الحق في المساعدة الانسانية ، مصدر سابق ، ص231

(4) انظر:

Hard Castle and Chua: OP. cit P. 602

احترام سيادة الدولة وسلامتها الإقليمية ووحدتها الوطنية ، وان مسؤولية تقديم المساعدة والعناية اللازمة لضحايا الكوارث الطبيعية وحالات الطوارئ المماثلة تقع في المقام الأول على الدولة التي تقع فيها الكارثة[1].

وعليه ، فعمل المنظمات الإنسانية والدول متوقف على عجز الدولة المنكوبة عن تقديم المساعدة الإنسانية لضحاياها ، والذي قد يكون مرده إلى الدمار الذي لحق بالمنشات الخدمية ووسائل الاتصال والتجهيزات الايوائية لتلك الدولة بسبب الكارثة ، أو تكون وسائل الوصول إلى الضحايا من الخارج متفوقة على الوسائل التي توفرها السلطات المحلية أو ان تكون الوسائل التقنية والاقتصادية والمستلزمات الغذائية والصحية التي تقدمها المساعدة الإنسانية الخارجية اكثر تفوقا من تلك المقدمة من الداخل[2].

وهنا يثار تساؤل ، هل يجوز فرض المساعدة الإنسانية على الدول التي ترفض قبولها؟

وفقا لقراري الجمعية العامة 131/43 ، 100/45 لا يجوز فرض المساعدة الإنسانية على الدول التي ترفض قبولها كونهما أكدا على سيادة الدول المتضررة ودورها الأساسي في تنظيم وتنسيق وتنفيذ خطط تقديم المساعدة الإنسانية[3]. وهذا ما أكدت عليه أيضاً المبادئ التوجيهية المتعلقة بتعزيز تنسيق المساعدة الإنسانية العاجلة حينما ربطت تقديم المساعدة الإنسانية بموافقة البلد المتضرر من خلال نداء توجيه ذلك البلد[4]. فمشروعية المساعدة الإنسانية مرهونة بقبولها من جانب الدول

---

[1] قرار الجمعية العامة (43/ 131 (1988) ، 100/45 (1990)).

[2] بطرس غالي: خطة للسلام – الدبلوماسية الوقائية ... ، مصدر سبق ذكره ، ص 18.

[3] قرار الجمعية العامة (131/43 و100/45).

[4] بطرس غالي: خطة السلام ، الدبلوماسية الوقائية ... ، مصدر سبق ذكره ، ص 18.

المتضررة ، ولا يجوز بأي حال من الأحوال ان يكون هناك قرار يفرض على الدول المتضررة القبول بالمساعدة الإنسانية[1].

مما تقدم نرى ان المساعدة الإنسانية لا يمكن ان تشكل انتهاكا لسيادة الدولة طالما احتفظت بطابعها الإنساني فهي تهدف إلى تقديم عمل خيري وإنساني لضحايا الكوارث الطبيعية الذين غالبا ما يوضعون أمام خيار لا يملكون حق البت فيه ، أما المساعدة الإنسانية أو الهلاك. فالوظيفة الأساسية للدول هي حماية رعاياها وضمان تمتعهم بحياة كريمة ويجب تحقيق هذا الغرض بكافة الوسائل ، حتى وان كان من خلال المساعدة الإنسانية. والدولة التي ترفض قبول المساعدة الإنسانية وتترك رعاياها يتعرضون لخطر الهلاك بالكوارث الطبيعية سوف تكون محلا لانتقاد الرأي العام العالمي والمجتمع الدولي وهي أساليب أصبحت تشكل ضغطا كبيرا على الدول.

وبنفس الاتجاه أكد قرار معهد القانون الدولي (14 أيلول 1989) والمتعلق بالعلاقة بين حقوق الإنسان ومبدأ عدم التدخل على ان العرض الذي تقدمه دولة أو مجموعة دول أو منظمة حكومية أو غير حكومية محايدة كاللجنة الدولية للصليب الأحمر للقيام بالإغاثة والمساعدة الغذائية والصحية لدولة ما ، حيث تتعرض حياة السكان وصحتهم للخطر فان مثل هذا العرض لا يعد من قبيل التدخل غير المشروع في الشؤون الداخلية لتلك الدولة[2].

وبناءً على ذلك هناك من يرفض إطلاق كلمة تدخل (Intervention) عندما يتعلق الأمر بتقديم المساعدة الإنسانية بالاستناد إلى ان كلمة (التدخل) ينحصر

---

[1] د. محمد مخادمة: الحق في المساعدة الانسانية ، مصدر سبق ذكره ، ص 218.
[2] Hard Castle and Chua: Humanitarian Assistance, OP. Cit, P. 604.

استخدامها على حالات التدخل غير المشروع التي تمثل انتهاكا لسيادة الدولة ، ويفضل إطلاق كلمة "المساعدة الإنسانية Humanitarian Assistance" كونها تعكس الجانب الإنساني لعملية المساعدة. وهذا يعني ان تقديم المساعدة يعتبر تدخلا ولكنه تدخل مشروع مقيد بهدف إنساني محـدد يقـوم علـى احـترام السيادة[1].

غير ان الأمر يختلف بخصوص المساعدة الإنسانية المقدمة في حالة النزاعات المسلحة، فالإشكاليات التي ترافق المساعدة الإنسانية المقدمة في هذا المجال تزداد تعقيدا ، ذلك ان النزاع المسلح يدخل في سياق سياسي ، وهو ما يؤدي إلى إقامة الصعوبات بوجه عمليات الإنقاذ الوافدة من الخارج سواء أكانت بطلب من الدولة نفسها أم بمبادرة من المنظمات الدولية الحكومية أو غير الحكومية[2]. فالقيمة الإنسانية في هذا العصر تختلط في كثير من الاحيان مع قيمة التدخل العسكري ، والشخص الـذي يقـدم الـدواء هـو نفسه الذي يركب الدبابة ويستعمل الصاروخ. خاصة إذا ما أخذنا في نظر الاعتبار ان الصفة الإنسانية استخدمت بشكل سيء مرارا من اجل التذرع بها واختفاء الصفة الشرعية على التدخـل غـير المـشروع ، فغـير المـشروع وغير المقبول يصبح شيئا نبيلا بمجرد إضفاء الصفة الإنسانية عليه. وقد يكون هذا هو الـسبب وراء تخوف العديد من الدول من شمول نطاق المساعدات الإنسانية النزاعات المسلحة ، وهو ما برز بـشكل واضـح في مناقشات الجمعية العامة لصياغة القرار (43/131 (1988)) ، حيث عبرت بعض الـدول عـن رغبتهـا بعـدم اقتصار المساعدة الإنسانية على الكوارث

---

[1] ادريس السيلاوي: حق التدخل ومنطق الاقوى ، ندوة اكاديمية المملكة المغربية ، مصدر سبق ذكره ، ص161.
[2] روني ، جان ديبوي ، من منع التدخل إلى تكريس المساعدة الانسانية ، مصدر سبق ذكره ، ص 177.

الطبيعية بل تشمل أيضاً الكوارث السياسية وهو ما لم يرضِ العديد من الدول فسوي الأمر بان يكون موضوع القرار "المساعدة الإنسانية لضحايا الكوارث الطبيعية وحالات الطوارئ المماثلة"[1].

بالإضافة إلى ذلك ان تقديم المساعدة في ظل حملة عسكرية خاصة في إطار النزاعات المسلحة يؤدي إلى خلق عدد من المشاكل تتمثل بالخلط بين العمل العسكري والعمل الإنساني ويعرض حياة المنظمات الإنسانية للخطر[2]. لذلك ترفض اللجنة الدولية للصليب الأحمر والعديد من المنظمات غير الحكومية تقديم المساعدة الإنسانية تحت الحماية العسكرية وترى في ذلك مخالفة لقواعد القانون الدولي الإنساني[3].

وعليه تخضع عملية تقديم المساعدات الإنسانية إلى عدد من المبادئ من أهمها:

1. يجب ان يكون الغرض الوحيد من المساعدة الإنسانية هو منع أو تخفيف المعاناة الإنسانية وحماية الحياة وضمان احترام الإنسان.
2. ينبغي توفيرها لكل من يحتاج اليها دون أي تمييز بسبب العنصر أو اللون أو الجنس أو اللغة أو الدين أو المولد أو أي وضع آخر.
3. ينبغي توفير المساعدة الإنسانية بصورة أولية في حالات الشدة الأكثر خطورة أو إلحاحاً.
4. لا ينبغي توفيرها لتعزيز أي وضع سياسي أو ديني خاص.

---

(1) قرار الجمعية العامة (131/43 (1988)).

(2) كورنيلوا سومارغا: السياسة الانسانية والانشطة الميدانية تدعيم تنسيق المساعدات العاجلة ، المجلة الدولية للصليب الأحمر ، عدد 41 ، 1995 ، ص 33.

(3) نفس المصدر السابق ، ص 33.

5.   ينبغي كلما كان ذلك ممكنا ان تحترم المساعدة الإنسانية ثقافة وبنية وعادات المجتمعات والبلدان[1].

وتتحدد آلية تنفيذ المساعدة الإنسانية بإنشاء "ممرات إنسانية سريعة" وفقا لقرار الجمعية العامة (100/45 (1990)) من خلال التنسيق ما بين الدول المعنية والدول المجاورة والمنظمات الدولية الحكومية وغير الحكومية التي تقوم بتقديم المساعدة الإنسانية[2]. على ان يكون هذا المرور محددا من حيث الوقت والغاية وان ينفذ وفقا لمبادئ النزاهة والحياد وعدم التمييز[3].

ورغم هذا الاهتمام بموضوع المساعدة الإنسانية إلا انه ما زال يفتقر إلى معاهدة دولية تنظم عملية تقديم المساعدة الإنسانية لضحايا الكوارث الطبيعية والحالات المماثلة ، لذلك نرى ان المجتمع الدولي بأمس الحاجة اليوم إلى مثل هذه الاتفاقية التي من شانها ان وجدت ضمان لحق الضحايا بالحصول على المساعدة الإنسانية اللازمة وتنظيم حقوق وواجبات الجهات الواهبة والدولة المستلمة للمساعدة.

وبما ان هذه الاتفاقية لم تنشأ لحد الآن فان نطاق ومضمون الحق في المساعدة الإنسانية يظل غامضا حتى مع وجود القانون الدولي العرفي الذي يستند اليه، حيث لا توجد قواعد قانونية واضحة لمعرفة فيما إذا كانت الدولة المجاورة ملزمة بتقديم المساعدة أم انه يقع على عاتق كل دولة ان تقدم المساعدة لمواطنيها؟ وهل تكون الدول التي بوسعها ان تقدم مواد الإغاثة المناسبة ملزمة بقبول المساعدة الإنسانية أم لا؟.

---

[1] راجع:

Hard Castle and Chua: Humanitarian Assistance, OP. Cit, P. 604.

[2] قرار الجمعية العامة (100/45 (1990)).

[3] د. محمد مخادمة: الحق في المساعدة الانسانية ، مصدر سبق ذكره ، ص 221.

ثانيا: حماية حقوق الإنسان

يستند التدخل الإنساني إلى افتراض وجود خطر يهدد حقوق الإنسان في دولة ما ، مما يتطلب القيام بعمل مناسب من خارج الحدود الإقليمية لتلك الدولة لغرض وقف أو تخفيف حدة ذلك الخطر. وهنا يعني تجاوز الحدود التي يرسمها مبدأ السيادة باعتباره أساسيا في القانون الدولي. لذلك كثيرا ما يثار موضوع مشروعية أو عدم مشروعية التدخل للدفاع عن حقوق الإنسان خاصة وان موضوع حقوق الإنسان من المواضيع الخلافية فيما يتعلق بتحديد موقعها بين الاختصاصات الداخلية والدولية ويرجع سبب ذلك إلى الغموض وعدم الدقة والتحديد الذي تتسم به الفقرة (7) من المادة (2) من ميثاق الأمم المتحدة وهي المصدر الأصلي لمبدأ عدم التدخل[1]. وهذا ما دفع الكثير من الدول إلى التمسك بحقها المطلق في حرية معاملة رعاياها[2]. ولذلك وضع الفقه الدولي عددا من المعايير التي يمكن الاستعانة بها لتحديد المجال المحجوز للدول ، وتتمثل هذه المعايير بما يلي:

1. معيار الالتزام الدولي: وبموجبه يكون للدولة مطلق الحرية في التعرف في المسائل التي لا تكون موضوعا لاتفاقية دولية حيث ان اثر الاتفاقيات يتمثل بإخراج المسائل التي تضمنتها من المجال المحجوز للدول واعتبارها جزءا من الالتزامات الدولية وهو ما أكدت عليه المادة (27) من اتفاقية فيينا لقانون المعاهدات[3].

---

[1] د. محمد المجذوب ، محاضرات في المنظمات الدولية والاقليمية ، الدار الجامعية للطباعة والنشر بيروت، 1983، ص 52.

[2] Louis Henkin: Human Rights and state sovereignty, Georgia Journal International and Comparative law, Vol. 25, No. 1-2, 1995-1996, P.32.

[3] راجع: باسيل يوسف، حماية حقوق الانسان بين مبدأ عدم التدخل والحق في التدخل، مصدر سبق ذكره، ص 34.

2. معيار الاهتمام الدولي: يمنح هذا المعيار الأمم المتحدة حق التدخل في المسائل التي تثير اهتماما دوليا وهو ما يتجسد بصورة التهديد المحتمل للسلام[1].

3. معيار الحقوق الأساسية التي لا يجوز المساس بها: يميز هذا المعيار بين نوعين من حقوق الإنسان ، الأولى الحقوق الأساسية والثانية الحقوق غير الأساسية[2].

فالحقوق الأساسية لا يجوز المساس بها في جميع الأوقات حتى في أوقات الحرب وحالات الطوارئ، وهي تعد من الالتزامات الدولية الخارجة عن السلطان الداخلي للدول حتى لو كانت الدولة غير منظمة للمواثيق الدولية التي وردت فيها هذه الحقوق، ذلك ان أساس الالتزام بها يكمن في المصادر العرفية للقانون الدولي لحقوق الإنسان[3].

لقد ساهمت المصادر العالمية لحقوق الإنسان في توسيع الإشكالية المتعلقة بهذه الحقوق فميثاق الأمم المتحدة وهو من أهم مصادر حقوق الإنسان لم يكن حاسما في مسالة تحديد تلك الحقوق وطبيعة الالتزامات المترتبة على الدول بخصوصها. مما دفع البعض إلى إنكار الصفة الإلزامية لنصوص الميثاق المتعلقة بحقوق الإنسان باعتبار ان العبارات التي جاءت بها تلك النصوص لا تدل على وجود الالتزامات على الدول بخصوصها. كما انها تدلل على وظائف المنظمة

---

[1] راجع: د. محمد سعيد الدقاق، التنظيم الدولي، مصدر سبق ذكره، ص ص 250-251.

[2] انظر: باسيل يوسف ابعاد الحماية الدولية لحقوق الانسان على سيادة الدولة، اصدار مركز الامارات للدراسات والبحوث الاستراتيجية، 1998، ص 29.

[3] المصدر السابق نفسه، ص 29.

وأهدافها اكثر من اعتبارها التزاما على الدول[1]. كما ان الميثاق لم يعترف بوسائل معينة لحماية حقوق الإنسان ولم يجز للأفراد التظلم عند المساس بحقوقهم[2].

كما ان وضع الميثاق لحقوق الإنسان في اطار نظام للتعاون الدولي جعل لهذه الحقوق قيمة عابرة للحدود متجاوزة بذلك حدود السلطان الداخلي للدولة ومنح المجتمع الدولي حق إثارة القضايا المتعلقة بها عند تعرضها للخطر[3].

ولقد حاولت الأمم المتحدة تلافي ما شاب ميثاقها من نقص بتبنيها الإعلان العالمي لحقوق الإنسان لسنة 1948 والذي يعتبر خطوة مهمة في مجال تحديد ماهية الحقوق والحريات التي أجملها الميثاق وخاصة الحقوق الاقتصادية والاجتماعية منها[4]. على الرغم من الانتقادات التي وجهت إلى الإعلان وما دار حوله من جدل ونقاش بسبب صدوره في صورة توصية من الجمعية العامة وعدم احتوائه على ضمانات للأفراد وجزاءات ضد الدول مما دفع البعض إلى تجريده من الصفة الإلزامية واعتباره مجرد مسعى للتبشير بفكره[5].

وعلى الرغم من وجاهة مثل هذه الآراء، إلا ان الذي لا يمكن تجاهله هو ان الإعلان العالمي يتمتع بقيمة قانونية كبيرة في المجتمع الدولي، وينعكس ذلك بشكل واضح من خلال تأكيد العديد من دساتير الدول على أهميته، واسترشاد اغلب الوثائق الدولية المتعلقة بحقوق الإنسان به بالإشارة اليه في ديباجتها بوصفه مبادئ

[1] د. جعفر عبد السلام: المنظمات الدولية، مصدر سبق ذكره، 297 وراجع: أ. د. خليل اسماعيل الحديثي، التنظيم الدولي دار الحكمة بغداد، ص25.

[2] د. جعفر عبد السلام: تطور النظام القانوني لحقوق الانسان، المجلة المصرية للقانون الدولي ع(43)، 1987، ص 43.

[3] د. محمد عزيز شكري، التنظيم الدولي العالمي، مصدر سبق ذكره، ص 540.

[4] د. عز الدين فوده: الضمانات الدولية لحقوق الانسان، مصدر سبق ذكره، ص 92-93.

[5] د. مصطفى سلامة حسين، المنظمات الدولية، مطبعة الدار الجامعية، بيروت، 1989، ص 206.

عامة أو في أحكامها بوصفه مكملا لها[1]. فسلوك الدول واتجاه المجتمع الدولي يؤكدان ان الإعلان العالمي لحقوق الإنسان دخل في إطار القانون الدولي العرفي[2].

مما تقدم نستخلص ان ميثاق الأمم المتحدة والإعلان العالمي لحقوق الإنسان مثلا بداية الاتجاه نحو تعزيز الحماية التشريعية لحقوق الإنسان على مستوى العلاقات الدولية من خلال إخراجها من إطار السلطان الداخلي للدول وجعلها تخضع لحكم القانون الدولي. وهو ما تجسد فعليا في سعي الأمم المتحدة إلى رفد المجتمع الدولي بالعديد من الوثائق الدولية المتعلقة بحقوق الإنسان والتي كان لها الأثر البالغ في الانتقال بحقوق الإنسان إلى مستوى الالتزامات الدولية والتأكيد على عالميتها والانتقال بها من مستوى التعزيز إلى مستوى الحماية ومن مرحلة الاختيار إلى مرحلة الالتزام. فالحقوق التي تضمناها تعتبر جزءاً من القواعد الآمرة التي تندرج تحت ما يمكن تسميته بالنظام الدولي العام، وهي ملزمة لانها جزء من القانون الوضعي العرفي والاتفاقي[3].

مما تقدم يبدو جليا ان حقوق الإنسان تتمتع بأهمية لا يخفى أثرها على المستوى الدولي وهذا يرتبط بصورة أساسية بتحديد شرعية التدخل للدفاع عن حقوق الإنسان فهذه الحقوق لم تعد حكرا على الدول بل أصبحت شراكة بين الدولة والمجتمع الدولي ومنظماته الدولية، وهذا ما يعطي الأمم المتحدة وأجهزتها الحق

---

[1] Council of Europe press: Human Rights in international law basic text, Op. cit.

[2] Christopher M. Ryan: Soverignty, Intervention … Op. cit, p. 89.

[3] راجع: محمد ميكو: المنتظم الدولي وحقوق الانسان - كتاب المنتظم الدولي والتدخل، مصدر سبق ذكره، ص 105.

بالتدخل في شؤون أية دولة تنتهك حقوق الإنسان[1]. وهذا يعني تحجيم العمل بفكرة السيادة المطلقة حيث اصبح باستطاعة القانون الدولي التدخل وفرض سلطته ورقابته على علاقة الدولة برعاياها بقصد ضمان حد أدنى من الحقوق للفرد في مواجهة الدولة وهو ما يؤكد ان الدولة ليست مطلقة التصرف داخل إقليمها' حيث لم يعد بإمكان الدول الاعتراض على مثل هذا التدخل بالاستناد إلى مبدأ عدم التدخل الذي ضاقت حدوده بشكل كبير عما كان عليه في السابق بفعل تطور وتشعب العلاقات الدولية التي جعلت من العالم "قرية عالمية" والحدود بين الشؤون الدولية والداخلية غير واضحة.

بالإضافة إلى ما تقدم يستند التدخل الإنساني للدفاع عن حقوق الإنسان إلى نصوص ميثاق الأمم المتحدة وخاصة المادة (56) والتي أكدت على ان [يتعهد جميع الأعضاء بان يقوموا منفردين أو مشتركين بما يجب عليهم من عمل بالتعاون مع الهيئة] لإدراك المقاصد المنصوص عليها في المادة (55)]. والتي من بينها [ان يشيع في العالم احترام حقوق الإنسان والحريات الأساسية للجميع بلا تمييز بسبب الجنس أو اللغة أو الدين ولا تفريق بين الرجال والنساء ومراعاة تلك الحقوق والواجبات][2]. كذلك تشكل الاتفاقيات الدولية لحماية حقوق الإنسان مصدرا آخر من مصادر شرعية مثل هذا التدخل كون ان انضمام الدول إلى معاهدات حقوق الإنسان يعني قبولها بالخضوع إلى نظام قانوني تتحمل من خلاله التزامات مشتركة

---

[1] انظر: د. الشافعي محمد بشير: قانون حقوق الانسان ذاتيته ومصادره، مصدر سبق ذكره، ص 24.

' انظر: راي العميد (دوكي) في كتاب القانون الدولي العام - د. عصام العطية، مصدر سبق ذكره، ص 282.

[2] راجع المادتين (55 و56) من ميثاق الأمم المتحدة.

تجاه كل الأفراد الخاضعين لولايتها وليس مجرد التزامات في علاقتها مع الدول الأخرى.

نستنتج مما تقدم ان السيادة وقضايا حقوق الإنسان موضوعان ذوا تأثير متبادل مـما يحتم عـدم الإفراط في أي منهما حيث يجب احترام وعدم انتهاك سيادة الدول، بالمقابل يقع على عـاتق الـدول واجـب الالتزام بضمان حقوق الإنسان لمواطنيها. فحماية حقـوق الإنسان والإشراف والمراقبـة عـلى كيفيـة تنفيـذ الدول لهذه الحقوق لا يعني تجاهل سيادة الدول بقدر ما يتطلب التنسيق بـين ضرورة احـترام السـيادة وبين الجهود الدولية الساعية لتوفير احترام وحماية حقوق الإنسان بوصفها جهودا متكاملة تسعى لتحقيق غاية مشتركة وإذا كان الاتجاه نحو تدويل حقوق الفرد أدى إلى أضعاف سيادة الدول، فان هـذا يسـتدعي اجراء موازنة بين احترام السيادة وإجراءات حماية حقوق الإنسان، بحيث لا يلغي كـل منهما الآخـر. فمـن الضروري ان تمارس الحماية بموجب قرار دولي يستند إلى المواثيق الدوليـة وان تتناسـب إجـراءات الحمايـة مع حجم انتهاكات حقوق الإنسان[1]. لكن ذلك لا يعني تسييس حقوق الإنسان وجعلهـا ذريعـة مسـتمرة لانتهاك سيادة الدول. فإذا كانت الدول تعيش حالة من الاعتراف بعالمية حقوق الإنسان، فهذا لا يعـني ان العالمية قرينة العولمة فكلاهما يختلف عن الآخر من حيث ان الأولى تقدم مفاهيم شارك المجتمـع الـدولي في صياغتها وتهدف إلى تحقيق اتفاق بين المنتمين إلى الحضارات المعاصرة المختلفة حول عدد مـن الحقـوق والحريات يؤدي إلى الاعتراف بهذه الحقوق والحريات ويوفر لها عالمياً عدداً من الضمانات وآليات الحمايـة ويحقق تعايشاً

---

[1] ابراهيم عبد السامرائي، الحماية الدولية لحقوق الانسان في ظل هيئة الأمم المتحدة، مصدر سبق ذكره، ص 62.

وانسجاماً بين الثقافات المختلفة من خلال أيجاد أساس أخلاقـي وقـانوني مـشترك. فعالميـة حقـوق الإنسان تعني الالتزام بالمفاهيم التي أقرها المجتمع الدولي كما تعني ان حقـوق الإنـسان جـزء متكامـل لا يمكن تجزأته. كما ان العالمية لا تعني الحد من سلطة الدولة بل تـضع التزامـات معينـة وتحتـاج لـسلطتها بغية تنفيذ تلك الالتزامات.

أما العولمة فتعني فيما يخص حقـوق الإنـسان تعمـيم مفـاهيم وقـيم حقـوق الإنـسان في الثقافـة الأمريكية باعتبارها ثقافة الأمة (الصاعدة) والساعية إلى الهيمنة على كل العالم، والتي تمتلك أكثر من غيرها من عناصر التأثير على العالم كما ان العولمة تسعى للحد من دور الدولة وسلطتها[1].

وبصورة عامة يمكن تحديد آليات التدخل لحماية حقـوق الإنـسان وفقـا لعـدد مـن الوسـائل مـن أهمها[2]:

1. اللجان التعاهدية: حيث تنص اغلب الاتفاقيات الدولية المتعلقة بحقوق الإنسان على إنشاء لجـان تتولى مهمة مراقبة تنفيذ الدول لالتزاماتها المقررة في الأتفاقيـة مثـال ذلـك العهـد الـدولي الخـاص بالحقوق المدنية والسياسية.
2. نظام التقارير: لقد استقر الاتجاه الدولي على تضمين الاتفاقيات الدولية المتعلقة بحقـوق الإنـسان نصوصا قانونية تلزم الدول الأطراف بتقديم تقارير دورية عما اتخذته أو تنوي اتخاذه مـن تـدابير لها تأثير على حقوق الإنسان

---

(1) د. محمد فائق: حقوق الانسان بين الخصوصية والعالمية، مجلة المستقبل العربي، العدد 245، 1999، ص 5-6.

(2) Center for Human Rights; United Nation Publication, Workshop on Inter- National Human rights instrument and reporting obligations, HR/PUB/91/5,Printed at United Nations, Geneva, 1992, p. 22.

المعترف بها[1] وغالبا ما يكون التقرير مؤلفا من جزئين يتعلق الأول بالوضع العام لحقوق الإنسان في الدولة، ويكون الثاني مكرسا لوصف كل مادة في الاتفاقية والإجراءات التي اتخذتها الدول لإدراك كل حق منصوص عليه في الاتفاقية.

3. نظام الشكاوي: تتضمن اغلب الاتفاقيات الدولية المتعلقة بحقوق الإنسان نصوصا قانونية تجيز للدول والأفراد تقديم شكاوي ضد إحدى الدول الأطراف في الاتفاقية تتعلق بوضع حقوق الإنسان في تلك الدولة.

4. المقررون الخاصون والفرق العاملة: لقد شهدت برامج الأمم المتحدة لحماية حقوق الإنسان تزايداً نوعياً من خلال اعتماد آليات جديدة لحماية حقوق الإنسان خارج نطاق المعاهدات تتمثل بالمقررين الخاصين والفرق العاملة ويمثل هذا الأسلوب طريقاً أكثر مرونة للتعامل مع الانتهاكات الفردية لحقوق الإنسان ويخضع تشكيل المقررين الخاصين والفرق العاملة إلى أسلوبين رئيسيين ، فأما ان يكون تعيين المقرر الخاص أو الفريق العامل لمراقبة انتهاكات حقوق الإنسان في بلد معين، مثال ذلك المقرر الخاص في تشيلي (1979) وفريق العمل المعني بدراسة الانتهاكات الإسرائيلية لحقوق الإنسان في الأراضي العربية المحتلة (1968)، أو ان يكون تعيين المقرر الخاص بموضوع الإعلاميات التعسفية (1985) والفريق العامل المعني بموضوع الاختفاء القسري في العالم (1980)[2].

---

[1] صلاح حسن مطرود: السيادة وقضايا حقوق الانسان، رسالة دكتوراه غير منشورة، مقدمة إلى كلية العلوم السياسية – جامعة بغداد، 1995، ص 156.

[2] باسيل يوسف:حقوق الانسان بين مبدأ عدم التدخل والحق في التدخل، مصدر سبق ذكره، ص 37-40.

5. مفوض الأمم المتحدة السامي لحقوق الإنسان: إنشاء هذا المنصب بموجب قرار الأمم المتحدة المرقم (1993/48/141) والصادر من الجمعية العامة، ليكون الجهة المسؤولة عن أنشطة الأمم المتحدة في ميدان حقوق الإنسان وهو المسؤول عن تنسيق وتنفيذ أية أنشطة لدعم سيادة القانون[1]. حيث تتحدد مسؤولياته بما يلي:

أ/ تعزيز وحماية تمتع الناس جميعاً تمتعاً فعلياً بجميع الحقوق المدنيه والثقافية والاقتصادية والسياسية والاجتماعية.

ب/ تنفيذ المهام التي توكلها اليه الهيئات المختصه في الأمم المتحدة في ميدان حقوق الإنسان وتقديم التوصيات اليها بغية تحسين جميع حقوق الإنسان وحمايتها.

ج/ تعزيز حماية أعمال الحق في التنمية.

د/ توفير الخدمات الاستثنائية والمساعدة التقنيه والمالية، بناءاً على طلب الدول المعنية والمنظمات الاقليمية لحقوق الإنسان من اجل دعم الاجراءات والبرامج المضطلع بها في ميدان حقوق الإنسان.

هـ/ تنسيق برامج الأمم المتحدة التثقيفيه والاعلاميه ذات الصله في ميدان حقوق الإنسان.

و/ اداء دور نشط في ازالة التحديات والعقبات التي تحول دون الأعمال التام لحقوق الإنسان وفي الحيلولة دون استمرار انتهاكات حقوق الإنسان في جميع انحاء العالم.

---

[1] قرار الجمعية العامه (1993/48/141)، وراجع أيضاً:

United Nations: The High Commissioner for Human Rights, HR/RUB/HCHR/96/1, Printed at united Nations, Geneva, 1996, pp.6-11.

ز/   اجراء حوار مع جميع الحكومات تنفيذاً لمهامه بغية تأمين الاحترام لجميع حقوق الإنسان.

ح/   زيادة التعاون الدولي من اجل تعزيز جميع حقوق الإنسان وحمايتها.

ط/   تنسيق الانشطة الراميه الى تعزيز حقوق الإنسان وحمايتها في جميع منظومة الأمم المتحدة.

ي/   ترشيد أجهزة الأمم المتحدة في ميدان حقوق الإنسان وتكييفها وتقويتها وتبسيطها بهـدف تحسين كفاءتها وفعاليتها.

ثالثاً: حماية الجماعات الإنسانية

يعتبر التدخل الإنساني من الوسائل المهمة لحماية الجماعات الإنسانية عند تعرض حقوقها للانتهاك ، بسبب الطبيعة المتميزة للجماعة كالأقليات أو بسبب طبيعة الأعمال المرتكبة ضـدها كالابـادة الجماعيـة. لذلك سوف نتناول هذا الموضوع في قسمين:

1. التدخل لحماية الأقليات

يعتبر التدخل لحماية الأقليات من ابرز حالات التدخل الإنساني سواء في القـانون الـدولي التقليـدي أم المعاصر، لذلك تشكل حماية الأقليات محوراً مهماً في دراسة موضوع التدخل الإنساني.

فعلى صعيد الدول شكلت حماية الأقليات ذريعـة مـستمرة لتبريـر التـدخل في الـشؤون الداخليـة للدول الأخرى والمساس بسيادتها وسلامتها الاقليمية، وهي لذلك لم تعـد مـن بـين آليـات حمايـة الأقليـات كونها تدخل في اطار التدخل غير المشروع، في حين اعتبرت النشأة الحقيقية لنظام حماية الأقليات تلك التي تجسدت بتضمين المعاهدات والاتفاقيات الدولية نصوص قانونية خاصة بحماية الأقليات وهو ما تم

في ظل عصبة الامم، ومن ثم في ظل الأمم المتحدة مع الاختلاف في طبيعة الحماية في كل من المنظمتين [1].

لقد شهد عهد عصبة الامم الولادة الحقيقية لنظام حماية الأقليات، حيث نجد أساسه الموضوعي في المادتين (86 و 93) من معاهدة فرساي اللتين نصتا على مبدأ حماية الأقليات، في حين نجد أساسه الشكلي في عدد من الوثائق الدولية التي قامت الدول التي تحوي أقليات في اقاليمها بقبول بعض نصوصها لتسري على تلك الأقليات كما اعترفت بعصبة الامم كضامن لتنفيذ هذه النصوص [2].

غير ان نظام حماية الأقليات، وللعديد من الأسباب فشل في تحقيق أهدافه بل انه شكل ذريعة للتدخل في الشؤون الداخلية للدول، فكان لتلك التدخلات التي حدثت سواء بصورة مباشرة من قبل الدول أو بصوره غير مباشرة عن طريق المنظمة الدولية، آثاراً عكسيه نتج عنها اضطهاد الأقليات في بعض الدول، اضافة الى انه كان سبباً في خلق جو من التوتر والقلق وتهديد السلام في كثير من الاحيان [3].

لكن سرعان ما ظهرت الحاجه الى تبني نصوص خاصة لحماية الأقليات تكون أكثر انسجاماً مع طبيعة الأقليات مع ايجاد وسائل تكميليه للاليات الدولية لحماية حقوق الإنسان. وبهذا الخصوص يعتبر العهد الدولي للحقوق المدنيه والسياسية الوثيقة الدولية الأولى في ظل هيئة الأمم المتحدة التي تتضمن مادة خاصة بحقوق الأقليات وهي المادة (27) التي تعتبر المادة المركزية والاكثر أهمية

---

[1] د.عز الدين فوده: الضمانات الدولية لحقوق الانسان، مصدر سبق ذكره، ص 98-99.

[2] د.عزت سعد السيد: حماية الاقليات في ظل التنظيم الدولي، مصدر سبق ذكره، ص 25، وراجع أيضاً: دهام محمد دهام: الأقليات الأثنية السياسية والتدخل الدولي، أطروحة دكتوراه غير منشورة، مصدر سبق ذكره، ص ص13-14.

[3] لمزيد من التفاصيل حول موضوع فشل نظام عصبة الأمم، يراجع: ضاري رشيد السامرائي: الفصل والتمييز العنصري، مصدر سبق ذكره، ص 72.

في مجال حقوق الأقليات، كذلك اشارت اليها اتفاقية منع جريمة الابادة الجماعية والمعاقبة اليها لعام 1948 في مادتها (2)، وكذلك المادة (2/2) من الاتفاقية الدولية للقضاء على جميع اشكال التمييز العنصري لعام (1965) والمادة (30) من اتفاقية حقوق الطفل لعام 1989[1]. ويعتبر الاعلان الخاص بحقوق الاشخاص المنتمين الى أقليات قومية أو أثينيه أو الى أقليات دينية ولغوية الذي تبنته الجمعية العامة بقرارها المرقم (135/47) في 18 كانون الأول 1992، الوثيقة الوحيدة على المستوى الدولي التي تختص بموضوع الأقليات، والذي تضمن عدداً من الحقوق التي يجب ان تتمتع بها الأقليات، كما نص على عدد من الاجراءات التي يجب على الدول القيام بها بغية حماية وتعزيز تلك الحقوق.

وبناءاً على ذلك تتحدد شرعية التدخل الإنساني لحماية الأقليات بالاستناد الى الوثائق الدولية التي وردت فيها الاشاره الى حقوق الأقليات ويتم هذا التدخل وفقاً للاليات التي حددتها تلك الوثائق كما انه يتم في اطار الحماية العامة لحقوق الإنسان، وبالتالي فأن أي تدخل يتعارض مع هذه الحقيقه يكون تدخلاً غير مشروع[2].

غير ان مشكله الأقليات غالباً ما تظهر من خلال اللجوء الى العنف الذي ترى فيه الأقليات الاسلوب المناسب لتحقيق مطالبها التي تتردد ما بين الرغبة في الحكم الذاتي والانفصال عن الدولة الام وتكوين دولة مستقله. وفي هذه الاجواء ترى العديد من الدول فرحتها المناسبة للتدخل في الشؤون الداخلية للدول التي تعاني

---

[1] انظر: باسيل يوسف: دبلوماسيه حقوق الانسان المرجعية القانونية والاليات، مصدر سبق ذكره، ص 41، 141، 241. وانظر أيضاً، اتفاقية حقوق الطفل، convention on the rights of the child

[2] حول اليات حماية حقوق الاقليات يراجع المصدر السابق، ص 141 وما بعدها.

من مثل هذه المشكلة[1]. متذرعة بالرغبة في وقف الاضطهاد والمعاملة السيئة التي تعاني منها الأقليات، وهو ما كان يجيزه الفقه التقليدي على أساس وجود واجب عام على الدول يفرض عليها ان تعمل متضامنه من اجل منع الاخلال بقواعد القانون الدولي ومبادئ الإنسانية، من خلال فرض احترام حياة الفرد وحريته اياً كانت جنسيته أو اصله أو ديانته، والتدخل الذي تقوم به الدول في هذه الحالة هو اداء لواجبها. وبصورة عامة ظهر التدخل الإنساني في اطار ما عرف بحماية الأقليات، ونتيجة لذلك حدثت تدخلات عديدة من هذا النوع كتدخل فرنسا وانكلترا وروسيا لمساعدة الثوار اليونانيين ضد الدولة العثمانية سنة 1827، والتدخل الفرنسي في سوريا سنة 1860 بزعم حماية الاقليه المسيحية[2].

مع نهاية الحرب الباردة، اخذت مشكلة الأقليات بعداً جديداً تمثل بأقترانها بالعديد من النزاعات ذات الطابع العرقي والديني التي اندلعت بين القوميات المختلفة في العالم والتي ساعد على بروزها نمو الاتجاهات العنصرية المدعومة بتطور وسائل الاعلام التي ساعدت بشكل كبير على نمو الرغبة بالانفصال لدى ابناء الأقليات لاسيما في بوغسلافيا السابقة، ارمينيا، اذربيجان، اندونيسيا، راوندا... وغيرها[3]. وهي وان شكلت سبباً مباشراً للتدخل في الشؤون الداخلية للدول كما كانت في السابق، إلاّ انها شهدت في نفس الوقت تدخل مجلس الامن الدولي الذي عمل في حالات عديدة على ربط الازمة الإنسانية الناشئه عن تلك الصراعات الاثنية بتهديد السلم والامن الدوليين، فكان ذلك ودعاه لاستخدام الفصل السابع من

[1] د.وصال نجيب عارف: الاقليات في ظل البيئه الدولية الراهنه، مصدر سبق ذكره، ص 37.
[2] د.ويصا صالح: مبررات استخدام القوة في القانون الدولي، مصدر سبق ذكره، ص 165-166.
[3] دهام محمد دهام: الاقليات الاتينيه والتدخل الدولي، مصدر سبق ذكره، ص 131-132.

ميثاق الأمم المتحدة[1]. وهو ما يسجل حالة خطيره في مجال حماية الأقليات لكونها ستخضع لتقدير مجلس الامن الدولي وهو لا شك جهاز سياسي تلعب فيه ارادات الدول دائمه العضوية دوراً مهماً في توجيهها بالوجه التي تراها تخدم مصالحها. وفي جميع الأحوال يجب أن يكون التعامل مع مشكلة الأقليات في اطار المحافظة على سيادة الدولة ووحدتها الاقليمية دون التسبب في تفككها، وهو ما تأكد في مناسبات عديدة، فقد اشار الامين العام السابق للأمم المتحدة (د.بطرس بطرس غالي) في اطار خطته للسلام الى "ان الأمم المتحدة لم تغلق بابها ولكن إذا ما طالبت كل مجموعة عرقية أو دينية أو لغوية بدولتهم الخاصة، فلن يكون للتجزئه حدود وسيصبح السلم والامن والرفاهية أبعد منالاً...." [2]. وقد اكد قرار الجمعية العامة المرقم (135/47) في 18 كانون أول 1992 في (الفقرة الرابعة من المادة الثامنة) فيما يتعلق بحقوق الاشخاص المنتمين الى أقليات قومية أو اثنية والى أقليات دينية ولغوية بأن "لايجوز بأي حال تفسير أي جزء من هذا الاعلان على انه يسمح بأي نشاط يتعارض مع مقاصد الأمم المتحدة ومبادئها بما في ذلك المساواة في السيادة بين الدول، وسلامتها الاقليمية واستقلالها السياسي"[3].

---

[1] المصدر نفسه، ص132.

[2] بطرس غالي:خطة للسلام، الدبلوماسيه الوقائيه...، مصدر سبق ذكره، ص 9.

[3] قرار الجمعية العامة 135/47 في 18 كانون الاول 1992.

2- التدخل في حالة ارتكاب جريمة الابادة الجماعية

شكلت جريمة الابادة الجماعية وعلى مر العصور التاريخية مصدراً خطراً على الإنسانية، لكونها تسببت في هلاك الالاف من الأبرياء، فكانت لجرائم الابادة الجماعية التي ارتكبت خلال الحرب العالمية الثانية آثار مدمرة على المجتمع الدولي الذي عمل على ايجاد الوسائل الكفيلة لمنع تكرار مثل تلك المذابح[1]. وهو ماتم بتبني اتفاقية منع جريمة الابادة الجماعية والمعاقب عليها لسنة 1948، والتي جعلت الابادة الجماعية جريمة دولية تتعارض مع روح الأمم المتحدة وأهدافها[2].

وقد عرفت المادة الثانية من الاتفاقية (جريمة الابادة الجماعية) بانها "أي من الأفعال التالية، إذا ارتكبت بقصد التدمير الكلي أو الجزئي لجماعة قومية أو اثنية أو عنصرية أو دينية، بصفتها هذه:

أ-   قتل أعضاء من الجماعة.

ب-   الحاق اذى جسدي أو روحي خطير بأعضاء من الجماعة.

ج-   اخضاع الجماعة ، عمداً، لظروف معيشية يراد بها تدميرهم المادي كلياً أو جزئياً.

د-   فرض تدابير تستهدف الحول دون انجاب الأطفال داخل الجماعة.

هـ-   نقل أطفال من الجماعة، عنوة، الى جماعة أخرى.

وقد اعتبرت جريمة الابادة الجماعية واحدة من المجالات التي ثيار بصددها التدخل الإنساني بأعتباره وسيلة لمنع هذه الجريمة أو التخفيف من آثارها ومعاقبة

---

[1] د. منى محمود مصطفى: الجريمة الدولية، دار مصر للطباعة . القاهرة 1989، ص 49.

[2] قرار الجمعية (260) في 9 كانون الاول/1948، حيث نصت ديباجة الاتفاقية على " ان الابادة الجماعية جريمة بمقتضى القانون، تتعارض مع روح الأمم المتحدة وأهدافها ويدينها العالم المتمدن".

مرتكبيها. سواء ارتكبت في وقت السلم أو الحرب[1]. وهو ما يمكن ان يتم بصورة أساسية بعدد من الوسائل ومن قبل الجهات التي نصت عليها اتفاقية منع جريمة الابادة الجماعية والمعاقبة عليها. والتي يمكن تحديدها بما يأتي:

1. التزام الدول الأطراف بأصدار التشريعات اللازمة لضمان تنفيذ الاتفاقية وخاصة النص على العقوبات الجنائية الكفيلة بمعاقبة كل من يرتكب جريمة الابادة الجماعية أو أي من الأفعال المنصوص عليها في المادة (3) من الاتفاقية[2]. ومن الجدير بالذكر، ان الدول غير ملزمة بسن تشريع معين أو عقوبه معينة، فهي تملك مطلق الحريه في اختيار التشريعات التي تراها مناسبة للحد من هذه الجريمة والمعاقبة عليها، كما ان دور الدول ينحصر في اطار اقليمها ولا يمكن ان يتعدى الى الدول الأخرى، فالتشريعات المشار اليها تسري على الاشخاص التابعين للدولة والاشخاص الموجودين في اقليمها والمتهمين بأرتكاب جرائم ابادة في اقليمها أو في اقليم دولة أخرى ولا يمكن ان تلاحق الاشخاص الموجودين في دولة أخرى، لما في ذلك من انتهاك لسيادة تلك الدولة، ما لم يكن هناك اتفاق بين الدولتين ينظم ذلك.

2. محاكمة الاشخاص المتهمين بأرتكاب جرائم الابادة الجماعية، وهو ما يمكن ان يتم وفقاً للمادة (6) من اتفاقية منع جريمة الابادة الجماعية والمعاقب عليها، امام محاكم الدولة التي ارتكب الفعل على ارضها، أو امام محكمة

---

[1] Tom J. Farer: An Inquiry into Legitimacy of humanitanian Int ervention, op. Cit, p. 185.

وأنظر كذلك:

Michael J. Glennan: The new Inter vention, Foreign Affairs, Vol. 18, No.3, 1999, p.5

[2] المادة (5) من اتفاقية منع جريمة الابادة الجماعية والمعاقبة عليها.

دولية جنائية. وهذا ما يؤكد على فكرة المسؤولية الدولية الجنائية للأفراد التي ترسخت في محاكم نورمبرغ وطوكيو [1]. وعلى ان الدولة ليست محلاً لهذه المسؤولية، حيث ان فرض العقوبات على الدولة يعني بداهه انزال العقاب بشعب بأكمله، فضلاً على انه يتعارض مع فكرة السيادة التي تتمتع بها الدولة في ظل القانون الدولي. فالدولة كشخص اعتباري لا ترتكب الجريمة وانما يرتكبها ممثلوها والقائمون بأعمال السلطة فيها. وهذا لا يعني انتفاء ايه مسؤولية للدولة، فالاتفاقية تصورت ارتكاب جريمة الابادة بناءاً على خطة مرسومة من قبل دولة ضد جماعة ذات عقيدة معينة منتمين الى دولة أخرى، أو ضد جماعة منتمين لذات الدولة المرتكبة للجريمة، وفي الحالة الاخيرة تأكيد على ان معاملة الدولة لرعاياها لم تعد، وفقاً للاتفاقية شأناً داخلياً للدولة تمارسه دون حدود [2]. ويعد ذلك تقنين لما ارسته محاكم نورمبرغ التي اخترقت حاجز السيادة الوطنيه لتعترف للأفراد بحقوق مستقله عن الدول، فاتفاقية الابادة الجماعية تأسست على فرضيه وجود حقوق دولية للإنسان لا يمكن انتهاكها بالسيادة الوطنية.

تعتبر اتفاقية الابادة الجماعية من الخطوات الأولى والمهمة على الصعيد الدولي في مجال تدويل حقوق الإنسان على حساب سيادة الدول، وجعلها تقع ضمن سلطة القانون الدولي بعد ان كانت تخضع للاختصاص الداخلي للدولة. وبناءاً على ذلك يمكن ان تتحدد مسؤولية الدولة عن هذه الجريمة وفقاً للمادة

---

[1] اسامة ثابت الالوسي: المسؤولية الدولية على الجرائم المخله بسلم الانسانية واسمها، اطروحة دكتوراه- كلية القانون- جامعة بغداد 1996، ص 102-104.

[2] د.حسنين ابراهيم: الجريمة الدولية، ط1، القاهرة، 1979، ص 268-269.

249

(9) من الاتفاقية التي اشارت الى الاحتكام الى محكمة العدل الدولية بشأن الخلافات التي تثور بين الدول والمتعلقه بتفسير أو تطبيق أو تنفيذ الاتفاقية، بما في ذلك الخلافات التي تتعلق بمسؤولية الدولة عن أعمال الابادة الجماعية أو ما يتصل بها من أعمال، وتتولى المحكمة البت في هذه المسائل بناءاً على طلب أي من الأطراف المتنازعة. وهذا يعني ان جريمة الابادة الجماعية إذا ما انطوت على فعل يشكل مسؤولية دولية لدولة ما كأن تكون قد حرضت على ارتكاب الجريمة أو امرت بذلك أو سهلت له، فأن تحديد مسؤوليتها يقع ضمن اختصاص محكمة العدل الدولية. أما بالنسبة للاشخاص فتتم محاكمتهم أما امام محاكم الدولة التي ارتكبت الجريمة على ارضها أو امام محكمة دولية جنائية[1].

3. اللجوء الى أجهزة الأمم المتحدة وفقاً للمادة (8) من اتفاقية منع جريمة الابادة الجماعية والمعاقبة عليها والتي نصت على ان "لاي من الأطراف المتعاقدة ان يطلب الى أجهزة الأمم المتحدة المختصة ان تتخذ طبقاً لميثاق الأمم المتحدة ، ما تراه مناسباً من التدابير لمنع وقوع أفعال الابادة الجماعية أو أي من الأفعال المذكورة في المادة الثالثة[2]. وقد اعتبرت هذه المادة من النصوص التي تجيز التدخل

---

[1] راجع اتفاقية منع جريمة الابادة الجماعية والمعاقبة عليها، المادة (6)، وكذلك انظر:
John kuha Bleimaien: The future of sovereignty in the 21st century, Hague year Book of International law. Vol. 6, 1993, p.22.

[2] راجع المادة (3) من اتفاقية منع جريمة الابادة الجماعية والمعاقبة عليها.

الإنساني بصورة خاصة حين تسمع للدول الأطراف باللجوء الى أجهزة الأمم المتحدة بغية التدخل لمنع جريمة الابادة الجماعية وقمعها. لقد اعتبرت هذه المادة من النصوص التي تجيز التدخل الإنساني بصورة خاصة، فهي تسمح للدول الأطراف باللجوء الى أجهزة الأمم المتحدة بغية التدخل لمنع جريمة الابادة الجماعية وقمعها. وان كانت لم تحدد أيا من الأجهزة يتم اللجوء اليه[1].

وفي تقديرنا الخاص نرى ان واجب التدخل في مثل هكذا قضايا ينحصر في مهام جهازين هما (الجمعية العامة ومجلس الامن). حيث تلعب الجمعية العامة دوراً مهماً وان كانت توصياتها لا تتمتع بقوة الالزام إلاّ انها مع ذلك تحمل قيمة قانونية كبيرة كونها تعكس وجهه نظر المجتمع الدولي فهي صادره عن الجهاز الاوسع تمثيلاً بين أجهزة الأمم المتحدة، وللرأي العالمي دور مهم في الضغط على الدول وتوجيهها بالوجهه التي تتفق مع قواعد القانون الدولي. اخذين بنظر الاعتبار، ان اتفاقية الابادة الجماعية لسنه 1948 هي من نتاج الجمعية العامة وهي من اهم الوسائل للحد من هذه الجريمة.

أما إذا شكلت جريمة الابادة الجماعية تهديداً للسلم والامن الدوليين، فبالطبع يكون مجلس الامن أكثر فعاليه في منع وقمع هذه الجريمة بأعتباره الجهاز التنفيذي للأمم المتحدة الموكل له مهمة حفظ السلم والامن الدوليين. وعمل المجلس في هذه الحالة غير متوقف على رفع طلب من احدى الدول الأطراف في الاتفاقية، كما ان رفع الطلبات لا ينحصر بالدول الأطراف، ذلك لان اتفاقية الابادة الجماعية اتفاقية ذات طبيعة دولية تلزم كافة الدول بأحكامها سواء كانت أطرافاً أم غير أطراف

[1] لمزيد من التفضل حول دور مجلس الامن في التدخل لمنع الابادة الجماعية. راجع، د.محمد منصور الصاري، أحكام القانون الدولي، مصدر سبق ذكره، ص 587 - 588، ص 591.

فيها، فهي لا تستهدف حماية الإنسانية فحسب بل تستهدف أيضاً حفظ السلم والامن الدوليين [1].

---

[1] لمزيد من التفصيل حول دور مجلس الامن في التدخل لمنع الابادة الجماعية. راجع، د.محمد منصور الصاوي، أحكام القانون الدولي، مصدر سبق ذكره، ص 587 – 588، ص 591.

المطلب الثاني
التدخل في وقت الحرب

مقدمـة

إذا كانت انتهاكات حقوق الإنسان هي القاسم المشترك لأسباب التـدخل في وقت السلم في وقت الحرب، فأن المعاناة الإنسانية التي تسببها حالة الحرب تفوق بكثير عن تلك التي تحدث في وقت السلم.

لقد ظلت الحرب ولفترات طويله تشكل اهم علاقه بين الشعوب، وخلفت على مر العصور اعداد هائله من الموتى بالاضافة الى الدمار والخراب الذي حل بالمناطق التي وقعت فيها. ومع تزايد الحروب تزايدت الدعوات للحد منها أو التخفيف من وحشيتها بالرغم مـن التناقض الـذي يحيط بفكـرة قانونيـة الحرب. فالحرب هي انهيار النظام وثوران القـوة، في حين ان القـانون يهدف الى المحافظه علـى النظام والسيطرة على القوة[1].

وعلى الرغم من فشـل المجتمع الـدولي في جعل الحرب مـستحيله، فأنه شـهد في نفس الوقت خطوات مهمة في مجال التخفيف من حدتها، وابرزت الى الوجود القانون الدولي الإنساني، وبـسبب حجم المعاناة الإنسانية التي ترافق حالة الحرب كان التدخل الإنسـاني واحـداً مـن المحـاور التـي تطـرح في مجـال التخفيف من حدة الحرب.

وعليه سنتناول في هذا المطلب التدخل وفقاً لطبيعة النزاع المسلح وعلى شقين. يسلط الأول الضوء على التدخل في حالة كون النزاع المسلح دولياً، ويتناول الثاني طبيعة التدخل في حال كون النزاع المسلح غير دولي (أهلي).

---

[1] جان بكتيه: القانون الدولي الانساني – تطوره ومبادئه، جنيف، ط 1، 1984 ص 84-86.

اولاً: التدخل الإنساني في النزاعات المسلحة الدولية

تعرف النزاعات المسلحة الدولية بأنها "قتال مسلح بين دولتين" ويدخل ضمن هذا المفهوم حروب التحرير الوطنية التي تناضل الشعوب فيها ضد التسلط الاستعماري والاحتلال الاجنبي وضد الأنظمة العنصرية في ضوء ممارستها لحق الشعوب في تقرير مصيرها[1].

وتعتبر الحرب واحده من اقدم الوسائل لتسوية المنازعات الناشئه بين مختلف الجماعات البشريه وأحد سبل السيطره والحصول على المغانم دون ان يكون هناك أي قيد أو رادع يحول دون اللجوء اليها[2].

كما وانها لازالت تشكل المصدر الرئيسي للمعاناة الإنسانية لما ينتج عنها من قتل جماعي وأضرار ماديه وحرمان من التمتع بالحقوق الإنسانية وانتشار الاوبئه والمجاعه.

ونتيجة لذلك، لم يكن بالامكان السكوت عن مثل هذه الاثار المدمره، فالحرب بأعتبارها أسوء عدو لحقوق الإنسان ولدت لدى المجتمع الدولي الرغبة للكفاح من أجل عالم يعمه السلام، بالتخفيف من الاثار المدمره للحرب واضفاء الطابع الإنساني على نيرانها، من خلال حماية ومساعدة ضحايا النزاعات المسلحة، وهو ما أخذه على عاتقه القانون الدولي الإنساني، بأعتباره احد فروع القانون الدولي العام الذي يتألف من مجموعة من القواعد القانونية التي تهدف في زمن الحرب الى حماية الاشخاص غير المشتركين في العمليات العسكرية أو الذين أصبحوا غير قادرين على المشاركة فيها، ولتقييد الطرق والوسائل المستخدمة في الحرب[3].

---

[1] انظر:

Pietroverri: Dictionary of the Inter national Law of Ar med Conflicts, ICRC, Geneva, 1992, p.35.

[2] د. سهيل الفتلاوي: المنازعات الدولية، مصدر سبق ذكره، ص 257.

[3] انظر:

ICRC: Extract from "Inter National Humanitarian law": Anwer to your Questions. 1998, http:// www. ICRC. Ch, p10 of2.

لقد اعتبر التدخل الإنساني من بين الوسائل التي يسمح بها القانون الدولي الإنساني لضمان احترام المبادئ والقواعد التي يتضمنها هذا القانون بالاستناد الى المادة الأولى المشتركة بين اتفاقيات جنيف لسنة 1949 والتي نصت على "تعهد الأطراف السامية المتعاقدة بأن تحترم هذه الاتفاقية وتكفل احترامها في جميع الأحوال"[1].

وتلزم هذه المادة الدول بضمان احترام قواعد القانون الدولي الإنساني، ومن ثم فهي تمنحها حق مراقبة ما يجري في الدول الأخرى لضمان تنفيذ هذا الالتزام، كما تعتبر المادة (89) من البروتوكول الاضافي الأول الملحق بأتفاقيات جنيف من المواد التي تجيز التدخل الإنساني كونها تفرض على الدول الأطراف في اتفاقيات جنيف التعاون مع الأمم المتحدة في حالات الخرق الجسيم لقواعد القانون الدولي الإنساني وبما ينسجم مع ميثاق الأمم المتحدة، فتدخل الأمم المتحدة أو تدخل الدول بتفويض الأمم المتحدة يعتبر تدخلاً إنسانياً، خاصة عندما يصل الامر الى استخدام التدابير القسرية من قبل مجلس الامن في حال اعتبار حالة انتهاك القانون الدولي الإنساني ممكن ان تشكل تهديداً للسلم والامن الدوليين.

الفكرة المطروحة اعلاه، يقاطعها اتجاه عبر عنه (بالفانكر) بالقول في ان فلسفه القانون الدولي الإنساني تناقض فكره ربط تطبيقه بشن الحرب، فلا يمكن ان يكون القانون الدولي الإنساني ذريعه للتدخل المسلح[2]. ويدعم رأيه هذا بالفقرتين الثانية والرابعة من ديباجة البروتوكول الأول، حيث تذكر الفقرة الثانية الدول الأطراف بالالتزام الذي اخذته على نفسها بموجب ميثاق الأمم المتحدة والتمثل بالامتناع عن اللجوء الى التهديد بالقوة أو استخدامها. في حين تؤكد الفقرة الرابعة

---

[1] انظر المادة (1) المشتركة بين اتفاقيات جنيف لسنة 1949.

[2] اوميش بالفانكر: التدابير التي يجوز للدول ان تتخذها للوفاء بالتزاماتها بضمان احترام القانون الدولي الانساني، المجلة الدولية للصليب الأحمر، العدد 35، 1994، ص 22.

على عدم تفسير أي نص من نصوص البروتوكول الأول أو اتفاقية جنيف لسنة 1949، على انه يجيز أو يضفي الشرعية على أي عمل من أعمال العدوان أو أي استخدام اخر للقوة يتعارض مع ميثاق الأمم المتحدة. فاستخدام القوة لا يمكن ان يكون الطريق المناسب لمراقبة وحماية احترام حقوق الإنسان. وهذا ما أكد عليه في حكم محكمة العدل الدولية في قضية الأنشطة العسكرية وشبه العسكرية المتخذة ضد نيكاراغوا[1]. حتى وان تم ذلك من قبل مجلس الامن بغية ضمان احترام القانون الدولي الإنساني، عملاً بالفصل السابع من ميثاق الأمم المتحدة، فانه يجب ان يتم ويقر من قبل المنظمة الدولية ووفقاً لميثاقها ومبادئها في احلال السلم والامن الدوليين، فقانونية استخدام القوة في مثل هذه الحالة تقتصر على تحقيق هذا الهدف ولا يمكن ان تنشأ عن اية قاعدة أو حكم للقانون الدولي الإنساني وذلك لكون هذا القانون يفترض ابتداءاً ان أي نزاع مسلح يؤدي الى خلق معاناة إنسانية، ومن ثم يشرع في اعداد القواعد الراميه الى التخفيف من هذه المعاناة، ووفقاً لذلك لن يكون مقبولاً منطقياً وقانونياً ان يسمح هذا القانون حتى في الحالات القصوى باستخدام القوة المسلحة[2]. واستدراكاً لما تقدم، فأن هذا القانون ينطبق على حد سواء على كل الأطراف المتنازعة وبغض النظر عن الاعتبارات المتعلقه بشرعية استخدام القوة، فلو كان القانون الدولي الإنساني يسمح باستخدام القوة لوضع حداً لانتهاكاته، لكان من الممكن أيضاً الافتراض بأن أي استخدام للقوة المسلحة يلتزم حرفياً بالقانون الدولي الإنساني هو استخدام "مشروع" وفقاً لهذا القانون وبغض النظر عن أحكام ميثاق الأمم المتحدة، وهو ما لايمكن قبوله عقلياً، حيث يعتبر من الأسباب

---

[1] مصدر سبق ذكره، ص 22.

[2] المصدر نفسه، ص18.

التي تدعو الى القول بأنه لايمكن ولا يجب ، بأي حال من الأحوال الربط بين القانون الدولي الإنساني وقانونية استخدام القوة[1].

وعلى الرغم من ذلك، فأنه بالامكان ايجاد صور للتدخل الإنساني في ظل القانون الدولي الإنساني خارج اطار استخدام القوة وهو ما يمكن ان يتحدد في ظل الهدفين الأساسيين لهذا القانون والمتمثلين بحماية ومساعدة ضحايا النزاعات المسلحة، فضلاً عن التدابير التي ينص عليها هذا القانون لغرض احترام القواعد والمبادئ التي يتضمنها. فالقانون الدولي الإنساني يسعى الى توفير الحماية االقانونية الى ضحايا النزاعات المسلحة بالحد من حريه الدول في استخدام وسائل وطرق الحرب، وتنصرف هذه الحماية الى كل فرد أو مجموعة من الأفراد غير القادرين أو الذين اصبحوا غير قادرين على المشاركة في العمليات العسكرية[2].

أما بالنسبة للمساعدة الإنسانية، بأعتبارها صوره بارزه من صور التدخل الدولي الإنساني، والتي تمتاز بثقل كبير في حالات النزاعات المسلحة الدولية، فتعتبر اتفاقيات جنيف المصدر الاتفاقي الوحيد على المستوى الدولي. فالقانون الدولي الإنساني ينص على حق السكان بالحصول على المواد التي لاغنى عنها للبقاء في أثناء النزاعات المسلحة ويوجب على أطراف النزاع السماح لايه مبادرة دولية تستهدف توفير هذه المواد في أراضي الطرف الخصم التي يحتلها أو في أراضيه، إذا لم يكن بوسعه ان يقدمها بنفسه. وقد أكدت على ذلك المادة (55) من اتفاقية جنيف الرابعه المتعلقه بحماية الاشخاص المدنيين في وقت الحرب، حيث فرضت على دولة الاحتلال تزويدهم بالمؤمن والامدادات الطبيه، كما يتوجب عليها ان تسمح بعمليات الاغاثة التي تقوم بها الدول الأخرى أو الهيئات الإنسانية غير

---

[1] نفس المصدر السابق، ص 24.

[2] ICRC: International Humanitarian Law: Answer to your Question 1998-p.16.

المتحيزة، وعلى الدول الأطراف في اتفاقيات جنيف ان ترخص بمرور قوافل الاغاثة بحريه في أراضيها وان تكفل لها الحماية[1]. كما وسعت المادة (61) من البروتوكول الاضافي الأول، مـن الالتزامـات المفروضـة على دولة الاحتلال في هذا الشأن بأن تؤمن بكل ما تملك من امكانيات وبدون تمييز مجحف، توفير الكساء والفراش ووسائل الايواء وغيرها من المواد المهمة لبقاء سكان الاقاليم المحتلة على قيد الحياة ويتم توزيع امدادات الاغاثة بمساعدة الدولة المحايدة وتحت اشرافها، ويمكن ان تقوم بـذلك دولة محايدة أو اللجنة الدولية للصليب الأحمر أو اية هيئة انسانية غير متحيزة، وفي مثل هذه الحالـة تعمـل جميـع الأطـراف في اتفاقيات جنيف على السماح بمرور امدادات الاغاثة عبر أراضيها ونقلها مجاناً الى الأراضي المحتلة[2].

ووفقاً لاتفاقيات جنيف والبروتوكول الأول الملحق بها لا تعد عمليات الاغاثة المقدمـة الى ضحايا النزاعات المسلحة تدخلاً في النزاع المسلح أو عمل غير ودي، على ان تشمل المساعدة الإنسانية، وفقاً لقـرار محكمة العدل الدولية في قضية الأنشطة العسكرية وشبه العسكرية الأمريكية ضد نيكاراغوا، تـوفير المـواد الغذائية والملابس والادوية وأية معونة إنسانية أخرى، على ان لا تشمل توريد الأسلحة ونظم الأسلحة أو غيرها من العتاد الحربي أو المركبات أو المعدات التي يمكن استخدامها في الحاق جروح خطيرة أو التسبب في الموت[3].

لقد حدد القانون الدولي الإنساني الجهات التي تملك الحق في التدخل وفقاً لمبادئه ومحدداته وهذه الجهات هي:

---

[1] المادة (55) من اتفاقية جنيف الرابعة لسنة 1949.

[2] المادة (61) من اتفاقية جنيف الرابعة.

[3] انظر:

Hard ca stle and chua: Humanitarian Assistauce, op. Cit, p. 592

1. الدول الأطراف: تلتزم الدول الأطراف في الاتفاقيات المؤلفه للقانون الدولي الإنساني بأن تضع هذا القانون موضع التنفيذ، فالمادة الأولى المشتركة بين اتفاقيات جنيف تفرض على الدول الأطراف احترام هذه الاتفاقيات وكفاله احترامها في جميع الأحوال[1].
2. الدولة الحامية: وهي دولة محايدة تكلفها احدى الدول المتحاربة برعاية مصالحها ومصالح رعاياها لدى دولة أخرى. حيث تقوم هذه الدولة بالمساهمة والاشراف على تطبيق اتفاقيات جنيف والبروتوكول الأول الملحق بها[2].
3. اللجنة الدولية للصليب الأحمر والمنظمات الإنسانية الأخرى: حيث تعترف اتفاقيات جنيف بحق اللجنة الدولية للصليب الأحمر والمنظمات الإنسانية الأخرى بممارسة الأنشطة الإنسانية دون عائق بقصد حماية الجرحى والمرضى والغرقى والأسرى والسكان المدنيين شريطة موافقة الأطراف المعنيه بذلك[3]. وتقوم اللجنة الدولية للصليب الأحمر (ICRC) بدور مهم في مجال حماية وتعزيز القانون الدولي الإنساني بسبب ماتضطلع به من أنشطة إنسانية لمصلحة ضحايا النزاعات المسلحة[4]. وعلى الرغم من الاشاره صراحة الى دور اللجنة الدولية للصليب الأحمر في اتفاقيات جنيف، إلاّ انه لاتوجد اجراءات محددة وواضحة في تلك الاتفاقيات يمكن ان تستعين بها في ممارسة انشطتها الإنسانية كما هو

---

(1) المادة الأولى المشتركه بين اتفاقيات جنيف.

(2) المادة (8) من اتفاقيات جنيف الأولى والثانية والثالثة، والمادة (11) من الاتفاقية الرابعة.

(3) المادة (8) المشتركه بين اتفاقيات جنيف الأولى والثانية والثالثة، المادة (9) من الاتفاقية الرابعة.

(4) راجع:

ICRC: Inter national Humanitarian Law: Answer to your Questions op. Cit, p.36.

الحال بالنسبة للاليات والوسائل المعتمدة في اتفاقيات حقوق الإنسان، لذلك تعتمد اللجنة الدولية على مجموعة من القواعد والمبادئ التي اعتادت اللجوء اليها عند ممارستها لنشاطها الإنساني والتي شكلت عرفاً خاصاً بها[1].

ونتيجة لسهولة اتصال اللجنة الدولية للصليب الأحمر بالضحايا وأطراف النزاع، ازدادت أعمالها أهمية وفعالية خاصة فيما يتعلق بتقديم المساعدة الإنسانية والحماية القانونية لضحايا النزاعات المسلحة. وقد مكنها اجازة نظامها الأساسي لها باستلام الشكاوي المتعلقه بانتهاكات القانون الدولي الإنساني من اجراء المساعي اللازمه لدى السلطات المعنيه، بغية الحد من تلك الانتهاكات.

أما فيما يتعلق بالوجه الاخر للتدخل الإنساني في النزاعات المسلحة الدولية، فيكمن في مواجهة انتهاكات القانون الدولي الإنساني وفقاً للاجراءات و الوسائل التي نصت عليها اتفاقيات جنيف والبروتوكول الاضافي الملحق بها، حيث يأخذ مفهوم التدخل الإنساني في كثير من الاحيان الجانب العقابي، وهو يتضمن بصورة خاصة تقرير المسؤولية الفردية الدولية الجنائية، فضلاً عن المسؤولية الدولية للدول التي ترتكب انتهاكات للقانون الدولي والتي تستدعي التدخل. ولقد فرقت اتفاقيات جنيف والبروتوكول الأول بين نوعين من الانتهاكات وهي الانتهاكات الجسيمة والانتهاكات الأخرى، حيث تشمل الفئة الثانية جميع الأعمال المنافية لاتفاقيات جنيف والبروتوكول الاضافي الأول ويمكن ان تؤدي الى اجراءات ادارية أو تأديبية أو جزائيه من طرف الدول المتعاقدة، في حين ان الانتهاكات الجسيمة ذكرت بصورة محددة في اتفاقيات جنيف والبروتوكول الأول، ولكل طرف في الاتفاقيات

---

(1) انظر:

ICRC: Inter national Humanitarian Law: Answer to your Questions op. Cit, p15.

صلاحية وواجب قمعها. وقد اعتبرت المادة (5/85) من البروتوكول الأول، الانتهاكات الجسيمة لاتفاقيات جنيف والبروتوكول الأول بمثابة جرائم حرب[1]. وللدول تبني عدد من الاجراءات والتدابير لمواجهة انتهاكات القانون الدولي الإنساني، كالتدابير الرامية الى ممارسة الضغوط الدبلوماسية (الاحتجاج، الاستنكار)، أو التدابير الانتقامية الممكنة مثل (طرد الدبلوماسيين، قطع العلاقات الدبلوماسية) أو ممارسة الضغوط الاقتصادية التي تؤدي الى عرقلة العلاقات الاقتصادية والمالية الاعتيادية. وقد يكون اللجوء الى الأمم المتحدة واحداً من التدابير التي تستعين بها الدول لوضع حد لانتهاكات القانون الدولي الإنساني وهو ما نصت عليه المادة (89) من البروتوكول الاضافي الأول ، والذي فرض على الدول الأعضاء العمل بصورة منفردة أو مجتمعة في حالات الخرق الجسيم لاتفاقيات جنيف والبروتوكول الأول الملحق بها، بالتعاون مع الأمم المتحدة وبما يتلائم مع ميثاقها وفي هذه الحالة ينتقل عمل الدول من القانون الدولي الإنساني الى ميثاق الأمم المتحدة[*].

[1] المادة (85) من البروتوكول الاضافي الاول الملحق باتفاقيات جنيف لسنة 1949.

[*] لمزيد التفيل، راجع: اوميش بالفانكر: التدابير التي يجوز للدول ان تتخذها.. مصدر سبق ذكره، ص11-14 وانظر أيضاً: كورثيلو سوماروغا: العمل الانساني وعمليات حفظ السلام، مصدر سبق ذكره. ص 213 وما بعدها.

ثانياً: التدخل في النزاعات المسلحة غير الدولية (الأهلية)

يراد من مصطلح النزاعات المسلحة غير الدولية، مصطلح الحرب الاهلية (Civil war). حيث ينصرف الى حالات القتال المسلح التي تحدث داخل اقليم الدول والتي لا تكون لها صفة دولية. وتخضع النزاعات الداخلية وفقاً لمفهومها التقليدي للاختصاص الداخلي للدول والتعامل معها يعد جزءاً من اعتبارات السيادة، ولا يمكن ان تسري عليها قوانين الحرب، ما لم يكتسب الثوار صفة المحاربين من قبل الدولة التي يدور على أرضها النزاع، وهو ما يصعب تحقيقه، فما من دولة ترغب بتقوية المتمردين عليها[1]. أو اضفاء طابع الشرعية على مطالبهم. ويترتب على اكساب مثل هذه الصفه: أ- ان يحل القانون الدولي محل القانون الداخلي في علاقة دولة الاصل بالجماعة المعترف لها بصفه المحاربين، وبالتالي يجب ان يعامل أفراد تلك الجماعة معاملة أسرى الحرب عند القبض عليهم ، ب- يحق لهم اقامة الحصار البحري واخذ الغنائم ، وتفتيش السفن المحايدة وغيرها من الحقوق التي يمنحها لها القانون الدولي ج- على الدول الأخرى الالتزام بالحياد والامتناع عن مساعدة أي من الجانبين[2]. لقد ظلت النزاعات المسلحة الداخلية بهذه الصفه حتى عام 1949 وهو تاريخ تبني اتفاقيات جنيف التي احتوت مادة مشتركة تتعلق بالنزاعات المسلحة غير الدولية وهي المادة الثالثة. حيث حددت هذه المادة نطاق تطبيقها بالنزاعات المسلحة التي ليس لها طابع دولي والتي تحدث في أراضي احد الدول الأطراف في اتفاقيات جنيف. غير ان هذه المادة لم تعتمد معايير محددة تميز تلك النزاعات عن سواها[3]. ومع ذلك فانها تعد خطوة مهمة في مجال تطور

---

(1) يشترط لاكتساب الثوار صفة المحاربين ان يكون لهم حكومة منظمة تباشر سلطتها على جزء معين من اقليم دولة الاصل، وان يكون لهم جيش منظم يلتزم بقواعد الحرب والحياد في العمليات العسكرية. راجع د.عصام العطيه، القانون الدولي العام، مصدر سبق ذكره، ص 339.

(2) د.عصام العطيه، مصدر سبق ذكره 339-334.

(3) المادة (3) المشتركين بين اتفاقيات جنيف

القانون الدولي الإنساني، من حيث انها اخرجت النزاعات الداخلية من نطاق الاختصاص الداخلي للدول الى مستوى الاهتمام الدولي. فعلى الرغم من ان هذه المادة احتوت قواعد معتدله. إلاّ انها حسنت كثيراً من حالة ضحايا تلك النزاعات[1]. ذلك انها توجب معايير الاشخاص الذين لايشتركون مباشرة في العمليات العسكرية وأفراد القوات المسلحة الذين سلموا اسلحتهم أو الذين اصبحوا عاجزين عن القتال بسبب المرض أو الجرح أو الاحتجاز. معاملة إنسانية وتحرم اية معاملة لاتحمل هذه الصفة كالاعتداء على الحياة والسلامة البدنية وعلى الكرامة الإنسانية واخذ الرهائن والادانه وأحكام الاعدام بدون محاكمة قانونية[2].

وتأكيداً على سيادة الدول. تقضي الفقرة الاخيرة من المادة الثالثة بأن تطبيق أحكام هذه المادة لا يؤثر على الوضع القانوني لأطراف النزاع. ولا تعتبر هذه الأحكام اعترافاً بالجماعات المتنازعة مع الدولة بصفه المحاربين ولا اعتراف بالشخصيه الدولية للأطراف غير المتمتعة بهذه الشخصية[3].

ورغم الأهمية التي تحظى بها المادة الثالثة المشتركة بين اتفاقيات جنيف خاصة فانها تعتبر النص الوحيد المعني بالنزاعات المسلحة غير الدولية منذ عام 1949 حتى عام 1977. إلاّ انها لم تكن كافيه لتغطية جميع الجوانب الإنسانية المتعلقة بتلك النزاعات التي اخذت تشغل حيزاً من الوجود يضاهي ويفوق الحجم الذي تشغله النزاعات المسلحة الدولية لذلك صنعت أحكام جديدة للتعامل مع مثل

---

(1) Denise plattner: Assistance to the civilian population, ICRC, No. 288. 1992, 11 www. Icrc. Ch1 unice // crcnews. Nsf/c12..7ce..., p. 60f 12.

(2) المادة (3) المشتركة بين اتفاقيات جنيف.

(3) راجع: المادة (3) المشتركة، وانظر أيضاً: ستانيلاف انهليك: عرض موجز للقانون الدولي الانساني، المجلة الدولية للصليب الأحمر، تموز - آب 1984، ص44.

هذه النزاعات تمثلت بالبروتوكول الاختياري الثاني الملحق باتفاقيات جنيف لسنه 1977[1].

ويؤكد هذا البروتوكول المتكون من (28) مادة على المعاملة الإنسانية للمقاتلين وحماية ومساعدة الجرحى والمرضى والغرقى والسكان المدنيين[2].

حيث تشير ديباجته الى المادة الثالثة، المشتركة بين اتفاقيات جنيف والى المواثيق الدولية المتعلقة بحقوق الإنسان، وهو بذلك يقيم الصلة بين القانون الدولي الإنساني وقانون حقوق الإنسان. وقد انعكس هذا الترابط بين هذين القانونين في الأنظمة الأساسية للمحاكم الدولية الجنائية. للمحكمة الدولية الجنائية الخاصة بيوغسلافيا السابقة والمحكمة الخاصة براوندا والمحكمة الدولية الجنائية من خلال منح هذه المحاكم اختصاصات تتعلق بالانتهاكات التي يتعرض لها كلا القانونين، حيث تشمل انتهاكات قانون حقوق الإنسان الجرائم ضد الإنسانية ،في حين تشمل انتهاكات القانون الدولي الإنساني انتهاكات قانون جنيف والبروتوكولين الملحقين بها[3].

ووفقاً للمادة الأولى من البروتوكول الثاني فأن أحكامه تنطبق على الحالات التي لاتشملها المادة الثانية من اتفاقيات جنيف والمادة الأولى من البروتوكول الأول (أي النزاعات المسلحة الدولية)، بمعنى ان أحكام هذا البروتوكول تطبق على النزاعات المسلحة "التي تدور على أقليم احد الأطراف السامية المتعاقدة بين قواته المسلحة وقوات مسلحة منشقة أو جماعات نظامية مسلحة أخرى وتمارس تحت

---

[1] د.عامر الزمالي، مدخل الى القانون الدولي الانساني، مصدر سبق ذكره، ص 38.

[2] البروتوكول، الثاني الملحق باتفاقيات جنيف لسنة 1977.

[3] انظر:

Tom Hadden and colin Harvey: The law of Internal Crisis and conflicts, op. Cit, pp.119-127.

قيادة مسؤوله على جزء من اقليمة من السيطرة ما يمكنها من القيام بعمليات عسكرية متواصلة ومنسقه وتستطيع تنفيذ هذا البروتوكول".

ويلاحظ ان هذه المادة تقصر سريان أحكام البروتوكول الثاني على النزاعات المسلحة التي تكون القوات المسلحة التابعة للدولة طرفاً فيها. أما النزاعات المسلحة التي تدور بين تشكيلات مسلحة مختلفة دون تدخل الحكومة المركزية فينطبق عليها أحكام المادة الثالثة المشتركة بين اتفاقيات جنيف كنتيجة للصياغة المطلقة التي جاءت بها هذه المادة[1]. غير انه لا تسري أحكام المادة الثالثة المشتركة بين اتفاقيات جنيف والبروتوكول الثاني على حالات الاضطرابات والتوترات الداخلية مثل الشغب وأعمال العنف.... الخ[2].

وقد أكدت المادة (3) من البروتوكول الثاني على وجوب احترام سيادة الدولة التي يدور على ارضها النزاع وسلطة الحكومة في الحفاظ على النظام بالطرق المشروعة وعلى عدم جواز التذرع بأحكام البروتوكول للتدخل بصورة مباشرة أو غير مباشرة في النزاع المسلح أو في الشؤون الداخلية أو الخارجية للدولة التي يجري النزاع على أقليمها.

مما تقدم نستخلص الى ان التدخل لايمكن ان يتم خلافاً لأحكام هذا البروتوكول وخارج نطاقة، واي تدخل يتم خلاف ذلك يكون غير مشروع. وهذا يعني ان التدخل الإنساني في النزاعات المسلحة الداخلية يجب ان يتحدد في اطار البروتوكول الاضافي الثاني الملحق باتفاقيات جنيف. ومن هذا المنطلق، قد تكون طبيعة التدخل الإنساني في النزاعات الداخلية مشابهه لتلك التي بحثناها في اطار النزاعات المسلحة الدولية، بالاستناد الى اجراءات الحماية والمساعدة الإنسانية التي ينص عليها البروتوكول الثاني للاشخاص المشمولين بنطاق تطبيقه. وقد ضمن هذا

---

[1] د.عامر الزمالي: مدخل الى القانون الدولي الانساني، مصدر سبق ذكره، ص 40.
[2] المادة (1، 2) من البروتوكول الثاني.

البروتوكول الحماية والمساعدة لجميع الاشخاص الذين لا يشتركون بصورة مباشرة، أو الذين يكفون عن الاشتراك في العمليات العسكرية[1].

كذلك نص على مجموعة من الضمانات لهؤلاء الاشخاص مشابه لما ورد في المادة (3) المشتركة بين اتفاقيات جنيف مع اضافة بعض الضمانات المتعلقة بالعقوبات الجماعية. وأعمال الارهاب، تجارة الرقيق وأعمال النهب والضمانات المتعلقة بالأطفال من حيث ابداء الرعاية والمعونة لهم[2]. وضمانات تتعلق بالمحاكمات من حيث عدم صدور أي حكم بالادانه دون محاكمة قانونية سابقة امام محكمة مستقلة وعادلة[3].

كذلك اورد البروتوكول الثاني أحكاماً تتعلق بالجرحى والمرضى والمنكوبين في البحار تكاد تكون مشابهه للقواعد التي وضعها البروتوكول الأول المتعلق بالنزاعات المسلحة الدولية، بالتاكيد على وجوب احترام وحماية هؤلاء الاشخاص وكذلك أفراد الخدمات الطبيه والهيئات الدينية الذين يعتنون بهم[4]. كما يتمتع السكان المدنيون بالحماية من الاخطار الناجمة عن العمليات العسكرية، فلا يجوز الهجوم عليهم مالم يقوموا بدور مباشر في الأعمال العدائية[5].

أما بالنسبة لصور التدخل الإنساني في النزاعات المسلحة غير الدولية، تلعب المنظمات الإنسانية الدولية دور كبير وواضح في تقديم الحماية والمساعدة لضحايا تلك النزاعات، حيث تجيز المادة (3) المشتركة بين اتفاقيات جنيف لاية هيئة أو

---

(1) المادة (4) من البروتوكول الثاني.

(2) المادة (4) من البروتوكول الثاني

(3) المادة (6) من البروتوكول الثاني

(4) المواد (7-12) من البروتوكول الثاني

(5) المادة (13) من البروتوكول الثاني

منظمة إنسانية كاللجنة الدولية للصليب الأحمر (ICRC) ان تعرض خدماتها على أطراف النزاع[1].

كذلك أكدت المادة (18) من البروتوكول الثاني، على أهمية أعمال الاغاثة ذات الطابع الإنساني المحايدة لصالح السكان المدنيين على ان تتم بموافقة الدولة التي تجري على ارضها هذه الأعمال[2]. وقد تعرضت هذه المادة للانتقاد لانها تشترط موافقة الحكومة المركزية على القيام بعمليات الاغاثة، وبذلك فهي تقوي مركز الحكومة على حساب الجماعة الأخرى المتنازعة معها، على اعتبار ان الحكومة سوف ترفض توجيه المساعدة لخصومها أو اعدائها. وهو ما يخالف ويعطل العمل بما جاء في نص المادة (3) المشتركة بين اتفاقيات جنيف، والتي لم تشترط موافقة الحكومة المركزية للقيام بأعمال الاغاثة[3]. غير ان عدم السماح بتقديم المساعدة الإنسانية يشكل خرقاً للقانون الدولي الإنساني، والذي منع اللجوء الى هذه الطريقة بغرض تجويع السكان المدنيين كوسيله من وسائل القتال الراميه الى اضعاف العدو[4].

لقد لعبت المنظمات الإنسانية دوراً كبيراً في مجال حماية ومساعدة ضحايا النزاعات المسلحة غير الدولية، وخاصة تلك التي تفجرت بعد نهاية الحرب الباردة والتي اخذت شكلين تمثل الأول بنزاعات فوضويه تتميز بافتقادها الى قواعد محددة تسير على نهجها، وتسببها في اضعاف أو انهيار بنيه الدولة، وفي هذه النزاعات تحاول الفئات المتصارعة الاستفادة من الفراغ السياسي الحاصل بغية انتزاع

---

(1) المادة (3) المشتركة بين اتفاقيات جنيف.

(2) المادة (18) من البروتوكول الثاني

(3) Denies plattner: Assistance to The civilian ..., op. Cit, p. 7 of 12.

(4) المادة (14) من البروتوكول الثاني

السلطه، أما الشكل الثاني فيتمثل بالنزاعات التي تهدف الى الدفاع عن المصالح المشتركة لجماعـة معينة، وغالباً ما تعمل على منع ممارسة التطهير العرقي[*].

---

[*] للمزيد من التفصيل عن دور المنظمات الانسانيه راجع:

christopher Girod and AngeloGnae dinger: politics, Military operations and Humanitarian action, op. Cit, pp. 1-19.

وانظر أيضاً:

ICRC: Extract from Inter national Humanitarian Law, op. Cit, p. 10f 12.

المبحث الثاني
التدخل الدولي غير المشروع

مقدمـــة

يعتبر التدخل الدولي الإنساني واحداً من اهم الـذرائع التي لجـأت اليهـا الـدول لأطفاء الطابع الشرعي على أعمالها غير المشروعه، وذلك من خلال الصاق الصفة الإنسانية عـلى تـدخلها، بـالرغم مـن ان أغلب تلك التدخلات التي عانت شعوب العالم من اثارها، كانت تحمل في طياتها اطماعاً اسـتعماريه مـا تلبث ان تظهر واضحة للعيان، كما انها لم تؤدي الى تحسين حالة حقوق الإنسان للشعوب التي يفترض انها تدخلت من اجلها. بل على العكس، خضعت تلك الشعوب نتيجة تلك التـدخلات الى حالـة مـن الاستعمار ظلت تناضل ردحاً من الزمن من اجل التحرر منه ومن آثاره.

ولذلك لم تلق تلك التدخلات قبولاً وسنداً قانونياً كافياً لاضفاء الطابع الشرعي عليها. فـأعتبرت تدخلات غير مشروعة، ليس فقط لعدم وجود سند قانوني لها، بل لتعارضها مع العديد من القواعد الثابتـة في القانون الدولي كمبدأ السيادة، وعدم التدخل في الشؤون الداخلية، ومبدأ تحريم اللجوء الى القوة.

وعليه سوف تبحث موضوع التدخل غير المشروع في مطلبين:

- يسلط الأول الضوء على دراسة التدخل لحماية الأفراد.

- ويسلط الثاني الضوء على دراسة التدخل من اجل الديمقراطية.

المطلب الأول

التدخل لحماية الأفراد

يهدف مثل هذا التدخل الى حماية الأفراد من الاضطهاد والمعاملة السيئة التي يلاقونها في دولة أخرى، فيأتي التدخل كرد فعل لتلك المعاملة السيئة مخترقاً حاجز السيادة للدولة المتدخل في شؤونها ومنتهكاً لسيادتها الاقليمية. وتنحصر أهداف مثل هذا التدخل بأتجاهين أساسيين، فقد يكون الهدف منه حماية حقوق رعايا الدولة المتدخله، أو تكون الحماية متوجهه لأفراد ليست لهم علاقة بالدولة المتدخله، أي رعايا الدولة المتدخل في شؤونها. وعليه سنقسم دراستنا لهذا المطلب على قسمين.

اولاً: التدخل لحماية حقوق رعايا الدول المتدخلة: يمثل التدخل لحماية حقوق الدول المتدخلة من أبرز التبريرات التي استخدمت من قبل الدول لاضفاء الطابع الإنساني (الشرعي) على تدخلها، على اعتبار ان لكل دولة الحق في حماية رعاياها في أي وقت واينما كانوا. وتبعاً لذلك حقها في التدخل في أية دولة للدفاع عن رعاياها إذا ما عجزت قوانين تلك الدولة عن توفير الحماية الكافية لهم ولممتلكاتهم أو في حالة تعرضهم لمعاملة غير إنسانية أو اعتداء غير مشروع ولم تحمهم السلطات المحلية أو ينصفهم القضاء في البلد الاجنبي [1].

وقد لاقى هذا النوع من التدخل قبولاً لدى العديد من الفقهاء ومنهم (جروسيوس) الذي اشار في كتابه قانون (الحرب والسلام) المنشور في سنة 1625 الى "مشروعية لجوء الدولة الى الحرب لحماية مواطنيها الموجودين في دولة أخرى، إذا ما كانت معاملتهم تشكل انتهاكاً للقانون". واعتبر الفقيه السويسري

---

[1] د.علي صادق ابو هني: القانون الدولي العام، مصدر سبق ذكره، ص 213.

(اميرج دي فاتيل) في كتابه (قانون الأمم) المنشور في سنة 1728. "ان الدولة ملزمة بحماية مواطنيها" [1].

وذهب البعض الى حصر فكرة التدخل الإنساني على هذا النوع من التدخل فقد عرفه (فريد) بأنه استخدام القوة أو التهديد لها من قبل دولة ضد دولة أخرى لغرض انهاء المعاملة السيئة لمواطنيها الموجودين في تلك الدولة[2]. وقد لاقت فكرة التدخل الإنساني لحماية رعايا الدولة المتدخلة رواجاً وقبولاً أكثر في اوربا الى درجة تأييده ببعض الاصدارات القضائية. من ذلك مثلاً ما شار اليه المحكم (Mar Hubert) في قضية الرعايا البريطانيين في اسبانيا بأنه " يبدو في عدد من الحالات انه حق الدولة في حماية مواطنيها في الخارج يسمو على السيادة الاقليمية للدولة التي تتم فيها عملية التدخل"[3]. وبصورة عامه اقر عدد من الفقهاء والكتاب خلال فترة عصبة الامم بقانونية مثل هذا التدخل وبأنه حق مشروع للدول.

وحتى بعد انصرام هذه الفترة، نجد هناك من يؤيد اللجوء لمثل هذا النوع من التدخل مثال ذلك ما ذهب اليه (ماكنير) وهو وئيس سابق لمحكمة العدل الدولية، بأنه من حق الدولة المشروع التدخل بالقوة لحماية مواطنيها وممتلكاتهم من الاخطار أو اعمال العنف أو الموجهة ضدهم في بلد اجنبي، إذا لم تقم السلطات المحلية بذلك أو كانت عاجزة عن ذلك[4].

---

(1) انظر:

Vladimir kartashkin: Human and Humanitarian, op. Cit, p. 203.

(2) انظر:

Farer T.J: Inquiry into the leg itimacy of Humanitarian I ntervention, op. Cit, p. 185.

(3) د. غسان الجندي. القانون الدولي لحقوق الانسان، مصدر سبق ذكره، ص 150.

(4) علاء الدين حسين مكي: استخدام القوة في القانون الدولي، المطابع العسكرية، بغداد، 1981، ص134.

وقد استعانت الدول بهذه الذريعة بشكل واسع لتبرير تدخلها في الشؤون الداخلية لـدول أخرى، مثال ذلك التدخل البلجيكي في الكونغو سنة 1964، والتدخل الأمريكي في جمهورية الدومنيكان سنة 1965، والتدخل الأمريكي لتحرير الرهائن الأمريكيين في طهران سنة 1980. وتدخلها في جزيرة غرنيادا سنة 1984، وكذلك استعانت (اسرائيل) بهذه الذريعة لتبرير تدخلها في اوغندا سنة 1976 في عملية انتابي الشهيرة فضلاً عن العدوان الثلاثي على مصر سنة 1956 والتدخل الفرنسي البلجيكي في زائير سنة 1991 [1].

وقد اعتمدت الدول، يؤيدها في ذلك جانب من الفقه الفرنسي لتبرير مثل هذا النوع مـن التـدخل على نظرية الدفاع عن النفس، على اعتبار ان تعرض رعايا الدولة الموجودين في دولة أخرى للخطر يـشكل تصديداً لدولة اولئك الرعايا، وهذا ما يمنحها الحق في التدخل لوقف معاناة رعاياها ووضـع حـد للتهديد الذي يتعرضون له دفاعاً عن النفس [2]. وبخصوص ذلك وضع الفقـه التقليـدي عـدداً مـن الـشروط لـصحة ممارسة هذا النوع من التدخل كالشروط التي وضعها (والدوك) والتي تحدد بما يأتي:

1. وجود خطر فعلي يهدد المواطنين في الدولة الاجنبية.

---

[1] لمزيد التفصيل عن هذه التدخلات وغيرها يراجع:

H.Scatt ferirley: State Actors, Humanitarian. In tervention, op. Cit, pp. 53-58.

Kelly kate and David p:Human Rights, Humanitarian intervention. Op. Cit, pp, 289.

David S. Bage: The Law of Humanitarian intervention, op. Cit, p. 294.

د.محمد تاج الدين الحسيني: التدخل وازمة الشرعية الدولية في ندوة اكاديمية المملكة المغربية، هل يعطي حق التدخل شرعيته جديدة للاستعمار، الرباط، 1992، ص53.

[2] المصدر السابق نفسه، ص 53.

2. فشل أو عدم مقدرة الحكومة المحلية في حماية المواطنين الاجانب.

3. ان يقتصر التدخل على حماية المواطنين ومنع الحاق الاذى بهم[1].

وببزوغ ميثاق الام المتحدة اصبحت التبريرات المؤيدة لتدخل الدولة لحماية رعاياها في الخارج ضعيفة وتخلى عنها جانب كبير من الفقه[2]. بالرغم من استمرار لجوء الدول اليها مستندة في ذلك الى ان المادة (51) من ميثاق الأمم المتحدة المتعلقة بحق الدفاع عن النفس قد حافظت على قاعدة عرفية كانت موجودة قبل تبني ميثاق الأمم المتحدة، تبيح للدول الاستناد الى نظرية الدفاع عن النفس للتدخل بغية حماية مواطنيها في الخارج[3]. غير ان مثل هذا الاتجاه لم يسلم من النقد، فتدخل الدولة لحماية رعاياها في الخارج لايمكن ان يستند الى حق الدفاع عن النفس وفقاً للمادة (51) ذلك ان هذه المادة وهي المصدر الأساسي لهذا الحق تربط صراحة بين ممارسة هذا الحق ووجود عدوان مسلح، ومن جهة أخرى وفي نطاق المادة (2) من ميثاق الأمم المتحدة ، فأنه من الصعب اعتبار خرق حقوق الاجانب في دولة معينة نوعاً من اللجوء الى القوة الذي يبرر ممارسة حق الدفاع عن النفس، فهذه مسائل تدخل في اطار التسوية السلمية للمنازعات وفقاً لميثاق الأمم المتحدة[4].

---

[1] علاء الدين حسين: استخدام القوة في القانون الدولي، مصدر سبق ذكره، ص 136.

[2] علاء الدين حسين: المصدر نفسه، ص 162.

[3] د. غسان الجندي. القانون الدولي لحقوق الانسان، مصدر سبق ذكره، ص 162 يراجع أيضاً:
Charter of the united Nation . Artichle (51). Pp 32-33.

[4] محمد تاج الدين الحسيني: التدخل وازمة الشرعية الدولية، مصدر سبق ذكره، ص 53 وانظر أيضاً:
Charter of the united Nation. Artichle (2) op. Cit. Pp. 6.7

وبالتالي لايمكن القول ان الخطر المحدق برعايا الدولة في الخارج يشكل تهديداً لامن تلك الدولة. وهذا يعني ان التدخل لحماية رعايا الدولة في الخارج غير مشروع، ليس لافتقاره لاي أساس قانوني فحسب بل لتعارضه مع مبادئ مهمة في القانون الدولي، خاصة فيما يتعلق بمبدأ تحريم استخدام القوة في العلاقات الدولية (م 4/2 من ميثاق لامم المتحدة). ومبدأ عدم التدخل في الشؤون الداخلية للدول (م 7/2 من الميثاق) الذي أكدت عليه الجمعية العامة في مناسبات عديدة. من أهمها اعلان عدم جواز التدخل في الشؤون الداخلية للدول وحماية استقلالها وسيادتها بسنة 1965 الذي جاء فيه بأنه "ليس لاية دولة حق التدخل، بصورة مباشرة أو غير مباشرة ولاي سبب كان، في الشؤون الداخلية والخارجية لاية دولة أخرى، ويشجب بالتالي كل تدخل مسلح أو غير مسلح، وكل تهديد يسنهدف شخصية الدولة أو عناصرها السياسية والاقتصادية والثقافية"[1].

بالاضافة الى الاعلان الخاص بمبادئ القانون الدولي المتصلة بالعلاقات الودية والتعاون بين الدول وفقا لميثاق الأمم المتحدة لسنة 1970 الذي اكد على مبدأ الامتناع عن اللجوء الى التهديد بالقوة أو استخدامها حيث يجب على الدول الامتناع عن استخدام القوة أو التهديد بها ضد السلامة الاقليمية أو الاستقلال السياسي لأية دولة، والا يكون اللجوء الى القوة وسيلة لحل القضايا الدولية، كما أكد هذا الاعلان على مبدأ عدم التدخل في الشؤون الداخلية للدول[2]. ومن جانب آخر، غالباً ما يؤدي مثل هذا النوع من التدخل الى نتائج عكسية من حيث تعرض

---

[1] قرار الجمعية العامة 2131 (د- 20) في 21 كانون الاول 1965.

[2] قرار الجمعية العامة 2625 (د- 20) في 24 تشرين الاول 1970.

الاجانب الموجودين في الدولة المتدخل في شؤونها، الى الخطر ذلك ان تلك الدولة سوف تنظر اليهم على انهم دخلاء أو أعداء وبالتالي قد تسيء معاملتهم[1].

ومما يرتبط بموضوع التدخل لحماية رعايا الدولة المتدخلة، موضوع التدخل لحماية مصالح رعايا الدولة المتدخلة واستيفاء الديون. فقد شهد مطلع القرن العشرين العديد من التدخلات من هـذا النـوع لغرض استحصال الديون، كنتيجة لتوسع المساهمات الدولية التجارية ، لاسيما في دول أمريكا الجنوبيـة والدول النامية[2]. غير ان هذا النوع من التدخل جوبه بمعارضة وعدم قبول لما فيه مـن انتهاك لسيادة الدولة المتدخل في شؤونها واعتداء صريح على استقلالها[3]. وان كان قد مورس في حالات عديدة وبـشكل خاص من قبل الدول الاوربية في شؤون أمريكا اللاتينية. مثال ذلك التدخل العسكري البريطاني والالمـاني والايطالي ضد فنزويلا سنة 1902 لاجبارها على الوفاء بالديون التي عليها لصالح رعايا تلك الـدول. ونتيجـة لهذا التدخل بعث وزير خارجية الارجنتين (لويس دراغو) بمذكرة الى الولايات المتحدة الأمريكية، جاء فيها بأنه "لايجوز بأي حال من الأحوال ان تكون الديون العامة سبباً في قيام اوربا بأي تـدخل مـسلح ضـد دول أمريكا" وهو ما تبناه مندوب الولايات المتحدة الأمريكية (الجـنرال بـورنر) في مـؤتمر لاهـاي في سـنة 1907 فكان نتيجة ذلك النص في الاتفاقية الثانية من اتفاقيات لاهاي لسنة 1907 على مبدأ دراغو والتي أكـدت على "اتفاق الدول المتعاقدة على ألاّ تلجأ الى استخدام القوة المسلحة لارغام دولة مدنية على سداد ديونها إلاّ إذا رفضت هذه الدولة طلب

---

[1] علاء الدين حسين: استخدام القوى في القانون الدولي، مصدر سبق ذكره، ص 136.

[2] المصدر السابق نفسه، ص 133.

[3] د.علي صادق ابو الهيف: القانون الدولي العام، مصدر سبق ذكره، ص 294.

عرض الامر على التحكيم أو لم تجب عليه أو جعلت الوصول الى اتفاق إلاّ حالة الى التحكيم مستحيلاً أو رفضت الالتزام بقرار التحكيم بعد صدوره"[1].

وقد استعانت الدول الغربية أيضاً بفكرة "الحق في التدخل" لحماية مصالحها الاقتصادية في الدول الأخرى، ومواجهة حركات التأميم ونزع الملكية التي شهدتها معظم دول العالم وخاصة الدول النامية ، بعد الحصول على استقلالها والتخلص من ارث الاستعمار الذي اثقل كاهلها وهو ما تمثل بصورة خاصة بالاستثمارات الاجنبية التي استنزفت ثرواتها[2]. كما واستندت تلك الدول في تدخلها الى فكرة " الحد الادنى من الحقوق" ومبدأ " الحقوق المكتسبة" وقاعدة "حماية الاستثمارات الاجنبية الخاصة في الخارج"[3].

ويعتبر هذا النوع من التدخل هو الاخر غير مشروع لانه يشكل انتهاكاً للسيادة الدائمة للدول على ثرواتها ومواردها الطبيعية بأعتبارها ركناً مهماً من اركان حق تقرير المصير[4]. فقد اكد قرار الجمعية العامة المرقم 1803 لسنة 1962 المتعلق بالسيادة الدائمة على الموارد الطبيعية على وجوب ممارسة حق الشعوب والامم في السيادة الدائمة على ثرواتها ومواردها الطبيعية وفقاً لمصلحة تنميتها القومية ورفاه شعب الدولة المعنية، وان اتخاذ أي تدبير بهذا الشأن يجب ان يتم على أساس الاعتراف بما لجميع الدول من حق ثابت في حرية التصرف في

---

(1) حول هذا الموضوع يراجع د.علي صادق ابو الهيف، مصدر سبق ذكره، ص294.

(2) د.عبد الواحد محمد الفار: طبيعة القاعدة الدولية الاقتصادية في ظل النظام الدولي القائم - مطبعة جامعة القاهرة، 1985، ص21 وص23.

(3) د.عبد الواحد محمد الفار: طبيعة القاعدة الدولية الاقتصادية في ظل النظام الدولي القائم - مطبعة جامعة القاهرة، 1985، ص21 وص23.

(4) راجع: سلوان رشيد السنجاري، التدخل الدولي الانساني، رسالة ماجستير غير منشورة - كلية القانون - جامعة الموصل. 1999، ص151.

ثروتها ومواردها الطبيعية وفقاً لمصالحها القومية. وعلى أساس احترام استقلال الدول الاقتصادي، وبالتالي يجب ان يتماشى التنقيب عن تلك الموارد وانمائها والتصرف فيها، وكذلك استيراد رأس المال الاجنبي اللازم لهذه الاغراض، مع القواعد والشروط التي ترى الشعوب والامم بمطلق حريتها انها ضرورية أو مستحسنة على صعيد الترخيص لتلك الإنشطة أو تقيدها أو حظرها. وقد استقر الفقه والعمل الدوليين على اعتبار التأميم اجراءاً مشروعاً باعتباره من الحقوق المترتبة على حق السيادة، على ان تلتزم الدولة التي قامت بالتأميم بأداء التعويض للأجانب المؤممة اموالهم كونه التزاماً دولياً يقرره القانون الدولي. وتؤكد عليه بعض الاتفاقيات الدولية التي اتفق فيها على الاحالة الى القانون الوطني للدولة التي استولت على المال الاجنبي كالاتفاق الذي ابرم بين سويسرا وتشيكوسلوفاكيا (السابقة) في سنة 1946 - 1947[1].

غير ان هذا لايعني ان الدولة لا تستطيع حماية رعاياها في الخارج خشية انتهاك سيادة الدولة وتقيداً بمبدأ عدم التدخل في الشؤون الداخلية للدول فهذه المبادئ والقواعد القانونية لا تهدر حق الدولة في حماية رعاياها الموجودين في دولة أخرى إذا ما اصيبوا بأضرار وهو ما يمكن ان يتم باللجوء الى قاعدة أساسية في القانون الدولي هي قاعدة الحماية الدبلوماسية (Protection Diplomatique) ، والتي تتم بأتصال الدولة التي لحق رعاياها الموجودين في دولة أخرى أضرار، بالدولة الأخرى بغية الحصول على تعويض مناسب بالطرق الدبلوماسية[2].

---

(1) لقد استقر الرئ الدولي على ان يكون التعويض جزئياً وعلى اقساط. راجع المصدر السابق ص152.

(2) د.عصام العطية: القانون الدولي العام، مصدر سبق ذكره، ص 389.

ويشترط لممارسة الحماية الدبلوماسية توفر عدد من الشروط أهمها:

1. وجود رابطة بين الفرد والدولة الممارسة للحماية الدبلوماسية وتتمثل هذه الرابطة بالجنسية.
2. استنفاذ الفرد للوسائل القضائية الداخلية للدولة الاجنبية المسؤولة.
3. ان يكون تصرف الفرد سليماً[1].

لقد اساءت الدول الاوربية استخدام قاعدة الحماية الدبلوماسية وافراطت باللجوء اليها الى الحد الذي ادى إلى التدخل في الشؤون الداخلية للدول وخاصة دول أمريكا اللاتينية، الامر الذي دفع الفقية (كالفو) الى بلورة نظرية تلزم الاشخاص الاجانب حين تعاقدهم مع دول أمريكا اللاتينية بالتعهد باحالة خلافاتهم مع هذه الدول الى محاكمها الوطنية.

---

[1] نفس المصدر، ص389.

ثانياً: التدخل لحماية رعايا الدولة المتدخل في شؤونها

لم يكن التدخل لحماية رعايا الدولة المتدخله الصوره الوحيدة للتدخل الإنساني التي عرفها القانون التقليدي بل توسع في هذا المجال ليجيز التدخل لحماية رعايا دولة اجنبية إذا ما عاملتهم دولتهم بطريقـة غير إنسانية تهز الضمير الإنساني. وكلتا الصورتين تطورتا على يد الدول الاوربية في القرن التاسع عشر.

لقد اجاز بعض الفقهاء مثل هـذا النـوع مـن التـدخل في حـالات معينـة كالتـدخل لتحريـر الامـة المضطهده من قبل دولة أخرى، أو التدخل لوضع حد للجرائم والمذابح التي ترتكب ضد شـعب معـين، أو عندما يعاني شعب معـين مـن حكـم مـستبد، أو عنـدما يتعـرض شـعب مـا الى معاملـة قاسـية أو بـسبب الاضطهاد الديني[1]. وقد اعتبر (جرسـيوس) وهـو مـن أكـثر الفقهـاء المتحمـسين لفكـرة التـدخل الإنسـاني، التدخل جائزاً وقانونياً عنـدما يعامـل الحكـام المـستبدون شـعوبهم معاملـة سـيئة، وعـدم اسـتطاعة تلـك الشعوب الدفاع عن نفسها. وبخصوص ذلك وضع افتراضا مفاده انه بما ان الشعب لايملك الحق القانوني في القيام بالعمليات العسكرية ضد حكومتهم المضطهدة لهم، فبامكان الـدول الأخـرى التـدخل ضـد الدولـة المضطهدة لمصلحة مواطني الدولـة الاخـيرة. واعتمـد (جروسـيوس) في دعـم افكـاره تلـك نظريـة مـشابهة لنظرية الوكالة الحديثة، "حيث شبه علاقة المواطنين المضطهدين بالدولة المتدخلة، بعلاقة الوصي بالقاصر، فالقاصر لايستطيع التعاقد أو التقاضي، لكن بامكان الوصي ان يجري مثل هذه التصرفات لمصلحة القاصر، وهو يرى ان ذلك ينطبق على المـواطنين (القاصر) الـذين لا يـستطيعون مهاجمـة حكـومتهم، فيـتم ذلـك بواسطة

---

[1]Ian Brownlie: International Law and use of foorceb ystate op. Cit, p.338.

الدول الأخرى (الوصي) لمصلحة المواطنين المضطهدين[1]. كذلك أكد الفقيه (Openhimme) على ان التدخل الإنساني جائز وقانوني عندما تجعل الدولة نفسها مذنبة نتيجة اضطهاد مواطنيها بطريقة سيئة تؤدي الى انكار حقوقهم الأساسية وهز الـضمير الإنساني[2]. في حين عرف الفقيه (لوتربخت) التدخل الإنساني بأنه "أي عمل يستهدف منع الدولة الاجنبية مـن اضطهاد مواطنيها وانكار حقوقهم الأساسية بطريقة تهز الضمير البشري، وأجاز لبقية الدول في هذه الحالة انتهاك السيادة الاقليمية للدولة المنتهكة لحقوق الإنسان ، وحماية المواطنين المضطهدين[3].

لقد حظي هذا النوع من التدخل بتأييد عدد كبير مـن الفقهاء امثال (فانيـل، ستيلك وفـوشي)، حيث يرون ان هناك واجباً عاماً يفرض نفسه على الدول، يتمثل في التضامن لمنع الاخـلال بقواعد القانون الدولي ومبادئ الإنسانية، كاحترام حياة الأفراد وحريتهم مهما كانت جنسيتهم واصولهم وديانـاتهم[4]. ومـن اهم التبريرات التي سيقت من قبل مؤيدي التدخل الإنساني الفردي، ان مثل هـذا التـدخل ينسجم مـع أهداف ميثاق الأمم المتحدة المتعلقة بحماية حقوق الإنسان، وهو لا يعتبر انتهاكا للـمادة (2) الفقـرة (4) من الميثاق، كونه لا يؤثر على التكامل الاقليمي والاستقلال السياسي للدولة المستهدفة. فالحـدود الاقليميـة لهذه الدولة تبقى ثابتة، والدولة المتدخلة تغادر الاقليم حالما تزول الازمة، أما إذا نتج عن التـدخل اطاحـة بالحكومة فان هذا لا يعتبر انتهاكا للاستقلال السياسي لتلك الدولة لان هذه الحكومة فقدت شرعيتها

---

[1]Barry M.Benjamin: Unilateral Humanitarian Inter Vention op.Cit, p.127.

[2] Ian Brownlie: International Law ...., op. Cit, p.341.

[3] نقلاً عن:

Barry M. Benjamin: Unilat eral Humanitarian, op. Cit, p.12.

[4] بوكر اوريس: مبدأ عدم التدخل في القانون الدولي المعاصر، مصدر سبق ذكره، ص75-76.

280

بأساءة معاملة رعاياها[*]. ويبرر الاستاذ (جيرو) ذلك بأن "استعمال القوة في هذه الحالة غير موجه ضد سلامة الأراضي أو ضد الاستقلال السياسي لدولة ما إذا كان هدفه وفق المجازر وأصناف التعذيب التي يذهب ضحيتها مواطنو دولة اجنبية بواسطة حكومتهم"[2].

كذلك يرى مؤيدو التدخل الإنساني ان هذا التدخل هو البديل المناسب لنظام الامن الجماعي للأمم المتحدة، إذا ما فشل هذا النظام في وقف انتهاكات حقوق الإنسان، حيث يترتب على الدول في هذه الحالة واجب عام بالعمل على دعم أهداف المجتمع الدولي ووقف انتهاكات حقوق الإنسان[3]. ويستشهدون بالتدخل البلجيكي في الكونغو سنة 1965 والحرب الهندية ضد الباكستان سنة 1971 والتدخل التنزاني في أوغندا سنة 1979 كامثلة على ممارسات الدول ودعمها للتدخل الإنساني كوسيلة فعالة لوقف انتهاكات حقوق الإنسان.

يضاف الى ذلك، فقد بررت بعض الدول تدخلها في الشؤون الداخلية لدولة أخرى بأنه يهدف الى توفير احترام القانون الدولي، وقد لجأت لمثل هذه التبريرات كل من تنزانيا لتبرير تدخلها في اوغندا، وفيتنام لتبرير تدخلها في كمبوديا، كمالجات اليه بلجيكا مبرره تدخلها في الكونغو على أساس انه يهدف الى ضمان

---

[*] نصت المادة (4/2) من ميثاق الأمم المتحدة على "ان تبتعد الدول الأعضاء في علاقاتها الدولية من استخدام أو التهديد باستخدام القوة، ضد التكامل الاقليمي أو الاستقلال السياسي لأي دولة، أو أي امر يتعارض مع أهداف وأغراض الأمم المتحدة". راجع:

UN charter, Artichle (2/4), op. cit. p. 6.

وانظر أيضاً:

Barry M.Benjamin: Unilateral Humanitarian Intervention, op. Cit, p. 141 and p149.

[2] د.محمد تاج الدين الحسيني: التدخل الدولي وأزمة الشرعية، مصدر سبق ذكره، ص 50.

[3] Barry M.Benjamin: Unilateral Humanitarian Inter. Vention, op. Cit, p122 and p.144.

احترام اتفاقية جنيف الرابعة المتعلقة بحماية السكان المدنيين والتي انتهكت من قبل القوات المتمردة في الكونغو[1]. وهناك من يعترف ان التدخل الإنساني الفردي ليس له سند قانوني، ومع ذلك يقر بشرعيته على اعتبار انه مما تسمح به قواعد الاخلاق ويقره الراي العام. وقد حددت بعض الشروط الواجب توفرها لصحة التدخل الإنساني الفردي، أهمها:

1. الحصول على موافقة الدولة المتدخل في شؤونها.
2. عدم تجاوز العمليات العسكرية للهدف الإنساني المخصص لها.
3. ان يكون التدخل ضرورياً.
4. ان يتم التدخل بنزاهة وحياد[2].

على الرغم من كل التبريرات التي سبقت لتسويغ التدخل الإنساني إلاّ انه لم يلق القبول والتأييد الكافيين لتقرير شرعيته، فلا يمكن قبول فكره ان التدخل الإنساني الفردي ينسجم مع احد أهداف الأمم المتحدة المتمثل بحماية وتعزيز حقوق الإنسان، ذلك ان هيئة الأمم المتحدة تقوم على مبدأ المساواة في السيادة بين جميع اعضائها، وبالتالي لا يحق لأية دولة من الدول الأعضاء في الأمم المتحدة ان تتمتع بسلطة ضابطة استثنائية تؤهلها لممارسة صلاحيات متفوقة لتحديد مظاهر المساس بحقوق الإنسان ثم التدخل بالقوة لحماية تلك الحقوق[3].

ويرى د.علي صادق ابو هيف، انه لا توجد جدوى من البحث في الخلاف حول مشروعيه أو عدم مشروعية مثل هذا التدخل بعد انشاء الأمم المتحدة واضطلاعها بحماية حقوق الإنسان، أي ان الأمم المتحدة هي الجهه الوحيدة الموكل

---

[1] د.غسان الجندي: القانون الدولي لحقوق الانسان، مصدر سبق ذكره، ص 168 .

[2] المصدر نفسه، ص 154.

[3] د. محمد تاج الدين الحسيني، مصدر سبق ذكره، ص 54.

لها حماية حقوق الإنسان[1]. فضلاً عن ان من يدعي بأن مثل هذا التدخل لا يشكل انتهاكا للتكامل الاقليمي والاستقلال السياسي للدولة المستهدفة والمادة (4/2) من ميثاق الأمم المتحدة، انما يتجاهل المضمون الحقيقي لعبارتي (التكامل الاقليمي) و (الاستقلال السياسي). فهذه العبارات ادرجت بعد الحاح من قبل الدول الضعيفة في مؤتمر سان فرنسيسكو من اجل الحصول على ضمانات واضحة لحماية حرمة أراضيها واستقلالها السياسي بشكل يؤدي الى القضاء على أي مبرر للعمليات العسكرية التي يزعم انها لا تؤدي الى انتهاك التكامل الاقليمي والاستقلال السياسي، وهذا يدل على ان واضعي الميثاق ارادوا غلق جميع الابواب امام كل تدخل عسكري فردي[2]. بحيث لا يمكن الربط بين شرعية التدخل الإنساني الفردي وفعالية اجراءات القسر الجماعي الواردة في الفصل السابع من ميثاق الأمم المتحدة، بسبب عدم وجود ما يؤيد مثل هذا الربط لا في نصوص الميثاق ولا في روحه.

أما بالنسبة لممارسات الدول فلا يمكن التعويل عليها لتقرير شرعية التدخل الإنساني الفردي لان اغلب تلك الممارسات كانت تفتقد الى الدافع الإنساني الحقيقي والتجرد من المصالح الذاتية، أما الحجة المستنده الى ان التدخل يتم لغرض احترام القانون الدولي فلم تسلم هي الأخرى من النقد، ذلك ان مثل هذا القول يخالف القواعد التقليدية للمسؤولية الدولية التي تقرر ان مسألة الحق القانوني المتضرر هي قضية ثنائية بين الدولة المقصره والدولة الضحية.

أما الدولة التي لم تتعرض الى ضرر نتيجة المعاملة السيئة التي يعاني منها مواطنو دولة أخرى، لايمكن لها ان تتذرع بالتدخل الإنساني، كما لا يمكن ان يكتسب التدخل الإنساني الفردي شرعيته بالاستناد الى الاعتبارات الاخلاقية

[1] د.علي صادق ابو هيف، القانون الدولي العام، مصدر سبق ذكره، ص 215.

[2] د.محمد تاج الدين الحسيني، مصدر سبق ذكره، ص 51.

والإنسانية، ذلك ان مراعاة الجانب الاخلاقي في التسليم بحـق التـدخل، كلـما تـوفر الاجـماع الادبي حول امتهان حقوق الإنسان في منطقة ما، سوف يعطي للـدول الكـبرى صلاحيات واسعة، ليست فقط لايجاد المبرر الاخلاقي للتدخل العسكري، بل ويعطيها بما يتـوفر لـديها مـن وسائل الدعاية المتطورة كل امكانيات تكيف وتوجيه الرأي العام لصالح اطروحتها، وهي بدون شك اوضاع تضفي مجدداً على العلاقات بين الدول كل صفات قانون الغاب التي عرفها المجتمع الدولي قبل قيام التنظيم الدولي، حيث تبقى الدولة القويه وحدها القادرة على التدخل ووحدها المؤهله لتحديد معايير التدخل وأهدافه[1].

وبموجب القـرار (3314) لسنة 1974 والخاص بتعريـف العـدوان، اعتـبر التـدخل الإنسـاني مـن التبريرات غير المشروعة لاستخدام القـوة، حيـث عرفت المـادة الأولى مـن القرار المذكور العدوان بأنه "استعمال القوة المسلحة من قبل دولة ما ضد السيادة أو السلامة الاقليميـة أو الاستقلال السياسي لدولة أخرى، أو بأي شكل اخر يتنافى مع ميثاق الأمم المتحدة "، واشارت المادة (1/5) بأنه "لا يؤخذ بنظر الاعتبار اية طبيعة سواء سياسية أم اقتصادية أم عسكرية لاتخاذها مسوغاً للعدوان" وبالتالي وبموجب هذا القرار اعتبر التدخل الإنساني الفردي احد أفعال العدوان[2]. بالاضافة الى ان مثل هذا التدخل يعتبر انتهاكا واضحا لقرار الجمعية العامة (103/36)[*] لسنة 1981 الخاص باعلان عدم جواز التدخل بجميع انواعه في الشؤون الداخلية للدول، حيث جاء في هذا الاعلان، بان على الدول واجب الامتنـاع عـن استغلال وتشويه قضايا حقوق الإنسان كوسيلة للتدخل في الشؤون الداخلية للدول، أو لممارسة الضغط عـلى دول أخرى، أو خلـق عدم الثقة والفوضى داخل

[1] د. محمد تاج الدين الحسيني، التدخل وازمة الشرعية الدولية، مصدر سبق ذكره، ص 55.

[2] قرار الجمعية العامة (3314) لسنة 1974.

[*] راجع قرار الجمعية العامة (103/36) لسنة 1981.

الدول أو مجموعات الدول وفيما بينها. فهذه القرارات وغيرها تفرض واجباً أساسياً على الدول بالامتناع عن التدخل في الشؤون الداخلية للدول، وهذا المنع لا يشمل التدخل الفردي فقط، بل يشمل أيضاً التدخل الجماعي غير المستند لميثاق الأمم المتحدة. فالتدخل الجماعي لا يصبح مشروعاً لمجرد انه جماعي، واوضح مثال على ذلك التدخل العسكري الغربي في شمال العراق عام 1991 والذي سنلقي الضوء عليه في استعراضنا لتطبيقات التدخل الإنساني الدولي لاحقاً.

المطلب الثاني
التدخل من اجل الديمقراطية

توطئــة

يعتبر التدخل من اجل ايجاد نظام ديمقراطي أو ضد حكومة غير ديمقراطية في دولة ما، واحدة من الحالات التي عرف على انها شكل من اشكال التدخل الدولي الإنساني[*].

وترجع جذور هذه المسألة الى وقت تحالفات الملكيات الاوربيـة، لمنـع أي نظـام حكـم غـير ملـكي يقوم في اوربا ويعرض انظمتها للخطر، كالحلف المقدس الذي قام سنة 1815، ليكـون اداة للتـدخل بوجـه أية حركة تغيير ثورية، وهو ما حدث في اسبانيا والبرتغال ونابولي وسردينيا، على اثر قيـام انظمـة ثوريـة في هذه الدول[2].

ويرتبط هذا الموضوع بمسأله اعتراف الدول بالحكومات الجديدة التي تنشأ بطريقة غير قانونية أو بوسائل العنف والقوة. وقد نشأ بخصوص هذا الموضوع مـذهبان رئيـسيان هـما **مـذهب ثوبـار ومـذهب استيرادا**. فالمذهب الأول تبنى فكرة عدم الاعتراف بالحكومات التي تصل الى السلطه بطريقـة مخالفـة لمـا ترسمه القواعد

(*) الديمقراطية: اشتقاق من كلمتين هما: Demos أي الشعب وKratia أي السلطة أو الحكومة. وتعنـي (حكومـة الـشعب أي اختيار الشعب لحكومته وغلبة السلطة الشعبية أو شيطرة الشعب على هـذه الحكومـة التـي يختارهـا). أنظـر: عبـد الوهاب الكيالي وكامل الزهيري ، الموسوعة السياسية ، المؤسسة العربية للدراسات والنشر، بيروت 1974، ص275.

(2) انظر:

Fernando R. Teson: Collective Humanitarion Intervention, op. Cit, pp. 331-335.

Ann-Marie Burley: Commentary on Interveution Against Illegitimate Regimes, in Lori Fisler and David J. Scheffer: Law and force in The New Inter

duter ratioval or der, 1991, pp. 177-180.

الدستوريه. وهذا المذهب يهدف الى وضع حد للانقلابات والثورات والحروب الاهلية في دول أمريكا اللاتينة. أما مذهب استيراد فيرى ان على الدول التعامل مع الحكومة الفعلية وبغض النظر عن شرعيتها.

وقد فشل مذهب ثوبارفي تحقيق أهدافه المتمثله بالحد من الثورات والانقلابات كما انه لم يقبل بسبب تعارضه مع قواعد القانون الدولي وخاصة فيما يتعلق بمبدأ مساواة الدول وصيانة استقلالها، ولانه يسمح بالتدخل في شؤونها الداخلية والدستورية، فليس للدول ان تنصب نفسها قاضياً لتحديد شرعية الحكومة في دولة ما. ولهذا السبب رفض القضاء الدولي الاخذ به كما انه لم ينل قبول الدول[1]. وخلال فترة الحرب الباردة مثل التدخل من اجل الديمقراطية احد أساليب هذه الحرب، حيث لجأت اليه بصورة خاصة الولايات المتحدة الاميريكية مستندة في ذلك الى مذهب الرئيس الأمريكي ترومان[2]. والذي يقوم على فكرة مفادها ان احترام مبدأ عدم التدخل مقيد بعدم تهديد الديمقراطية[3]. واهم الفرضيات التي تتدخل فيها الولايات المتحدة الأمريكية من اجل الديمقراطية هي:

1. التدخل لمقاومة حركات التمرد ضد الحكومات الصديقة ذات الميول الديمقراطية.

---

(1) حول هذا الموضوع يراجع د.عصام العطية: القانون الدولي العام، مصدر سبق ذكره، ص346 - 370.

(2) تمثل ذلك بالاعلان الذي اصدره ترومان في 17 تشرين الاول سنة 1945 والذي جاء فيه ان الولايات المتحدة الامريكية " لن توافق على اية تغيرات أو تعديلات اقليمية في أي مكان إلاّ إذا كانت مطابقة لرغبات الشعوب التي يهمها... وانها سترفض الاعتراف بانه حكومة تفرض على اية امة بمعرفة دولة اجنبية. ونقلاً عن د. مصطفى سلامة حسين: ازدواجية المعاملة في القانون الدولي، دار النهضة العربية، 1987، ص 103.

(3) المصدر نفسه، ص 102.

2. القيام بالعمليات العسكرية ضد قواعد مايسمى بالمنظمات الارهابية (الثورية) أو الدول التـي تساعدها.

3. مساعدة جبهات المعارضة التي تحارب في بعض الـدول العـالم الثالـث ذات الميـول الثوريـة [1]. وبالمقابل تبنى الاتحاد السوفيتي السابق (مبدأ بريجنين) الذي بمقتضاه يكون مـبرراً أي اجـراء تقوم به الدول الاشتراكية ولو كان عسكرياً بقصد مساعدة دولة اشتراكية تتهدد بـالخروج عـن الاشتراكية بما يعني تهدد مصالح وامن الدول الاشتراكية الأخرى، ووفقاً لهذا المبدأ يحق للـدول الاشتراكية التدخل في الشؤون الداخلية للدول الاشتراكية الأخرى حمايـة للاشـتراكية ذاتهـا [2]. وبعد تفكك الاتحاد السوفيتي وزوال المعسكر الاشتراكي ومـن ثـم نهايـة الحـرب البـاردة اخـذ مفهوم التدخل من اجل الديمقراطية بعد جديداً تنفرد الولايات المتحـدة بممارسـتة ومحاولتهـا تمرير دعواتها المتعلقة بهذا الموضوع الى العالم مـن خـلال الأمـم المتحـدة واظهارهـا بمظهـر التصرفات الصادرة عن هذه المنظمة. واصبح التدخل من اجل الديمقراطية من المفاهيم التـي يستوعبها التدخل الإنساني باعتبار ان المنظمة غير الديمقراطية تقوم بأرتكاب انتهاكات واسـعة لحقوق الإنسان وان الحرية في اختيار نظام الحكم إذا ما أسيء اسـتخدامها تـشكل تهديـداً للسلم وكانت ممارسات الأمم المتحدة. المتعلقة بنظام فرانكو في اسبانيا سنة 1946 وحكومـة جنوب افريقيا وروديسيا الجنوبية واحدة من الاسانيد التي لجأ اليها مؤيد والتدخل من

---

[1] المصدر نفسه، ص 104.

[2] د. مصطفى سلامة حسين، مصدر سبق ذكره، ص 99-100.

اجل الديمقراطية لتقرير شرعيته[1]. وبناءاً على ذلك دعوا الى تدويل مفهوم الديمقراطية وحمل جميع الدول على تبني نظام حكم ديمقراطية وترسخ هذا الاتجاه بصورة خاصة بالتدخل الدولي في هايتي على اثر حدوث انقلاب عسكري فيها والاطاحة برئيسها المنتخب (حان برنارد اريستيد) بتاريخ 1991/9/29[2]. حيث اصدر مجلس الامن عدداً من القرارات للضغط على قادة الانقلاب بغية التخلي عن السلطة، الى الدرجة التي وصف فيها ان الحالة في هايتي تشكل تهديداً للسلم والامن الدوليين وقضى وفقاً لقراره المرقم 841 (1993) الصادر بالاستناد الى الفصل السابع من ميثاق الأمم المتحدة بتبني مقترح منظمة الدول الأمريكية المعني بفرض حظر تجاري وبحري على هايتي. وعلى أثر فشل تنفيذ اتفاق (جزيرة غفرنز) المعقود بتأريخ 3 تموز 1993 وميثاق نيويورك في 6 تموز 1993. اللذين عقدا نتيجة مساعي منظمة الدول الأمريكية والقاضيين بتنازل السلطة الانقلابية عن الحكم وعودة الرئيس المنتخب، اصدر مجلس الامن قراره المرقم 940 في 1994/7/31. الذي اجاز بموجبه للدول الأعضاء تشكيل قوة موحدة مهمتها تسهيل عودة الرئيس

---

(1) انظر:

Igor I.Lukashuk: The United Nation and ILL egitimate Regimes, op. Cit, pp, 146-147.

(2) انظر:

Professor cherif Bassion: Toward.Universal Declaration on the Basicprinciples of Democracy from principle to Reatization, in, Inter-par liamentary union De mocracy, printing and binding by ATAR. Geneva, 1998, pp.14-15.

الشرعي الى السلطة[1]. وقد قادت الولايات المتحدة الأمريكية هذه الحملة وتحملت جميع تكاليفها، بل انه هذه الدولة هي التي ولم يكن التدخل الدولي العسكري إلاّ عبارة عن قوات أمريكية في وسط معارضة وتحفظ دول أمريكا اللاتينية ويرجع هذا التدخل الى أسباب تتعلق بالمصالح الحيوية لهذه الدولة في منطقة الكاريب خاصته ان هايتي تمثل الفناء الخلفي لها[2]. غير ان تعامل مجلس الامن مع المشكلة الهايتيه يشكل في حد ذاته تطوراً خطيراً ومهماً في عمل هذا الجهاز السياسي كونه استخدم لاول مرة في تأريخ الأمم المتحدة الجزاءات الدولية للاطاحة جبراً بنظام حكم قائم ولإعادة نظام أطيح به[3]. وبالرغم من الأهمية التي تحظى بها الديمقراطية بأعتبارها اسلوباً ناجحاً لادارة الحكم وبسبب ارتباطها بضمان حماية حقوق الإنسان واحترام القانون، إلاّ انه لا يمكن اعتبار التدخل لفرض الديمقراطية تدخلاً مشروعاً لان مسائل نظام الحكم هي من صميم خصوصيات الدول ولا يوجد نمط محدد يمكن فرضه على جميع الدول، بل ان ذلك يدخل في اطار حق الشعوب في اختيار نظام الحكم الذي تراه مناسباً لها[4]. وهو ماينسجم مع مبدأ حق الشعوب في تقرير مصيرها الذي يشمل وفقاً لقرار الجمعية العامة المرقم (1514) في 14 كانون

[1] باسيل يوسف: تسييس بواعث وأهداف الحماية الدولية لحقوق الانسان، مصدر سبق ذكره، ص110.

[2] بنيه الاصفهاني: غزو هايتي بين الشرعية الدولية واستعراض القوة، مجلة السياسة الدولية، العدد 119، 1995، ص 191-196.

[3] باسيل يوسف: تسييس بواعث وأهداف الحماية الدولية لحقوق الانسان، مصدر سبق ذكره، ص 11.

[4] د.محمد فائق: حقوق الانسان بين الخصوصية والعالمية، مصدر سبق ذكره، ص 6.

الأول 1960 الخاص بمنح الاستقلال للبلدان والشعوب المستعمرة، وحق الشعوب في ان تحدد بحرية نظامها السياسي، وان تسعى في ظل هذه الحرية الى تحقيق نموها الاقتصادي والاجتماعي والثقافي، خاصة ان هذا المبدأ اصبح من المبادئ القانونية الدولية الأساسية بفعل تكرار النص عليه في العديد من القرارات الصادرة عن الجمعية العامة بموافقة الاغلبية العظمى لدول العالم[1].

وقد أكدت العديد من قرارات الجمعية العامة على ان المسائل المتعلقة بنظام الحكم هي من المسائل الداخلية للدول كالقرار 2131 (د- 20) في 21 كانون الأول 1965 المتعلق باعلان عدم جواز التدخل في الشؤون الداخلية للدول وحماية استقلالها وسيادتها الذي نصت الفقرة الثانية منه على انه "لايجوز لاية دولة استخدام التدابير الاقتصادية أو السياسية أو أي نوع من التدابير، أو تشجيع استخدامها لاكراه دولة أخرى على النزول عن ممارسة حقوقها السيادية أو للحصول منها على اية مزايا، كما انه لا يجوز لاية دولة أخرى بالعنف ، أو مساعدة هذه النشاطات أو التحريض عليها أو تشجيعها أو التغاضي عنها"[2]. ونصت الفقرة الخامسة من هذا الاعلان على انه "لكل دولة حقاً غير قابل للتصرف في اختيار نظمها السياسية والاقتصادية والاجتماعية والثقافية دون أي تدخل من جانب دولة أخرى"، وهو ما أكد عليه قرار الجمعية العامة المرقم (2652 في 24 تشرين الأول سنة 1970) المتعلق بأعلان مبادئ القانون الدولي المتصلة بالعلاقات الودية والتعاون بين الدول

---

[1] د.عصام العطية: القانون الدولي العام، مصدر سبق ذكره، ص 223.
[2] المصدر نفسه السابق ذكره، ص 223.

وفقاً لميثاق الأمم المتحدة[1] وجاء في قرارها المرقم 103/36 في 9 كانون الأول سنة 1981 أن مبدأ عدم التدخل في الشؤون الداخلية والخارجية يشمل عدداً من الحقوق والواجبات منها "حق الدولة السيادي غير القابل للتصرف في تقرير نظامها السياسي والاقتصادي والاجتماعي بحرية. وفي تنمية علاقاتها الدولية وفي ممارسة سيادتها الدائمة على مواردها الطبيعية وفقاً لارادة شعبها دون تدخل أو تداخل أو تخريب أو قسر أو تهديد من الخارج بأي شكل من الاشكال"[2] ونصت الفقرة (أ) من البند الثاني من هذا الاعلان على ان "واجب الدول في الامتناع في علاقاتها الدولتية عن التهديد باستخدام القوة أو استعمالها بأي شكل من الاشكال، أو عن انتهاك الحدود القائمة المعترف بها دولياً لدولة أخرى أو زعزعة النظام السياسي أو الاجتماعي أو الاقتصادي لدولة أخرى، أو الاطاحة بالنظام السياسي لدولة أخرى أو حكومتها أو تغييرها، أو احداث توتر بين الدول بصورة ثنائية أو جماعية أو حرمان الشعوب من هويتها الوطنية وتراثها الثقافي". ووفقاً لذلك يعد محرماً كل تدخل بالمسائل المتعلقة بنظام الحكم وبغض النظر عن التبريرات المرافقة لمثل هذا التدخل، بالاستناد الى الفقرة السابعة من المادة الثانية من ميثاق الأمم المتحدة التي تحرم التدخل في الشؤون الداخلية للدول، ولا يقتصر هذا المنع على الدول الأعضاء بل يشمل أيضاً المنظمة ما لم يكن هناك تهديداً للسلم والامن الدوليين واستخدام للفصل السابع من ميثاق الأمم المتحدة - وهو مالم يحدث في السابق حيث لم يقم مجلس الامن بربط تهديد السلم والامن الدوليين بالمسائل المتعلقة بنظام الحكم. أما بالنسبة لممارسات الأمم المتحدة المتعلقة بنظام فرانكو وحكومة جنوب افريقيا

---

[1] قرار الجمعية العامة (2652) في 24 تشرين أول 1970.

[2] قرار الجمعية العامة (103/36) 9 كانون أول 1981.

وروديسيا الجنوبية وغيرها من الممارسات، فلم تأت كأثر لوجود نظام حكم معين وانما نتيجة للأعمال الوحشية التي قام بها الاشخاص الذين يديرون دفة الحكم والتي سببت انتهاكات واسعة لحقوق الإنسان وأعمال عدوان وابادة جماعية، فتدخل الأمم المتحدة كان لوقف هذه الأعمال التي وصفت بأنها تشكل تهديداً للسلم والامن الدوليين ولم يتعلق الامر بضمان تمتع سكان تلك الدول الدايمقراطية أو لتغيير انظمة الحكم غير الشرعية[1].

ونرى ان الكلام ينطبق على تدخل الأمم المتحدة في هاتيي ذلك ان الانقلاب العسكري في هذه الدولة تسبب في خلق ازمة انسانية نتيجة للأعمال العسكرية التي رافقته والتي ادت الى لجوء اعداد كبيرة من الشعب الهاتيي الى الدول المجاورة كما ان عمل مجلس الامن المتعلق بهذه المسأله كان مدفوعاً بالاعتبارات السياسية لبعض الدول دائمة العضوية في مجلس الامن والتي اشرنا اليها سابقاً. وبالتالي لانرى ان تدخله في هايتي يشكل سابقة قانونية تتيح له في المستقبل التدخل في الدول التي تحدث فيها انقلابات أو ثورات بغية اعادة الديمقراطية فيها. ويمكن تأييد ذلك بعدم تدخل مجلس الامن في العديد من الدول التي حدثت فيها انقلابات وأدت الى تغيير نظام الحكم فيها كما هو الحال بالنسبة للانقلاب الذي حدث في الباكستان مؤخراً بالرغم من محاولات بعض الدول التدخل للضغط على قادة الانقلاب للتخلي عن السلطة، ولكن لم يصل الامر الى تدخل مجلس الامن فالديمقراطية المحلية أو شكل الحكومة ليس بالضرورة مرتبط بالعلاقات الدولية وحفظ السلم والامن الدوليين، حيث ان ادارة الدولة سواء أكانت ديمقراطية أم غير ديمقراطية لعلاقتها

(1) Thomas. M. Franck: Intervention Against I Llegitimate Reg: mes, in fisler pamrosh and David J. Scheffer Law and force in the New International Order,1991, p. 170.

الدولية انما يتأثر بصورة أساسية بأعتبارات السيادة والمصلحة الاقتصادية وهذه الاعتبارات لاتنشئ بالضرورة ممارسات ديمقراطية أو قانونية لذلك يكون من الخطر الافراط في العلاقة بين شكل الحكومة الديمقراطية المحلية وحفظ السلم والامن الدوليين بسبب تأثير الاعتبارات السياسية والاقتصادية فيما بين الدول المتطورة والنامية[1]. فالديمقراطية ليست تعميماً لنظام حكم لدولة معينة. بل هي هدف يسعى الى تحقيقه من قبل جميع الشعوب، ومفهوم الديمقراطية يستوعب من قبل جميع الثقافات ويأخذ اشكالاً مختلفة وفقاً لصفات وظروف المجتمعات[2]. فشكل الحكم هو من الامور التي تحددها طبيعة وصفات وثقافة وتأريخ كل مجتمع. وما ينسجم مع مجتمع ليس بالضرورة ينسجم مع مجتمع اخر فهناك مجتمعات يناسبها النظام البرلماني وأخرى النظام الرئاسي أو الجمهوري أو الملكي فهل من الممكن ان نطبق النظام البرلماني السائد في دولة متطورة كبريطانيا على دولة متخلفة كزيمبابوي.

لقد أبدت محكمة العدل الدولية رأيها في هذا الموضوع في قضية الأعمال العسكرية وشبه العسكرية الاميريكية ضد نيكاراكوا حيث أكدت على ان تبني الدولة لنظرية معينة لا يشكل انتهاكاً للقانون الدولي العرفي. وان القول بغير ذلك يؤدي الى تجريد الدول من معنى مهم من معاني سيادة الدول وفقاً لما أستقر في القانون الدولي والمتعلق بحرية الدول في اختيار نظامها السياسي والاجتماعي والاقتصادي والثقافي كما رفضت المحكمة اجازه التدخل ضد الدول التي تعتنق ايدولوجية أو

---

(1) انظر:

Professer Cherif Bassion: Toward a Universal Doclaration ..., op. Cit, p. 16.

(2) انظر:

I bid, p.5

نظاماً سياسياً معنياً[1]. كما ان استخدام القوة لتغيير نظام الحكم لايمكن ان ينسجم مع مبادئ الأمم المتحدة التي حرمت اللجوء الى القوة وفقاً للمادة 4/2 ولا يمكن ان تفسر هذه المادة بأية طريقة تجيز مثل هذا النوع من التدخل بدعوى انه تدخل إنساني[2].

ومن الجدير بالذكر ان ما يطرح هنا ليس مناقشة للديمقراطية وحقوق الإنسان، باعتبارهما مفاهيم مقبولة على المستوى الدولي، لكن عندما تفرض الديمقراطية من الخارج وخاصة من دول معينة أو مجموعة دول، يصبح ذلك تدخلاً من نوع التدخل الذي فرضته معاهدات الاستعمار أو ممارساته، فالتدخل الجديد من نوع التدخل القديم والشرعية التي تمنحها الدول الكبرى لنفسها اليوم في اقرار نظام من نوع معين أو تطبيق حقوق معنية هي نفس الشرعية التي كانت دول كبرى في عهد الاستعمار تمنحها لنفسها في ادخال اصلاحات من نوع معين في دولة أو مجموعة دول أخرى[3].

ان حقوق الإنسان تتنافى مع اتجاه بعض الدول الى فرض نموذجها السياسي على دول أخرى، حيث ان خطورة هذا النوع من التدخل تكمن في محاولة بعض الدول تصدير نظام معين وفرضه على بقية الدول بأعتباره نموذجاً للديمقراطية[4].

---

(1) نقلاً عن باسيل يوسف ،حماية حقوق الانسان بين مبدأ عدم التدخل ... مصدر سبق ذكره، ص 15.

(2) انظر:

Ved Nanda: Commentary on International Intervention to promote the Legitimacy of Regimes, in Lorifisler and David J. Scheffer, op. Cit, p. 183.

(3) عبد الكريم غلاب: الحفاظ على السيادة الوطنية والتدخل الدولي، في ندوة اكاديمية المملكة المغربية، مصدر سبق ذكره، ص152-153.

(4) انظر رأي (موريس دريون) في نقاشات هل يعطي حق التدخل شرعية جديدة للاستعمار، في ندوة اكاديمية المملكة المغربية، مصدر سبق ذكره، ص 181.

وهذا امر يخضع في كل الأحوال للمعاملة الانتقائيه لتلك الدول، ففي الدول التي تتجسد فيها مصالح الدول الكبرى لا يكون غياب الديمقراطية واساءة حقوق الإنسان مدعاة لانتباه المجتمع الدولي، وبالمثل فأن المجتمع الدولي غير مستعد للاشادة بالتغيرات الديمقراطية التي تحدث في الدول التي تفتقر الى مصالح الدول الكبرى[1].

لقد استخدمت هذه المفاهيم واستغلت بصورة واسعة من قبل الدول التي ترفع شعارات حقوق الإنسان والديمقراطية لممارسة اخطر صور التدخل في الشؤون الداخلية للدول وانتهاك قواعد القانون الدولي، وخير مثال على ذلك، التدخل الأمريكي في بنما بعدةِ اوضح الامثله على سياسة التدخل غير المشروعه والتي دأبت الولايات المتحدة الأمريكية على انتهاجها، حيث قامت هذه الدولة في كانون أول 1991 بشن حملة عسكرية ضد بنما وقامت بالقاء القبض على رئيسها (نوريغا) وقادته على أراضيها بتهمة تهريب المخدرات الى داخل أمريكا وافساد الشباب والشعب الأمريكي، وأودعته السجن. وهذه بالتاكيد صورة واضحة لنمط الديمقراطية التي تدعو الولايات المتحدة الأمريكية الى فرضها على جميع دول العالم، والموجه بشكل خاص ضد الحكومات الثورية الرافضة لهيمنتها على العالم والانظمة الدكتاتوريه[2]. لقد تنامت في الفترة الاخيرة الدعوة الى تدويل مفهوم الديمقراطية ليشمل حتى المنظمات الدولية، حيث طرحت العديد من الافكار والاراء

---

[1] انظر:

Babacar Ndiaye: International Co-operation to promot Democracy and Human Rights, The Review International commission of Jurists, No. 49, 1992, p.27.

[2] ريتشارد بارنت، سياسة التدخل الامريكية في دول العالم، مصدر سبق ذكره، ص65.

حول ان يتم دمقرطة الأمم المتحدة أولاً، هذه المنظمة التي تقوم على مبدأ المساواة في السيادة بين جميع اعضائها[1]. في حين تخرق هذا المبدأ في الفصل الخامس من ميثاقها الخاص بمجلس الامن بمنحها خمس دول مقاعد دائمة في عضوية المجلس واعطائها حق النقض (الفيتو) مع الاخذ بنظر الاعتبار ان قرارات مجلس الامن المتعلقة بالمسائل غير الاجرائيه تصدر بموافقة (9) اصوات من اعضائه يكون من بينها اصوات الأعضاء الدائميين متفقه[2]. وهذا ما يمنح هذه الدول مركزاً خاصا ومفضلاً على بقية الدول في الأمم المتحدة لان مجلس الامن هو الجهاز التنفيذي الموكل اليه حفظ السلم والامن الدوليين، والجهاز الوحيد الذي يستطيع استخدام أو الاذن باستخدام التدابير القهرية[3]. وهو مايتناقض مع مبادئ الديمقراطية خاصة تلك بالمساواة في الواجبات والحقوق. وهو ما اكد عليه الاعلان العالمي للديمقراطية الذي تبناه الاتحاد البرلماني الدولي في 16 ايلول 1997 في القاهرة، حيث اشارت الفقرة (24) منه الواردة ضمن فصل البعد الدولي للديمقراطية الى "انه يجب الاعتراف بالديمقراطية كمبدأ دولي قابل للتطبيق على المنظمات الدولية والدول في علاقاتها الدولية، وان مبدأ الديمقراطية العالمية لايعني فقط المساواة في التمثيل للدول بل يستوعب أيضاً المساواة في الحقوق والواجبات الاقتصادية للدول"[4].

كما اشارت الفقرة (25) الى وجوب تطبيق مبادئ الديمقراطية على الادارة الدولية للقضايا ذات المصلحة العالمية والتراث المشترك للإنسانية وخاصة تلك

---

[1] المادة (1/2) من ميثاق الأمم المتحدة.

[2] المادة (3/27) من ميثاق الأمم المتحدة.

[3] انظر، الفصل السابع من ميثاق الأمم المتحدة.

[4] راجع الاعلان العالمي بشأن الديمقراطية - الاتحاد البرلماني الدولي - القاهرة -16 ايلول 1997.

المتعلقة ببيئة الإنسان. وأكدت الفقرة (26) من نفس الاعلان، على ان "الحماية الديمقراطية الدولية، يجب على الدول التأكد من انسجام تصرفاتها مع القانون الدولي، والامتناع عن التهديد أو استخدام القوة وعن أي تصرف يعرض للخطر أو ينتهك السيادة والسلامة الاقليمية أو الاستقلال السياسي للدول الأخرى، وان تحل خلافاتها بالطرق السلميه"[1].

كما أكدت ديباجة الاعلان العالمي بشأن الديمقراطية والاعلان المتعلق بمعايير الانتخابات العادلة والحرة الذي صدر في آذار 1994 عن الاتحاد البرلماني الدولي، على عدم شرعية التدخل الذي يهدف الى الحد من حرية الدول في اختيار نظمها السياسية والاجتماعية والاقتصادية والثقافية، وبالنص على ان "لكل دولة حقاً في ان تختار وتحدد بحرية نظمها السياسية والاجتماعية والثقافية وفقاً لارادة شعبها ودون تدخل دول أخرى، وذلك بما يتفق تماماً مع ميثاق الأمم المتحدة[2].

غير ان عدم شرعية التدخل من اجل الديمقراطية لاينطبق على عمليات المساعدة في اجراء الانتخابات المقدمة من قبل المنظمات الدولية، فهذه العمليات مشروعه طالما تمت في حالات خاصة، كحالة انهاء الاستعمار أو بناءاً على طلب الدولة المعنية، وبموجب بما يتخذه مجلس الامن أو الجمعية العامة في كل حالة من قرارات وبما يتفق بدقة مع مبدئي السيادة وعدم التدخل في الشؤون الداخلية للدول، مع الاشارة الى عدم وجود نظام سياسي واحد أو نموذج واحد للعمليات الانتخابية

---

[1] انظر الفقرة (26) من الاعلان العالمي للديمقراطية، لعام 1997.

[2] ديباجه الاعلان العالمي للديمقراطية، والاعلان الخاص بمعايير الانتخابات العادله والحرة- الاتحاد البرلماني الدولي-26 آذار 1994.

يناسب على السواء جميع الامم وشعوبها وان النظم السياسية والعمليات الانتخابية تخضع لعوامل تاريخيه وسياسيه وثقافية ودينية[1].

لقد اضطلعت الأمم المتحدة بمهام عديده من هذا النوع بالمساعدة في اجراء الانتخابات الوطنية والاستفتاءات العامة، وكانت اولى ممارساتها بهذا الشان، تلك المتعلقة بالاشراف على الانتخابات التي جرت في كوريا سنة 1948، ومن ثم اخذ هذا النشاط يشكل واحدا من العناصر المكملة لبرامج الأمم المتحدة المتعلقة بتسوية المنازعات وحماية حقوق الإنسان، وقد استفاد من مثل هذه الجهود شعوب ما يقارب من ثلاثين اقليماً من الاقاليم المشمولة بالوصايا وغير المتمتعة بالحكم الذاتي، وكذلك عدد من الدول المستقلة التي تعاني من نزاعات دولية ودول تحاول تسوية صراعاتها الداخلية بالوسائل الديمقراطية وتوسيع نطاق حقوق الإنسان مثل ناميبيا (1989)، نيكاراغوا (1990)، كمبوديا (1991 - 1993)، انغولا (1992)، رومانيا (1990 - 1992)، البانيا (1991)، ليتوانيا (1991-1992) واندونيسيا (1999).

في حين لا يقاس التدخل من اجل الديمقراطية، على حالات التدخل ضد الأنظمة الاستعمارية، فهذا النوع من التدخل يعد تدخلاً مشروعاً، لأن النظام الاستعماري يشكل انتهاكا لحقوق الاشخاص والشعوب والامم، كما ان ظاهرة الاستعمار هي بحد ذاتها ظاهرة غير شرعية[2]. ووفقاً لقرار الجمعية العامة المرقم

---

[1] قرار الجمعية العامة (180/49) في 23 كانون الاول 1994 والمتعلق بأحترام مبدأ السيادة الوطنية وعدم التدخل في الشؤون الداخلية للدول في عملياتها الانتخابية.

وانظر أيضاً:

Thomas M. Franck: Inter vention Against I llegitimate, opcit, p. 168.

[2] انظر:

Igor I.Lukaskuk: The U.N. and I llegitimate Regimes, op. Cit p. 147.

1514 الصادر في 14 كانون الأول 1960 والمتعلق بمنح الاستقلال للبلدان والشعوب المستعمرة، اعتبر خضوع الشعوب للاستعباد الاجنبي أو سيطرته أو استغلاله انكاراً لحقوق الإنسان الأساسية وتناقضاً مع ميثاق الأمم المتحدة وتهديداً للسلام والتعاون في العالم.

وبناءاً على ذلك ، ووفقاً للعديد من قرارات الجمعية العامة اعتبر كفاح الشعوب في سبيل الاستقلال والسلامة الاقليمية والوحدة الوطنية والتحرر من السيطرة الاستعمارية والاجنبية بكافة الوسائل عملاً مشروعاً[1]. ولقد اكد البروتوكول الاضافي الأول لسنة 1977 والملحق باتفاقيات جنيف لسنة 1949 والمتعلق بالمنازعات الدولية المسلحة، بحق الشعوب في تقرير مصيرها وانهاء الاستعمار وعدم الخضوع للسيطرة الاجنبية. لذلك فقد شمل نطاق تطبيقه المنازعات المسلحة التي تناضل بها الشعوب ضد التسلط الاستعماري والاحتلال الاجنبي وضد الأنظمة العنصرية وذلك في ضوء ممارستها لحق الشعوب في تقرير مصيرها[2].

وعليه فأن المساعدات التي تقدمها الدول لحركات التحرر لاتعد تدخلاً في الشؤون الداخلية للدول المستعمرة، ذلك ان التدخل ضد الأنظمة الاستعمارية يساهم بشكل فعال في مساعدة الشعوب للحصول على حقها في تقرير المصير، وبناءاً على ذلك لم تعتبر الجمعية العامة مثل هذا التدخل مشروعاً فقط بل اعتبرته واجباً يقع على عاتق الدول[3]. وقد نصت كافة القرارات الصادرة عن الجمعية العامة

---

[1] راجع: بوكرا ادريس: مبدأ عدم التدخل في القانون الدولي، مصدر سبق ذكره، ص ص 308-309.

[2] انظر: المادة (1) من البروتوكول الاضافي في الاول لسنة 1977 الملحق باتفاقيات جنيف.

[3] راجع: بركرا ادريس: مبدأ عدم التدخل ....، مصدر سبق ذكره، ص 309.

للأمـم المتحـدة، كـالقرار (2554) والمتعلقـة بتنفيـذ الاعـلان الخـاص بمـنح الاسـتقلال للـشعوب المستعمرة، والذي حث كافة الدول على تقديم العون والمساعدة المادية والمعنوية للشعوب المستعمرة ". كما اكد على ذلك قرار الجمعية العامة الصادر في الأول من ايار سنة 1970 والذي نص على انه عندما تقوم الشعوب المستعمرة بمقاومة أعمال الاكراه، يحق لها ان تحصل على مـساعدات وذلك بنـاءاً عـلى اغـراض ومبادئ الميثاق"[1]. ولعل من المناسب تسليط الضوء على التدخل الأمريكي البريطاني العـسكري في العراق/ اذار 2003 وتغيير نظام حكمه ، كمثال صارخ للتدخل في الشؤون الداخلية للدول بحجة الديمقراطية.

---

[1] بركرا ادريس ، مصدر سبق ذكره ، ص 310.

الفصـل الخامـس
تطبيقات التدخـل الدولي الإنساني

الفصل الخامس

تطبيقات التدخل الدولي الإنساني

توطئة

امام وضوح وصراحة أحكام ميثاق الأمم المتحدة بخصوص تحريم استعمال القوة أو التهديد بها في العلاقات الدولية حاول بعض كتاب الغرب ايجاد تبريرات قانونيه لفكرة التدخل الإنساني. استناداً الى مبادئ حقوق الإنسان وقواعد القانون الدولي الإنساني يجيز للدول استعمال القوة بموافقة مجلس الأمن أو بدون موافقته ضد الدول الأخرى تحت ذريعة حماية حقوق الإنسان فيها، على أساس ان القانون الدولي العرفي وقوانين الحرب والمبادئ العامة للقانون تشكل قاعدة للعديد من مبادئ القانون الدولي لحقوق الإنسان فضلاً عن ان مصدر هذه الأخيرة الاتفاقات الدولية التي ابرمت بين الدول خلال النصف الاخير من القرن العشرين[1].

ويمكن تحديد التبريرات بما يلي:

1. ان ميثاق الأمم المتحدة يتضمن أحكاماً تضمن حماية حقوق الإنسان والتشديد بهذا الشأن على المادة (56) منه التي تنص (بتعهد جميع الأعضاء بأن يقوموا منفردين أو مشتركين بما يجب عليهم من عمل بالتعاون مع الهيئة

---

[1] Christopher M. Ry an; Sovereignty, inter vention, and The law "Millenium" Journal of international studies, 1997. Vol 26. No – 1/publishingby london school of economics p.88.

لادراك المقاصد المنصوص عليها في المادة (55). وتجدر الاشارة الى ان الفقرة (ج) من المادة (55) تنص على ان يشيع في العالم احترام حقوق الإنسان والحريات الأساسية للجميع بلا تمييز بسبب الجنس أو اللغة أو الدين ولا تفريق بين الرجال والنساء، ومراعاة تلك الحقوق والحريات فعلاً[1].

وعلى هذا الأساس فأن عبارة (يتعهد جميع الأعضاء بأن يقوموا منفردين أو مشتركين.) يمكن ان تكون أساساً للدول للعمل بشكل منفرد أو مشترك لحماية الأهداف المنصوص عليها في المادة (55) ويسندون رايهم أيضاً بالفقرة (الثالثة من المادة الأولى) من الميثاق التي تتحدث عن مقاصد الأمم المتحدة والتي تنص على (تحقيق التعاون الدولي على حل المسائل الدولية ذات الصبغة الاقتصادية والاجتماعية والثقافية والإنسانية وعلى تعزيز احترام حقوق الإنسان والحريات الأساسية للناس جميعاً والتشجيع على ذلك اطلاقاً بلا تمييز بسبب الجنس أو اللغة أو الدين ولافرق بين الرجال والنساء). ويرتبون نتيجة على ذلك من ان هذه الفقرة ترتب التزاماً قانونياً على الدول لمراقبة حقوق الإنسان بأعتبارها شاناً دولياً وغير مشمولة بأحكام الفقرة (السابعة من المادة الثانية) من الميثاق والتي تنص على انه (ليس في هذا الميثاق ما يسوغ للأمم المتحدة ان تتدخل في الشؤون التي تكون من صميم السلطان الداخلي لدولة ما وليس فيه ما يقتضي الأعضاء ان يعرضوا مثل هذه المسائل لان تحل بحكم هذا الميثاق، على ان هذا المبدأ

[1]Ibid, Op. Cit, p. 93.

لايحل بتطبيق تدابير القمع الواردة في الفصل السابع) ولدعم هذه الفكرة يضيف انصار فكرة التدخل الإنساني، ان هيئات الأمم المتحدة تدين بأستمرار انتهاكات الدول لحقوق الإنسان، ولم تقم أية دولة لحد الان باثارة حكم المادة (7/2) أعلاه بمواجهة مواقف هذه الهيئات من هذه الحقوق[1].

2. ان الاعلان العالمي لحقوق الإنسان الذي يعتبر الحجر الأساس في حماية هذه الحقوق قد انشأ التزامات دولية على الدول التي تعمل مع الأمم المتحدة من أجل ضمان تعزيز احترام حقوق الإنسان وحرياته الأساسية ولكون الاعلان أصبح عرفاً دولياً فان انتهاك المبادئ المنصوص عليها فيه تمثل انتهاكاً مباشراً للميثاق[2].

3. ان المادة الثامنة من اتفاقية منع جريمة الابادة الجماعية والمعاقبة عليها يمكن ان تعتبر مصدراً تخول التدخل الإنساني في حالة انتهاك حقوق الإنسان، وتنص هذه المادة على ما يلي (لاي من الأطراف المتعاقدة ان يطلب الى اجهزة الأمم المتحدة المختصة ان تتخذ طبقاً لميثاق الأمم المتحدة، ماتراه مناسباً من التدابير لمنع وقوع افعال الابادة الجماعية أو أي من الافعال الأخرى المذكورة في المادة الثالثة) واستناداً الى ذلك فان الدول الأطراف في هذه الاتفاقية يمكنها الطلب من الهيئات المختصة في الأمم

---

[1](Humaniy arian Inter vention); Danish institute of International affairs. 1991, p53.

[2]Marc Trachten Berg "Intervention inhistoorical PersPectiv" N-y, harPer Collins, 1996, P 509.

المتحدة باتخاذ الاجراءات المناسبة طبقا لنصوص ميثاق الأمم المتحدة لمنع وقمع افعال الابادة الجماعية[1].

4. تنص المادة الرابعة والأربعين من العهد الدولي الخاص بالحقوق المدنية والسياسية على ما يلي (تنطبق الأحكام المتعلقة بتنفيذ هذا العهد دون اخلال بالاجراءات المقرره في ميدان حقوق الإنسان في أو بمقتضى الصكوك التأسيسية والاتفاقيات الخاصة بالأمم المتحدة والوكالات المتخصصة، ولا تمنع الدول الأطراف في هذا العهد من اللجوء الى اجراءات أخرى لتسوية نزاع ما طبقاً للاتفاقيات الدولية العمومية أو الخاصة النافذة فيما بينهما، وان هذه المادة قد اشرت للدول الاجراءات اللازمة لحل المنازعات بينها الواردة في الاتفاقات العامة أو الخاصة وهذه الاجراءات تتراوح بين الضغوط الدبلوماسية أو الأعمال العسكرية القسرية، ولما كانت معظم الدول أطرافاً في ميثاق الأمم المتحدة فان المادة أعلاه يمكن تفسيرها بانها تتعلق بالأعمال الجماعية المشتركة المشار اليها في الاتفاقيات المنوة عنها في المادة أعلاه والتي تكون الدولة المنتهكة لحقوق الإنسان طرفاً في هذه الاتفاقيات[2].

5. ان اعلان فيينا الذي اعتمد من قبل المؤتمر الدولي لحقوق الإنسان والذي انعقد في النمسا للفترة من 14-25 حزيران عام 1993، قد نص في ديباجته على ما يلي (واذ يعيد تأكيد الالتزام الوارد في المادة (56) من ميثاق الأمم

---

[1] David J. SCEFFER "Three views on the issue of humanitarian intervention" US Institute of peace, washingt on D.C, P.10.

[2] Ian BrownLie "basic do cuments on human Rights" Third ed. Oxford press, 1992, pp. 31-34.

المتحدة بالعمل بصوره مشتركة ومنفرده مع التركيز المناسب على تنمية التعاون الدولي، من أجل المقاصد المنصوص عليها في المادة (55) ومنها الاحترام العالمي لحقوق الإنسان والحريات الأساسية للجميع ومراعاتها) وان الفقرة الثالثة من القسم الأول من الاعلان، قد دعت الدول الى (اتخاذ تدابير دولية لضمان التنفيذ الفعال لمعايير مبادئ حقوق الإنسان...)، وان الفقرة الرابعة من الاعلان تنص على (ان تعزيز وحماية جميع حقوق الإنسان شاغلاً مشروعاً للمجتمع الدولي..)[1].
وعليه فان هذه النصوص يمكن ان تعتبر مصدراً شرعياً للمجتمع الدولي في اتخاذ التدابير اللازمة لمواجهة انتهاكات حقوق الإنسان.

6. ان الجمعية العامة للأمم المتحدة تعتمد سنوياً وبشكل دوري قرارات تتعلق بحقوق الإنسان وبعض هذه القرارات موجهة الى جميع الدول الأعضاء في الأمم المتحدة والبعض الاخر موجهة الى دول معينة بالذات، وبموجب الفئه الثانية فأن الجمعية العامة للأمم المتحدة تذكر الدول بالتزاماتها في تعزيز وحماية حقوق الإنسان طبقاً للصكوك الدولية ذات العلاقة، وبالنظر لكون انتهاكات حقوق الإنسان في هذه الدول يؤضر على السلم في الاقاليم التابعة للدوله المنتهكه، فان هذه الانتهاكات واثارها الدولية الواسعة يبرر قانوناً للأمم المتحدة بالتدخل[2]. ويدعمون رأيهم هذا بقرار الجمعية العامة المرقم

---

[1] Charistopher; op. Cit, p.94.

[2] Fernando R. TESON "Collective Humanitarian Intervention", Mechigan Journal of International Law, Vol. 17, No.2,p.331.

2627 (الدوره 25) لعام 1970 والذي جاء فيه : (ان المعاهـدات والاعلانـات الدوليـة التـي تعقـد تحت رعاية الأمم المتحدة تعبر عن الضمير الإنساني وتمثل النموذج الإنساني بالنسبة لجميع الدول الأعضاء).

لم يتوقف الامر عند محاوله ايجـاد مـبررات قانونيه لفكـرة التـدخل الإنسـاني، وانمـا حـاول بعـض الفقهاء المؤيدين لهذا الاتجاه الى التفكير بوضع معايير للتدخل الإنساني، ومـن هـذا المنطلـق فقد انشأت لجنه حقوق الإنسان عام 1969 لجنه فرعية لدراسة الحماية الدولية لحقـوق الإنسان تقـوم عـلى قواعـد قانونية دولية، فضلاً عن ذلك دراسة امكانية النظر في انشاء نظام لمبـدأ التدخل، وقد درست هـذه اللجنة جدوى اعداد مشروع بروتوكول يسمح بالتـدخل لحمايـة حقـوق الإنسان، ولكـن هـذا العمـل لم يجـد أي توافق بالرأي حوله من قبل اعضائها، مع تقديرها استحالة التوافق بالرأي بشأنه من قبل الدول.

بعد عام 1990 بدا الكتاب الغربيون بطرح ومناقشة معايير للتدخل الإنساني ويمكن حصر هذه المعايير بما يلي:

أ. انتهاكات جسيمه لمبادئ حقوق الإنسان والقانون الدولي الإنساني وبالنظر لصعوبة ايجاد تعريف لمفهوم (الانتهاكات الجسيمة) فان اتجاه الغرب يذهب الى وصف هذه الانتهاكات طبقاً لما جـاء في أحكام المادة الخامسة من نظام روما الأساسي للمحكمـة الجنائيـة الدوليـة والتي اشـارت الى جريمة الابادة الجماعية، الجرائم ضد الإنسانية، جرائم الحرب. مع العلم ان النظام آنـف الـذكر لم يدخل حيز التنفيذ.

ب.   فشل مجلس الأمن في اتخاذ قرار لمواجهة الانتهاكات الجسيمة لحقوق الإنسان.

ج.   إستنفاذ جميع الوسائل الدبلوماسية واللجوء الى القوة العسكرية كوسيلة أخيرة.

د.   ان يكون هدف التدخل لأسباب إنسانية بحتة[1].

وفي سياق مقارب للسياق آنف الذكر، فقد أوضح (كوشنر) [مؤسس منظمة أطباء بلا حدود] وزير سابق وحالي في الحكومة الفرنسية ومن رواد طرح فكرة التدخل الإنساني، ان هناك أربع مراحل للتدخل أوجزها ب[2]:

1.   مرحلة الصليب الأحمر: وتقتصر على تخفيف المعاناة مع الحرص على عدم الانحياز لاي جانب وعلى عدم تجاوز السلطات القائمة.

2.   مرحلة أطباء بلا حدود للوصول الى ضحايا انتهاكات حقوق الإنسان والقانون الدولي الإنساني.

3.   الحق الجديد للحكومات الذي يستند قانوناً على قرارات الأمم المتحدة للتدخل حتى تفتح أو تضمن منفذاً للضحايا وحمايتهم عبر ممرات إنسانية (مناطق آمنة).

4.   التدخل لتحرير المقهورين من طغاتهم.

مما تقدم نستنتج، ان استراتيجية الغرب في عرض فكرة التدخل الإنساني مرت بمراحل متعددة حتى تبلورت بشكلها الحالي وهذه المراحل يمكن حصرها:

أ.   مرحلة طرح الفكرة بشكل عام.

---

[1] David J. ScheFFer; op, cit, pp. 8-13.

[2] لورانس فشلر واخرون: جرائم الحرب، ترجمة :غازي مسعود، ط1،دار ازمنة للنشر والتوزيع، الاردن -عمان، آب 2003،ص 159-160.

ب. مرحلة اندفاع عدد من الكتاب المختصين للدفاع عن الفكرة ومحاوله ايجاد المبررات القانونيه لهـا وكذلك محاولة وضع معايير للتدخل.

ج. التذرع بحقوق الإنسان لاصدار عدد من القرارات من قبل مجلس الأمن للتدخل العسكري تحـت حجة حماية هذه الحقوق أو التدخل العسكري بدون موافقة مجلس الأمن.

وعليه سنعمد في هذا الفصل على تسليط الضوء على تطبيقات أو حالات التدخل الـدولي الإنسـاني التي حدثت بموافقة أو عدم موافقة مجلس الأمن الدولي عليها، لذلك قسمنا هذا الفصل من مبحثين وكمـا يلي:

المبحث الأول: تطبيقات التدخل الدولي الإنساني بموافقة مجلس الأمن.

المبحث الثاني: تطبيقات التدخل الدولي الإنساني بدون موافقة مجلس الأمن.

المبحث الأول
تطبيقات التدخل الإنساني بموافقة مجلس الأمن

يعتبر مجلس الأمن حجر الزاوية في نظام الأمن الجماعي الذي انشأه الميثاق ويتحمل في هذا الاطار المسؤولية الأساسية في الحفاظ على الأمن والسلم الدوليين، ويملك اختصاص تشخيص حالة ما بأعتبارها تهدد الأمن والسلم الدوليين، وكذلك يملك اختصاص اتخاذ التدابير اللازمة للمحافظة على ذلك، وبهذا الصدد فان المادة (39) من الميثاق تنص (يقرر مجلس الأمن إذا كان قد وقع تهديد للسلم أو الاخلال به أو كان ما وقع من عمل من أعمال العدوان ويقدم في ذلك توصياته أو يقرر مايجب اتخاذه من التدابير طبقاً لأحكام المادتين (41 و 42) لحفظ السلم والأمن الدوليين أو اعادته الى نصابه) واستناداً الى الفقرة الأولى من المادة (24) من الميثاق فأن الدول قد عهدت الى مجلس الأمن بالتبعات الرئيسية في امر حفظ السلم والأمن الدولي، ووافقت على ان المجلس يعمل نائباً عنها في قيامه بواجباته التي تفرضها عليه هذه التبعات. لقد منحت هذه المادة اختصاصات واسعة لمجلس الأمن عند قيامه بواجباته الواردة في الميثاق فيمكنه التدخل في الحالات التالية:

- حل المنازعات بالطرق السلمية (الفصل السادس من الميثاق).
- حالات تهديد السلم أو الاخلال به ووقوع العدوان (الفصل السابع)
- حل المشاكل التي تهدد الأمن والسلم الدوليين بواسطة التنظيمات الاقليمية (الفصل الثامن من الميثاق المواد 52-53).

واستناداً الى المادة الخامسة والعشرين من الميثاق فان الدول الأعضاء في الأمم المتحدة قد التزمت بقبول قرارات مجلس الأمن وتنفيذها وفق الميثاق.

ان القيد الأساسي على مجلس الأمن عند ممارسته لاختصاصاته بموجب الميثاق جاء في الفقرة الثانية من المادة الرابعة والعشرين من الميثاق والتي نصت على ان (يعمل مجلس الأمن في اداء هذه الواجبات وفقاً لمقاصد الأمم المتحدة ومبادئها... الخ) وبالنظر لكون الفصل الأول من الميثاق يعالج موضوع مقاصد الهيئة ومبادئها فان الفقرة أعلاه تشير في راينا الى المادتين الأولى والثانية من هذا الفصل واستناداً الى هاتين المادتين يمكن ذكر الأهداف والمقاصد التالية: حفظ الأمن والسلم الدوليين وعدم اللجوء الى القوة أو التهديد بها في العلاقات الدولية، عدم التدخل في الشؤون الداخلية للدول، المساواة في السيادة والتعاون الدولي[1].

وكما بينا في أعلاه فان مجلس الأمن صاحب الاختصاص في تثبيت حالة وجود انتهاك للامن والسلم الدولي أو الاخلال به. وان عمل مثل هذا كما يقول البروفيسور (JONATHAN) "يمكن تشبيهه (بالحكم) ولكن المقصود هو (الحكم السياسي) ولهذا السبب فان من الصعوبة يمكن ايجاد خيط موجه لمختلف قراراته يسمح بتصنيف متجانس لمختلف الحالات المشار اليها في المادة (39) ويضيف بانه لا يوجد أي تعريف لهذه الحالات في الأعمال التحضيرية لمؤتمر سان فرانسيسكو"[2]. ويؤكد هذا الرأي البروفيسور SOREL عندما يقول (ان مفهوم

---

[1] Cotetpellet "La chrte des Nations Unies" "Economica, 2ed. Paris, 1991. Pp.437. 478.

[2] I bid, p. 65G.

تهديد الأمن والسلم هو مفهوم غير معرف) (وان وضع فكرة تهديد الأمن والسلم تهدف الى توسيع المجالات التي يمكن ان يتدخل فيها مجلس الأمن). وفي هذا السياق يقول البروفيسور(COMPACAU) في محاضرته المعنونة ((الفصل السابع لميثاق الأمم المتحدة : انبعاث أو انساخ)) ان احد المظاهر البارزة خلال السنين الأخيرة، في شكل المجموعة الدولية، وفي حقل القانون هو الانتشار الواسع لنشاط مجلس الأمن والذي يرجع الى اختلال توازن القوى العالمية الذي كان موجوداً عند دخول ميثاق الأمم المتحدة حيز التنفيذ. وان مجلس الأمن قد تصدر فكرة (انشاء النظام الدولي الجديد).

ان المثير للقلق، هو ان الأمم المتحدة لايمكنها ان تلعب الدور المرسوم لها أصلاً ويشير أيضاً الى ان مجلس الأمن قد اعتمد قرارات بموجب الفصل السابع من الميثاق (خلال النصف الأول من العقد الماضي) تزيد عن القرارات التي اعتمدها استناداً للفصل أعلاه خلال نصف القرن الماضي[1].

وبالنظر لمرونة عبارة (تهديد السلم والاخلال به) ولعدم وجود تعريف محدد لها، ولهيمنة دولة واحدة على مقدرات مجلس الأمن، بعد انتهاء الحرب البارده، فان هذا الاخير قد اعتمد مجموعة من القرارات خلال الفترة من عام 1990-1999 تميزت بتشويه مضمون المادة (39) من الفصل السابع من الميثاق، وذلك من خلال المزج بين الشؤون الداخلية للدول والشؤون الدولية تحت ذريعة حمايه مبادئ حقوق الإنسان وقواعد القانون الدولي الإنساني معتبراً ان انتهاك هذه المبادئ والقواعد

[1] Jean COMBACAU "Lechapitre VII de la charte des Nations unies; resurrection ou metamor phouse?" E.A.PEDON, PARis 1994, p.139.

يمثل انتهاكا للامن والسلم الدوليين، بهدف خلق سوابق ثابته في ممارساته للدلالة على ان قضايا حقوق الإنسان تعتبر من المواضيع المشموله بأحكام المادة (39) آنفة الذكر، وبالتالي تجيز له التدخل لدوافع إنسانية. وبصدد هذه القرارات يقول رئيس محكمة العدل الدولية السابق البروفيسور محمد بجاوي (ان حرية تصرف مجلس الأمن دفعته الى اعتماد قرارات يمكن معها اثاره الرقابة على مشروعية هذه القرارات)[1].

ولتأكيد ذلك سنلقي الضوء الى بعض الحالات التي تعكس ممارسات مجلس الأمن أعلاه وهي: الحالة في الصومال، هليتي، راوندا.

[1] Mohammed BEDJAOUI "Nouvel order mondialet control de la legalite des actes du counsil de securite" Bruxeless 1994, p. 49.

1. قضية الصومال:

بعد هروب الرئيس الصومالي (محمد زياد بري) من العاصمة مقاديشو، خـلال شـهر كـانون الثاني عام 1991، أصبح هناك فراغ في السلطة، وانقسام البلد الى اثنتي عشرة منطقة نفوذ، وبدأ صراع عنيف بين هذه القوى، وبالرغم من انعقاد مؤتمر المصالحة في جيبوتي في شهر تموز 1991 بين الأطراف المتصارعة في الصومال واختيار السيد (عمر غالب) رئيساً للوزراء بالوكالة إلاّ ان الصراع اسـتمر في التـصاعد الى ان وصل الى حرب أهلية فعلية.

وفي 11 كانون الثاني عام 1992، ارسل السيد عمر غالب رسالة الى مجلـس الأمـن طلـب منـه عقـد اجتماع عاجل لدراسة الحالة في الصومال. بناءاً على ذلك أصدر مجلس الأمن قراره المرقم (733) المؤرخ في 23/كانون الثاني 1992 متصرفاً بموجب الفصل السابع من الميثاق، وقرر في الفقرة الخامسة منه (ان تقوم جميع الدول فوراً، من أجل تحقيق مقاصد قرار السلم والاستقرار في الصومال بتنفيذ حظر عام كامـل عـلى تسليم أي نوع من أنـواع الأسـلحة والمعـدات العـسكرية للـصومال الى ان يقـرر المجلـس خـلاف ذلـك)[1]. وبموجب قراره المرقم (751) المؤرخ في 24 نيسان 1992 قرر مجلس الأمن ان ينشئ عمليـة الأمـم المتحـدة في الصومال (Unosom)، وبموجب الفقرة الثالثة من هذا القرار طلب (الى الأمين

---

[1] UN.DOC./S/RES/733 (1992).

العـام ان يرسـل عـلى الفـور وحـده مـن 50 مراقبـاً للأمـم المتحـدة لرصـد وقـف اطـلاق النـار في مقاديشو...)[1].

وبعد تدهور الحالة في الصومال اصدر مجلس الأمن قراره المرقم (767) المـؤرخ في 27 تمـوز 1992، اعتبر بموجبه ان الحالة في الصومال تشكل تهديداً للامن والسلم الدوليين، إذ جاء في ديباجة القرار مـا يـلي: (واذ يشعر بانزعاج بالغ لجسامة المعاناة البشريه التي يتسبب فيهـا هـذا النـزاع، واذ يقلقـه ان الحالـة في الصومال تشكل تهديداً للسلم والأمن الدوليين.. واذ يدرك ان تقديم المساعدة الإنسانية في الصومال عنـصر هام في جهود المجلس الراميه الى اعادة احلال السلم والأمن الدوليين في المنطقة)[2].

وبتاريخ 24 تشرين الثاني 1992، وجه الأمين العام للأمم المتحـدة، رسـاله الى رئـيس مجلـس الأمـن أشار فيها الى ان وقوع مجموعة من العمليات العسكرية ضد قوات الأمم المتحـدة، وعرقلـة بـرامج توزيـع المساعدات الإنسانية التي تقوم بها وكالات الأمم المتحدة واللجنة الدولية للصليب الأحمر. واكدت الرسـاله ان هذه الانتهاكات التي تقوم بها فـصائل المقاومـة الـصومالية ضـد عمليـات المـساعدات الإنـسانية تمثـل انتهاكا لقواعد القانون الدولي الإنساني. وفي نهاية الرساله يشير الأمين العام الى ما يـلي: (بيـد اني لا اسـتطيع ان اخفي على مجلس الأمن ان الحالة ليست آخذة في التحسن وان الاوضاع التي نـشأت في الـصومال منـذ سقوط نظام الحكم السابق تجعل من الصعب للغاية ان تحقق عملية الأمم المتحدة الأهداف التي

---

[1] UN.DOC./S/RES/751 (1992)

[2] UN.DOC./S/RES/767 (1992)

وافق عليها مجلس الأمن. وانني اولي النظر لهذه الحالة بصيغة عاجلة ولا استبعد انـه قـد يصبح من الضروري اعادة النظر في الافتراضات والمبادئ الأساسية التي تقوم عليهـا جهـود الأمـم المتحـدة في الصومال[1].

وعلى ضوء ما تقدم، اصدر مجلس الأمن استناداً الى الفصل السابع من الميثاق قراره المـرقم (794) والمؤرخ في 3 كانون الأول 1992[2]. والذي اجاز بموجبه للقوات الأمريكية استعمال كـل الوسـائل الـضرورية لتهيئة بيئة آمنة لعمليات الاغاثة الإنسانية في الصومال في اسرع وقت ممكـن مـسبباً ذلـك بـ (جـسامه المأساة الإنسانية التي سببها النزاع في الصومال (استمرار وصول تقارير عـن حـدوث انتهاكـات للقـانون الدولي الإنساني على نطاق واسع في الصومال) (وتصميماً منه أيضاً على اعـاده الـسلم والاسـتقرار والقـانون والنظام الى نصابها بغية تيسير عملية ايجاد تسويه سياسيه تحـت رعايـه الأمـم المتحـدة). وقرر بموجـب الفقرة العاشرة من القرار 794 آنف الذكر (يأذن تصرفاً بموجب الفصل الـسابع مـن الميثـاق الأمـين العـام وللدول الأعضاء المتعاونة في تنفيذ العرض المشار اليه في الفقرة (8) أعلاه بأسـتخدام كـل الوسـائل اللازمـة لتهيئة بيئة آمنة لعمليات الاغاثة الإنسانية في الصومال في اسرع وقت ممكـن). واسـتناداً الى هـذا القـرار دخلت قوات أمريكية الى الأراضي الصومالية وقد قدرت بحوالي (24 ألف جندي) لتنفيذ مضمون القرار

---

[1]UN Doc. S/24859 (1992).

[2]UN Doc. S/RES 1794 (1992).

وراجع:

Feman do, R, Teason. Collective Humanitarian : Intervention, Op. Cit, p352.

أعلاه. إلاّ ان عملية (اعادة الامل) التي نفذتها هذه القوات قد واجهت مقاومة حقيقية من قبل الشعب الصومالي أوقعت بالقوات الأمريكية وقوات الأمم المتحدة خسائر كبيرة في الأرواح. ونتيجة لذلك سحبت أمريكا قواتها من الصومال في شهر اذار 1994، وتحول عمل الأمم المتحدة الى عملها الاصلي في تقديم المساعدات الإنسانية.

فمن الناحية القانونية نجد ان القرار 794 اجاز لقوات الأمم المتحدة للتدخل في الصومال وخولها (استعمال كل الوسائل الضرورية) أي خولها استعمال القوة مبرراً ذلك بالحالة الإنسانية المتدهورة في الصومال ولوجود انتهاكات جسيمه لقواعد القانون الدولي الإنساني. وان الحرب الاهلية في الصومال تهدد الأمن والسلم الدوليين. واما من وجهة نظرنا فنحن نرى ان هذه التبريرات غير واردة مطلقاً وذلك للأسباب التالية:

أ- لا نعتقد ان الحالة في الصومال يمكن ان تدخل في اطار الفصل السابع من ميثاق الأمم المتحدة وبهذا الخصوص يقول البروفيسور (CHARVN) (ان القرار 794 قد صدر استناداً الى الفصل السابع من ميثاق الأمم المتحدة وهذا يعني ان في اطار تهديد الأمن والسلم الدوليين، ولكن هذا الوصف

لايتفق والمنطق فكيف يمكن لحرب داخلية في الصومال ان تهدد السلام الدولي [1].

ب- ليست هناك حكومة رسمية في الصومال يمكن اتهامها بانها خرقت مبادئ حقوق الإنسان.

ج- ان احترام وضمان احترام مبادئ القانون الدولي الإنساني يجب ان تتم بموجب القواعد المقرره بهذه المبادئ وليس عن طريق الحرب التي تتناقض تماماً مع أهداف القانون الدولي الإنساني وكما يقول السيد (HEHIR) "إذا كان ليس من السهولة تبرير حالة الحرب فسيكون من الـصعب جـداً تبرير التدخل"[2].

د- ان التدخل في الصومال من قبل الولايات المتحدة الأمريكية باسم الأمم المتحدة هو محاولـه لخلـق سابقة لتبرير اعطاء ولاية لمجلس الأمـن مـستقبلاً للتـدخل تحـت ذريعـة حمايـة حقـوق الإنسان ومبادئ القانون الدولي الإنساني وقد باءت هذه العملية بالفشل التام ليس فقط لـضعف مبرراتهـا القانونيه وانما لوقوف الشعب الصومالي ضدها ومقاومتها بشدة معتبراً اياها غـزواً لـبلاده وتأكيـداً لذلك فان الأمين العام للأمم المتحدة قد وضع بجلاء هذا الموقف في

---

[1] للمزيد انظر:

Hum anitarian In tervention. Somalia and Beyond.

Humanitarian Intervention: Re/ief and Davecopment... runto seeifa united Nation shumanitarian intervention in the Balkans was feasilote www.net no mad.Com /. Somalin tervention ht ml.

[2] JB R YAN HEHI R ((intervention Militaire et souverainete nationale une relation arepenser)) "des choix difficites" Ed. Gallimaard, paris, 1999.

رسالته الموجهة الى رئيس مجلس الأمن المؤرخة في 24/تشرين الثاني 1992 (S/24859) والتي جاء فيها ((وثمة اتجاه مزعج اخر ظهر خلال الاسابيع الأخيرة ويبدو زعماء الجماعات المحلية هم الذين اثاروه وهو التصور الواسع النطاق بين الصوماليين ان الأمم المتحدة قررت التخلي عن سياسة التعاون التي تنتجها وانها تنوي (غزو البلد).. (ونتيجة لهذه المخاوف من (الغزو) المزعوم، هناك تقارير تشير الى ان الجنرال عيديد ربما يكون قد قام بخطوات تجريبية نحو اجراء تقارب مع السيد علي مهدي ضد العدو المشترك أي الأمم المتحدة)).

هـ- ان مجلس الأمن قد برر اعتماد القرار 794، فضلاً عن المبررات السابقة على (اعادة السلم والاستقرار والقانون والنظام الى نصابها بغية تيسير عملية ايجاد تسوية سياسية تحت رعاية الأمم المتحدة) ان هذه المبررات لا تقع ضمن اختصاصات مجلس الأمن الوارد ذكرها في المادة (39) من الميثاق نصاً وروحاً إذ ان ليس له دور أو لغيره ومن هيئات الأمم المتحدة سلطة التشريع.

و- أمام صعوبة التبرير القانوني لتدخل مجلس الأمن في الصومال فان البروفيسور (TESON) اعطى تبريراً لتدخل مجلس الأمن الى مفهوم (الحالة الوحيدة (Unique) أو السمة الوحيدة (Unique character) وهذه الحالة حسب رأي البروفيسور (TESON) يجب ان تكون استثنائية بحيث لا يمكن معالجتها بالوسائل المتوفرة إلاّ من خلال التدخل الجماعي بالقوة من

خلال مجلس الأمن وان يكون هناك استقبال ايجابي لهذا التدخل من قبل الضحية، وان هذه الحالة الفريدة بنظر الاستاذ (TESON) ستكون استثناءاً من مبدأ عدم التدخل في الشؤون الداخلية للدول[1]. والرد على ذلك ان هذا التفسير الفريد لا يتفق ونصوص الميثاق وان تدخل الأمم المتحدة في الصومال، كما بينا في الفقرة السابقة قد اعتبرها الصوماليون غزواً لبلادهم فمعنى اخر ان الضحية قد قاومت هذا التدخل واعتبرته خروجاً عن سياسة التعاون والمساعدة الإنسانية التي تنتهجها الأمم المتحدة في حالة الصراعات طبقاً للأهداف والمقاصد المنصوص عليها في الميثاق وطبقاً للقرارات التي اعتمدتها الجمعية العامة للأمم المتحدة بشان المساعدات الإنسانية.

ان اجراء تقييم للتدخل الدولي في الصومال، يقتضي التمييز بين الجانب الإنساني للتدخل والجانب السياسي. فبالنسبة للجانب الإنساني فانه يتجسد بالدور المهم لقوات حفظ السلام التابعة للأمم المتحدة ومنظمات الاغاثة الإنسانية في التصدي لخطر المجاعة الذي هدد حياة الالاف من السكان المدنيين والتي راح ضحيتها ما يقارب من 350 ألف صومالي خلال عام 1991-1992، وكان ذلك من خلال تأمين المساعدات الإنسانية للمحتاجين اليها والمساهمة في تنشيط القطاع الزراعي وتشجيع المزارعين للعودة وممارسة أعمالهم المعتادة، فضلاً عن اعادة ممارسة العديد من الانشطة التجارية[2]. وهذا الدور كانت له اصداؤه في وقت

---

[1] F.R. TESON, op.. cit. P354.

[2] د.نجوى امين الغوال: الصومال ما بعد التدخل الدولي، مجلة السياسة الدولية، العدد 121/1995، ص 144-145.

وجود تلك الجهات. أما الجانب السياسي فقد تمثل بالتدخل الامريكي الضخم الذي حول قوات حفظ السلام الى قوات احتلال بوليسيه، مما ادى الى حدوث حالة من التنافس على قيادة قوات التدخل بين الأمم المتحدة والولايات المتحدة الأمريكية، كما حفز الوجود الامريكي في الصومال بعض الدول الاوربية خاصة فرنسا وبريطانيا للمشاركه في التدخل حفاظا على مصالحها في القرن الافريقي. وشكل التدخل الامريكي في الصومال جزءاً من حمله انتخابيه تدار من البيت الابيض الامريكي للفوز برئاسة الولايات المتحدة الأمريكية[1].

وبشكل عام، ان نتائج التدخل هي المؤشر الاكثر حسماً في تقييم مدى النجاح الذي نتج عن التدخل الدولي في الصومال، على اعتبار ان احد اهم شروط التدخل الإنساني هو ان يحدث نتائج ايجابية وتحسينا حقيقياً في حالة احترام حقوق الإنسان واحوال المواطنين بصورة عامه وهو ما يطلق عليه (رأي Bendenisti)[2]. فالصومال، مازال يعيش حالة سيئه جداً بسبب توقف الأمم المتحدة عن القيام بأنشطتها فيها مما ادى الى انسحاب العديد من المنظمات الإنسانية من الصومال التي لم تزل لحد الان تفتقد الى سلطه موحده في البلاد، كما لم تزل المجاعه في الصومال تفتك بالالاف من السكان الصوماليين. فالوضع في الصومال عاد كما كان عليه قبل التدخل الدولي، مع فارق واحد هو ان وضع الصومال خلال فترة التدخل كان مثار اهتمام وسائل الاعلام الدولية التي نقلت لكل شخص في العالم اخبار عن

[1] د. نجوى امين الغوال: الصومال ما بعد التدخل الدولي، مصدر سبق ذكره،ص 143-144.
[2] عبير بسيوني: التدخل الخارجي في الصراعات الداخلية، مجلة السياسة الدولية ، مركز الاهرام للدراسات السياسية والاستراتيجية، العدد (130) -1997، ص 242.

ماساه الشعب الصومالي، أما الان فوسائل الاعلام تكاد تغض النظر عما يحدث في الـصومال خاصـة بعد فشل التدخل الدولي في احلال السلام فيه، بـالرغم مـن ان مجلـس الأمـن وصـف الحالـة هنـاك بانهـا تشكل تهديداً للسلم والأمن الدوليين، وكأن التدخل يتأثر بوسائل الاعلام أكثر من تاثره بالمعاناة الإنسانية.

2- قضية هاييتي

في عام 1990 انتخب السيد Reverend Jean. Bertrand Aristied رئيساً لجمهورية هاييتي. وفي 1991/9/29 اطاحت مجموعة من العسكريين بالرئيس Aristide بانقلاب عسكري ونحته عن الحكم. وقد ابلغ الممثل الدائم لهاييتي في الأمم المتحدة مجلـس الأمـن بالاحـداث التـي جـرت في بلـده، إلاّ ان مجلس الأمن لم يعقد اجتماعاً رسمياً في حينه لان غالبية اعضائه اعتبروا ان الحدث أعلاه هو شأن داخلي ولا يهـدد الأمن والسلم الدوليين وبالتالي لا يقع ضمن اختصاص مجلس الأمن [1].

وعكس ذلك فان منظمة الدول الأمريكيـة (OAS) قـد اجتمعـت يـوم 1991/10/2 عـلى مـستوى وزراء الخارجية، وأدانت الانقـلاب العـسكري آنـف الـذكر وفرضت جـزاءات دبلوماسـية واقتـصادية ضد هاييتي استضاف مجلس الأمن الرئيس Aristide في 1991/10/3 والقى الاخير كلمه امام المجلس جاء فيهـا (انه نفس الشعب الذي يتوقع دعم المجلس لحقوق الإنسان، وحماية حقوق الإنسان

---

[1]UN. Doc. S/23/09 Annex at 2-3 (1991).

تتطلب عملاً يدعم المؤسسات في بلدنا، وحماية حقوق الإنسان تقضي هذا العمل)[1].

اصدر مجلس الأمن قراره المرقم (841) في 16 حزيران 1993 استناداً الى الفصل السابع من الميثاق قرر بموجبه فرض حظر اقتصادي شامل ضد هاييتي وبرر المجلس هذا القرار بالاعتبارات التالية. (لاحظ المجلس مع القلق ان نشوب الازمات الإنسانية بما في ذلك عمليات التشريد الجماعي للسكان، أصبح يشكل تهديداً للسلم والأمن الدوليين أو يفاقم من التهديدات للسلم والأمن الدوليين، وان استمرار الحالة.. قد يؤدي الى تزايد اعداد اهالي هاييتي الذين يلتمسون اللجوء في الدول الأعضاء المجاورة).

وان الوضع في هاييتي (يحدد وضعاً فريداً استثنائياً يبرر لمجلس الأمن اتخاذ تدابير استثنائية دعماً للجهود المضطلع بها في اطار منظمة الدول الأمريكية) وبناءاً على ذلك يمكننا ان نلخص مبررات مجلس الأمن بما يلي:

ان الحالة في هاييتي تهدد السلم والأمن الدوليين، وانها تزيد من تدفق اللاجئين الى الدول المجاورة. ان الحالة هذه تمثل وضعاً فريداً واستثنائياً.

وعلى اثر صدور هذا القرار والتوصل الى اتفاق جزيرة (غفرنرز Covernors tsland Agreement بين رئيس جمهورية هاييتي والقائد العام للقوات المسلحه في هاييتي .. وبدء المجلس العسكري اتخاذ خطوات لاعادة الرئيس (ارستيد) الى السلطة، اصدر مجلس الأمن قراره المرقم 861 في 27 آب 1993

---

[1] UN. Doc. S/pv. 3011 at 7 (1991)

رفع بموجبه الحظر الاقتصادي المفروض على هاييتي، حيث قرر في الفقرة (1) منه ما يلي (يقرر وقف العمل بالتدابير المنصوص عليها في الفقرات 5-9 من القرار (841) على ان يبدأ تنفيذ ذلك فوراً) ويبدو ان المجلس العسكري تراجع عن اتفاق (غفرنرز) واخذ يضايق انصار (ارستيد) مما دفع مجلس الأمن الى اصدار قرار اخر تحت رقم (873) في 1993/10/13 أعاد بموجبه فرض الحظر الاقتصادي على هاييتي ثم تبع ذلك اعتماد قرار آخر تحت رقم (875) في 1993/10/16 قرر بموجبه الفقرة (1) منه على ما يلي (يطلب الى الدول الأعضاء بالعمل على الصعيد الوطني أو عن طريق وكالات أو ترتيبات اقليمية وبالتعاون مع حكومة هاييتي الشرعية، ان تستخدم كل مايلزم بمقتضى سلطة مجلس الأمن من تدابير تتلاءم مع هذه الظروف المحددة لكفالة التنفيذ التام لأحكام القرارين (841 و 873) وفي 31/تموز/1994 اصدر مجلس الأمن قراره المرقم (940) الذي نصت فقرته الرابعة على ما يلي:

(يأذن للدول الأعضاء تصرفاً منه بموجب الفصل السابع من ميثاق الأمم المتحدة ان تشكل قوة متعددة الجنسيات تحت قيادة وسيطرة موحدتين وان تستخدم في هذا الاطار كافة الوسائل الضرورية من أجل تيسير رحيل القيادة العسكرية عن هاييتي انسجاماً مع اتفاق جزيرة غفرنرز وتيسير العودة الفورية للرئيس المنتخب

شرعياً وسلطات حكومة هاييتي الشرعية وارساء وصون بيئة آمنة مستقرة..)[*] وهذا يعني التخويل باستعمال القوة العسكرية.

وقد برر مجلس الأمن قراره أعلاه بما يلي:

1. استمرار تدهور الحالة الإنسانية في هاييتي واستمرار انتهاكات الحريات المدنية بصوره منتظمة.

2. استمرار تدفق اللاجئين من هاييتي الى الدول المجاورة.

3. ان الحالة في هاييتي تشكل تهديداً للسلم والأمن في المنطقة.

4. ان الحالة في هاييتي هي حالة فريدة ومعقدة وشاذة (تتطلب استجابة غير عادية).

واستناداً الى هذا القرار فان الولايات المتحدة الأمريكية وحلفاءها بدأوا في ممارسة ضغوط قوية ضد هاييتي، ففي 1994/9/15 اعلن رئيس الولايات المتحدة بان الضغوط الدبلوماسية قد استنفذت وبالتالي فان الغزو العسكري ضد هاييتي أصبح مؤكداً وقريباً[1]. بعد ذلك تراس الرئيس الامريكي السابق كارتر بتاريخ 1994/9/18 وفد امريكيا بضمنه قائد القوات العسكرية الأمريكية

---

[*] للمزيد من التفاصيل راجع قرارات مجلس الأمن ذات الصلة بالقضية الهاييتية وكما يلي:

1. الفقرة (1) من (861) في 27 اب 1993.

2. الفقرات (5-9) من القرار (841) في 1991.

3. القرار (873) في 1993/10/13.

4. الفقرة (1) من القرار (875) في 1993/10/16.

5. الفقرة (4) من القرار (940) في 31/تموز/1994.

[1] F.R.TESON. op. Cit. P. 357

(Collnpowell) وذهـب الى هـاييتي واقنـع المجموعـة العـسكرية باعـادة الـسلطة الى الـرئيس (Aristide) ومغادرة الجزيرة في مدة اقصاها 1994/10/15[1]. وفي اليوم التالي من الاتفاق وصل العـدد الى 24 ألف جندي وهذا يعني احتلالاً كاملاً للجزيرة من قبل القوات العسكرية الأمريكية.

وعلى ضوءه استعاد الرئيس (Aristide) السلطة من خلال القوة وبعد ذلك عهـدت أمريكـا هـذه المهمة الى الأمم المتحدة بتاريخ 1995/5/31 حيث تم تشكيل قوة لهـا ضـمت 6000 جنـدي مـن ضـمنهم 2400 من القوات الأمريكية[2].

يعتبر انصار التدخل الإنساني ان قرار مجلس الأمن (940) نموذجاً للتدخل من قبـل مجلـس الأمـن لمبررات تتعلق بحماية الديمقراطية وحقوق الإنسان وان استمرار المجلس باعتماد قرارات تسمح باسـتعمال القوة لحماية حقوق الإنسان تؤكد النهج الثابت للمجلس في استثناء هذه الحقوق من مبداء عدم التـدخل في الشؤون الداخلية للدول.

من خلال تحليلنا للقرار أعلاه والقرارات الأخـرى التـي صـدرت عنـه الحالـة في الـصومال، نجـد ان مجلس الأمن قد أشار الى ان الحالة في هاييتي تهدد الأمن والاستقرار الـدولي ليكـون تـصرفه متطـابق مـع أحكام المادة (39) من ميثاق الأمم المتحدة. مع ان الحالة من الناحية الواقعية والـسياسية لا تهـدد الأمـن والسلم الدوليين.

---

[1] Douglas FARAH; Carterma kes Returnvisit to wary haiti: Aristids Government fears Medding invote, washing ton post/24-2-1995 at p.16.

[2] I bid, p.16

مما لاشك فيه ان مجلس الأمن قد أشار بوضوح في القرار (940) إلى ان تدهور الحالة الإنسانية في هاييتي وانتهاكات حقوق الإنسان فيها ورغبته في اعادة الديمقراطية اليها من المبررات الرئيسية لاعتماد هذا القرار واضاف مجلس الأمن لهذه المبررات انه وصف الحالة في هاييتي حالة فريدة ومعقدة وشاذة وتتطلب استجابة غير عادية.

ان مجلس الأمن قد انتهك الميثاق في القرار (940) وذلك للأسباب التالية:

أ- ان الحالة في هاييتي لاتمثل مطلقاً تهديداً للامن والسلم الدوليين وانما هي حدث داخلي صرف وبالتالي فانها لاتقع ضمن مبررات تطبيق المادة (39) من الميثاق.

ب- لايوجد في ميثاق الأمم المتحدة باكمله أية اشارة تخول مجلس الأمن اتخاذ تدابير قسرية ضد الدول تحت ذريعة حماية الديمقراطية وحقوق الإنسان.

ج- لم يشكل مجلس الأمن أي لجنة أو فريق عمل للتأكد من ان هناك انتهاكات لحقوق الإنسان في هاييتي.

د- ان مجلس الأمن استعمل عبارة (الطابع الفريد للحالة الراهنة في هاييتي وبما يتسم به الوضع هناك من طابع متدهور ومعقدة وشاذ تتطلب استجابة غير عادية) (الفقرة 2 من القرار (940)) وهي نفس العبارة التي استعملها في القرار الخاص بالصومال.. وهذه العبارة يمكن ان تغير مضمونها في هذين القرارين باحد الاحتماليين الآتيين:

- ان مجلس الأمن لايعتد بالمبررات التي اعتمد عليها في القرار (940).

- انه يريد ان يثبت سوابق تسمح له بالاذن للدول أو المنظمات الاقليمية باتخاذ التدابير القسرية عندما تكون هناك (حالة فريدة) وعلى الرغم من ان هذا المصطلح غير موجود في المادة (39) من الميثاق وانه كحالة تهديد الأمن والسلم الدوليين، ستكون هناك غطاء كبير تستر به مجلس الأمن لتوسيع صلاحياته بشكل غير شرعي وهذا الامر يؤكد الحاجه الى الرقابه على أعمال مجلس الأمن، من جانب اخر لايمكن القبول مطلقاً بدخول القوات الأمريكية الى هاييتي بدعمها الاتفاق الذي حصل بين الادارة الأمريكية والقيادة العسكرية الجديدة لان هذا الاتفاق باطل وغير شرعي بسببين هما:

1. ان الرئيس الامريكي قد اعلن صراحة للشعب الامريكي، كما بينا ذلك في أعلاه ان غزو جزيرة هاييتي أصبح مؤكداً وهذا يتناقض تماماً مع نص الفقرة الرابعة من المادة الثانية من ميثاق الأمم المتحدة التي تحرم استخدام القوة في العلاقات الدولية ومن باب أولى التهديد بها.

2. ان الاتفاق تم بالتهديد باستعمال القوة وبالتالي فهو غير شرعي استناداً الى المادة (52) من معاهدة فيينا لقانون المعاهدات لعام 1969.

331

نستنتج مما جاء أعلاه ان الولايات المتحدة الأمريكية قـد استغلت نفوذهـا داخـل مجلس الأمـن لدفعة الى اتخاذ قرار لاينـسجم وأحكـام المـادة (39) مـن الميثـاق، وفي الوقت نفسه استعملت التهديـد باستعمال القوة ضد هاييتي مما دفع بالقيادة العسكرية في هاييتي الى قبول الاحتلال الامريكي للجزيرة.

3. قضيــة روانــدا

اتخذ مجلس الأمن بـالاجماع القـرار (872) لعـام 1993 الـذي انـشأ بموجبـه بعثـة الأمـم المتحـدة لتقديم المساعدة الى رواندا لفترة سـتة اشـهر، وكـان هـذا القـرار اسـتجابة لمقـترح الأمـين العـام المـؤرخ في 1993/9/24 (S/26488) الذي طلب انشاء قوة لحفظ السلام تـضم (548) فـرداً عـسكرياً (مـنهم كتيبتـان للمشاة) ولكن مجلس الأمن لم يأذن إلاّ بنشر كتيبة مشاة واحدة انيطت بالبعثة الولاية التالية:

أ. الاسهام في توفير الأمن في مدينة كيغالي (عاصمة رواند)

ب. رصد احترام اتفاق وفق اطلاق النار

ج. رصد حالة الأمن أثناء الفترة الختامية لولاية الحكومة الانتقالية حتى موعد الانتخابات.

د. المساعدة في ازالة الالغام.

هـ المساعدة في تنسيق انشطة المساعدة الإنسانية بالتعاون مع عمليات الاغاثة.

في 21/تـشرين الأول 1993 وقـع انقـلاب عـسكري في بورونـدي نـتج عنـه مقتـل الـرئيس الهوتـو (مباكيور نداداي)، الذي انتخب في حزيران 1993، وقتل عشرات الالاف من الاشخاص، وبلـغ عـدد الفـارين الى البلدان المجاورة 600.000 ألف لاجئ (منهم 375000 قصدوا رواندا. وادعى المتطرفون الهوتو في رواندا (العشيرة المسيطرة عسكرياً على رواندا) ان وقوع الانقلاب في بوروندي يدل عـلى عـدم اسـتعداد التوتـسي (العشيرة التي تمثل عدد افرادها حوالي 15% من سكان رواندا) لاقتسام السلطة مع الهوتو في رواندا.

بدأت مشكلة رواندا عندما لقي كـل مـن الـسيد هابيـار يمانـا (رئـيس روانـدا) ورئـيس بورونـدي مصرعهما في حادث سقوط طائرتهما بتاريخ 6/نيسان/1994 على مشارف مطار كيغالي لـدى عـودتهما مـن مؤتمر اقليمي في دار السلام في

تنزانيا. وفي غضون ساعة من سقوط الطائرة اقيمت الحواجز في كثير من الطرق في كيغالي وبدأ تقتيل افراد قبيلة التوتسي والمعارضيين السياسيين المعتدليين من قبل ميليشيا الانتراهمومي والاحبوازاموغبمي (وهي ميليشيا تابعة للهوتو مؤلفة من جناح الشباب في تحالف الدفاع عن الجمهورية ووحدات الحرس الجمهوري).

قدمت نايجيريا باسم مجموعة بلدان عدم الانحياز مشروع قرار يدعو الى زيادة حجم بعثة الأمم المتحدة وتوسيع ولايتها. وشددت نايجيريا على ان اهتمام مجلس الأمن ينبغي إلاّ يقتصر على امن موظفي الأمم المتحدة والاجانب وانما يشمل المدنيين الابرياء أيضاً في رواندا.

اعتمد مجلس الأمن بالاجماع القرار (912) لعام 1994 (S/Res/1994/912) الذي عدل ولاية بعثة الأمم المتحدة لتقديم المساعدة الى رواندا على النحو الآتي:

1. العمل كوسيط بين الطرفين في محاولة لتأمين اتفاقهما على وقف اطلاق النار.
2. المساعدة على استئناف عمليات المساعدة الإنسانية الى الحد الممكن.
3. رصد التطورات في رواندا والابلاغ عنها بما في ذلك سلامة وامن المدنيين الذين التمسوا اللجوء لدى البعثة.

وفي أعقاب اعتماد القرار أعلاه صرح سفير نايجيريا لدى الأمم المتحدة ان المباحثات التي اجراها مجلس الأمن في نيسان بشان رواندا لم تكن لها علاقة تذكر بالمذابح التي ارتكبت ضد المدنيين وانما ركزت على التوصل الى وقف لاطلاق النار (S/1999/1257).

ورغم عملية التقتيل الجماعي تجري على قدم وساق في رواندا في شهر نيسان وايار 1994 ورغم ان وسائل الاعلام كانت تبث صوراً للجثث المنتفخة وهي تطفو على سطح النهر قادمة من رواندا كانت الدول الكبرى تمانع في استخدام

مصطلح الابادة الجماعية في وصف ما كان يجري بل ان البيان الرئاسي الذي صدر عن مجلس الأمن بتاريخ 3 نيسان 1994 (S/PRST/1994/21) والذي أدان فيه ذبح المدنيين في رواندا لم يستخدم عبارة (الابادة الجماعية). بالمقابل فأن الأمين العام للأمم المتحدة قدم بتاريخ 31/ايار/1994 تقريراً الى مجلس الأمن (S/1994/640) تضمن رسمياً عبارة (الابادة الجماعية) حيث قدر الأمين العام عدد القتلى في رواندا 250000- 500000 مدنياً من الرجال والنساء والاطفال وقد أشار تقرير الأمين العام ان نسبة القتلى الى عدد سكان رواندا يعادل 2-4 مليون قتيل في فرنسا والى 9-18 مليون قتيل في الولايات المتحدة الأمريكية[1].

في 8 حزيران 1994 اتخذ مجلس الأمن القرار (S/RES/925) الذي تضمن تمديد ولاية بعثة الأمم المتحدة بتقديم المساعدة الى رواندا لمدة ستة اشهر واقرار النشر الفوري لكتيبتين اضافيتين كما طلب القرار الى الأمين العام كفالة ان تقوم بعثة الأمم المتحدة لتقديم المساعدة الى رواندا بتوسيع نطاق تعاونها الوثيق مع ادارة الشؤون الإنسانية بالامانة العامة ومكتب الأمم المتحدة لحالة الطوارئ في رواندا ومع المقرر الخاص للجنة حقوق الإنسان.

أكد الأمين العام في رسالة موجهة الى رئيس مجلس الأمن مؤرخة في 1994/6/19 (S/1994/728) على ضرورة وقف الابادة الجماعية وتأمين وقف اطلاق النار واقترح أيضاً ان ينظر المجلس في العرض المقدم من الحكومة

---

[1] لمزيد من التفاصيل يراجع:

UN De partment of pnblic Information: The UN and Rwanda, 1995-1996.

The Un Blue book series, Vol. X, printed by UN, Newyork, 1996. P.307.

الفرنسية للقيام بعملية متعددة الجنسيات تتولى فرنسا قيادتها لتوفير الأمن والحماية للمشردين والمدنيين المعرضين للخطر في رواندا وذلك لتحسين استكمال قوائم بعثة الأمم المتحدة لتقديم المساعدة الى رواندا.

وجه الممثل الدائم لفرنسا لدى الأمم المتحدة رسالة، مؤرخة في 12 حزيران 1994، الى الأمين العام (S/1999/734) طلب فيها اتخاذ قرار في اطار الفصل السابع من ميثاق الأمم المتحدة ليكون اطار قانونياً لنشر قوة متعددة الجنسيات للاحتفاظ بوجودها في رواندا لحين نشر بعثة الأمم المتحدة الموسعة لتقديم المساعدة الى رواندا وتبعاً لذلك اعتمد مجلس الأمن قراره المرقم (929) المؤرخ في 22/حزيران 1994 (S/RES/929) بـ10 أصوات مؤيده للقرار مع امتناع (5) أعضاء عن التصويت (باكستان والبرازيل والصين ونيجيريا ونيوزيلندة) وبموجب الفقرة (1) من القرار أذن (بانشاء عملية متعددة الجنسيات للاغراض الإنسانية في رواندا لحين الوصول بالبعثة إلى الحجم اللازم)، وقد نصت الفقرة (2) منه على ما يلي (يرحب أيضاً بالعرض المقدم من دول أعضاء) (S/1994/734) للتعاون مع الأمين العام بغية تحقيق أهداف الأمم المتحدة في رواندا من خلال انشاء عملية مؤقته تحت قيادة ورقابة وطنيتين تستهدف المساهمة بطريقة محايدة في كفالة امن وحماية المشردين واللاجئين والمدنيين المعرضين للخطر في رواندا..) ونصت الفقرة (3) على ما يلي (واذ يتصرف بموجب الفصل السابع من ميثاق الأمم المتحدة يأذن لعدول الأعضاء المتعاونة مع الأمين العام بتنفيذ العملية

المشار اليها في الفقرة (2) أعلاه واستخدام جميع الوسائل الضرورية لتحقيق الأهداف الإنسانية)
وقد برر مجلس الأمن هذا التدخل بالمبررات التالية:

- استمرار عمليات القتل التي يتعرض لها السكان المدنيين في رواندا بشكل منتظم وعلى نطاق واسع.

- ان الحالة الراهنة في رواندا تشكل حالة فريدة تتطلب استجابة عاجلة من المجتمع الدولي.

- جسامة الازمة الإنسانية في رواندا تشكل تهديداً للسلم والأمن في المنطقة.

وفي اليوم نفسه من صدور القرار (929) شرعت القوات الفرنسية والسنغالية في الاضطلاع بعملية (تركواز)[1] وهذه العملية تهدف الى تقديم المساعدة الى رواندا والمساهمة في توفير الأمن والحماية للاشخاص المشردين واللاجئين الذين يتعرضون للخطر في رواندا وذلك بوسائل منها انشاء وحماية مناطق إنسانية آمنه قدر الامكان.. وكانت قوات تركواز تتكون من 2330 جندياً فرنسياً و32 سنغالياً (S/1999/1257).

اتمت الجبهة الوطنية الراوندية سيطرتها على رواندا كلها في 18 تموز 1994 بأستثناء منطقة الحماية الإنسانية التي تسيطر عليها عملية (تركواز) واعلنت الجبهة من جانب واحد وقف اطلاق النار.

---

[1] للمزيد من التفاصيل حول عملية (تركواز) او (Operation Truquoise) راجع:
Fernan do-R.Teson: Collective Humani tarian In ter vention, op.cit, p. 365.

في عملية الابادة الجماعية التي وقعت في رواندا في عام 1994 قتل قرابة 800.000 نسمة وعلى قرابة مائة يوم مابين نيسان وتموز 1994 كانت هناك مذبحة منظمة تعرض لها الرجال والنساء والاطفال.

ونتيجة لفشل الأمم المتحدة في تحمل مسؤولياتها للحيولة دون وقوع هذه الجريمة شكل الأمين العام لجنة تحقيق مستقلة للتحقيق في الاجراءات التي اتخذتها الأمم المتحدة أثناء عملية الابادة الجماعية وكانت اللجنة برئاسة (CARLSON ingvar) رئيس وزراء السويد السابق وقد اصدرت اللجنة تقريرها الذي وقع بـ91 صفحة (S/1999/1257).

ولاثبات عدم مصداقية الدول الغربية الأعضاء في مجلس الأمن ولاسيما الولايات المتحدة الأمريكية من موضوع حقوق الإنسان وقواعد القانون الدولي، وان هذه الدول حاولت ان تستغل هذه المبادئ الإنسانية لتحقيق أهدافها السياسية نورد بعض الملاحظات التي جاءت في تقرير اللجنة.

- (كشف التحقيق المستقل ان استجابة الأمم المتحدة قبل عملية ابادة الاجناس التي حدثت في رواندا في عام 1994 وخلالها قد فشلت في عدد من الجوانب الأساسية وتقع مسؤولية فشل الأمم المتحدة في الحيلولة دون حدوث عملية ابادة الاجناس في رواندا ووقفها على عدد من الأطراف المختلفة، ولاسيما الأمين العام، الامانة العامة، ومجلس الأمن وبعثة الأمم المتحدة ..).

- (ان التاخر في وصف الاحداث في رواندا بكونها ابادة جماعية تقتصر من جانب مجلس الأمن فممانعة بعض الدول في استخدام مصطلح الابادة الجماعية انما كان مرده انعدام الارادة في التصرف).
- (وقد ذكر مراراً أثناء المقابلات التي اجرتها لجنة التحقيق الى ان رواندا غير ذات اهمية من الناحية الاستراتيجية بالنسبة لبلدان ثالثة وقد مارس المجتمع الدولي معايير مزدوجة عندما واجه خطر حدوث كارثة هناك مقارنة بالاجراءات التي اتخذها في اماكن أخرى).

وان عدم رغبة مجلس الأمن في اتخاذ القرار المناسب في الوقت المناسب لتفادي جريمة القرن العشرين في رواندا فقد كتب السيد كوفي عنان الأمين العام للأمم المتحدة في مقاله المعنون (المحافظة على السلام، التدخل العسكري والسيادة الوطنية في النزاع العسكري الداخلي عن قضية رواندا (.. ان السياسة المتبعة كانت بالضد تماماً لانه تقرر تخفيض فعالية قوة الأمم المتحدة التي كانت متواجدة في الميدان لضمان تنفيذ السلام الداخلي. ان المجتمع الدولي لايزال يفكر بآثار هذا القرار وعدم القدرة على الرد بطريقة مناسبة وما ينتج عن ذلك من جريمة الابادة الجماعية)[1].

لمزيد من التفصيل حول النقد الموجه للتدخل الدولي في رواندا، راجع: احمد ابراهيم، تجربة التدخل الاولي في الصومال ورواندا، مجلة السياسة الدولية، مركز الاهرام للدراسات السياسيين والاستراتيجية، القاهرة، العدد (122)، 1995،صص 128،129.

[1] لمزيد من التفاصيل راجع (122) ، 1995، صص128،129. بالوثيقة المرقمة (UN. Doc/S/26488) في 1993/9/24 بخصوص القضية الرواندية.

المبحث الثاني
تطبيقات التدخل الإنساني بدون موافقة مجلس الأمن

من أبرز السمات السلبية التي عرفها العقد الماضي على صعيد التنظيم القانوني الدولي هو استعمال القوة خلافاً للأحكام الواردة في ميثاق الأمم المتحدة وأبرز مثال على هذا السلوك اللاقانوني هو استعمال القوة من قبل حلف شمال الاطلسي NATO ضد بوغسلافيا السابقة عام 1999 واستعمال القوة في شمال العراق وفرض منطقة الحظر في شماله وجنوبه وسنركز في دراستنا بهاتين القضيتين على الجانب القانوني من استعمال القوة ضد يوغسلافيا والعراق.

1. تدخل حلف شمال الاطلسي ضد يوغسلافيا السابقة في (كوسوفو 1999)

شهدت يوغسلافيا احداثاً دامية في اقليم كوسوفو حيث اتهم الصرب بممارسة التطهير العرقي في هذا الاقليم ضد المسلمين الالبان. اصدر مجلس الأمن قراره المرقم (1160) المؤرخ في 31/اذار/1998 (S/RES/1160) أدان فيه (لجوء قوات الشرطة الصربية الى استعمال القوة المفرطة ضد المدنيين والمتظاهرين المسالمين في كوسوفو..) وطلب بموجب الفقرة (1)منه (الى جمهورية يوغسلافيا الاتحادية ان تتخذ فوراً الخطوات اللازمة من أجل تحقق حل سياسي لمسألة كوسوفو من خلال الحوار..) وان (مبادئ حل مشكلة كوسوفو ينبغي ان تقوم على

السلامة الاقليمية لجمهورية يوغسلافيا الاتحادية وان تكون متفقه مع ميثاق الأمم المتحدة).

اعتمد مجلس الأمن قراراً ثانياً تحت رقم (1199) في 1998/9/23 (S/RES/1199/1998) والذي عبر فيه عن قلقه (ازاء اشتداد القتال مؤخراً في كوسوفو وبخاصة استخدام القوة المفرطة والعشوائي من قبل قوات الأمن الصربية والجيش اليوغسلافي، مما اسفر عن وقوع اصابات عديدة بين المدنيين وتشريد أكثر من (230.000) شخص من ديارهم حسب تقدير الأمين العام) وطلب بموجب الفقرة (1) منه من جميع الأطراف والجماعات والافراد بوقف الاعمال العدائية فوراً(*).

والحفاظ على وقف اطلاق النار في كوسوفو جمهورية يوغسلافيا الاتحادية تعزيزاً لاحتمالات اجراء حوار مجدداً بين سلطات جمهورية يوغسلافيا الاتحادية وزعامة الطائفة الالبانية الكوسوفيه والتقليل من مخاطر حدوث كارثة إنسانية).

لم يشر مجلس الأمن في القرارين أعلاه بشكل صريح أو ضمني الى استعمال القوة ضد يوغسلافيا الاتحادية. شرع حلف شمال الاطلسي باجراء مفاوضات مع بلغراد في شهر اذار 1999 ولم يتوصل الطرفان الى نتيجة.

بعد ذلك تم التوصل الى اتفاق بين بلغراد ومجموعة الثمانية (G8) وهي (الولايات المتحدة الأمريكية، فرنسا،المانيا، اليابان، ايطاليا، بريطانيا، كندا والاتحاد

(*) للاستزادة راجع قرارات مجلس الأمن المرقمة:

1. الفقرة (1) من القرار (S/RES/1160) في 31/اذار/1998.
2. الفقرة (1) من القرار (S/RES/1199) في 1998/9/23.

الروسي). وقد اصدر مجلس الأمن قراره المرقم (1244) في 1999/6/10 (S/RES/1244/1999) رحب فيه (بالمبادئ العامة المتعلقة بايجاد حل سياسي لازمة كوسوفو المعتمدة في 6/ايار/1999 (S/1999/516) المرفق رقم 1 بهذا القرار) واذ يرحب بقبول جمهورية يوغسلافيا الاتحادية للمبادئ المحددة في البنود من 1-9 من الورقة المقدمة في بلغراد في 2/حزيران 1999 (S/1999/649) المرفق رقم 2، بهذا القرار) وبموافقة جمهورية يوغسلافيا الاتحادية على تلك الورقة) ولم يتضمن هذا القرار أيضاً أي اشارة صريحة أو ضمنية لاستعمال القوة وانما تم التركيز فيه على حل المشكلة بالوسائل السلمية(**).

وعلى اثر رفض بلغراد توقيع الاتفاق أعلاه، شنت القوات العسكرية لحلف شمال الاطلسي في حزيران 1999 عمليات عسكرية ضد مواقع الصرب في كوسوفو ووسعت عملياتها ضد كامل الأراضي اليوغسلافية بدون موافقة مجلس الأمن، وبررت تدخلها العسكري بحجة وضع حد لأعمال العنف الجارية ضد الالبان في كوسوفو[1].

ان العمليات العسكرية التي قام بها حلف شمال الاطلسي، بقيادة الولايات المتحدة الأمريكية تعتبر خرقاً للاسس التي قامت عليها منظمة الأمم المتحدة وانها

(**) راجع القرارات:

1. (S/RES/1244) في 1999/6/10.
2. المرفق رقم (1) للقرار (S/1999/516) في 6/ايار/1999.
3. المرفق رقم (2) للقرار (S/1999/649) في 2/حزيران/1999.

[1] "Humanitarian inter vention" Danish Institute of inlernational affairs, op. Cit, p.92.

قد تجاوزت عدداً كبيراً من قواعد التعامل بين الدول وطرحت العديد من الاسئلة والاستفسارات.

مما لاشك فيه ان هذه العمليات هي انتهاك فاضح للفقرة الثانية من الميثاق وقد وضحنا في الفصل الرابع، من بحثنا هذا موقف القانون الدولي من استعمال القوة.

وفي ضوء ذلك يؤكد الدكتور رياض القيسي : "تمنع على دول حلف شمال الاطلسي التدخل في كوسوفو للأسباب التالية:

1. ان الحالتين اللتين تجيز ان استخدام القوة لا تتوفر ان في الوضع.

2. ان مجلس الأمن لم يجز لحلف شمال الاطلسي التدخل بموجب تدابير الأمن الجماعي بموجب الفصل السابع.

3. ان عدم نجاح جهود التسوية السلمية التي اتخذت من قبل مع دول الأعضاء في الحلف مع الفرقاء المعنيين في رامبوابية (فرنسا) لا تبيح التدخل المسلح في كوسوفو بدون تخويل من مجلس الأمن.

4. ان كوسوفو جزء من يوغسلافيا وهي دولة مستقلة ذات سيادة ويجب احترام سيادتها وسلامتها الاقليمية واستقلالها السياسي) ويؤكد الدكتور القيسي (ان التكييف القانوني للتدخل المسلح لحلف الاطلسي في كوسوفو يرقى الى مصاف العدوان وخرقاً لميثاق الأمم المتحدة والأحكام الواردة في تعريف

العدوان الذي اقرته الجمعية العامة للأمم المتحدة بالتوافق في قرارها 3314 (د-29) في 14 كانون الأول 1974"[1].

ومن الناحية السياسية فأن ما قامت به الولايات المتحدة الأمريكية في يوغسلافيا شكل كذلك خرقاً لميثاق حلف شمال الاطلسي الذي يعلن عن نفسه انه منظمة دفاعية لا تلجأ الى القوة إلاّ في حالة حدوث هجوم على دولة من الدول الأعضاء فيه، في موازاة ذلك فأن اعلان هلسنكي الختامي لعام 1975، الذي شاركت فيه 35 دولة اوربية بضمنها الولايات المتحدة الأمريكية والاتحاد السوفيتي، نص على التزام الدول المشاركة بالامتناع عن استعمال القوة أو التهديد بها في علاقاتهم الجماعية بالاضافة الى الامتناع عن ذلك في العلاقات الدولية بشكل عام، ونص الاعلام على التزام الدول المشاركة بالامتناع بأي شكل من اشكال التدخل العسكري أو التهديد بالتدخل بالشؤون الداخلية للدول المشاركة، واخيراً نجد ان اتفاق (رامبوابيته) الذي اقترحه حلف شمال الاطلسي يعتبر خرقاً لاتفاقية فيينا لقانون المعاهدات التي تحظر اللجوء الى الاكراه والقوة من أجل اجبار دولة ماعلى توقيع اتفاق معين.

رفضت الولايات المتحدة الأمريكية وبريطانيا وفرنسا مشروع قرار تقدم به وفد الاتحاد الروسي "مدعوماً من الصين وناميبيا، الى مجلس الأمن أدان فيه العمليات العسكرية التي قام بها حلف الاطلسي ضد يوغسلافيا الاتحادية واعتبرها انتهاكا للمادة 4/2 من ميثاق الأمم المتحدة وطالب بوقف اطلاق النار، وحين

---

[1] انظر : الدكتور رياض القيسي: في الجوانب القانونية للتدخل العسكري لحلف شمال الاطلسي في كوسوفو، دراسات قانونية – بغداد – بيت الحكمة العدد الاول. عام 1999، ص75.

عرض هذا المشروع على التصويت صوتت معه ثلاث دول (روسيا، الصين، ناميبيا) وصوت ضده ثماني دول من ضمنهم الدول الغربية أعلاه[1]. وعلى ضوء ذلك اصدر السيد كوفي عنان مباشرة بعد العدوان العسكري لحلف (الناتو) ضد يوغسلافيا، بياناً عبر فيه عن اسفه لفشل الحلول السلمية ومؤكداً ان شرعية استخدام القوة لتحقيق السلام يجب ان تكون طبقاً للميثاق، وان مجلس الأمن يتحمل المسؤولية الرئيسية للمحافظة على السلم والأمن الدوليين، ويجب ان يأخذ دوره في أي قرار يتعلق باستعمال القوة[2].

عرضت يوغسلافيا الاتحادية نزاعها مع الحلف الاطلسي على محكمة العدل الدولية بتاريخ 1999/6/2. بشان (شرعية استعمال القوة) وطلبت منها اتخاذ تدابير مؤقته لنظامها الأساسي. ردت المحكمة الدعوى باعتبار ان عرض النزاع امامها يجب ان يحظى بتوافق الطرفين المتخاصمين ولكنها بنفس الوقت عبرت عن (عميق قلقها بشان المأساة الإنسانية والخسارة في الأرواح والمعاناة الكبيرة في كوسوفو التي تعتبر الخلفية الأساسية للنزاع) و(استمرار الخسارة في الأرواح والمعاناة الإنسانية في كل أجزاء يوغسلافيا) وانها تعلن (قلقها العميق لاستعمال القوة في يوغسلافيا) التي من شانها (تحت الظروف الراهنة ان تثير قضايا جدية في القانون الدولي) (ان المحكمة تشدد على ضرورة التأكيد على كل الأطراف

---

[1] Press release; Sc/6659 at 14-4-1999.

[2] Press release; Sc/SM/6938

وجوب التصرف طبقاً لالتزاماتها بموجب ميثاق الأمم المتحدة والقواعد الأخرى في القانون الدولي ومن ضمنه القانون الإنساني.)[1].

والجدير بالذكر ان الاتحاد الروسي وبيلاروسي قدما خلال اجتماع اللجنة الخاصة المعنية بميثاق الأمم المتحدة وبتعزيز دور المنظمة، الذي عقد في نيويورك للفترة من 12-23 نيسان 1999[2]. مقترحاً يوصي بطلب رأي استشاري من محكمة العدل الدولية بشان النتائج القانونية المترتبة على لجوء الدول الى استخدام القوة، أما دون اذن مسبق من مجلس الأمن أو خارج سياق الدفاع عن النفس.

ناقشت اللجنة هذا المقترح في دوراتها للاعوام 1999و2000و2001 وفي ضوء هذه المناقشات قدم الوفدان الروسي وبيلاروسي مشروع قرار عرض للنقاش خلال اجتماع اللجنة الذي عقد في نيويورك للفترة من 2-12 نيسان 2001 تضمن ثلاث فقرات عاملة، نصت على ما يلي:

1. ((تؤكد عدم جواز قيام القوات الجوية والبحرية أو البرية التابعة لجميع الأعضاء في الأمم المتحدة أو لبعضهم بعمل لاغراض صون السلم والأمن الدوليين إلاّ استناداً الى قرار يتخذه مجلس الأمن عملاً بالفصل السابع من ميثاق الأمم المتحدة أو في ممارسته للحق الطبيعي للدول فرادى أو جماعات في الدفاع عن النفس طبقاً للمادة (51) من ميثاق الأمم المتحدة .

---

[1] IC J press communique (99/25) of 2 June 1999.

[2] UN. Doc. A/Ac. 182/L. 104/Rev1

2. تؤكد عدم جواز المساس بأحكام الفقرة (1) من المادة (53) من ميثاق الأمم المتحدة التي تقضي على وجه الخصوص بأنه لا يجوز بمقتضى التنظيمات الاقليمية أو بواسطة الوكالات الاقليمية القيام بأي عمل من أعمال القمع بغير اذن مجلس الأمن.

3. تطلب الى محكمة العدل الدولية، عملاً بالفقرة (1) من المادة (96) من ميثاق الأمم المتحدة افتائها بالمسائل القانونية التالية:

- ما إذا كان يحق، بمقتضى القانون الدولي المعاصر لدولة أو لمجموعة من الدول استعمال القوة المسلحة دون قرار يتخذه مجلس الأمن عملاً بالفصل السابع من ميثاق الأمم المتحدة . في ماعدا حالات ممارسة الحق في الدفاع الفردي أو الجماعي عن النفس طبقاً للمادة (51) من الميثاق.
- ما إذا كان استعمال القوة المسلحة هذا يمثل اخلالاً بالتزامات تلك الدولة أو مجموعة الدول تلك، وفقاً لأحكام ميثاق الأمم المتحدة))[1].

دعمت دول مجموعة حركة عدم الانحياز مشروع القرار أعلاه، وكذلك الصين، لاسيما (العراق، السودان، سوريا، لبنان، مصر،ايران، الهند، باكستان، اندنوسيا، ماليزيا، كولومبيا، كوبا، ساحل العاج، جنوب افريقيا..) وعبرت عن املها في التوصل الى توافق في الرأي بشان هذا القرار واشير الى ان الاقتراح جدير بان يحظى بالدعم لأسباب من بينها ان الافكار الواردة فيه تتطابق تماماً ومبادئ القانون

---

[1] UN. Doc. A/56/33, P.35.

الدولي وميثاق الأمم المتحدة، ولان السنوات القليلة المنصرمة شهدت ازدياد اللجوء الى العمليات العسكرية من جانب واحد دون موافقة مسبقة من مجلس الأمن. كما جرى التلاعب بقواعد القانون الدولي ولجات بعض الدول الى التهديد باستخدام القوة أو استخدمت القوة لدعم سياساتها وان طلب فتوى من المحكمة سيعزز ميثاق الأمم المتحدة. فضلاً عن ذلك فان، معارضة الاقتراح بشكل مباشر أو غير مباشر قد يعد بمثابة تشكيك في نزاهة المحكمة واضافة الى ذلك، اشير الى ان الاقتراح مفيد بسبب عدم وضوح ممارسة الأمم المتحدة بشان استخدام الأمم المتحدة بشان استخدام القوة من قبل المنظمات الاقليمية[1].

بالمقابل فأن دول المجموعة الاوربية والولايات المتحدة الأمريكية عارضت اعتماد مثل هكذا قرار على أساس ان طلب الفتوى في هذه المسألة امر غير مجد[2]. واجل مناقشة مشروع القرار الى الدورة القادمة للجنة الخاصة المعنية بميثاق الأمم المتحدة وبتعزيز دور المنظمة.

وبأختصار فأن العمليات العسكرية التي قام بها حلف ((الناتو)) ضد يوغسلافيا تجسد الخلل الذي يتميز به التنظيم القانوني الدولي بالوقت الراهن وذلك من خلال (فرض سياسات انفرادية على المجتمع الدولي من خلال ادوات وتنظيمات خارج التنظيم الدولي واعتبار تلك التنظيمات بديلة للأمم المتحدة في الحالات التي تتوقع فيها قوى الهيمنة وعلى رأسها الولايات المتحدة، معارضة

---

(1) I bid, P36.

(2) I bid, P36.

شديدة من الأمم المتحدة لتلك السياسات الانفرادية، كما شهدنا في عدوان شمال الاطلسي على جمهورية يوغسلافيا الاتحادية).

وان غالبية الدول الأعضاء في الأمم المتحدة قد عبرت عن مواقفها المعارضة لهذه الأعمال الانفرادية بشكل مستمر وثابت، بالاضافة الى تأكيد محكمة العدل الدولية على معارضتها لاستعمال القوة خارج اطار ميثاق الأمم المتحدة وتأكيدها على وجوب التزام الدول بالقانون الدولي.

2. التدخل في شمال العراق وفرض منطقتي حظر الطيران في شمال وجنوب العراق

رغم وقف اطلاق النار الرسمي المقرر بموجب قرار مجلس الأمن المرقم 687/(1991). استغلت الولايات المتحدة الأمريكية وبريطانيا وفرنسا الظروف السائدة في اعقاب اندلاع أعمال العنف التي حفزت عليها وشاركت فيها قوى خارجية بعد ذلك، كذريعة لمواصلة أعمال القوة في العراق. وقد اتخذت أعمال القوة تلك شكل التدخل في شؤون العراق الداخلية من جهة، ومواصلة أعمال القوة العسكرية ضد العراق من جهة أخرى تحت غطاء توفير المساعدات الإنسانية والحماية للسكان المدنيين، كما انها اتخذت شكل فرض منطقتي حظر الطيران في شمال وجنوب العراق[1].

---

[1] انظر بالتفصيل حول هذا الموضوع (العرض الذي قدمه وفد جمهورية العراق في الحوار مع الامين العام للأمم المتحدة في نيويورك 26-27 شباط (2001) منشورات وزارة الخارجية العراقية. دار الحرية للطباعة والنشر – بغداد – 2003 ص ص 32-42، وراجع الوثيقة الأمم المتحدة المرقمة (S/2001/715).

فقد برر انصار التدخل الإنساني ارسال 30 ألف جندي الى شمال العراق[1] مـن قبـل الـولايـات المتحدة الأمريكية وبريطانيا وفرنسا وغيرها من الدول الغربية الأخرى بقرار مجلس الأمـن (688) الـذي اعتمده في 5/نيسان 1991 باغلبية (10) أصوات مقابل 3 أصوات (زمبابوي وكوبا واليمن) وامتناع عضوين عن التصويت (الصين والهند) (S/RES/688/1991) ويعتبرون ان هذا القرار يعكس بـشكل اصـلي مفهـوم التدخل الجماعي الإنساني[2].

ويستند موقفهم على ما يأتي:

أ. ان القرار (688) يتضمن تعابير مشمولة بأحكام المادة (39) من الميثاق وان هـذه الاشـارة هـي تأكيد منه بأنه يتصرف بموجب الفـصل الـسابع مـن الميثاق ويـشيرون بـذلك الى تعبـير (تهديـد السلم والأمـن الـدوليين) الـوارد في الفقرة الثالثة مـن الديباجـة وكـذلك ورودهـا في الفقـرتين العاملتين الأولى والثانية من الفقرة.

ب. تفسير عبارة (المنظمات الإنسانية) الوارد في الفقرة العاملة الثالثة من القرار (688). انهـا تعنـي من ضمنها القوات العسكرية للقيام بمهمة محددة وخاصة للمساعدات الإنسانية.

ج. ان الظروف التي احاطت بتنفيذ القرار (688) تدلل على ان مجلس الأمن يتمتع بحق اسـتعمال القوة العسكرية وذلك من خلال العوامل التالية:

● ان تدخل قوات التحالف في شمال العراق بهدف انشاء ملاذ آمن للأكراد.

---

[1] Fernando R. Teson, op. Cit, p.345.

[2] I bid, P. 347.

- هددت قوات التحالف بالرد على أي عمليات عسكرية تصدر من الجانب العراقي.
- نشر قوات الأمم المتحدة لحماية النشاطات الإنسانية.
- وجود اتفاق مع العراق يعني ان في حالة عدم احترامه فهناك امكانية لاستعمال القوة ضد العراق.

د. ان القرار (688) قد اعتمد في سياق مجموعة من القرارات صدرت عن مجلس الأمن ضد العراق، وان الاجراءات التي اذن بها مجلس الأمن بموجب القرار (688) لحماية الأكراد هي امتداد للتدابير القسرية التي اتخذت ضد العراق وان هذا القرار يشبه القرار 687 الذي تقرر بموجبه نزع سلاح العراق وتجريده من اسلحته النووية، وان هذه المواضيع هي من صميم السلطان الداخلي للدول وهذا يدل على التدخل لحماية الأكراد مبرر بأعتباره نتيجة لتطبيق أحكام الفصل السابع من الميثاق[1].

ومن وجهة نظرنا ان الأعمال العسكرية التي قامت بها الولايات المتحدة الأمريكية وحلفاؤها في شمال العراق وفرض منطقتي الحظر الجوي في شماله

[1] راجع:

Fernando R. Teson, OP. Cit, pp343-348.

لمزيد من التفصيل في هذا الشان انظر:

David J. SchEFFER "Challenges confronting collective security: humanitarian intervention", US. Institute of peace, whashington, D.C. 1992. P. 3-8.

وايضاً انظر:

Frank X. Niergo : The establishment of safety Zones for displaced persons in Their country of origin; in, N. AL-Nauimi and R. Meese; International- Legal. Issue Arising under The united Nations Decade of International law, printed in the Nether Land, 1995 P822.

وجنوبه، تحت غطاء توفير المساعدات الإنسانية وحماية الأكراد لا أساس لها في قرار مجلس الأمن (688) ولا في غيره من القرارات السابقة، وبالتالي فهي اجراءات قسرية غير قانونية ضد العراق ووحدة أراضيه ووحدته الوطنية وتمثل انتهاكاً لمبدأ عدم استخدام القوة المنصوص عليه في ميثاق الأمم المتحدة[1]. واننا ندعم رأينا أعلاه بما يلي:

1. ان جميع قرارات مجلس الأمن السابقة التي اعتمدها مجلس الأمن، قد صدرت بموجب الفصل السابع من ميثاق الأمم المتحدة، في حين ان القرار (688) لم يتم اعتماده بموجب هذا الفصل، وهذا يعني ان مجلس الأمن كان يقصد ذلك، وقد أكد هذا الاتجاه السفير البريطاني (ديفيد هاناي) عند اجتماعه مع ممثل العراق الدائم في نيويورك بتاريخ 10/مايس/1991 عندما قال له (نحن لانتردد في ضمان تبني قرار بموجب الفصل السابع، ونحن نعرف اننا نستطيع ذلك، ولكننا نفضل العمل بموجب القرار (688) (1991) الذي لايستند الى الفصل السابع..)[2].

2. لم يتضمن القرار أية اشارة صريحة أو ضمنية بأستعمال القوة أو أية تدابير قسرية أخرى، وهناك اتفاق عام في الفقه الدولي على ان قرار مجلس الأمن

[1] انظر: د. عبد المجيد العبدلي: قانون العلاقات الدولية، مطبعة فن والوان، تونس،ط1، 1994،ص475-487. وراجع ايضاً: د.علي ابراهيم، الحقوق والواجبات الدولية في عالم متغير، مكتب الرسالة الدولية للطباعة والنشر، القاهرة، ط1، 1995،ص 461-363.

[2] راجع عرض وفد جمهورية العراق للامين العام للأمم المتحدة (...) مصدر سبق ذكره. ص 34.

(688) لم يجز صراحة التدخل ولم يتضمن أية لغة نسمح باستعمال القوة[1].

3. ان مجلس الأمن كان حريصاً على التأكيد على مبدأ عدم التدخل في الشؤون الداخلية للدول وذلك عندما أشار بشكل صريح. وهو نادر ما يفعل ذلك في الفقرة الثانية من ديباجة القرار (688) الى الفقرة السابعة من المادة الثانية من الميثاق التي تمنع الأمم المتحدة من التدخل في مسائل تقع أساساً ضمن السلطان الداخلي لأية دولة.

4. أكد القرار في الفقرة السابعة من الديباجة على التزام جميع الدول الأعضاء تجاه سيادة العراق.

5. ان الاشارة الى عبارة (تهديد الأمن والسلم الدوليين) الواردة في القرار (688) لا يمكن تفسيرها بأن هذا القرار صادر بموجب الفصل السابع لان هذه العبارة يستعملها مجلس الأمن تقليدياً عند اشارته الى حالة العدوان، وبالتالي ان الاشارة اليها في القرار (688) لا يقصد بها بانه يتصرف وفقاً للباب السابع من الميثاق ولا يمكن تفسيرها على هذا الأساس. لذلك فان معارضي التدخل الإنساني يذهبون الى ان القرار (688) لا يجيز اتخاذ أية تدابير قسرية وانما فقط أعمال إنسانية سلمية[2].

6. ان أحكام القرار 678 (1990) قد انتهت بموجب أحكام الفقرة (33) من القرار 687 (1990) الذي اعلن انه في حال اشعار العراق رسمياً للامين

[1] Danish Istitute, OP. Cit, P92.
[2] I bid, P. 93.

العام ومجلس الأمن بقبوله بالأحكام أعلاه، يكون وقف اطلاق النار الرسمي نافذ المفعول بين العراق والكويت والدول الأعضاء التي تتعاون مع الكويت استناداً الى القرار 678 (1990) وفي الفقرة التالية وهي الفقرة الأخيرة في القرار 687 (1991) أكد مجلس الأمن ان أي اجراء قسري مستقبلي ضد العراق يتطلب تخويلاً جديداً، فالفقرة (34) من القرار المذكور نصت:

(يقرر ابقاء المسألة قيد نظره وان يتخذ تلك الخطوات الأخرى التي قد يتطلبها تنفيذ هذا القرار وضمان السلم والأمن في المنطقة)[1].

وهذا ما يؤكده الاستاذ MALANCZUCK عندما يقول (وفي حالة قراءة القرار (688) على أساس خلفية القرار (678) الذي اجاز استعمال القوة. ضد العراق فأن هذه الاجازة قد انتهت مع وقف اطلاق النار بموجب القرار (687))[2].

7. ان تنفيذ القرار (688) يجب ان ينسجم مع أحكام القانون الدولي الإنساني فتقديم المساعدات الإنسانية للسكان المدنيين من قبل المنظمات الإنسانية الحكومية وغير الحكومية داخل دولة ما يجب ان يتم بموافقة هذه الدولة وان تتميز المساعدات بالحياد والموضوعية والإنسانية وكذلك ان يتم تقديمها طبقاً لقرارات الجمعية العامة للأمم المتحدة ذات العلاقة لاسيما القرار (100/45) المؤرخ في 14 كانون الأول 1990 والمعنون (تقديم المساعدة الإنسانية الى ضحايا الكوارث الطبيعية وحالات الطوارئ المماثلة) الذي

---

[1] راجع : عرض وفد جمهورية العراق...) مصدر سبق ذكره ، ص 38.

[2] Danish Institute,.., Op. Cit, P30.

تنص الفقرة الثانية منه على (نعيد أيضاً تأكيد سيادة الدول المتضررة وبدورها الأساس في بدء وتنظيم وتنسيق وتنفيذ خطط تقديم المساعدة الإنسانية على أراضيها).

8. ان مبررات انصار التدخل الواردة في الفقرة (ج) آنفة الذكر هي شكل من اشكال استعمال القوة أو التهديد بها وبالتالي فهي مخالفة لأحكام الميثاق ولايمكن الاستناد اليها لتبرير التدخل الإنساني العسكري استناداً الى القرار (688). بمعنى آخر، هي نتيجة للعدوان وبالتالي لايمكن ان تكون تبريراً مشروعاً لهذا التدخل.

9. ان القرار (688)، وغيره من قرارات مجلس الأمن السابقة، لم يأذن للولايات المتحدة الأمريكية وبريطانيا وفرنسا بفرض مناطق حظر طيران في أجواء العراق، فمجلس الأمن لم يخول بأتخاذ أي اجراءات قسرية ضد العراق على شكل مناطق لحظر الطيران وعليه فأن موقف هذه الدول ليس له أي أساس قانوني.

بالاضافة الى ذلك فهناك وقائع أخرى تدعم ما ذهبنا اليه:

أ. ان الحكومة الفرنسية قد علقت في عام 1996 مشاركتها في الأعمال غير القانونية في منطقة حظر الطيران في شمال العراق. كما قررت تأكيد هذا التعليق عموماً في 23/كانون الأول 1998.

ب. ان موقف الولايات المتحدة وبريطانيا موضوع البحث غير مدعوم من عضوين دائميين في مجلس الأمن وهما الاتحاد الروسي والصين وهذا

يعتبر السبب الذي جعل هاتين الدولتين غير قادرتين على الحصول على تفويض من مجلس الأمن لعملهما غير القانوني هذا)[1].

ج. أكد الأمين العام السابق للأمم المتحدة الدكتور بطرس غالي (في أكثر من مناسبة وآخرها في كتابه (Unvanquished) ان مناطق حظر الطيران هي اجراء انفرادي ولا أساس لها في القانون الدولي ولم يصدر تخويل من مجلس الأمن بها أو بأستخدام القوة لانفاذها والقرار الذي تدعي أمريكا وبريطانيا انه خولها بذلك (القرار 688) لم يصدر بموجب الفصل السابع من الميثاق كما صرح السيد (جوز سيلز) المتحدث الرسمي بأسم الأمم المتحدة في 1993/1/7 (ان فرض مناطق حظر الطيران لا علاقة له بقرارات مجلس الأمن)[2].

10. من جانب آخر فأن العراق قد أكد في رسالته الموجهة الى رئيس مجلس الأمن بتاريخ 10/نيسان/1991 انه مستعد لضمان العودة الامنة لجميع المواطنين الأكراد الى بيوتهم وتوفير كل ماهو مطلوب لعودتهم وانه يرحب بتغطية هذه العملية من قبل وسائل الاعلام الدولية والسماح للجنة الدولية للصليب الأحمر بالمشاركة فيها، كما اكدت الرسالة قرار العفو العام عن الأكراد، ورحبت باللجنة التي كان من المزمع ان يرسلها الأمين العام لمراقبة الوضع في الشمال.

---

[1] راجع عرض وفد جمهورية العراق...) مصدر سبق ذكره ص ،ص 40-41.

[2] Eric Herring; The No fly zones in Iraq: The Myth of a Humanitarian Intervention, International Affairs review websit, cambridge, 2002.

واستناداً الى ما تقدم فـأن العمليـات العسكرية التـي قامت بهـا الولايـات المتحـدة الأمريكيـة وحلفاؤها في شمال العراق هي أعمال غير مشروعة وتشكل خرقاً صريحاً لأحكام الميثـاق ولقواعـد القـانون الدولي الثابتة. وان محاولات الدول وانصار التدخل الإنساني في الاستناد الى القرار (688) والقرارات الأخرى الصادرة بشأن يوغسلافيا للدلالة على نشوء مايسمى (بحـق التـدخل) يخـول الـدول فـرادى أو جماعـات بالتدخل العسكري تحت ذريعة حماية حقوق الإنسان وقواعد القانون الدولي بدون موافقة مجلس الأمـن قد باءت بالفشل تماماً (لانه من العسير جداً التفكير في خلق قاعدة عرفيه انطلاقاً من تحرك شرعي وهو ما تعبر عنه القاعدة اللاتينيـة (EXIN JUST ITIA NON ORITUR JUS) بمعنـى لا يجـوز للاشرعيـة ان تخلق شرعية)[1].

مما تقدم نستنتج ، ان التدخل الدولي الإنساني سواء تم بموجب موافقة من مجلس الأمن أو بدون موافقته ، لا يعني انه قد منح شرعية لهذه الفكرة أو أعطى الـدول الداعيـة اليهـا مشروعية في التـدخل استناداً لمبدأ عدم التدخل الذي نص عليه ميثاق الأمم المتحدة. وان كـل الأفكار والطروحـات التـي نـادت بهذه الفكرة (التدخل الدولي الإنساني) ما هـي الا نتاج لسياسات مصلحية ومنفعيـة وذرائعيـة تتخفى وراءها غايات وأهداف بعيدة كل البعد عن ما هو انساني مع وجود بعض الاستثناءات . مـع ذلك فانه لا يبرر خلق قاعدة جديدة في أطر العلاقات الدولية إذ لا يمكن للاشرعية ان تخلق شرعية.

---

[1] نقلاً عـن رلى مومنـه: شرعيتـه الجـوء الى القـوة في مواجهـة ضرورة التغييـر والحـدود المكبلة، صـحيفة الحيـاة لنـدن ، (2000/3/27).

الخاتمــة

الخاتمــة

ان فكرة التدخل الإنساني هي فكرة قديمة في المجتمع الدولي ويرجع أصلها الى بداية ظهور مبادئ في القانون الدولي العام تهتم بحقوق الإنسان. فقد كان الظهور الأول لها ضمن النظم العرفية التي عرفها القانون الدولي والتي كانت تهدف جزئياً أو كلياً الى حماية حقوق الإنسان ومن ثم تطور بتطور مبادئ حقوق الإنسان في المجتمع الدولي.

ان حماية حقوق الإنسان عن طريق التدخل الإنساني تكون بوقف الانتهاكات الخطيرة لحقوق الإنسان والحيلولة دون استمرارها، كما ان وقف هذه الانتهاكات عن طريق التدخل الإنساني لابد ان يكون مقروناً باللجوء الى القوة، وان القوة التي يقرن بها التدخل الإنساني ليست القوة العسكرية فقط، بل القوة بمفهومها الواسع والتي تشمل استخدام الأساليب السياسية، الاقتصادية والعسكرية أو التهديد باستخدامها أو بأي اسلوب اخر من أساليب الضغط والاكراه والذي من الممكن ان يؤدي الى تحقيق الغاية من التدخل الإنساني.

ان التدخل الإنساني في حقيقته ليس سوى صوره من صور التدخل، ويؤدي الى ذات الآثار التي يعكسها أي تدخل على السيادة، من حيث انه يؤدي الى المساس بالسيادة. ولذلك وجدنا ان مشروعية التدخل الإنساني كانت ولا تزال محلاً للخلاف الفقهي، إذ يرى معارضو هذا التدخل انه ليس سوى تدخل غير مشروع يؤدي الى المساس بسيادة الدولة الهدف منه، وهذا يعد خرقاً لمبدأ مهم من مبادئ القانون الدولي العام، وهو مبدأ السيادة وما يستتبعه من منع للتدخل في شؤون الدول بينما يرى أنصار التدخل الإنساني، انه يعد مشروعاً على الرغم من انه يؤدي الى

المساس بسيادة الدولة الهدف منه، إذ انه يحصل أعمالاً لمبادئ الاخلاق والعدالة والمبادئ الإنسانية في القانون الدولي العام، أي ان التدخل الإنساني يحصل على أساس سمو مبادئ الاخلاق والعدالة والإنسانية على مبدأي السيادة وعدم التدخل، بحيث يجوز خرق الثانية في سبيل أعمال الأولى.

وبالنظر لكون التدخل الإنساني يدخل ضمن مفهوم العمل الإنساني الدولي والذي يهدف الى حماية حقوق الإنسان، وانه يحصل من قبل طرف دولي أجنبي عن الدولة الهدف منه، فقد يتشابه كثيراً مع فكرة المساعدة الإنسانية، الى حد ان الكثيرين ذهبوا الى الخلط بينه وبين هذه الاخيرة، ولكن دراسة كلا الفكرتين بتفحص والمقارنة بينهما نستنتج ان التدخل الإنساني يختلف عن المساعدة الإنسانية في كون ان الأولى تؤدي الى المساس بسيادة الدولة الهدف منه، إذ انه يحصل رغما عن ارادتها، في حين ان المساعدة الإنسانية يشترط فيها مراعاة سيادة الدولة الهدف والحصول على موافقتها لتقديم المساعدة الإنسانية وانه لايجوز تقديمها رغما عنها. ولكن قد تتحول حالات معينة للمساعدة الإنسانية الى تدخل إنساني، وذلك عند فرض المساعدة بالقوة على الدولة الهدف، ويكون ذلك عند عدم التمكن من تقديم المساعدة الإنسانية ويكون ذلك أما بسبب رفضها أو منع تقديمها دون وجه حق، إذ يكون جائزا هنا التدخل بالقوة لغرض المساعدة الإنسانية، وتتحول العملية الى عملية تدخل إنساني وليس حاله استثنائية للمساعدة.

أما عند بحث الموضوع في ظل القانون الدولي المعاصر المحكوم بأحكام ميثاق الأمم المتحدة، وجدنا ان ميثاق الأمم المتحدة جاء خالياً من الاشارة الصريحة الى التدخل الإنساني وتضمن العديد من الأحكام التي تمنع التدخل في شؤون الدول

سواء من قبل الدول الأخرى أو من قبل المنظمة نفسها، لكنه في الوقت نفسه تضمن العديد من الأحكام التي تفيد بحماية حقوق الإنسان دولياً، وجعل تحقيق هذا الاحترام مقصداً من مقاصد المنظمة، والذي تعزز فيما بعد بابرام العديد من اتفاقيات حقوق الإنسان والتي تعد قانوناً قائماً بحد ذاته ويعد خرقه خرقاً للقانون الدولي، وأعماله أعمالاً لأحكام هذا القانون. وبناءاً على ذلك يجوز التدخل الإنساني، ويكون الأصل فيه ان تقوم به الأمم المتحدة، وقيام الأمم المتحدة به أما ان يكون بشكل مباشر أعمالاً لهدفها في حماية حقوق الإنسان، أو انه يكون بشكل غير مباشر أعمالاً لهدفها في حفظ الأمن والسلم الدوليين، وذلك في حاله كون تلك الانتهاكات تشكل خطراً على الأمن والسلم الدوليين. أما الاستثناء فيكون بحصول التدخل الإنساني من قبل الدول ويكون ذلك جائزاً في حال ثبوت عجز الأمم المتحدة عن القيام بحل الازمة التي تتطلب التدخل الإنساني، وتبقى مشروعية هذا التدخل الاستثنائي موقوفة على موقف الأمم المتحدة منه والذي يتبين بالموافقة الصريحة أو الضمنية عليه.

ومن خلال استعراضنا للتدخل الإنساني ووضعه في القانون الدولي المعاصر والمجتمع الدولي، نستنتج ان التوجه اليه قد نشط في العقد الأخير من القرن العشرين، أذ شهد هذا العقد حصول العديد من التدخلات التي يزعم القائمون بها صراحة بأنها إنسانية، وقد يرجع السبب في ذلك الى انتهاء الحرب الباردة وآثارها في عدم التمكن من القيام بمثل هذه التدخلات وذلك بسبب عدم الاتفاق بين المعسكرين الرأسمالي والاشتراكي (السابق) حول مسائل حقوق الإنسان.

أما بعد تفكك المعسكر الاشتراكي في بداية تسعينات القرن الماضي وانفراد المعسكر الرأسمالي بالساحة الدولية، ابتدعت الدول الغربية، وعلى رأسها الولايات المتحدة الأمريكية، ما يسمى بـ (دبلوماسية حقوق الإنسان) لتكون احدى المرتكزات الأساسية التي يقوم عليها النظام الدولي الجديد، الذي دعت اليه ولاتزال هذه الدول، ليعكس مفاهيمها السياسية والاقتصادية والاجتماعية، وهذا يعني تسييس مبادئ حقوق الإنسان. وقد تجسد ذلك عملياً في فكرة (التدخل الإنساني) التي هي ترجمة عملية لهذه الدبلوماسية الإنسانية ((الهجومية)) والتي تقوم أساساً على استخدام القوة العسكرية من قبل دولة أو عدة دول ضد دولة أخرى، بموافقة مجلس الأمن أو بدون موافقته تحت ذريعة وقف الانتهاكات الجسيمة لمبادئ حقوق الإنسان وقواعد القانون الدولي الإنساني.

لقد حاولت الدول الآنفة الذكر، ولا تزال، ايجاد أساس قانوني لفكرة التدخل الإنساني استناداً الى القانون الدولي، لاسيما ميثاق الأمم المتحدة، إلاّ انها فشلت بذلك لعدم وجود أساس في القانون الدولي يخولها استخدام القوة تحت ذريعة حماية حقوق الإنسان، وكذلك لا يوجد في ميثاق الأمم المتحدة أي نص يخول مجلس الأمن أو أي جهاز آخر في الأمم المتحدة باستخدام القوة أو التهديد بها في العلاقات الدولية، وان مبدأ تحريم استخدام القوة أو التهديد بها، هو مبدأ ثابت ومستقر في القانون الدولي العرفي منه والمكتوب، وأكدت مواقف الدول بشكل ثابت ومستمر هذا المبدأ وكذلك تم تعزيزه من الناحية العملية من قبل مجلس الأمن والجمعية العامة للأمم المتحدة والاستناد اليه من قبل محكمة العدل الدولية لتقرير عدم شرعية استخدام القوة في العلاقات الدولية. ومع ذلك فأن الدول الغربية حاولت

تطويع وترويض هذه القواعد المستقرة لخدمة سياساتها الانفرادية من خلال اقحام تفسيرات شاذة وغربية على القواعد آنفة الذكر، وفي هذا السياق لجأت الى مبادئ حقوق الإنسان والديمقراطية التي تضمنتها العديد من الصكوك الدولية وقواعد القانون الدولي الإنساني لايجاد تبريرات قانونية لدعم فكرة التدخل الإنساني، وقد حاولت ان تستند على بعض المفاهيم والعبارات العامة التي وردت في هذه الصكوك لتبرير شرعية استخدام القوة لضمان احترام مبادئ حقوق الإنسان وقواعد القانون الدولي الإنساني.

وبالنظر لسيطرة الدول الغربية بعد الحرب الباردة ولاسيما الولايات المتحدة الأمريكية وبريطانيا على الحلقات الرئيسية في الأمم المتحدة وعلى رأسها مجلس الأمن، فانها استغلت ذلك تحت ذريعة حماية حقوق الإنسان في اصدار عده قرارات من مجلس الأمن استناداً الى الفصل السابع من ميثاق الأمم المتحدة بهدف تحقيق مصالحها الاستراتيجيه، ومحاوله خلق سوابق دولية تمهيداً لانشاء قواعد عرفيه تسمح لها باستخدام القوة لمبررات غير مشمولة بأحكام المادة (39) من الميثاق (الصومال، هاييتي، رواندا)، دون ان تضطر وهي غير راغب بذلك، للخوض بموضوع تعديل الميثاق للتوصل الى هدفها أعلاه.

وعند فشلها في مجلس الأمن في اعتماد قرارات تستجيب لمصالحها فانها تلجأ الى سياسات انفرادية من خلال أدوات وتنظيمات خارج التنظيم الدولي، كما بينا في عدوان حلف شمال الاطلسي على جمهورية يوغسلافيا الاتحادية وفرض المساعدات بالقوة في شمال العراق عام 1990 وفرض منطقتي حظر الطيران في شمال وجنوب العراق.

مما تقدم نصل الى حقيقة مفادها، ان التدخل الإنساني كان ولايزال سلاحاً ذا حدين، فهو أما ان يهدف ويؤدي فعلاً الى تحقيق غاياته وفقاً لمفهومه القانوني، وذلك بتطبيقه بشكل ايثاري بهدف حماية حقوق الإنسان حصراً، أو انه يستغل استغلالاً سلبياً وضاراً وذلك عندما تحدث تدخلات يزعم بانها إنسانية وداخله ضمن مفهوم التدخل الإنساني وذلك لاضفاء الصفة الشرعية عليها، في حين ان الحقيقة ليست كذلك وانها تخفي وراءها اهدافاً خفيه غير مشروعة وشتان ما بين الحدين. وامام هذه الحقيقة وهذا الوضع الخطر للتدخل الإنساني نسلم بضرورة التدخل الإنساني وفائدته لخدمة البشرية والاسرة الدولية، ولكن ليس في ظل وضعه الحالي، بل ان هذا التدخل يجب ان يخضع لضوابط قانونية أكثر حزماً وصرامة في سبيل حكمة والوقاية من الاثار السلبية له. وقد يكون مفيدا لهذا الغرض ايجاد بروتوكول يتضمن أحكاما صريحة تحكم هذا التدخل وتبين حالاته والخطوط التي يسير بموجبها ومدى مشروعيته والجزاء على مخالفه أحكامه، وقد يكون من المفيد جداً ان يعزز ذلك بأيجاد رقابة دولية على التدخلات الإنسانية تحدد السلطة القائمة بها مدى سير التدخل ضمن المشروعية وخروجه عنها، وبالتالي تقرير مشروعية أو عدم مشروعية مثل هذه التدخلات، وقد تكون الجمعية العامة للأمم المتحدة خير هيئة دولية للقيام بمهمة الرقابة.

وتبقى الوقاية خير من العلاج، إذ يتوجب علينا نحن دول العالم الثالث تحصين انفسنا ضد مثل هذا التدخل والوقاية من آثاره السلبية، وذلك بتجاوز الظروف التي يمكن ان تهيئ وتبرر حصول مثل هكذا تدخل من خلال تفعيل احترام حقوق الإنسان وتجنب انتهاكها ونشر الثقافة العامة بها، وجعل احترام حقوق

الإنسان من بين الأهداف العليا التي تسعى الدولة الى تحقيقها وتحصينها بدلاً من التحسس بشأنها وتعزيز القدرة على مواجهة مثل هكذا تدخل ومعالجة آثاره السلبية التي ترافقه وفي مقدمتها تسييس هذا التدخل لتحقيق أهداف غير مشروعة وبالتالي التعرض الى استعمار من نوع جديد تكون وسيلته التدخل الإنساني.

الاستنتاجات

الاستنتاجات

بناءاً على ما تقدم من استعراض لمسيرة نشوء وتطور فكرة التدخل الدولي الإنساني والقواعد القانونية والعرفية المتحكمة بها والمنظمة لها، وتطبيقات الفكرة على ارض الواقع، نستنتج ما يلي:

1. عدم وجود أي سند قانوني لفكرة التدخل الإنساني في القانون الدولي، لكننا لا ننكر انه وعلى مدى تطور تاريخ العلاقات الدولية كانت هناك ممارسات وان اختلفت تسمياتها لكنها تعبر عن واقع ومضمون فكرة التدخل الإنساني والتي تطورت فيما بعد لتأخذ بعداً جديداً بعد شيوع سياسة الفرصة والقدرة في العلاقات الدولية على حساب التوازن بين الحقوق والواجبات والمسؤولية المشتركة التي يعكسها الميثاق والقانون الدولي والتي توجت بظهور الاستعمار، وهاهو التاريخ يعيد نفسه من خلال طرح فكرة التدخل الإنساني كاطار حديث لصوره الاستعمار الجديد القائم على منطق القوة.
2. أصبحت حقوق الإنسان سلاحاً سياسياً بيد بعض الدول واجراءاً انتقائياً يخضع لمعايير مزدوجة تحقق مصالح تلك الدول واهدافها، كما اصبحت وسيله للابتزاز والضغوط السياسية على بعض الدول دون غيرها، على الرغم من ان منظومة حقوق الإنسان ومبادئ القانون الدولي الإنساني فيها من الالتزامات القانونية على الدول لمواجهة أي وضع من الأوضاع التي يستدل بها لتبرير فكرة التدخل الإنساني.
3. فرض سياسات انفرادية على المجتمع الدولي من خلال أدوات وتنظيمات خارج التنظيم الدولي واعتبار تلك التنظيمات بديله للأمم المتحدة في الحالات

التي تتوقع فيها قوى الهيمنة معارضة شديدة من الأمم المتحدة لتلك السياسات الانفرادية.

4. شيوع ظاهرة تطويع وترويض القواعد المستقرة للقانون الدولي لخدمة السياسات الانفرادية من خلال اقحام تفسيرات شاذة وغريبة على محتوى القواعد المذكورة.. أو إهمال تلك القواعد كلياً عندما لا تستطيع تلك القوى اقحام التفسيرات الغريبة عليها. ومن الأمثلة على هذه الظاهرة الخطيرة هو المحاولة المحمومة للتقليل من مبادئ سيادة الدول والاستقلال الوطني وعدم التدخل في الشؤون الداخلية للدول.

5. ان ممارسات مجلس الأمن المخالفة لأحكام الميثاق، وسياسات الدول الانفرادية لا يمكن ان تكون سوابق تدعم فكرة التدخل الإنساني لان من المستحيل التفكير في خلق قاعدة عرفيه انطلاقا من مواقف غير شرعية.

6. ان تعزيز مبادئ حقوق الإنسان وتطويرها ومراقبتها يجب ان تتم من خلال الآليات الموجودة في منظومة حقوق الإنسان في الأمم المتحدة، ولا يجوز بالتالي انفراد بعض الدول في ممارسة مهام البوليس الدولي الذي تسبب في اتباع منهجية انتقائية وازدواجية في المعايير.

7. ان فكرة التدخل الإنساني ستفتح ثغره كبيره في جدار مبدأ عدم استعمال القوة أو التهديد بها في العلاقات الدولية وما ينتج عن ذلك من تدمير لصرح التنظيم الدولي المعاصر.

المصادر

أولاً: المصـــادر العربيـــة

1. القرآن الكريم

2. انجيل لوقا (6/27-36)

أ- وثائق الأمم المتحدة

(1)- ميثاق الأمم المتحدة.

(2)- الأمم المتحدة وحقوق الأنسان ، نوفمبر ، 1968.

(3)- وثائق الجمعية العامة:

1. قرار الجمعية العامة (260 / كانون أول / 1948).
2. قرار الجمعية العامة (2131 (د-20) / كانون أول 1965).
3. قرار الجمعية العامة (2625 (د-25) / تشرين أول 1970).
4. قرار الجمعية العامة (29/3314) لسنة 1974.
5. قرار الجمعية العامة (103/36) لسنة 1981.
6. قرار الجمعية العامة (1988/131/43).
7. قرار الجمعية العامة (1990/100/45).
8. قرار الجمعية العامة (1993/48/141).
9. خطاب الأمين العام للأمم المتحدة (كوفي عنان) في الدورة الرابعة والخمسين للجمعية العامة للأمم المتحدة ، 1999.

(4)- وثائق مجلس الأمن

1. قرار مجلس الأمن (678) في 1990.
2. قرار مجلس الأمن (687) في 1990.

3. قرار مجلس الأمن (688) في 1991.
4. قرار مجلس الأمن (841) في 1991.
5. قرار مجلس الأمن (861) في 27 آب 1993.
6. قرار مجلس الأمن (873) في 13/10/ 1993.
7. قرار مجلس الأمن (875) في 1993/10/16.
8. قرار مجلس الأمن(940) في 31/ تموز /1994.
9. قرار مجلس الأمن (S/ Res / 1106) في 31 / آذار / 1998.
10. قرار مجلس الأمن (S / 1999 / 516) في 6 / ايار / 1999.
11. قرار مجلس الأمن (S / 1999 / 649) في 2 / حزيران / 1999.
12. قرار مجلس الأمن (S/ Res / 1244) في 10/ حزيران /1999.

(5)- وثائق أخرى

1. الوثيقة المرقمة (UN. DOC / S / 26488) في 1993/9/24.

ب- <u>الرسائل الجامعية:</u>

1. الآلوسي ، أسامة ثابت: المسؤولية الدولية على الجرائم المخلة بسلم الإنسانية واسمها ، رسالة دكتوراه غير منشورة ، كلية القانون - جامعة بغداد ، 1996.
2. الجنابي ، محمد غازي: التدخل الإنساني في ضوء القانون الدولي العام ، رسالة ماجستير غير منشورة ، كلية القانون - جامعة بابل ، 2000.

3. السامرائي ، إبراهيم عبد: الحماية الدولية لحقوق الإنسان في ظل هيئة الأمم المتحدة ، رسالة دكتوراه غير منشورة ، كلية القانون - جامعة بغداد ، 1997.

4. السنجاري ، سلوان رشيد: التدخل الإنساني في القانون الدولي العام ، رسالة ماجستير غير منشورة ، كلية القانون - جامعة الموصل ، 2000.

5. العزاوي ، دهام محمد: الاقليات الاثينية والتدخل الدولي ، رسالة دكتوراه غير منشورة، كلية العلوم السياسية - جامعة بغداد ، 1995.

6. المنصوري ، عطية جابر: النظرية المعاصرة للتدخل في القانون الدولي العام ، رسالة ماجستير غير منشورة ، كلية القانون والسياسة - جامعة بغداد ، 1973.

7. مطرود ، صلاح حسن: السيادة وقضايا حقوق الإنسان ، رسالة دكتوراه غير منشورة، كلية العلوم السياسية - جامعة بغداد ، 1995.

ج- الكتب العربية:

1. إبراهيم ، د. حسنين: الجريمة الدولية ، ط1 ، القاهرة ، 1979.

2. إبراهيم ، د. علي: الحقوق والواجبات الدولية في عالم متغير ، مكتب الرسالة الدولية للطباعة والنشر ، القاهرة ، ط1 ، 1995.

3. أبو هيف ، د. علي صادق: القانون الدولي العام ، ج1 ، ط12 ، منشاة المعارف ، مصر - الإسكندرية ، 1975.

4. الجلبي ، د. حسن: القانون الدولي العام ، مطبعة شفيق ، بغداد ، 1964.

5. الجلبي ، د. حسن: الوجيز في القانون الدولي ، شركة الطبع والنشر الأهلية ، الجزء الأول ، بغداد ، 1961.

6. الحديثي ، خليل إسماعيل: التنظيم الدولي ، دار الحكمة ، بغداد ، 1990.

7. الحديثي ، خليل إسماعيل: المعاهدات غير المتكافئة المعقودة وقت السلم (دراسة قانونية-سياسية) ، مطبعة جامعة بغداد ، بغداد ، 1981.

8. الحديثي ، خليل إسماعيل: الوسيط في التنظيم الدولي ، جامعة الموصل ، 1990.

9. الدقاق ، د. محمد سعيد: التنظيم الدولي ، الدار الجامعية للطباعة والنشر ، بيروت ، 1982.

10. الزمالي ، د. عامر: مدخل إلى القانون الدولي الإنساني ، منشورات المعهد العربي لحقوق الإنسان، ط1 ، 1993.

11. السامرائي ، ضاري رشيد: الفصل والتمييز العنصري في ضوء القانون الدولي العام ، دار الحرية للطباعة ، بغداد ، 1986.

12. الشافعي ، د. محمد بشير: القانون الدولي العام ، دار الفكر العربي ، ط4.

13. الشافعي ، د. محمد بشير: قانون حقوق الإنسان ذاتيته ومصادره ، د. محمود شريف بسيوني واخرون ، مجموعة حقوق الإنسان ، الجزء الثاني ، ط1 ، 1989.

14. الصاوي ، د. محمد منصور: أحكام القانون الدولي المتعلقة بمكافحة الجرائم ذات الطبيعة الدولية ، دار بور سعيد للطباعة ، الإسكندرية ، 1984.

15. العبدلي ، د. عبد المجيد: قانون العلاقات الدولية ، دار الأقواس للنشر ، تونس ، ط1 ، 1994.

16. العطية ، د. عصام: القانون العام ، كلية القانون – جامعة بغداد ، ط5 1992.

17. الفار ، د. عبد الواحد محمد: طبيعة القاعدة الدولية الاقتصادية في ظل النظام الدولي القائم ، مطبعة جامعة القاهرة ، 1985.

18. القيسي ، د. رياض: في الجوانب القانونية للتدخل العسكري لحلف شمال الأطلسي في كوسوفو ، دراسات قانونية - بغداد - بيت الحكمة ، 2003.

19. الكاظم ، د. صالح جواد: دراسة في المنظمات الدولية ، مطبعة الإرشاد ، بغداد ، 1975.

20. المجذوب ، د. محمد: محاضرات في المنظمات الدولية والإقليمية ، الدار الجامعة للطباعة والنشر ، بيروت ، 1983.

21. المحمصاني ، د. صبحي: أركان حقوق الإنسان ، دار العلم للملايين ، ط1 بيروت ، 1979.

22. بدوي ، د. محمد طه ود. محمد طلعت الغنيمي: النظم السياسية والاجتماعية ، دار المعارف ، ط1 ، مصر ، 1958.

23. بسيوني ، د. عبد الغني ود. علي القهوجي: تاريخ النظم القانونية والاجتماعية ، دار الجامعة للطباعة والنشر ، بيروت ، 1982.

24. توفيق ، د. سعد حقي: مبادئ العلاقات الدولية ، دار وائل للنشر والتوزيع ، ط1 ، عمان ، 2000.

25. جنينة ، د. محمود سامي: القانون الدولي العام ، مطبعة لجنة التأليف والترجمة والنشر ، ط2 ، القاهرة ، 1938.

26. حسين ، د. مصطفى سلامة: ازدواجية المعاملة في القانون الدولي ، دار النهضة العربية ، 1987.

27. حسين ، د. مصطفى سلامة: المنظمات الدولية ، مطبعة الدار الجامعية ، بيروت ، 1989.

28. رشيد ، د. فوزي: الشرائع العراقية القديمة دار الشؤون الثقافية العامة ط2 ، بغداد ، 1978.

29. سرحان ، د. عبد العزيز محمد: الاتفاقية الأوربية لحقوق الإنسان والحريات الأساسية ، دار النهضة العربية ، القاهرة ، بلا سنة طبع.

30. سلطان ، د. حامد: القانون الدولي العام في وقت السلم ، ط3 ، دار النهضة العربية ، 1968.

31. سلطان ، د. حامد: القانون الدولي العام في وقت السلم ، القاهرة ، 1972.

32. شكري ، د. محمد عزيز: التنظيم الدولي العالمي ، دار الفكر ، 1973.

33. عباس ، د. عبد المجيد: القانون الدولي العام ، مطبعة النجاح ، بغداد ، 1947.

34. عبد السلام ، د. جعفر: المنظمات الدولية ، مطبعة دار الكتاب الجامعي ، بدون سنة طبع.

35. علوان ، د. محمد يوسف: حقوق الإنسان في ضوء القوانين والمواثيق الدولية ، مطبوعات وحدة التأليف والترجمة ، ط1 الكويت ، 1989.

36. غالي ، د. بطرس بطرس: خطة السلام – الدبلوماسية الوقائية – صنع السلام وحفظ السلام ، تقرير الأمين العام للأمم المتحدة ، مكتب أعلام الأمم المتحدة ، 31 ك2 1992.

37. فوق العادة ، د. سموحي: القانون الدولي العام ، دمشق ، 1960.

38. مصطفى ، د. منى محمود: الجريمة الدولية ، دار مصر للطباعة ، القاهرة ، 1989.

39. مكي ، علاء الدين حسين: استخدام القوة في القانون الدولي ، المطابع العسكرية ، بغداد ، 1981.

40. منشورات وزارة الخارجية العراقية – دار الحرية للطباعة والنشر ، بغداد ، 2003.

41. هندي ، د. إحسان: مبادئ القانون الدولي العام في السلم والحرب ، دار الجليل ، دمشق ، 1984.

42. يوسف ، باسيل: أبعاد الحماية الدولية لحقوق الإنسان على سيادة الدولة ، إصدار مركز الإمارات للدراسات والبحوث الاستراتيجية ، 1988.

43. يوسف ، باسيل: النظام الدولي الجديدة وحقوق الإنسان – كتاب النظام الدولي الجديد – (آراء ومواقف) ، تحرير: باسل البستاني ، بغداد ، 1992.

44. يوسف ، باسيل: دبلوماسية حقوق الإنسان – المرجعية القانونية والآليات بيت الحكمة ، بغداد ، ط1 ، 2002.

د- الكتب المعربة:

1. اوبرسون ، برنار: القانون الدولي الإنساني ، ترجمة: احمد عبد العليم ، إصدار شعبة الأعلام - اللجنة الدولية للصليب الأحمر ، جنيف - سويسرا ، 1997.

2. بارنت ، ريتشارد: حروب التدخل الأمريكي في العالم ، ترجمة: منعم النعمان ، دار ابن خلدون للطباعة والنشر ، ط1 ، بيروت ، 1974.

3. بكتيه ، جان: القانون الدولي الإنساني - تطوره ومبادئه ، جنيف ، ط1 ، 1984.

4. روتيه ، بول: التنظيمات الدولية ، ترجمة: احمد رضا ، مراجعة: د. عبدالله الاشعل ، دار المعرفة ، القاهرة ، 1978.

5. فان غلان ، جيرهارد: القانون بين الأمم ، دار الأفاق الجديدة ، ج1 ، بيروت ، بلا.

6. فشلر ، لورانس وآخرون: جرائم الحرب ، ترجمة: غازي مسعود ، تقديم: حنان عشراوي ، تحرير: داود كتاب ، دار أزمنة للنشر والتوزيع ، ط1 ، 2003.

7. لوفر ، د. لويس: موجز في الحقوق الدولية العامة ، نقله إلى العربية: د. سامي الميداني ، مطبعة بابيل ، دمشق ، 1932.

هـ-الدوريات:

1. إبراهيم ، احمد ؛ تجربة التدخل الدولي في الصومال وراوندا ، مجلة السياسة الدولية ، مركز الأهرام للدراسات السياسية والاستراتيجية ، العدد(122) لسنة 1997.

2. الاصفهاني ، نبيه ؛ غزو هايتي بين الشرعية الدولية واستعراض القوة ، مجلة السياسة الدولية ، مركز الأهرام للدراسات السياسية الاستراتيجية ، القاهرة ، العدد (119) ، 1995.

3. الحسيني ، د. محمد تاج الدين ؛ التدخل وأزمة الشرعية الدولية – ندوة أكاديمية المملكة المغربية (هل يعطي حق التدخل شرعية جديدة للاستعمار) ، الرباط ، 1992.

4. السيد ، د. عزت سعد ؛ حماية الاقليات في ظل التنظيم الدولي ، المجلة المصرية للقانون الدولي ، العدد (42) ، 1986.

5. السيلاوي ، ادريس ؛ حق التدخل ومنطق الأقوى ، ندوة أكاديمية المملكة المغربية (هل يعطي حق التدخل شرعية جديدة للاستعمار) ، الرباط ، 1992.

6. الشيخ ، إبراهيم بدوي: الأمم المتحدة وانتهاكات حقوق الإنسان ، المجلة المصرية للقانون الدولي ، المجلد (36) ، 1980.

7. العبدلي ، د. عبد الحكيم ؛ حقوق الإنسان في الشريعة الإسلامية ، مجلة السياسة الدولية ، مركز الاهرام للدراسات السياسية والاستراتيجية ، العدد (39) لسنة 1975.

8. الفوال ، د. نجوى أمين ؛ الصومال ما بعد التدخل الدولي ، مجلة السياسة الدولية ، مركز الأهرام للدراسات السياسية والاستراتيجية ، العدد (121) ، 1995.

9. انهليك ، ستانيلاف ؛ عرض موجز للقانون الدولي الإنساني ، المجلة الدولية للصليب الأحمر ، (تموز - آب) ، 1984.

10. بالفانكر ، اوميش ؛ التدابير التي يجوز للدول أن تتخذها للوفاء بالتزاماتها لضمان احترام القانون الدولي الإنساني ، المجلة الدولية للصليب الأحمر ، العدد (35) ، 1994.

11. بسيوني ، عبير ؛ التدخل الخارجي في الصراعات الداخلية ، مجلة السياسة الدولية ، مركز الأهرام للدراسات السياسية والاستراتيجية ، العدد (130) لسنة 1997.

12. بلوندل ، جان لوك: عرض كتاب ((حق التدخل وواجب المساعدة الإنسانية)) المجلة الدولية للصليب الأحمر ، العدد (54) ، 1997.

13. بيطاني ، ماريو ؛ هل يعتبر العمل الإنساني الخيري تدخلاً أم مساعدة ، ندوة أكاديمية المملكة المغربية (هل يعطي حق التدخل شرعية جديدة للاستعمار) ، الرباط ، 1992.

14. جان ديبوي ، روني ؛ من منع التدخل إلى تكريس المساعدة الإنسانية ، ندوة اكاديمية المملكة المغربية (هل يعطي حق التدخل شرعية جديدة للاستعمار) ، الرباط ، 1992.

15. زناتي ، د. محمود سلام ؛ حقوق الإنسان في مصر الفرعونية ، مجلة دراسات قانونية، كلية الحقوق - جامعة اسيوط ، العدد (17) ، 1995.

16. سوماروغا ، كورنيلوا ؛ السياسة الإنسانية والانشطة الميدانية - تدعيم وتنسيق المساعدات العاجلة ، المجلة الدولية للصليب الأحمر ، العدد (41) ، 1995.

17. صالح ، د. ويصا ؛ مبررات استخدام القوة في القانون الدولي ، المجلة المصرية للقانون الدولي ، العدد (32) ، 1976.

18. عبد السلام ، د. جعفر ؛ تطور النظام القانوني لحقوق الإنسان ، المجلة المصرية للقانون الدولي ، العدد (43) ، 1987.

19. غالي ، د. بطرس بطرس ؛ الاقليات وحقوق الإنسان في الفقه الدولي ، مجلة السياسة الدولية ، مركز الأهرام للدراسات السياسية والاستراتيجية ، العدد (39) لسنة 1975.

20. غالي ، د. بطرس بطرس ؛ التدخل العسكري الأمريكي والحرب الباردة ، مجلة السياسة الدولية ، مركز الأهرام للدراسات السياسية ، العدد (7) لسنة 1967.

21. غالي ، د. بطرس بطرس ؛ نحو دور أقوى للأمم المتحدة ، مجلة السياسة الدولية ، مركز الأهرام للدراسات السياسية ، القاهرة ، العدد (111) يناير 1993.

22. غلاب ، عبد الكريم ؛ الحفاظ على السيادة الوطنية والتدخل الدولي ، ندوة أكاديمية المملكة المغربية (هل يعطي حق التدخل شرعية جديدة للاستعمار) ، الرباط ، 1992.
23. فائق ، د. محمد ؛ حقوق الإنسان بين الخصوصية والعالمية ، مجلة المستقبل العربي، العدد (245) ، 1999.
24. فودة ، د. عز الدين ؛ الضمانات الدولية لحقوق الإنسان ، المجلة المصرية للقانون الدولي ، المجلد (20) لسنة 1964.
25. ميكو ، محمد ؛ المنتظم الدولي وحقوق الإنسان - كتاب المنتظم الدولي والتدخل في ندوة أكاديمية المملكة المغربية (هل يعطي حق التدخل شرعية جديدة للاستعمار) ، الرباط ، 1992.
26. هوفمان ، د. ستانلي: سياسات واخلاقيات التدخل العسكري ، ترجمة واصدار المركز العربي للدراسات الاستراتيجية ، العدد (4) يوليو 1996.
27. يوسف ، باسيل ؛ أبعاد الحماية الدولية لحقوق الإنسان على سيادة الدولة ، إصدار مركز الإمارات للدراسات والبحوث الاستراتيجية ، 1998.

و- البحــوث:

1. مخادمة ، د. محمد علي ؛ الحق في المساعدة الإنسانية ، سلسلة الأبحاث الإنسانية والاجتماعية ، المجلد (13) ، العدد (2/أ) ، منشورات جامعة اليرموك - الأردن ، 1997.

2. يوسف ، باسيل ؛ حماية حقوق الإنسان بين مبدأ عدم التدخل والحق في التدخل ، بحث مقدم إلى المحامين العرب ، المؤتمر (18) ، المغرب ، 1993.

ز- المحاضــرات:

1. الحديثي ، د. خليل إسماعيل ؛ القواعد الآمرة في القانون الدولي ، مجموعة محاضرات غير منشورة ألقيت على طلبة الدكتوراه - قسم الدراسات الدولية للعام الدراسي 2001-2002.

2. الحديثي ، د. خليل إسماعيل ؛ اشخاص القانون الدولي العام ، محاضرات ألقيت على طلبة الدكتوراه - قسم الدراسات الدولية ، للعام الدراسي 2001-2002.

ي- الصحــف:

1. مركز زايد للتنسيق - دراسة حول التدخل الدولي الإنساني ، جريدة البيان ، دولة الإمارات العربية المتحدة ، (6 مايو 2002).

2. مومنة ، رلى ؛ شرعية اللجوء إلى القوة في مواجهة ضرورة التغيير والحدود المكبلة ، صحيفة الحياة ، لندن (2000/3/27).

ثانيا: المصادر الأجنبية

I. UN. Documents:

1. General Assembly Declaration, No. (2131/20) in 21/12/1965.

2. UN. DOC /S/23109 Annex at 2-3 (1991).

3. UN. DOC /S/PV-3011 at 7(1991).

4. Center for Human Rights; United Nation Publication, Work Shop On International Human Rights instrument and reporting Obligations (HR/PUB/91/5), Printed at United Nations, Geneva, 1992.

5. UN. DOC /S/Res/733/1992.

6. UN. DOC /S/Res/751/1992.

7. UN. DOC /S/Res/767/1992.

8. UN. DOC /S/24859/1992.

9. UN. DOC /S/1794/1992.

10. I.C.J Press Communique (99/25) 2 June 1999.

11. Press release (SC/6659) at 14-4-1999.

12. Press release (SC/SM/6938).

13. UN. DOC-A/AC. 182/L-104/Rev1.

14. UN. DOC-A/56/33.

15. UN. DOC (S/2000/715).

II. Books:

1. Ann-Marie Burley; Commentary on Intervention Against Illegitimate Regimos, in Lori Fisler and David J. Scheffer (Law and force in the new International order), 1991.

2. Bowett. D.W; The International Theories of Intervention and self-Defense, The Johns Hopking. Press, 1974.

3. Brown lie. I: Humanitarian Intervention, John Hopeking Press, 1974.

4. Brown lie. I; International Law and use of force by state, Oxford, 1963.

5. Brown Lie. I; Principles of Public International Law, $3^{rd.ed}$, Oxford University Press, 1979.

6. Christopher Girod and Angelo Gnaedinger; Politics, Military opertions and Humanitarian action, ICRC, Geneva, 1998. (WWW. Icrc. Ch/...).

7. Council of Europe Press; Human Rights in International Law, Printed in Belgium, 1992.

8. David J. Scheffer; Three Views on the issue of Humanitarian Intervention, Us Institute of Peace, Washington D.C. 1992.

9. David S. Bage; The Law of Humanitarian Intervention, MC Green Co., 1996.

10. David. J. Scheffer; Challenges Conforonting Collective Security: Humanitarian Intervention, US Institution of Peace, Washington D. C, 1992.

11. Frank. X. Niergo.The estaplishment of Safety Zones for displaced Per Sons in Their Country of Origin, in Nouri Al- Nauimi and R. Mcese International Legal issue Arising under the United Nations Decade of International Law, Printed in Netherland, 1995.

12. Gene, M. Lyons- Micheal Mastanduno; Beyond west Phalia?: State Sovereignty and Intervention, Legal Library, USA, June 1995.

13. Good rich-L-M; The United Nation in Changing World, NewYork.

14. Ian Brown lie; International Law and use of force by state, Oxford, 1963.

15. Ian Brownlie; Basic documents on Human Rights, 3rd edition, Oxsford Press, 1992.

16. ICRC; Human Rights and ICRC International Humanitarian Law, Geneva, 1993.

17. Igor. I. Lukashuk; The United Nation Illegitimate Regimes, in Damrosh-L.F and Scheffer D. J; Law and force in new International order, west view Press, 1991.

18. International Law Commission, Year book of International Law, 1989.

19. J. Bryan Hehir; Intervension Militaire et Souverainete national Une relation are Penser, des Choix difficites Ed. Gallimard, Paris, 1999.

20. Jean Combacau; Le Chapitre Vll de lacharte des nation Unies, re Surrection ou Metamore Phouse? E. A. Pedon, Paris, 1994.

21. John Kuha Bleimaien; The future of Sovereignty in The 21st Century, Heague Year book of International Law, Vol. 6, 1993.

22. Korowicz; Introduction in International Law, Heague, 1964.

23. Lillich. R. B; Intervention to Protect Human Rights, Mecill. I. J, 1996.

24. Mahmassani; The Principle of International Law in The Light of Islamic doctrine Recoils discourse, Tom Press, 1966.

25. Marc Trachten Berg; Intervention in historical perspective, N. Y, Harper Collins Press, 1996.

26. Mohammed Bedjaoui; Nouvel order mondialet Control de la legalite des actes du counsil de Securite, Bruxeless, 1994.

27. O. Ramsbotham and T. Woodhouse; Humanitarian Intervention in Contemporary Conflict, Polity Press, 1996.

28. O'Connel; International Law, Vol(1), London 1965.

29. Oliver Paye, Savequipeul; Ie droit International Face aux Crises Humanitaires, Collection de droit International, N. 31, Editions Bruylant Editions del I University de Bruxlles, 1996.

30. Oppenheim. I; International Law, 8th. ed, Longman Green Co., London, UK, 1955.

31. Prof. Cherif Bassion; Toword Universal Declaration on The Basic Principles of Democracy from Principle to Realization, in Inter-Parliamentary union Democracy, Printing and binding by ATAR, Geneva, 1998.

32. Schwarz, Urs; Confrontation and Intervention in The Modern World, NewYork, 1970.

33. The Charter of United Nation.

34. Thomas M. Franck; Intervention against Illegitimate Regimes, in F. Damrosh and David J. Scheffer (Law and force in the new International order), west view Press 1991.

35. Thomas. A; Non- Intervention, 1956.

36. Tom J. Farer; An Inquiry in to the Legitimacy of Humanitarian Intervention in Damrosch, I. F. and Scheffer. D. J. Law and force in the new international order, West View Press, 1991.

37. UN Department of Public Information the UN and Rawanda 1995-1996, the UN Blue book Series, Vol- X, Printed by UN, NewYork, 1996.

38. Ved Nanda; Commentary on International Intervention to Promote the Legitimacy of Regimes-in L. and David J. Scheffer (Law and force in the new International order), West view Press, 1991.

39. Vladimir Kartashkin; Human Rights and Humanitarian Intervention, in-L.F. and Scheffer. D.J; Law and force in The new International order, West Press, 1991.

III. Periodics:

1. Baba Car Ndiaye; International Co- operation to Promote Democracy and Human Rights, the Review International Commission of Jurists, No. 49, 1992.

2. Barry. M. Benjamin; Unilateral Humanitarian Intervention, Ford Ham International Law Journal, Vol. 16-120, 1992-1993.

3. Christopher. M. Ryan; Sovereighty, Intervention and the Law, Journal of International Studies, Vol. 26,No. 1,1997.

4. Christopher. M. Ryan; Sovereignty, Intervention, and the Law. "Millennium" Journal of International studies, Vol. 26, No. 1, Publishing by London school of economics, 1997.

5. Cot et Pellet; La Chrte Nation Unies, Economica, 2nd-ed, Paris, 1991.

6. Denise Plattnler; Assistance to the Civilian Population, ICRC, No. 288, 1992.

7. Eric Herring; The no fly-zones in Iraq: The Myth of Humanitarian Intervention, International Affairs Review web sit, Cambridge, 2002.

8. Fernando. R. Teson; Collective Humanitarian Intervention, Mechigan Journal of International Law, Vol. 17, No. 2, 1997.

9. Fernando. R. Teson; Collective Humanitarian Intervention, Michigan Journal of Law, Vol. 17, 1973.

10. Franck Thomas, Mand Rodley Nigel. S; After Bangladish: The Law of Humanitarian Intervention by Military force, A. J, I. I, Vol. 67, No. 2,1973.

11. H. Scott Ferirley; state A ctors, Humanitarian Intervention and International Law, Georgia Journal International and Comparative Law, Vol. 10, 1980.

12. Humanitarian Intervention; Danish institute of International affairs, 1999.

13. ICRC: Extract from "International Humanitarian Law": answer to your Questions, 1998.

14. ICRC; Human Rights and ICRC International Humanitarian Law, Geneva, 1993.

15. Jacque Forster; Humanitarian Intervention and International Humanitarian Law, Akeynot address at the ninth- annual Seminar on International Humanitarian Law for diplomats accredited to the UN, Geneva, 8-9 March 2000.

16. Kelly Kate and David. P; Human Rights, Humanitarian Intervention and world politics, Human Rights Quarterly, Vol. 15, No. 4, 1993.

17. Louis Henkin; Human Rights and state Sovereignts, Georgia Journal International and Compartive Law, Vol-25, No. (1-2), 1995.

18. Magazin of International Red cross/Red crescent Movement, issue 2/2000.

19. Micheal. J. Glennan; The new Intervention, foreign Affairs, Vol. 18, No. 3, 1999.

20. Peter Walker; Victims of natural Disaster and the right to Humanitarian Assistance, I. R. R. C, No-325, 1998.

21. Pietro Verri; Dictionary of the International Law of Armed Conflicts, ICRC, Geneva, 1992.

22. Tom Hadden and Calin Harvey; The Law of Internal Crisis and Conflicts, I. R. R. C, Vol. 81 No. 833, 1999.

23. Yves Sandoz; Limites et conditions du droit d' Intervention et droit International dans les domain humanitarian-Vers une nauvelle conception de la souverainete national, audition publi`ue de la commission des affairs et rangers et de la securite de parlement european sur le droit d' Intervention Humanitarian, Bruxelle, 1994.

IV. Newspaper:

1- Humanitarian Intervention; Somalia and beyond: Relief and Development... run to see if a united Nations Humanitarian Intervention in the Balkans was feasible. WWW. net nomad. Com/Somal Intervention/htm/.

2- Douglas Farah; carterimakes Return visit to wary haiti: Aristids Government fears Medding invote, a Washington Post (24-2-1995).

3- Statement by the ICRC, New York (17/NOV/1999).

4- Green Wood. G; is there aright of Humanitarian Intervention. world to day (Feb. 1993).

السيرة الذاتية

أ. التفاصيل الشخصية

الإسم الكامل: انس اكرم محمد صبحي محمود العزاوي

البريد الالكتروني: alazawie2003@yahoo.com

ب. التحصيل الدراسي:

١- دكتوراه علوم سياسية / كلية العلوم السياسية - جامعة بغداد (٢٠٠١-٢٠٠٥)
٢- ماجستير علوم سياسية / كلية العلوم السياسية - جامعة بغداد (١٩٩٦-١٩٩٩)
٣- بكلوريوس علوم عسكرية / الكلية العسكرية العراقية الثانية – الأكاديمية العسكرية (١٩٩٣-١٩٩٤)
٤- بكلوريوس علوم سياسية / كلية العلوم السياسية - جامعة بغداد(١٩٩٢-١٩٩٣)
٥- أعدادي / ثانوية القدس للبنين (١٩٨٨-١٩٨٩)

ت. التخصص الدقيق

١- دراسات دولية / منظمات دولية

ث. الخبرات من الاحدث الى الاقدم

١. معاون مدير مكتب تنسيق عمان للهلال الاحمر العراقي
٢. رئيس قسم الشؤون الادارية والقانونية
٣. مدير برنامج البحث عن المفقودين المركزي
٤. رئيس قسم ادارة الكوارث والاغاثة
٥. رئيس قسم الشباب (وكالة)
٦. رئيس قسم النشر و الاعلام
٧. رئيس قسم تطوير وتنمية الفروع
٨. وكيل الامين العام

ج. المنصب الحالي

١. رئيس قسم الشؤون الادارية والقانونية \ جمعية الهلال الاحمر العراقي
٢. معاون مدير مكتب تنسيق عمان للهلال الاحمر العراقي

ح. تجربة العمل المحترفة السابقة

١-معاون مدير مكتب تنسيق عمان للهلال الاحمر العراقي
٢-رئيس قسم الشؤون الادارية والقانونية
٣-مدير برنامج البحث عن المفقودين المركزي
٤-رئيس قسم ادارة الكوارث والاغاثة
٥-رئيس قسم الشباب (وكالة)
٦-رئيس قسم النشر و الاعلام
٧-رئيس قسم تطوير وتنمية الفروع
٨-وكيل الامين العام
٩- محاضر في قسم العلوم السياسية / كلية شط العرب الاهلية / البصرة (١٩٩٩-٢٠٠١)
١٠-محاضر في جناح العلوم العامة / أكاديمية الخليج العربي للدراسات البحرية (١٩٩٩-٢٠٠١)
١١- محاضر مادة الاجتماع السياسي/ الادارة العامة/ الكلية البحرية العراقية (١٩٩٩ -٢٠٠١)

خ. البحوث والدراسات

١. القانون الدولي الانساني بين ميثاق الامم المتحدة والتطبيق العملي (اطروحة دكتوراة)
٢. نظم المعلومات ودورها في عملية صنع القرار السياسي (رسالة ماجستير)
٣. التنشئة الحقوقية وضمانة حقوق الانسان / برنامج تعليمي تطبيقي (بحث مشترك)

هـ. الدورات التدريبة والمشاركات الدولية

١. دورة تدريب الاسعاف الاولي المجتمعي / جمعية الهلال الاحمر العراقي (مشارك)
٢. دورة البحث عن المفقودين المركزي بالتعاون مع اللجنة الدولية للصليب الاحمر / فرع بغداد / (محاضر)
٣. دورةادارة الكوارث / ايران- طهران ٢٠٠٣
٤. دورة الدعم النفسي / الاتحاد الدولي / عمان- الاردن ٢٠٠٤
٥. دورة قانون ادارة الخدمة المدنية / جامعة بغداد ٢٠٠٤
٦. دورة في الادارةالمالية واعداد التقارير المالية وادارة المشاريع (الاتحاد الدولي-الشرق الاوسط وشمال افريقيا) الاردن ٢٠٠٥
٧. أدارة مهارات التفاوض / جامعة بغداد ٢٠٠٥
٨. دورة التدريب الاساسية للمبعوثين الدوليين / الاتحاد الدولي – اللجنة الدولية / طهران ٢٠٠٥
٩. دورة اعداد الميزانيات للمشاريع (الاتحاد الدولي / عمان) ٢٠٠٥
١٠. مؤتمر المستشارين القانونيين والمهتمين بالقانون الدولي الانساني / جنيف ٢٠٠٥
١١. دورة اسفير (المعايير الدنيا في الكوارث) الاتحاد الدولي / عمان ٢٠٠٦
١٢. ادارة برامج الانذار المبكر/ مقر تدريب الامم المتحدة (مركز التدريب الاقليمي) دبي ٢٠٠٦
١٣. مؤتمر المانحين الدوليين للمساعدات الانسانية للشعب العراقي / أسطنبول – تركيا ٢٠٠٦

د . المهارات

١ـ اللغات

العربية : لغة الام
الانكليزية: (اجادة تامة / محادثة / كتابة)
كتابة تقارير:
عربي / انكليزي

٢ـ مهارات الكومبيوتر

١. برنامج word
٢. برنامج excel
٣. برنامجLotus
٤. انترنيت

قائمة المحتويات

قائمة المحتويات

قائمة المحتويات

Printed in the United States
By Bookmasters